LETTRES
DE
MARIE-ANTOINETTE

RECUEIL DES LETTRES AUTHENTIQUES DE LA REINE

PUBLIÉ

POUR LA SOCIÉTÉ D'HISTOIRE CONTEMPORAINE

PAR

MAXIME DE LA ROCHETERIE & LE MARQUIS DE BEAUCOURT

TOME I

PARIS
ALPHONSE PICARD ET FILS
LIBRAIRES DE LA SOCIÉTÉ D'HISTOIRE CONTEMPORAINE
Rue Bonaparte, 82

1895

LETTRES

DE

MARIE-ANTOINETTE

LETTRES
DE
MARIE-ANTOINETTE

RECUEIL DES LETTRES AUTHENTIQUES DE LA REINE

PUBLIÉ

POUR LA SOCIÉTÉ D'HISTOIRE CONTEMPORAINE

PAR

MAXIME DE LA ROCHETERIE & LE MARQUIS DE BEAUCOURT

TOME I

PARIS
ALPHONSE PICARD ET FILS
LIBRAIRES DE LA SOCIÉTÉ D'HISTOIRE CONTEMPORAINE
Rue Bonaparte, 82

1895

BESANÇON. — IMP. ET STÉRÉOT. DE PAUL JACQUIN.

EXTRAIT DU RÈGLEMENT

Art. 14. — Le Conseil désigne les ouvrages à publier et choisit les personnes auxquelles il en confiera le soin.

Il nomme pour chaque ouvrage un commissaire responsable chargé de surveiller la publication.

Le nom de l'éditeur sera placé en tête de chaque volume.

Aucun volume ne pourra paraître sous le nom de la Société sans l'autorisation du Conseil et s'il n'est accompagné d'une déclaration du commissaire responsable, portant que le travail lui a paru digne d'être publié par la Société.

Le commissaire responsable soussigné déclare que le tome I de l'édition des Lettres de Marie-Antoinette, *préparée par* MM. de la Rocheterie *et* de Beaucourt, *lui a paru digne d'être publié par la* Société d'histoire contemporaine.

Fait à Paris, le 1ᵉʳ janvier 1895.

Signé : P. Guilhiermoz.

Certifié :

Le Secrétaire de la Société d'histoire contemporaine,
E.-G. Ledos.

INTRODUCTION

PREMIÈRE PARTIE. — ÉTUDE CRITIQUE

Le célèbre bibliographe J.-M. Quérard écrivait en 1856 :
« Il est bien extraordinaire que, depuis près de soixante-trois ans que date la mort de Marie-Antoinette, personne n'ait encore songé à rassembler toutes les lettres authentiques de cette Reine et à en faire une publication exacte et complète [1]. »

Que dirait Quérard aujourd'hui?

Nous avons dépassé le centenaire de la sanglante exécution du 16 octobre 1793, et nous ne possédons point encore un recueil des lettres authentiques de l'infortunée Reine.

La Société bibliographique, à ses débuts, avait résolu d'entreprendre cette publication; mais les événements de 1870-1871 vinrent paralyser son essor, et le projet fut abandonné.

Il appartenait à la Société d'histoire contemporaine de le reprendre, et de mettre à la disposition du public, à côté du recueil des textes et documents relatifs à la captivité et aux derniers moments de Louis XVI, un autre recueil, offrant ce qui est sorti de la plume de Marie-Antoinette.

Ce sera à la fois un hommage à la grande et royale victime, et une protestation contre les faussaires — odieux insulteurs

---

[1]. Le Quérard. *Archives d'histoire littéraire, de biographie et de bibliographie françaises*, 2ᵉ année, p. 403.

jadis, complaisants flatteurs aujourd'hui — qui se sont acharnés sur elle comme sur une proie ou qui ont osé spéculer sur sa tombe.

I.

PREMIÈRES LETTRES APOCRYPHES

Ce n'est point d'hier que Marie-Antoinette a été victime des fabricateurs de documents.

Dès 1788, paraissait à Londres un ouvrage intitulé : *Mémoires justificatifs de la comtesse de Valois de la Motte, écrits par elle-même* [1]; il contenait une prétendue correspondance entre la Reine et le cardinal de Rohan, de la nature la plus scandaleuse [2]. Ce livre passa sous les yeux de l'infortunée Reine, car on lit dans les *Mémoires de Mme Campan* [3] : « Je puis *attester* que j'ai vu dans les mains de la Reine un manuscrit des Mémoires infâmes de la femme Lamotte, qu'on lui avait apporté de Londres.... »

En 1790, on publiait un ouvrage intitulé : *Correspondance de la Reine avec d'illustres personnages* [4], qui n'était qu'un tissu de faussetés.

La même année, et l'année suivante, on lançait dans la circulation de prétendues lettres qui n'étaient que des pamphlets : *Lettres authentiques de Marie-Antoinette à l'archiduchesse sa sœur* [5]; *Lettre de la Reine envoyée au comte*

---

[1]. Londres, 1788, in-8, plus un cahier supplémentaire de 46 pages, contenant les pièces justificatives.

[2]. Ces lettres infâmes ont été réimprimées, en 1846, à la suite des *Mémoires* de la comtesse de Lamotte. M. Campardon (*Marie-Antoinette et le procès du collier*, Paris, 1863, gr. in-8) en a donné (p. 181-187) une analyse et quelques extraits.

[3]. Tome II, p. 109.

[4]. Sans lieu, 1790, in-18 de 126 p., avec portraits (Bibl. nat., Lb^{39} 3038 et 3638A).

[5]. *Lettres authentiques de Marie-Antoinette, reine de France, à l'archiduchesse sa sœur, gouvernante des Pays-Bas, relativement à la révolution du*

d'Artois [1]; *Lettre de la Reine au ci-devant prince de Condé* [2]; *Lettre de la Reine à l'Empereur* [3]; *Grande lettre de la Reine adressée à M. Bailly* [4]; *Lettre de la Reine à M. de Bouillé* [5]; *Lettre secrète et curieuse de Marie-Antoinette à Bouillé* [6].

A cette époque, on faisait circuler de faux autographes. Dans une lettre au comte de Fersen, en date du 7 décembre 1791, la Reine écrivait : « Ce que l'on dit de mes lettres à l'Emp[ereur] est incompréhensible ; il y a déjà quelque temps que je soupçonne qu'on imite mon écriture pour les écrire ; je veux éclaircir ce fait [7]. »

Au moment du procès de la Reine, on fit circuler une prétendue lettre, adressée à la Convention [8], où Marie-Antoi-

---

Brabant et à celle de France. Paris, imp. des Amis réunis (S. d.), in-8 de 8 p. (Bibl. nat., Lb39 4390, et Archives nationales, AD1 75.)

1. *Lettre de la Reine envoyée au comte d'Artois* (26 mai 1791), *avec la réponse du comte d'Artois à la Reine* (1ᵉʳ juin), *trouvées sur la route de Compiègne, par un postillon, dans un petit portefeuille....* (S. l. n. d.) Imp. de Valois, in-8 de 8 p. (Bibl. nat., Lb39 4980.)

2. *Lettre de la Reine au ci-devant prince de Condé*, contenant tout le détail du complot de la fuite du Roi, avec les noms de tous ceux qui trahissaient le peuple et qui ont trempé dans cette conspiration, laquelle lettre a été surprise et découverte chez la dame de Rochechouart, confidente de la Reine (S. l. n. d.), in-8 de 8 p. (Bibl. nat., Lb39 5084.)

3. *Lettre de la Reine à l'Empereur.* Preuves de son attachement actuel à la Constitution. Promesses satisfaisantes d'élever le prince royal selon les principes de la Constitution et de se montrer toujours la mère de tous les Français. Invitation de sa part à l'Empereur de ne point se mêler des affaires de France. (Paris), imp. de Granjon (S. d.), in-8 de 8 p. (Bibl. nat., Lb39 5376.)

4. *Grande lettre de la Reine adressée à M. Bailly.* Motifs qui ont dicté l'ordre d'enlever tous les préparatifs pour la fête publique du 25 de ce mois (septembre 1791). Arrêté de la municipalité à ce sujet. Paris, au bureau du *Courrier des frontières* (S. d.), in-8 de 8 p. (Bibl. nat., Lb39 5426.)

5. *Lettre de la Reine à M. de Bouillé.* Paris, Piron (S. d.), in-8 de 8 p. (Bibl. nat., Lb39 5565.)

6. *Lettre secrète et curieuse de Marie-Antoinette à Bouillé*, trouvée nouvellement dans les boiseries de son appartement au château des Tuileries (datée du 8 août 1792). (Paris), imp. de Dieudonnez, rue de la Huchette (S. d.), in-8 de 8 p. (Bibl. nat., Lb39 6100.)

7. *Le comte de Fersen et la cour de France*, par le baron de Klinckowström, t. I, p. 271.

8. *Lettre de Marie-Antoinette, reine de France*, pour être présentée au-

nette rappelait l'ancien amour des Français pour leurs rois, plaidait pour elle-même les circonstances atténuantes, parlait de sa charité à l'égard des malheureux, demandait enfin à être jugée le plus tôt possible. « Mais, en attendant, disait-elle, donnez-moi pour consolation l'ancien valet de chambre de mon mari et la permission de porter le deuil de mon époux. » La lettre est suivie d'une courte note où la Reine déclare donner pouvoir à son défenseur de la faire imprimer. Et, à la suite : « Pour pouvoir d'imprimer, distribuer. Signé : LOMBÉ, défenseur officieux de la Reine. »

En 1801, Mme Guénard, le fécond auteur de tant de romans insipides, faisait paraître un ouvrage sous ce titre : *Mémoires historiques de Marie-Thérèse-Louise de Carignan, princesse de Lamballe* [1], qui, dans les années suivantes, eut quatre éditions [2]. Elle y donnait trois lettres de la Reine à la princesse, en date des 14 juillet 1789 (t. III, p. 222), 5 février 1790 (t. IV, p. 138), et 16 juin 1791 (t. IV, p. 167). La simple lecture de ces lettres suffit pour faire reconnaître leur fausseté.

De 1804 à 1809, Joseph Weber, frère de lait de Marie-Antoinette, fit paraître à Londres, en trois volumes, des *Mémoires concernant Marie-Antoinette, reine de France*. A la suite de cet ouvrage, dont on attribue la rédaction au marquis de Lally-Tolendal [3], se trouvent des notes qui n'ont pas été reproduites dans les éditions subséquentes ; elles contiennent [4] « des fragments qu'on a prétendus authentiques de quelques

---

jourd'hui à la Convention (*S. l. n. d.*). Imp. de Caron, in-8 de 8 p. — Autre édition : *Véritable lettre de Marie-Antoinette d'Autriche, ci-devant reine des Français,* pour être présentée aujourd'hui à la Convention nationale, envoyée.... à toutes les autorités constituées et à toutes les couronnes étrangères, sur la mort de Louis XVI, son époux, sur sa situation et celle de ses enfants, et sur sa translation qui aura lieu demain dans les prisons de la Conciergerie du Palais. Imprimée par ordre de son défenseur (LOMBÉ). (Paris), rue Percée, n° 1 (*S. d.*), in-8 de 8 p. (Bibl. nat., Lb⁴¹ 855.)

1. Paris, Lerouge, 1801, 4 vol. in-12.
2. 4° édition, 1815, 2 vol. in-12. Voir l'article GUÉNARD, dans la *France littéraire* de Quérard.
3. Voir, dans la *France littéraire*, t. IV, p. 466, l'article LALLY-TOLLENDAL.
4. Voir t. III, p. LXXXII.

lettres que la Reine avait écrites à Manuel. » Ces lettres sont évidemment apocryphes.

En 1824, le prêtre apostat Lafond d'Aussonne donnait son livre intitulé : *Mémoires secrets et universels des malheurs et de la mort de la reine de France* [1]. Il y inséra deux lettres fabriquées, adressées à Marie-Christine, sœur de Marie-Antoinette, l'une sur l'affaire du collier (p. 89), l'autre sur le caractère et l'attitude du duc d'Orléans (p. 151).

Toutes ces lettres, dont la falsification, pour peu qu'on s'y arrêtât, était manifeste, n'ont point trompé les historiens. Il n'en est pas de même relativement à une série considérable de lettres, mises au jour il y a trente ans, et sur lesquelles nous devons nous arrêter plus longuement.

II.

RECUEILS DE MM. D'HUNOLSTEIN ET FEUILLET DE CONCHES

Dans une lettre adressée par M. Geffroy au journal *le Temps*, en date du 5 janvier 1866, l'éminent historien s'exprimait en ces termes :

« La conscience publique est indignée s'il est vrai — et cela est vrai — que des fabricateurs d'autographes viennent insulter à la vérité, se jouer des plus nobles figures de notre histoire, de nos plus graves souvenirs, de nos plus respectables émotions. »

Ce cri d'indignation, poussé par l'auteur de *Gustave III et la cour de France* et de tant d'autres ouvrages puisés à des sources authentiques, lui était inspiré par la mise en circulation, qui venait de se produire, d'une masse de lettres apocryphes de Marie-Antoinette.

Le 20 juin 1864, paraissait un volume intitulé : *Correspondance inédite de Marie-Antoinette, publiée sur les documents*

---

[1]. Paris, Petit, N. Pichoard, 1 vol. in-8.

originaux par le comte Paul Vogt d'Hunolstein [1]. On lisait dans l'avertissement :

« Toutes les pièces qui font l'objet de cette publication ont été copiées et collationnées avec le plus grand soin sur les originaux appartenant à M. le comte d'Hunolstein. »

Cette *Correspondance inédite* comprenait cent quarante-six lettres [2] de Marie-Antoinette, savoir : dix-neuf à sa mère l'impératrice Marie-Thérèse, quarante-cinq à sa sœur Marie-Christine, dix à Joseph II, onze à Léopold II, quarante-quatre au comte de Mercy, une au Dauphin, écrite avant le mariage, une à l'archiduchesse Amélie, une à l'archiduchesse Élisabeth, une au roi de Suède Gustave III [3], quatre à la princesse de Lamballe, deux à la duchesse de Polignac, une instruction donnée à la marquise de Tourzel, deux lettres au prince de Kaunitz, deux à la grande-duchesse de Russie Marie de Wurtemberg, une au duc de Guiche, une à Marie-Louise d'Espagne.

Le public accueillit avec empressement la publication du comte d'Hunolstein. Son livre arriva rapidement à une seconde édition, qui fut mise en vente le 15 juillet [4] ; elle était accompagnée d'un supplément contenant dix-neuf lettres [5],

---

1. Paris, E. Dentu, 1864, in-8 de III-304 p. Ouvrage déposé le 20 juin au ministère de l'intérieur.
2. En comptant les dix-neuf lettres données dans le *supplément* mentionné ci-dessous.
3. Cette lettre était, dans les deux premières éditions, indiquée comme adressée au duc de Saxe-Teschen. Voir note de la troisième édition, p. 84.
4. Paris, E. Dentu, 1864, in-8 de III-304 p.
5. *Supplément à la correspondance inédite de Marie-Antoinette*, etc. Paris, E. Dentu, 1864, in-8 de XXIII-31 p. Déposé au ministère de l'intérieur le 15 juillet. On lisait dans l'introduction : « La nouvelle édition que nous donnons de la correspondance de la reine Marie-Antoinette se trouve enrichie de dix-neuf lettres autographes de cette princesse.... Ces dix-neuf lettres nouvelles, qui, avec les cent trente-deux de la précédente édition, forment un total de cent cinquante et une lettres, toutes de la main de la Reine, forment un recueil précieux, une histoire de la Reine et de l'époque qu'elle a traversée ; elles rectifient plusieurs points restés obscurs de l'histoire de la Révolution et détruisent bien des préjugés que l'absence de documents certains avait laissés se propager sur son compte. » Les chiffres donnés ici par M. d'Hunolstein n'étaient pas rigoureusement exacts : la première édition contenait cent vingt-neuf lettres ou documents émanant

lequel fut refondu dans une troisième édition, mise en vente dans les premiers jours d'octobre [1].

En même temps paraissait le premier volume d'un recueil portant ce titre : *Louis XVI, Marie-Antoinette et Madame Élisabeth. Lettres et documents inédits* publiés par F. Feuillet de Conches [2]. Ce volume fut déposé au ministère de l'intérieur au commencement d'août 1864, et annoncé dans le feuilleton du *Journal de la librairie* du 13 août. Il fut bientôt suivi d'un second, qui parut à la fin de septembre. On retrouvait dans le recueil de M. Feuillet de Conches plusieurs des lettres de Marie-Antoinette à sa mère, à sa sœur Marie-Christine, à son frère Léopold II, etc. [3], qu'on avait pu lire dans le volume de M. d'Hunolstein ; et, en même temps, l'on pouvait constater certaines différences dans les textes donnés par les deux éditeurs [4].

Grande fut l'impression produite par cette masse de lettres

de la Reine ; la deuxième, augmentée des dix-neuf lettres supplémentaires, ne devait donc offrir que cent quarante-huit lettres ou documents. En réalité, la troisième édition contient cent cinquante documents, savoir : les cent quarante-six lettres énumérées ci-dessus, plus la copie d'une lettre de Joseph II à Louis XVI, et trois mémoires écrits de la main de la Reine.

1. Paris, E. Dentu, 1864, in-8 de xxxi-333 p.
2. Paris, Henri Plon, 1 vol. gr. in-8 de LVIII-497 p.
3. Savoir, cinq lettres à Marie-Thérèse ; quatre lettres à Marie-Christine ; quatre lettres et un mémoire adressés à Léopold II ; une lettre au roi de Suède ; une lettre au comte d'Artois ; six lettres au comte de Mercy ; une lettre à la princesse de Lamballe ; une lettre au duc de Guiche ; ensemble vingt-quatre lettres communes aux deux recueils.
4. Nous citerons : 1° Lettre du 7 décembre 1771, à Marie-Thérèse, donnée par M. Feuillet de Conches (t. I, 1er tirage, p. 18 ; 2e tirage, p. 25), d'après une minute autographe offrant des variantes avec le texte donné par M. d'Hunolstein (p. 29). — 2° Lettre de Versailles, 1777, à Marie-Christine, donnée par M. Feuillet (t. I, 1er tirage, p. 86 ; 2e tirage, p. 93), d'après une minute, « avec surcharges et variantes, » et par M. d'Hunolstein (p. 76), avec la date du 3 mai 1777, d'après la transcription envoyée (suivant M. Feuillet). — 3° Lettre du 16 avril 1778, à Marie-Thérèse, donnée par M. Feuillet (t. I, 1er tirage, p. 108 ; 2e tirage, p. 115), d'après une minute où se trouve la date du 16 avril, laquelle manque chez M. d'Hunolstein (p. 68). — 4° Lettre du 1er septembre 1786, à Marie-Christine, donnée par M. Feuillet (t. I, 1er tirage, p. 154 ; 2e tirage, p. 161), d'après la minute autographe offrant « quelques variantes » et dont l'original « envoyé » se serait trouvé parmi les documents de M. d'Hunolstein (p. 119).

inédites, apparaissant d'une façon si imprévue. Partout, dans les milieux littéraires comme dans les salons, ce fut un concert unanime d'éloges et d'admiration, qui se prolongea durant plusieurs mois [1].

Presque aussitôt pourtant, quelques voix discordantes s'élevèrent, soit pour solliciter des explications sur l'origine des lettres [2], soit pour relever les variantes qu'offraient parfois les textes publiés simultanément par MM. d'Hunolstein et Feuillet de Conches [3]. Les apologistes eux-mêmes, en parlant

---

1. « Dans les salons de Paris, dit un écrivain, on se faisait un régal des saillies de la Reine ; dans la moitié de l'Europe, la presse s'occupait de ses mots pleins de sel et de sens. » Article de M. de Sybel, dans la *Revue moderne* du 1er décembre 1865, p. 438.

2. « M. le comte d'Hunolstein devrait nous raconter l'histoire de sa collection, nous dire comment elle s'est formée, par quelles mains elle a passé avant d'arriver dans les siennes.... Ces informations auraient été d'autant plus utiles que la collection de M. d'Hunolstein a quelque chose d'énigmatique. On y rencontre deux lettres, l'une du 16 mai et l'autre du 2 juin 1770, qui se trouvent également dans la collection de M. Feuillet de Conches que ce dernier a publiées dans le second volume de ses *Causeries d'un curieux*.... On n'y trouve aucune révélation, point de faits nouveaux, pas même de ces détails fugitifs, de ces traits de caractère qui font le charme des correspondances.... Il n'est guère de ces lettres qui n'eussent pu être fabriquées avec les Mémoires de Mme Campan, la Correspondance de La Marck et les autres ouvrages relatifs à la Reine et aux commencements de la Révolution.... » *Lettres inédites de Marie-Antoinette*, par Edmond Scherer : *Temps* du 12 juillet 1864. Et le critique ajoutait, en parlant de M. d'Hunolstein : « Si sa droiture ne peut faire doute, sa bonne foi peut avoir été surprise : cela arrive tous les jours aux amateurs d'autographes. »

3. « Il y a, dans ces lettres données par M. le comte d'Hunolstein, quelques-uns de ces mots tellement à point et significatifs qu'on les croirait mis exprès en vue des événements futurs. Je ne doute pas de l'authenticité, garantie par le nom même de l'honorable éditeur ; je ferai cependant remarquer que, dans le cas où l'on peut conférer les lettres données par M. d'Hunolstein et les mêmes lettres données par M. Feuillet de Conches, il se rencontre quelques légères différences de mots ; et dans cette comparaison, c'est la copie de M. Feuillet de Conches qui paraît la plus littérale et la plus exacte. Il ne devrait y avoir qu'une seule manière de transcrire. » — Sainte-Beuve, *Nouveaux lundis*, t. VIII, p. 319. L'article avait paru dans le *Constitutionnel* du 8 août 1864, et l'auteur avait eu communication des bonnes feuilles du tome I de M. Feuillet de Conches. — Sainte-Beuve aurait pu demander aussi pourquoi M. Feuillet, qui, dans ses *Causeries d'un curieux*, avait publié (t. II, p. 283-290) plusieurs lettres de la Dauphine à sa mère, avait donné, en 1861, les lettres des 8 et 15 mai 1770 avec la signature MARIE-ANTOINETTE, et, en 1864, avec la signature ANTOINETTE.

du recueil du comte d'Hunolstein, convenaient qu'on pouvait se demander si l'on n'était pas en présence d'un roman en lettres, roman conçu dans toutes les règles de l'art [1].

Peu de mois après (décembre 1864), paraissait à Vienne un ouvrage publié par M. le chevalier d'Arneth, sous-directeur des Archives impériales de Cour et d'État, sous ce titre : *Maria Theresia und Marie Antoinette. Ihr Briefwechsel während der Jahre 1770-1780* [2]. C'était la correspondance échangée entre l'Impératrice et sa fille depuis le départ de celle-ci pour la France jusqu'à la mort de Marie-Thérèse, correspondance tirée des archives privées de la famille impériale.

L'apparition du recueil de Vienne vint donner une base sérieuse aux critiques timidement formulées jusque-là à l'égard des recueils français. A la fin de mars 1865, M. de Sybel inséra, dans son *Historische Zeitschrift*, un article où il déclarait apocryphes toutes les lettres de la période s'étendant de 1770 à 1780 qui n'étaient point dans le volume de M. d'Arneth [3]. En même temps, M. Ristelhüber, dans *l'Intermédiaire des chercheurs* du 25 mars 1865, s'inspirant des critiques qui venaient d'être formulées dans trois articles du supplément de de la *Gazette d'Augsbourg* [4], résumait en ces termes son opinion sur l'authenticité des lettres publiées dans les recueils français : « Des raisons internes et externes permettent de

---

[1]. « Ist es ein Roman in Briefen welchen wir eben aus den Händen legen, ein Roman nach allen Regeln der Kunst ?.... » Article de la *Wiener Presse*, daté de Paris le 16 juillet, reproduit dans le supplément de la *Gazette d'Augsbourg (Beilage zur Allgemeine Zeitung*, n° 106 (24 juillet 1864), p. 3350. Cf. *Beilage* du 14 août, p. 3689). — Cinq articles furent consacrés dans le supplément de la *Gazette d'Augsbourg* aux deux recueils français, à partir du numéro du 28 septembre 1864. Voir n°ˢ 272-276.

[2]. L'ouvrage est annoncé dans un article du supplément de la *Gazette d'Augsbourg* du 31 décembre 1864, daté de Vienne, 27 décembre, où l'on donnait brièvement quelques preuves de la fausseté des lettres publiées par MM. d'Hunolstein et Feuillet de Conches. *Beilage der Allgemeine Zeitung*, n° 396, p. 5957.

[3]. *Briefwechsel der Königin Marie Antoinette*, von H. von Sybel. *Historische Zeitschrift*, 1865, p. 164-178. Cf. article de M. Élie Reclus dans la *Revue moderne* du 1ᵉʳ juillet 1865.

[4]. Numéros des 4-6 février 1865.

croire que l'un et l'autre éditeur ont été la victime d'une imposture conduite avec beaucoup de finesse et de talent 1. »

Fort ému des critiques formulées contre certains documents de son recueil, M. Feuillet de Conches s'était empressé d'en faire un second tirage, où il indiquait soigneusement la provenance, passée d'abord sous silence, des lettres publiées 2. Bientôt il prit la plume pour défendre ses documents. Deux articles parurent, à quelques jours d'intervalle, dans *l'Indépendance belge* (18 juillet) et dans le *Journal des Débats* (25 juillet) 3; puis, dans la préface du troisième volume de son recueil, publié vers le 15 août, il répondit longuement aux attaques de M. de Sybel 4.

La polémique s'engagea avec une nouvelle ardeur. M. Ed-

---

1. *Les lettres de Marie-Antoinette*, par P. Ristelhüber, dans *l'Intermédiaire des chercheurs et des curieux* du 25 mars 1865 (t. II, col. 191). M. Feuillet de Conches répondit à cet article dans le numéro du 10 avril, et une réplique de M. Ristelhüber parut dans le numéro du 10 mai. D'un autre côté, la *Gazette d'Augsbourg* continua sa campagne dans trois articles de son supplément (numéros des 7-9 avril), consacrés à l'examen du tome II du recueil de M. Feuillet de Conches.

2. Le tome I de ce nouveau tirage parut avant le 4 mars 1865 (*Journal de la librairie*, n° 1878), et le tome II avant le 29 avril (n° 3673). Il est curieux et fort instructif de comparer entre eux les deux tirages. Outre les indications de provenance, on y trouve des changements opérés dans le texte des lettres elles-mêmes. Ainsi, des lettres signées (voir 1er tirage, p. 25, 55, 133, 138, 146, 171, etc.) sont données sans signature (voir 2e tirage, p. 32, 62, 139, 144, 152, 178). — Dans sa réponse à M. Ristelhüber (10 avril 1865), M. Feuillet faisait allusion en ces termes à ce nouveau tirage : « L'attaque enfin.... est plus intempestive que jamais, aujourd'hui que j'ai donné, dans un second tirage de mon recueil, l'indication scrupuleuse de l'origine de chacune des pièces que je publie. » Disons, à propos de ce second tirage, que M. de Sybel, voulant en prendre connaissance, ne put se le procurer, et qu'un libraire de Paris lui dit « qu'un exemplaire de ce second tirage était introuvable ». (*Revue moderne* du 1er décembre 1865, p. 445-446.)

3. En même temps, M. Charles de Mazade, dans la *Revue des Deux Mondes* du 15 juillet, délivrait, en termes très brefs et sans discussion approfondie, un brevet d'authenticité aux lettres des recueils français (*Revue littéraire. Polémiques historiques et livres nouveaux*, p. 504-509). Un peu plus tard, un lieutenant de M. Feuillet de Conches, M. Mathurin de Lescure, entra dans la lice pour prendre la défense des lettres suspectées. (*De l'authenticité des lettres de Marie-Antoinette récemment publiées*, dans la *Revue contemporaine* du 15 septembre 1865, p. 62 à 94.)

4. Cette préface n'a pas moins de soixante-cinq pages.

mond Scherer, dans plusieurs articles du *Temps* [1]; M. Geffroy, dans la *Revue des Deux Mondes* du 15 septembre [2], puis dans *le Temps* [3]; M. de Sybel, dans un important article de l'*Historische Zeitschrift*, publié simultanément en français par la *Revue moderne* (1er décembre), attaquèrent tour à tour, avec les arguments les plus décisifs, l'authenticité des lettres des recueils français. C'est en vain que M. Jacques Charavay, dans l'*Amateur d'autographes* du 16 mars 1866 [4], tenta une diversion en révoquant en doute l'authenticité de certains des autographes de Vienne : à deux reprises, M. le chevalier d'Arneth prit la plume [5], et M. Charavay ne tarda pas à déserter le combat, annonçant une réplique qui ne parut jamais [6].

M. Geffroy ayant fait paraître, dans la *Revue des Deux Mondes* du 1er juin 1866, un article intitulé : *La reine Marie-Antoinette, d'après les documents authentiques de Vienne*, M. Feuillet de Conches envoya à la même *Revue* un long factum, qui fut inséré dans la livraison du 15 juillet [7], et qui n'était qu'un extrait presque textuel de l'introduction de son quatrième volume, mis en vente à ce moment. Cela lui valut une verte réplique de M. Geffroy, insérée à la suite de cet article [8]. Enfin M. Geffroy résuma la controverse dans une lettre au directeur de la *Revue des*

---

1. Voir les numéros des 15 août, 11, 13 et 19 octobre, 9 et 24 décembre 1865. M. Feuillet de Conches entama avec M. Scherer une polémique d'où il sortit fort meurtri.
2. Note insérée dans l'un des articles publiés sous ce titre : *Gustave III et la cour de France*, p. 347-351.
3. Mis en cause par M. Feuillet, au cours de sa polémique avec M. Scherer, M. Geffroy lui répondit dans une lettre au *Temps*, qui parut le 5 janvier 1866.
4. *La question de l'écriture dans les lettres de Marie-Antoinette*.
5. Voir l'*Amateur d'autographes* des 16 avril et 1er mai.
6. Il aurait été difficile à M. Charavay de la faire, surtout après que M. Feuillet de Conches, dans la préface de son quatrième volume, eut fini par reconnaître que Marie-Antoinette avait eu deux écritures et qu'on s'était trompé jusque-là.
7. *De l'authenticité des lettres de Marie-Antoinette*, p. 446-503.
8. Voir p. 503-515.

Deux Mondes (15 août), qu'il développa plus tard en joignant une dissertation spéciale à son livre : *Gustave III et la Cour de France* [1].

La question fut reprise, au mois de janvier 1867, dans un article publié par la *Revue des questions historiques*, où tous les arguments produits de part et d'autre étaient passés en revue [2], et où l'on donnait trois feuilles de fac-similés, offrant les signatures de Marie-Antoinette, de 1770 à 1780, d'après les documents de Vienne, d'après les documents de Paris et de Versailles, d'après les prétendus autographes de MM. d'Hunolstein et Feuillet de Conches [3].

Les conclusions résultant de cette longue polémique étaient les suivantes :

Au point de vue intrinsèque, les lettres de Marie-Antoinette à sa mère et à sa sœur, mises en face des lettres authentiques, offrent des disparates, des contradictions, des impossibilités historiques qui en démontrent péremptoirement la fausseté.

Au point de vue extrinsèque, les lettres publiées, prétend-on, sur les *originaux*, offrent, pour la période de 1770 à 1780, des différences si notables avec l'écriture de Marie-Antoinette, telle que des documents authentiques nous l'ont révélée, qu'il est impossible d'en admettre l'authenticité. Le faussaire, ignorant que l'écriture de Marie-Antoinette passa par des modifications successives avant de prendre sa forme définitive, avait donné à toutes les lettres une écriture uniforme, celle qu'offraient les documents des dernières années, seuls connus, qu'il avait pris pour types.

---

[1]. *Gustave III et la cour de France, suivi d'une étude critique sur Marie-Antoinette et Louis XVI apocryphes*. Paris, Didier, 1867, 2 vol. in-8. Voir t. II, p. 303-348.

[2]. *De l'authenticité des lettres de Marie-Antoinette récemment publiées*, par Georges Gandy. Livr. du 1er janvier 1867, p. 181-217. Tirage à part, 39 p.

[3]. M. d'Hunolstein avait, avec une parfaite courtoisie, mis à la disposition du directeur de la *Revue* les lettres de sa collection dont les signatures étaient reproduites.

Il faut donc rejeter comme apocryphes :

1° Toutes les lettres à l'Impératrice étrangères au recueil de M. d'Arneth [1] ;

2° Toutes les lettres à Marie-Christine [2], qui, en dehors des raisons tirées du style et du caractère graphique, doivent être écartées par ce seul fait qu'il n'y avait aucune intimité entre les deux sœurs [3], et qu'elles n'entretenaient pas de relations épistolaires [4] ;

3° Un certain nombre d'autres lettres, telles que les lettres à Joseph II et à Léopold II qui ne se trouvent pas dans le recueil de M. d'Arneth, quelques lettres ou billets adressés au comte de Mercy, la lettre au Dauphin, celles aux deux archiduchesses Amélie et Élisabeth, à la grande-duchesse de Russie, à Marie-Louise d'Espagne, au comte d'Artois, etc.

Nous ne parlons pas ici des lettres à la duchesse de Polignac et à la princesse de Lamballe, sur lesquelles nous reviendrons.

Répétons donc ici, avec M. Geffroy : « Il faut désormais ne

---

[1]. Sauf celle en date du 14 juin 1777 : « Tout compte fait, dit M. Geffroy (*l. c.*, t. II, p. 310), il n'y a dans cette série qu'une seule lettre authentique, celle du 14 juin 1777, que donne M. Feuillet de Conches ; encore devons-nous dire que le texte seul, conforme à une copie des archives de Vienne, non signée, doit en être admis : l'autographe, reproduit en *fac-simile* par M. Feuillet de Conches, paraît fabriqué. »

[2]. Sauf celle en date du 29 mai 1790, donnée par M. Feuillet (t. III, p. 270) d'après l'original autographe conservé dans les archives de l'archiduc Albert d'Autriche.

[3]. M. Feuillet de Conches a lui-même cité (t. III, p. 132) ce passage des *Mémoires* manuscrits inédits du prince Albert de Saxe-Teschen, à la date de 1786 : « Comme elle (la Reine) était beaucoup plus jeune que mon épouse, qu'elle n'avait guère été à même de connaître cette sœur avant son départ de Vienne et qu'il y avait eu des gens qui avant celui-là avaient des idées défavorables de celle-là, dont elle n'était revenue que dans les derniers temps, mon épouse fut d'autant plus charmée de ce que cette entrevue la mit à même d'affermir les sentiments qu'elle avait adoptés du depuis pour elle. » Ce qui ne l'empêche pas de dire, dans la préface de son tome IV (p. xcviii) : « Le duc n'a déclaré formellement en aucun endroit de ses *Mémoires* que, depuis son mariage avec Christine, il n'ait existé entre elles aucune intimité. »

[4]. Le biographe de Marie-Christine, M. Wolf, n'a donné que deux lettres de la Reine à sa sœur, et n'en a point trouvé d'autres dans les archives du prince Albert de Saxe-Teschen, restées intactes entre les mains de ses descendants.

plus admettre aucune pièce attribuée à Louis XVI [1] et à Marie-Antoinette sans une recherche préalable d'authenticité [2]; » et avec M. de Sybel : « Les lettres de Marie-Antoinette à sa mère et à sa sœur Marie-Christine, nombre de ses lettres à ses frères et à la princesse de Lamballe, antérieures à la Révolution, qu'on trouve imprimées dans les deux recueils de Paris, sont et demeurent apocryphes [3]. »

Alors que certains auteurs, fort engagés dans la polémique, maintenaient avec opiniâtreté leur opinion favorable à l'authenticité des lettres publiées par MM. d'Hunolstein et Feuillet de Conches [4], d'autres ne craignaient point d'avouer qu'ils s'étaient trompés. Sainte-Beuve, qui avait été des premiers à saluer l'apparition des prétendues lettres de Marie-Antoinette, s'exprimait ainsi en reproduisant loyalement, dans ses *Nouveaux lundis* [5], les trois articles donnés par lui au *Constitutionnel* : « Ce n'est pas sans un sentiment pénible que je suis arrivé bien lentement, et après beaucoup de réflexions, à me déjuger de la sorte ; mais la vérité avant tout ! Supprimer mes articles et me taire sur les raisons qui m'y auraient déterminé n'eût pas suffi. Et puis il est impossible qu'on ait été crédule et dupe jusqu'à un certain point, sans en dire quelque chose, comme excuse au moins, au public. »

---

1. M. Geffroy avait été amené à s'occuper des faux autographes de Louis XVI, qui mériteraient de faire l'objet d'une étude spéciale.
2. *Gustave III et la cour de France*, appendice, t. II, p. 347.
3. *Les lettres de Marie-Antoinette et leurs dernières éditions*, dans la *Revue moderne* du 1ᵉʳ décembre 1865, p. 459. Cf. p. 465.
4. En particulier M. de Lescure, qui ne craignait pas de dire, dans la préface de son livre *Marie-Antoinette et sa famille d'après les nouveaux documents* (2ᵉ édit., Paris, Ducrocq, 1866, gr. in-8 illustré), qu'il avait « répondu aux insinuations par lesquelles M. de Sybel et ses auxiliaires français ont essayé d'affaiblir le crédit des correspondances dont ils contestaient l'authenticité, de façon, nous l'espérons, à maintenir la confiance des lecteurs qui partagent notre estime pour des recueils qui offrent toutes les garanties ; » et il mêlait, dans ses nombreuses citations, les lettres fabriquées aux lettres authentiques. Cf. la préface de la 3ᵉ édition de son livre *la Vraie Marie-Antoinette* (1867).
5. T. VIII (1867), p. 386.

On remarquera que, durant cette longue controverse, M. le comte d'Hunolstein avait gardé le silence. Il s'était borné à dire, dans l'Avertissement placé en tête de sa troisième édition (p. xii) : « M. Feuillet de Conches, dans l'introduction de son curieux ouvrage, dit que toutes les lettres et documents qu'il publie ont été recueillis depuis vingt ans et copiés par lui sur les autographes qu'il possède, ou dans les archives de France, d'Autriche, de Russie, de Suède. Quant à nous, nous n'avons pas eu le même avantage de pouvoir visiter les archives étrangères, et toutes les pièces qui font partie de notre collection, nous les avons acquises depuis un certain nombre d'années, *ainsi que M. Feuillet de Conches a peut-être pu le savoir.* »

L'opinion accréditée alors était, en effet, que M. le comte d'Hunolstein avait acquis le volumineux dossier des lettres de Marie-Antoinette, moyennant quatre-vingt-cinq mille francs, et qu'il les tenait de M. Jacques Charavay, l'expert en autographes.

En publiant, en 1868, une quatrième édition, depuis longtemps annoncée, de son recueil [1], M. d'Hunolstein se décida à prendre la plume. Dans un long mémoire, qui n'occupait pas moins de soixante-seize pages [2], il maintenait l'authenticité de ses documents : « On n'invente pas, on ne refait pas après coup, disait-il, une semblable correspondance. » Très loyalement, d'ailleurs, l'auteur ajoutait (p. xlviii) : « Possesseur de tous les originaux des lettres que j'ai publiées, dans le seul et unique but de faire connaître la Reine, *je ne puis me poser en critique émérite et ne veux point entrer ici dans un débat historique et littéraire....* Les lettres sont-elles de la main de Marie-Antoinette ou n'en sont-elles pas? Là est toute la question. Toutes les arguties disparaissent devant ce fait matériel : et qui peut prouver le fait? Les

---

1. *Correspondance inédite de Marie-Antoinette, publiée sur les documents originaux*, 4ᵉ édition, revue et augmentée d'un portrait authentique, gravé par Flameng, d'une préface nouvelle et de nombreux fac-similés. Paris, E. Dentu, 1868, in-8 de cxvi-335 p.
2. Mémoire pour la 4ᵉ édition, p. xli-cxvi.

pièces elles-mêmes. Qui peut juger les pièces ? Des connaisseurs et des experts. » Et l'honorable collectionneur renouvelait la déclaration qu'il se proposait de déposer les lettres d'abord à la bibliothèque royale de Munich, puis aux archives de France, pour qu'elles pussent être l'objet d'un sérieux examen.

En ce qui concernait l'origine des lettres en sa possession, M. d'Hunolstein s'exprimait en ces termes : « Toutes les pièces de ma collection ont été acquises par moi, depuis un certain nombre d'années, dans des ventes publiques, en France, en Angleterre et chez un marchand bien connu du public amateur d'autographes, à Paris, M. Charavay, qui, en sa qualité de commerçant, possédait des livres qui peuvent servir à éclaircir la question d'origine. »

Plus loin, répondant à une assertion de M. Feuillet de Conches, qui prétendait avoir ignoré jusqu'au moment de l'apparition du recueil de M. d'Hunolstein l'existence entre ses mains d'une telle quantité de lettres, l'auteur du Mémoire écrivait (p. CI) : « Il peut paraître étrange que M. Charavay, marchand d'autographes, qui avait eu, au moins momentanément, les pièces entre les mains, et qui depuis longues années était en relations d'affaires avec M. Feuillet de Conches, ne lui en ait pas donné connaissance, ne les lui ait pas au moins montrées, ne les lui ait pas mises sous les yeux, avant de me les vendre, alors qu'il savait fort bien que M. Feuillet, possesseur d'un grand nombre de documents importants sur la Reine et la famille royale, ne pouvait manquer de trouver dans ces lettres un grand intérêt à tous les points de vue. »

Enfin, M. d'Hunolstein faisait (p. CIV) cette remarque, à propos de certaines lettres publiées simultanément par MM. d'Arneth et Feuillet de Conches : « Ce qui peut paraître étrange, c'est que M. Feuillet, qui a pris à Vienne copie de ces lettres, ainsi que cela ressort de sa signature qu'on voit apposée au dos du registre, en aurait aussi les originaux [1]. »

---

[1] Cf. une autre remarque de M. d'Hunolstein sur la lettre à Gustave III, dans sa troisième édition, p. 84, note.

On vient de voir que M. d'Hunolstein avait acquis les lettres de la Reine dans des ventes publiques, et qu'il les tenait en grande partie de M. Jacques Charavay.

Nous savons que, comme M. d'Hunolstein, M. Feuillet de Conches avait acquis dans les ventes publiques ou chez des experts en autographes certaines des lettres de Marie-Antoinette qu'il possédait [1]; il en avait acheté aussi, soit en vente amiable [2], soit chez des particuliers [3]. En outre, comme on le voit par les annotations données dans son second tirage, il puisa plusieurs lettres dans les cabinets de divers amateurs. Il y avait longtemps, d'ailleurs, que M. Feuillet de Conches amassait son riche butin. En 1861, dans ses *Causeries d'un curieux*, il parlait des lettres de Louis XVI et de Marie-Antoinette « retrouvées dans ces derniers temps », et qu'il donnerait au public [4]. Peu après, il racontait que le lieutenant-

---

[1] « J'ai acquis aussi aux enchères publiques quelques lettres de Louis XVI et de Marie-Antoinette, notamment à des ventes de l'*Alliance des arts* dirigée par le bibliophile Jacob, et à des ventes de l'expert Charron (sic). » *Louis XVI, Marie-Antoinette*, etc., t. IV, p. XXIX.

[2] « A une vente amiable de l'expert Charron (sic), qui était fort habile connaisseur, j'ai trouvé à Paris la lettre de Marie-Antoinette à sa mère, en date du 14 juin 1771, dont j'ai donné dans mon troisième volume un fac-similé. » (*Revue des Deux Mondes*, 15 juillet 1866, p. 459; cf. *Louis XVI, Marie-Antoinette*, etc., t. IV, p. XXIX.) Les changements et additions faits à l'article de la *Revue des Deux Mondes*, dans l'introduction de ce tome IV, sont à noter.

[3] « J'ai reçu de deux conventionnels, dont l'un est Courtois, presque toutes les pièces que je possède de Louis XVI.... D'eux je tiens encore quelques lettres de la Reine à Madame de Lamballe, quelques autres à Léopold II, lettres interceptées et peut-être écrites pour qu'elles eussent ce sort; enfin les papiers de Vermond trouvés dans une cachette en une maison qu'il avait achetée à Bielle (Basses-Pyrénées).... Ce n'est plus à Paris que j'ai acheté l'autre lettre (à Marie-Thérèse, du 20 novembre 1771), c'est à Vienne, chez un de ces bouquinistes qu'on appelle antiquaires et qui demeurait tout près de la rue de Carinthie. Enfin, c'est chez ce vieil antiquaire que j'ai trouvé, avec leurs enveloppes revêtues du sceau aux armes accouplées de France et d'Autriche, des lettres de la Reine à son frère Léopold et au comte de Mercy, avec une lettre de Louis XVI à l'Empereur.... » *Louis XVI, Marie-Antoinette*, etc., t. IV, p. XXIX-XXX.

[4] *Causeries d'un curieux, Variétés d'histoire et d'art*, tirées d'un cabinet d'autographes et de dessins par F. Feuillet de Conches. Paris, H. Plon, 1862, p. XXXII. La lettre-préface porte la date du 20 septembre 1861.

colonel du génie Morin, qui, depuis 1820, avait consacré les loisirs de sa retraite à former une collection ethnographique sur la Révolution, possédait des lettres de Louis XVI et de Marie-Antoinette, et que les principaux autographes du colonel Morin avaient passé, du vivant de celui-ci, dans sa propre collection [1]. Enfin, dans la préface du tome III de son recueil, M. Feuillet écrivait en 1865 : « De ces lettres de Marie-Antoinette à sa mère, j'en possède, depuis plus de trente-cinq ans, quelques-unes, apparemment sans avoir recouru à la générosité coupable d'archives se dépouillant en faveur d'un étranger [2]. »

Ceci nous amène à examiner des questions fort intéressantes, et qui n'ont point été suffisamment élucidées.

Quand parurent, en vente publique, les premières lettres de Marie-Antoinette ?

A qui les lettres mises aux enchères étaient-elles adressées ?

Doit-on les regarder toutes comme authentiques ?

III.

LETTRES AYANT PASSÉ DANS DES VENTES D'AUTOGRAPHES

C'est à partir de 1814 que la passion des autographes s'empare des amateurs et qu'on voit se former un certain nombre de collections [3]. Mais c'est seulement en 1822 que parut à Paris, pour la première fois, un catalogue spécialement consacré aux autographes [4]. Il résulte des calculs faits par

---

1. *Causeries d'un curieux*, t. II, p. 201-202. La collection Morin a été décrite dans l'*Histoire-musée de la république française*, par Augustin Challamel (Paris, 1842, 2 vol. gr. in-8).

2. *Louis XVI, Marie-Antoinette et Madame Élisabeth*, t. III, p. xxiv.

3. Voir *Manuel de l'amateur d'autographes*, par P.-Jul. Fontaine. Paris, 1836, in-8, p. 23. La deuxième partie de ce *Manuel* contient (p. 70-176) la nomenclature des catalogues d'autographes, avec l'énumération des principales pièces et leur prix de vente, de 1820 à 1835.

4. Voir *Dictionnaire des pièces autographes volées aux bibliothèques publiques de France, précédé d'observations sur le commerce des autographes*, par Lud. Lalanne et H. Bordier. Paris, 1851, in-8, p. 6. — Dans une notice consa-

MM. Ludovic Lalanne et Henri Bordier, au cours de la laborieuse enquête à laquelle ils se livrèrent en 1849 et années suivantes, que, de 1822 à 1835, il y eut à Paris environ quarante-six ventes, dont quelques-unes seulement furent exclusivement consacrées aux autographes, et que l'on peut évaluer à douze mille le nombre des pièces qui y figurèrent. A partir de 1836, le commerce des autographes prend un nouvel essor. Dans la période de 1836 à 1840, vingt-trois ventes ont lieu, comprenant onze mille pièces. De 1841 à 1845, trente-neuf ventes, avec quinze mille pièces. De 1846 à 1850, trente-trois ventes, avec trente-deux mille pièces. Et les auteurs ajoutent que ces chiffres sont de beaucoup au-dessous de la réalité : un grand nombre de pièces étaient vendues de la main à la main, sans passer aux enchères [1].

D'où venait cette profusion d'autographes ? En bonne partie — il faut bien le dire — de soustractions opérées dans les dépôts publics. Le fait a été pleinement mis en lumière par MM. Lalanne et Bordier [2]. Mais une part revient aussi à la fabrication de faux autographes. C'est un fait également indubitable et qui a été établi en diverses occasions : il y eut alors des officines où d'habiles faussaires forgèrent nombre de pièces, lancées ensuite dans la circulation.

---

crée à Jacques Charavay (mort dans sa cinquante-huitième année, le 23 avril 1867), M. Feuillet de Conches s'exprimait en ces termes (*l'Amateur d'autographes* du 1ᵉʳ mai 1867) : « Le goût des autographes commençait alors à vouloir s'étendre…. Mais ce n'était pas un goût suffisamment répandu, ayant son rayonnement, sa science, son commerce et ses ventes réglées. Deux ou trois personnes seulement s'occupaient accessoirement d'aider les amateurs dans leurs recherches. C'était le libraire Techener, et surtout le relieur Charon, qui, avec Lefèvre, l'intelligent libraire de l'arcade Colbert, mettait la plus active sagacité à l'expansion du culte de l'autographe…. Charon fit des ventes publiques nombreuses et versa dans le commerce de précieux matériaux pour les écrivains, s'étudiant surtout encore à servir d'intermédiaire aux Curieux pour les relations d'échange…. Parut à cette époque Charavay…. Il fit aussi des ventes publiques nombreuses, dont le chiffre se monte à plus de soixante-quinze et dont la première date de mars 1843. »

1. *Dictionnaire des pièces autographes volées*, etc., p. 7-10.
2. Même ouvrage.

En tête du catalogue d'une vente faite les 1er-2 avril 1843, sous les auspices de *l'Alliance des arts*, on lisait :

« La liste des noms que renferme ce catalogue serait sans doute la meilleure préface qu'on pût y joindre. La plupart de ces noms se recommandent d'eux-mêmes aux amateurs, et quelques-uns figurent pour la première fois dans un catalogue. Mais d'où viennent ces autographes ? demandera-t-on. Eh ! qu'importe leur origine, pourvu qu'ils soient authentiques, rares et curieux ! Ils viennent, d'ailleurs, de différentes sources ; ils ont été rassemblés à diverses époques ; mais ils ont tous été scrupuleusement examinés et choisis. Ils peuvent se présenter avec assurance aux vrais connaisseurs, M. Feuillet, le premier des autographophiles français, MM. Chambry, de Flers, Delalande, etc., qui sont des juges souverains en fait d'autographes [1]. »

« Je m'étonne — disait M. Paul Lacroix dans une discussion au sujet de pièces suspectes [2] — je m'étonne que M. Labouchère ne sache pas encore que beaucoup de faux autographes, qui datent de 1839 et 1843 surtout, circulent et ont circulé parmi les collections [3]. » Et un peu plus tard, il ajoutait : « Il y a beaucoup de faux autographes de par le monde. C'est affaire aux amateurs, aux collectionneurs, aux experts de s'en garer et de leur dire leur fait, en leur tournant le dos [4]. »

Un artiste peintre, du nom de Betbeder, adressa, en 1862, à *l'Intermédiaire des chercheurs* une note où il déclarait qu'il se faisait fort « de livrer une imitation tellement complète, tellement identique, que les nuances de l'encre, les accidents les plus minimes, sont toujours reproduits, aussi bien que les papiers, parchemins et sceaux, à tel point, disait-il, que je défie qui que ce soit de discerner la reproduction de l'original [5]. »

---

1. *Catalogue d'autographes réunis par les soins de* « *l'Alliance des arts* ». Paris, 1844, in-8 de 47 p.
2. Voir *l'Amateur d'autographes*, numéros des 1er juin, 1er juillet et 1er août 1864, t. III, p. 167, 193 et 225.
3. *L'Amateur d'autographes*, t. III, p. 230.
4. *Id., ibid.*, p. 273.
5. Voir *l'Intermédiaire des chercheurs* du 15 mars 1861, t. I, p. 44.

M. Betbeder voulut faire juge de son procédé le Conseil du cercle de la librairie, qui déclara que ses fac-similés d'autographes défiaient l'œil le plus exercé [1].

La circulation des faux autographes était donc, dès 1844, un fait avéré. On composa à cette époque une chanson satirique, intitulée *le Marchand d'autographes*, où les procédés en usage étaient constatés avec une franchise qu'on pourrait qualifier de cynique. On nous permettra d'en citer quelques couplets :

> Messieurs, j'ai des autographes
> De tous temps, de tous pays ;
> Signatures et paraphes
> Que je vends non garantis.
> . . . .
> Cet autographe si beau
> Est du fameux Mirabeau.
> Il est écrit tout entier
> De la main.... de son portier.
>
> Entre la Perse et la Chine
> Voilà le traité de paix ;
> Quoi qu'on dise, j'imagine
> Qu'il n'en exista jamais.
>
> Mais moi, je n'ai point douté
> De son authenticité ;
> Des archives dont il sort
> On y voit le timbre encor.
>
> Car, soit dit sans vous déplaire,
> On n'est point franc amateur
> A moins d'être un peu faussaire
> Ou légèrement voleur [2].

[1]. *Journal général de la librairie*, numéro du 9 avril 1864. Cf. *Intermédiaire des chercheurs*, t. I, p. 73.

[2]. Cette chanson, dont MM. Lalanne et Bordier ont donné quelques couplets (*Dictionnaire des pièces volées*, p. 12, note), a été publiée *in extenso* par M. de Lescure, *Les autographes en France et à l'étranger* (Paris, Jules Gay, 1865, in-8), p. 58-61. — Voir, sur les faux autographes, deux passages de ce dernier ouvrage, p. 26-28 et 124-128, et quelques lignes de M. Feuillet de Conches (t. III, préface, p. xx) : « Toutes ces supercheries et rouerics littéraires, tous ces jeux de l'esprit de mensonge, qui ne sont qu'une variété du faux, sont, comme le faux lui-même, des crimes contre un des premiers biens de la conscience humaine, contre l'honnêteté de l'histoire. »

A propos de la célèbre affaire Vrain-Lucas, M. Étienne Charavay écrivait en 1870 :

« .... Il y a des hommes qui fabriquent des documents en essayant de leur donner le semblant de pièces originales. Ceux-là sont des faussaires, car leur but est le mensonge et le lucre. Les faux de ce genre sont bien vieux.... Ceux-là qui fabriquent des documents sont des hommes dangereux, que les amis de la vérité doivent combattre sans relâche. Il faut déjouer leurs complots ténébreux, démasquer leurs batteries, mettre à néant leurs productions.... C'est ce que, humble pionnier, nous avons fait et voulons faire toute notre vie, dans la mesure de nos forces [1]. »

Or, l'une des principales victimes de la coupable fraude que nous signalons a été la reine Marie-Antoinette.

C'est en 1822 qu'apparut la première lettre de la Reine. Elle figura dans une vente faite par le libraire Pluquet [2], et fut adjugée au prix de 120 fr. En 1833, la même lettre (selon toute apparence) fut vendue 51 fr. à la vente Bruères de Chalabre, et une autre lettre atteignit le prix de 81 fr. à la vente Lerouge. En 1838, un simple billet est vendu 19 fr. De 1839 à 1842, trois lettres de peu d'importance sont mises en vente.

---

1. *Faux autographes. Affaire Vrain-Lucas. Étude critique sur la collection vendue à M. Michel Chasles et observations sur les moyens de reconnaître les faux autographes*, par Étienne Charavay, archiviste paléographe, expert en autographes (Paris, 1870, in-8 de 32 p.), p. 28-29. Extrait de *l'Amateur d'autographes* des 1er-15 mars 1870, t. IX, p. 90-91.

2. *Collection d'autographes contenant plus de 550 pièces rangées systématiquement.* Paris, Pluquet, in-8 de 16 p. Voir pour la bibliographie des catalogues d'autographes : 1° le *Manuel d'autographes* de Fontaine, où sont énumérées les ventes faites de 1820 à 1835 (p. 70-176) ; 2° le *Dictionnaire des pièces autographes volées*, de Lalanne et Bordier, qui donne l'indication des catalogues de 1820 à 1853 (p. 35-54 et 288-290) ; 3° *l'Amateur d'autographes*, années 1862-1863 (t. I et II), où se trouve une liste très complète, qui n'a que l'inconvénient d'être disséminée dans ces deux volumes. (Cf. Supplément donné par Paul Lacroix dans le numéro du 1er juin 1865, t. IV, p. 167-171.) Il est regrettable qu'elle n'ait point été tirée à part au fur et à mesure de la publication. Ajoutons qu'il est non moins regrettable qu'elle n'ait point été poursuivie, dans *l'Amateur d'autographes*, à partir du mois de juin 1862, dernière limite de la bibliographie (t. II, p. 310). — Voir sur cette première vente *l'Amateur d'autographes*, t. II, p. 161.

A partir de 1843, les lettres de Marie-Antoinette apparaissent plus nombreuses et atteignent des prix assez élevés. Il ne sera pas inutile d'examiner dans quelles conditions certaines de ces lettres furent livrées aux enchères.

Le 25 juin 1842 paraissait le premier numéro du *Bulletin de l'Alliance des arts*, sous la direction de MM. Paul Lacroix (bibliophile Jacob) et T. Thoré, publié le 10 et le 25 de chaque mois. Il était l'organe d'une association composée de bibliographes, d'artistes et de capitalistes, et ayant pour objet « d'améliorer et de faciliter les transactions commerciales ». Dans le numéro du 10 octobre 1843, on lisait :

« Le *Journal des femmes*, rédigé avec tant de goût et de distinction par Mme Juliette Lormeau, a publié le *fac-simile* d'une lettre entièrement inédite de Marie-Antoinette, reine de France. Cette lettre, dont l'original fait partie de l'admirable collection d'autographes de M. Feuillet de Conches, mérite d'être citée comme monument historique. Son style et ses fautes d'orthographe peuvent servir d'ailleurs à contrôler les lettres qu'on attribue à cette reine, d'origine autrichienne, qui empruntait souvent la plume de Mme de Polignac et de quelques autres personnes de son intimité. C'est à cette dame que la lettre suivante a été adressée, lorsqu'elle était à Londres [1]. »

Suit une lettre à la duchesse de Polignac, en date du 9 avril 1787, que nous retrouverons plus loin.

Dès le mois de novembre 1842, *l'Alliance des arts* avait commencé la publication d'une série de catalogues d'autographes. Dans les premiers, nous ne trouvons point de lettres de Marie-Antoinette. Mais, dans le *Catalogue d'autographes provenant du cabinet de M. E...., de Zurich* (lisez Alexandre Martin, Laroche-Lacarelle et autres), rédigé par le libraire Charavay, de Lyon (vente des 11-16 mars 1843), nous rencontrons une lettre de la Reine, qui fut vendue 40 fr. En mai suivant, l'expert Charon mit en vente une lettre au

---

[1]. *Bulletin de l'Alliance des arts*, 10 octobre 1843, t. II, p. 119.

marquis de Bérenger, adjugée au prix de 170 fr. Au commencement de 1844 (5-9 février), le même expert mit en vente une lettre à la princesse de Lamballe, qui atteignit le prix de 200 fr. Alors paraissent trois catalogues de *l'Alliance des arts*. Dans le premier (18 mars 1844), on trouve un ordre de paiement, en date du 31 décembre 1784, portant la signature de la Reine (n° 212), vendu 14 fr.; dans le second (1er-2 avril 1844) paraît (n° 170) une lettre autographe à la duchesse de Polignac, vendue 111 fr.; dans le troisième (3-4 juin 1844), une lettre collective de Louis XVI et de Marie-Antoinette (n° 109 *bis*), vendue 83 fr. Enfin, une lettre autographe et signée, adressée à l'empereur Léopold II, en date du 4 octobre 1791, fut mise en vente par l'expert Charon; elle faisait partie du cabinet de M. L*** (Lalande, secrétaire de la présidence de la Chambre des pairs), sous le n° 367 (vente des 3-13 avril 1844), et atteignit le prix de 330 fr.

De 1845 à 1848, de nombreuses lettres passent dans les ventes : 1845, 14-17 mai, vente par Charon, n° 230, lettre autographe et signée à la princesse de Lamballe, 65 fr.; 8-11 décembre, vente par Charon, n° 269, lettre autographe et signée à Necker, 75 fr., et n° 270, billet autographe et signé, 32 fr. — 1846 : 16-20 avril, vente par Charon, n° 302, lettre autographe et signée, en date du 29 mai 1790, 106 fr. — 1847 : 4-10 février, vente du baron de L. L. (Laroche-Lacarelle) faite par Charon, n° 424, lettre autographe et signée, en date du 12 septembre 1791, 280 fr.; 10-13 mars, vente par Charavay, n° 322, lettre autographe et signée à Léopold II, en date du 3 septembre 1791, 80 fr. (cf. *Bulletin d'autographes* de Charavay, n° 856, 1er mars 1847, la même lettre, 100 fr.), et n° 323, lettre autographe et signée à la princesse de Lamballe, en date du 4 septembre 1791, 60 fr.; 22-25 mars, vente par Charon, n° 310, lettre autographe et signée, 37 fr.; 25-26 mai, vente du général Naudet, n° 198, lettre autographe et signée à la princesse de Lamballe, 24 fr. La même année paraît à la vente Donnadieu, faite à Londres les 29 juin et jours suivants, n° 175, une lettre autographe et signée à un archiduc d'Autriche, frère de la

Reine, en date du 7 juin 1791. — 1848 : *Bulletin d'autographes* de Charavay de février, n° 1600, lettre autographe et signée au comte de Lusace, 6 fr. 50 ; 23-29 novembre, vente par Laverdet (renvoyée aux 23-29 novembre), n° 423, lettre autographe et signée à la princesse de Lamballe, avec une apostille de Madame Élisabeth, 147 fr.

Nous pourrions poursuivre cette énumération. Mais il nous suffira de constater ici que, parmi les lettres autographes et signées de la Reine, plusieurs furent vendues aux prix de 70, 75, 90, 100, 130, 140, 161, 320, 335 et 350 fr. Enfin, une lettre à la princesse de Lamballe, où se trouvait la signature du Dauphin, atteignit en 1860 le prix de 700 fr., et fut revendue en 1865 moyennant 760 fr.

Quel est le caractère d'authenticité de ces lettres ? C'est ce qu'il convient maintenant d'examiner.

Deux séries importantes doivent attirer spécialement notre attention ; car, d'une part, elles ont atteint les prix les plus élevés, et, d'autre part, elles ont été acceptées de confiance et ont servi de base à certaines publications [1] : 1° les lettres à la duchesse de Polignac ; 2° les lettres à la princesse de Lamballe [2]. Il est donc utile de dresser l'inventaire de ces documents et de rechercher par quelles mains ils ont passé avant d'être livrés aux amateurs.

---

[1]. « Sans les cabinets d'autographes, MM. de Beauchesne, de Vieil-Castel, Campardon, de Lescure, n'auraient pu publier leurs travaux sur Marie-Antoinette, Louis XVII ou sur la princesse de Lamballe. » *Les autographes en France et à l'étranger*, par M. de Lescure, 1865, p. 292.

[2]. Ces lettres ont été reproduites par les deux historiens de la princesse de Lamballe, MM. Mathurin de Lescure et Georges Bertin.

IV.

LETTRES A LA DUCHESSE DE POLIGNAC

Les premières lettres de Marie-Antoinette à la duchesse de Polignac qui soient venues à la connaissance du public ont été données par extraits dans un ouvrage publié à Hambourg en 1796, sous ce titre : *Mémoires sur la vie et le caractère de Madame la duchesse de Polignac, avec des anecdotes intéressantes sur la Révolution française et sur la personne de Marie-Antoinette, reine de France*, par la comtesse Diane de Polignac [1]. L'ouvrage s'ouvre par une préface en anglais, où l'on affirme son authenticité. Il eut bientôt une édition française, qui parut l'année suivante à Paris [2], et où le *Discours de l'éditeur* n'est autre chose que la traduction de la préface de l'édition originale. Dans son *Histoire de Marie-Antoinette*, publiée en 1797 sous le voile de l'anonyme, Montjoye reproduisit les fragments de lettres donnés par la comtesse Diane de Polignac : « J'ai tiré, disait-il [3], ces fragments de lettres et tout ce que j'ai dit de la liaison de la Reine avec la duchesse de Polignac d'un petit écrit intitulé *Mémoires de Madame la duchesse de Polignac*, etc. (il cite l'édition française). Je ne me suis aidé de cet écrit qu'après m'être assuré qu'il était authentique. Outre qu'il n'a paru que dans un temps où l'on n'avait aucun intérêt à solliciter pour les augustes amis de la duchesse de Polignac des sentiments qui ne pouvaient plus rien pour leur bonheur, il est aisé de voir que le mensonge ne saurait imiter ce style simple, naïf, ce ton de candeur que l'auteur emploie

---

1. A Hambourg, chez Pierre-François Fauche, 1796, in-8 de x-52 p.
2. *Mémoires de Mme la duchesse de Polignac, avec des particularités sur sa liaison avec Marie-Antoinette, reine de France*, par la comtesse Diane de Polignac. A Paris, au bureau général des nouveautés, rue Gît-le-Cœur, n° 16, an V de l'ère française, in-18 de 108 p.
3. Note de la page 263.

et qui est le seul langage de la vérité. Il est heureux qu'on nous ait fait connaître ces fragments de lettres, où l'on voit si bien tout ce qu'avait de touchant et d'aimable cette liaison si calomniée, » etc.

En 1828, J.-B. Gail, conservateur des manuscrits de la Bibliothèque du Roi, fit paraître la deuxième édition d'un ouvrage intitulé : *Lettres inédites de Henri II, Diane de Poitiers, Marie Stuart...., suivies de lettres inédites de LL. MM. Louis XVI et Marie-Antoinette, de leurs testamens, et de l'inscription du monument expiatoire de la Conciergerie*, avec de nombreux *fac-simile* 1. On lisait dans l'avertissement : « La deuxième édition que nous publions se trouve singulièrement augmentée et enrichie des lettres inédites de Leurs Majestés Louis XVI et Marie-Antoinette. MM. les prince et duc de Polignac en sont les possesseurs. Je les priois de me permettre de contempler, de toucher ces lettres, monument sacré : m'accordant bien au delà de mes espérances, me permettant d'en prendre le calque et de les insérer dans mon *Philologue*, ils m'ont accordé une faveur signalée qui ne sera pas pour moi seul et qui a droit à la reconnaissance publique. »

Dans les quatre lettres de la Reine données en *fac-simile* à la fin du volume, on retrouve la plupart des fragments qu'on avait pu lire dans le livre de la comtesse Diane de Polignac. L'authenticité des documents dont il s'agit est donc incontestable.

En est-il de même pour d'autres lettres, mises en vente à partir de 1843, ou se trouvant dans des collections particulières?

Il importe tout d'abord de dresser une liste aussi complète que possible des lettres de la Reine à la duchesse de Polignac. Voici l'indication de celles dont nos recherches nous ont révélé l'existence.

---

1. [1786] 2, 7 avril. L. A. S. « Ce 7 avril. » 1 p. 1/2 pet. in-8. « Je ne peux résister au besoin.... » *Die Sammlung von Autographen und Historischen*

---

1. A Paris, chez Gail neveu, 1828, in-8 de VI-100 p.
2. Ces dates, il faut le remarquer, ne reposent le plus souvent que sur des conjectures ; on ne doit donc pas y attacher une grande valeur.

Documenten Sᵉ Exc. des Verstorbenen Herrn Ludwig Graf Paar. Berlin, Albert Cohn, 1893. Vente des 20-25 mars 1893, n° 230 (avec le texte de la lettre). Vendu 270 marcs (337 fr. 50).

2. [1786, 31 août]. L. A., sans date. « Venez pleurer avec moi.... » (Sur l'arrêt du Parlement dans l'affaire du Collier.) Éd. Feuillet de Conches, *Louis XVI, Marie-Antoinette et Madame Elisabeth*, t. I, 2ᵉ tirage, p. 161 [1] (« Autographe de mon cabinet »). Reproduit en *fac-simile*, en 1863, par M. Émile Campardon, *Marie-Antoinette et le procès du Collier*, p. 153 (d'après communication de M. Feuillet de Conches).

3. [1787, 9 avril]. L. A. S. « 9 avril 1787. » « Merci, mon cher cœur, de votre lettre, qui m'a fait du bien.... » *Fac-simile* dans *Journal des femmes* (directrice, Mᵐᵉ Juliette Lormeau), en tête du numéro de janvier 1843 (tiré du cabinet de M. Feuillet de Conches). Éd. *Bulletin de l'Alliance des Arts*, t. II (10 octobre 1843), p. 119, d'après le *fac-simile*, avec indication que l'original fait partie de l'admirable collection de M. Feuillet de Conches. Fragm. Goncourt, *Histoire de Marie-Antoinette*, 2ᵉ édit., 1859, p. 176-177 ; Lescure, *La vraie Marie-Antoinette*, p. 92 (avec la date de 1789). Éd. Feuillet de Conches, *l. c.*, t. I, p. 190-192 (« Autographe de mon cabinet »).

4. [1787], 11 avril. L. A. S. « Ce 11 avril. » 3 p. pl. in-8. « Je n'ai pas besoin de vous dire, mon cher cœur, tout le plaisir que j'ai eu en recevant votre dernière lettre.... » Bulletin Charavay, novembre 1851, n° 3159, 100 fr. [2]. Éd. Feuillet de Conches, *l. c.*, t. I, p. 192-194, sans signature (« Autographe de mon cabinet »).

5. 1788 (?), 31 août. L. A. S. « Ce 31 août. » « Il m'a été impossible, mon cher cœur, de revenir de Trianon.... » Éd. Goncourt, *Histoire de Marie-Antoinette*, p. 272 (« Lettre autographe signée, communiquée par M. le marquis de Flers ») ; Lescure, *La vraie Marie-Antoinette*, p. 90.

6. [1789, 3 mai]. L. A., sans date. « Les circonstances présentes occupent bien ma tête, mais elles affectent encore plus mon cœur.... » Éd. Feuillet de Conches, *l. c.*, p. 220 (« Autographe de mon cabinet »).

1. Les indications se rapportant au recueil de M. Feuillet de Conches, pour les tomes I et II, sont prises dans le second tirage. Les renvois au recueil du comte d'Hunolstein se rapportent à la 3ᵉ édition, augmentée des dix-neuf lettres du supplément. Les renvois à l'*Histoire de Marie-Antoinette*, par M. de Goncourt, à la 2ᵉ édition (1859).

2. M. Charavay dit ici : « *Nota*. Les lettres à la duchesse de Polignac sont d'une extrême rareté. »

INTRODUCTION.   XXXV

7. [1789, 11 juillet]. L. A., sans date. « Je ne peux me coucher, mon cher cœur, sans vous dire que M. N[ecker] est parti.... » Éd. Feuillet de Conches, *l. c.*, t. I, p. 227-228 (« Autographe de mon cabinet »).

8. [1789, 16 juillet]. Billet aut. sans date. « Adieu, la plus tendre des amies.... » Autographe, Papiers de la famille de Polignac (chez le duc actuel). Éd. *Mémoires sur la vie et le caractère de Mme la duchesse de Polignac....*, par la comtesse Diane de Polignac, *l. c.*, p. 28 ; Goncourt, *l. c.*, p. 249 ; Lescure, *l. c.*, p. 91. Reproduit par Feuillet de Conches, t. III, p. 180, d'après les « Papiers de famille du duc de Polignac », avec quelques variantes.

9. [1789, juillet]. L. A., sans date. « Un petit mot seulement, mon cher cœur ; je ne peux résister au plaisir de vous embrasser encore.... » Éd. Goncourt, *l. c.*, p. 250 (« Lettre autographe communiquée par M. Chambry ») ; Lescure, *l. c.*, p. 93 (avec signature).

10. 1789, 29 juillet. L. A. S. de Louis XVI et de Marie-Antoinette, avec apostille signée de Madame Élisabeth. « Ce 29 juillet 1789. » « Je ne peux laisser passer, mon cher cœur, l'occasion sûre, sûre, qui se présente de vous écrire encore une fois aujourd'hui..... » Éd. Goncourt, *l. c..* p. 250-251 (« Lettre autographe signée, communiquée par M. le marquis de Flers ») ; Lescure, *l. c.*, p. 93.

11. Lettre semblable de la Reine, sans signature, en date du 2e juillet, avec apostille de deux lignes, de la main de Madame Élisabeth, et la signature E. M., dans Feuillet de Conches, t. II, p. 474-475 (« Cabinet de M. le marquis Joachim de Pepoli »).

12. 1789, 7 août. L. A. S. « Je viens d'écrire beaucoup de lettres, mon cher cœur.... » Cabinet du marquis de Biencourt.

13. [1789], 12 août. L. A. « Ce 12 d'août. » « Je n'ose vous écrire qu'un mot, mon cher cœur. Mais je suis encore bien heureuse de ce que par Mme de Pienne je peux vous parler de toute mon amitié.... » Autographe, Papiers de la famille de Polignac. Éd. Feuillet de Conches, *l. c.*, t. III, p. 185-187 (« Papiers de famille du duc de Polignac »).

14. [1789], 31 août. L. A. « Ce 31 août. » 3 p. pl. in-8. « Mme de Pienne a été si souvent au moment de partir que je ne sais pas encore si c'est tout de bon.... » Autographe, Papiers de la famille de Polignac. Fragment dans Diane de Polignac, *l. c.*, p. 37. Éd. Gail, *Lettres inédites de Henri II*, etc., p. 81-83, avec *fac-simile*. Cette lettre figure, sous le n° 170, dans un *Catalogue d'autographes* publié sous les auspices de *l'Alliance des Arts*, vente

des 1er-2 avril 1844 [1], où l'on en a reproduit un fragment. Ce fragment a été publié par Goncourt, *l. c.*, p. 252, et par Lescure, *l. c.*, p. 99. Enfin, M. Feuillet de Conches a publié (t. I, p. 364-366) la lettre dans son intégrité, d'après un autographe de son cabinet, et en a donné un *fac-simile* qui a été inséré dans le troisième volume de son recueil (p. 303).

15. 1789, 14 septembre. L. A. S. « Le 14 septembre 1789. » « J'ai pleuré d'attendrissement, mon cher cœur, en lisant votre lettre.... » Éd. GONCOURT, *l. c.*, p. 254 (« Lettre autographe signée, communiquée par le marquis de Biencourt »); LESCURE, *l. c.*, p. 100.

16-17. [1789], 19 novembre. L. A. « Ce 19 novembre. » 2 p. pl. in-8. « Je ne peux résister au désir de vous dire un mot, mon cher cœur.... » Autographe, Papiers de la famille de Polignac (chez le duc actuel). Éd. GAIL, *l. c.*, p. 83-84, avec *fac-simile* ; FEUILLET DE CONCHES, *l. c.*, t. I, p. 386 (sans indication de provenance). Cette lettre se trouve, en original *signé*, chez Mlle d'Arjuzon, qui la tient de son oncle, le comte de Reiset, lequel l'avait publiée, en 1876, dans son livre *Lettres inédites de Marie-Antoinette et de Marie-Clotilde de France*, p. 101-102, avec la signature. Voici ce que disait le comte de Reiset au sujet de la provenance de la lettre : « Cette missive.... m'a été donnée par mon neveu le comte d'Arjuzon, qui l'avait reçue de son père. Elle provenait de la belle collection de son aïeule la comtesse d'Arjuzon, ancienne dame d'honneur de la reine de Hollande, qui, pendant la Révolution, avait été elle-même enfermée à la Conciergerie. » Comment cette lettre, donnée en *fac-simile* par Gail dans son volume de 1828, serait-elle passée dans la collection de la comtesse d'Arjuzon ? Comment, en y passant, aurait-elle revêtu une signature qu'elle ne possédait point auparavant ? Ce sont là des mystères qu'il est malaisé d'éclaircir. Ce que nous pouvons dire, c'est que nous avons vu la lettre, que Mlle d'Arjuzon a bien voulu placer sous nos yeux, et que nous avons constaté que la signature se trouve placée après le trait final par lequel Marie-Antoinette terminait souvent ses lettres intimes, lesquelles ne portaient point de signature.

18. [1789], 13 décembre. L. A. « Ce 13 décembre. » « Enfin, mon cher cœur, il m'est possible de vous dire un mot de ma tendre amitié. » Autographe, Papiers de la famille de Polignac (chez le duc actuel). Éd. FEUILLET DE CONCHES, t. III, 216-217 (« Papiers de famille du duc de Polignac »).

19. [1789], 29 décembre. L. A. « Ce 29 décembre. » 4 p. pl. in-8. « J'ai été bien heureuse, mon cher cœur, d'avoir de vos nouvelles et encore plus

---

[1]. La lettre fut vendue 111 fr. Une autre lettre, non cataloguée, fut vendue le même prix.

d'avoir une occasion sûre jusqu'à Turin pour vous écrire et vous parler de mon amitié.... » Autographe, Papiers de la famille de Polignac (chez le duc actuel). Fragment, DIANE DE POLIGNAC, *l. c.*, p. 39 (reproduit : LESCURE, *l. c.*, p. 94-95). Éd. GAIL, *l. c.*, p. 84-86, avec *fac-simile*; FEUILLET DE CONCHES, *l. c.*, t. II, p. 404-407 (sans indication de provenance).

20. 1790, 7 janvier. L. A. S. « Ce 7 janvier 1790. » « Je ne peux résister au plaisir de vous embrasser, mon cher cœur.... », avec une apostille du Roi. *Fac-simile* dans BEAUCHESNE, *Louis XVII*, etc., 3ᵉ édit., 1861, t. I, à la page 158. Éd. GONCOURT, *l. c.*, p. 339 (qui la date de 1792); LESCURE, *l. c.*, p. 101 ; FEUILLET DE CONCHES, *l. c.*, t. III, p. 129-130, sans les signatures, avec cette annotation : « Cette lettre est une de celles que j'avais prêtées à M. de Beauchesne, qu'il a fait lithographier, et dont le lithographe a oublié d'indiquer la provenance. »

21. 1790, 4 mars. L. A., au duc de Polignac. « Ce 4 mars 1790. » 1 p. pl. in-8. « J'ai montré votre lettre au Roi, et vous ne devez pas douter, Monsieur, du plaisir que nous avons à consentir au mariage de votre fils.... » Autographe, Papiers de la famille de Polignac (chez le duc actuel). Éd. GAIL, *l. c.*, p. 80 (avec *fac-simile*); FEUILLET DE CONCHES, *l. c.*, t. I, p. 314 (sans indication de provenance).

22. [1790], 23 mars. L. A. « 23 mars. » 2 p. 1/4 in-8. « .... J'espère que votre mari aura reçu ma réponse. Je me plaisais à l'écrire, puisqu'au moins je pouvais vous parler un moment à tous deux de mes sentiments.... » Fragment, DIANE DE POLIGNAC, *l. c.*, p. 40, où l'on dit que « ce fut la dernière lettre qui parvint à la duchesse ». Mais il doit y avoir eu confusion à cet égard, car la lettre qui suit, en date du 23 août, ne paraît pas pouvoir être de 1789 : nous avons deux lettres authentiques des 12 et 31 août ; il est donc invraisemblable que la Reine eût pris la plume le 23. Cette lettre a été mise en vente le 1ᵉʳ février 1877. Voir *Miniatures et autographes concernant Marie-Antoinette et la famille royale, provenant de la duchesse Yolande de Polignac*, n° 11 ; elle fut vendue 640 fr. à lord Beaumont.

23. [1790], 23 août. L. A. « Ce 23 d'août. » 1 p. 1/2 in-12. « On m'assure que la voie par laquelle cette lettre vous arrivera est sûre.... » Autographe, Papiers de la famille de Polignac (chez le duc actuel). Nous avons eu communication de cette lettre ; elle porte la date de 1789, mais d'une autre main que celle de la Reine ; nous estimons qu'elle doit être de 1790. Fragment dans DIANE DE POLIGNAC, *l. c.*, p. 37. Éd. FEUILLET DE CONCHES, *l. c.*, t. III, p. 303-304 (« Papiers de famille du duc de Polignac »).

24. [1790, 7 septembre]. L. A. S. « Le 7. » « Il y a trop de difficultés à faire tenir une lettre, ma tendre amie, pour que je puisse espérer que des en-

vois nombreux réussissent.... » Éd. Hunolstein, *Correspondance inédite de Marie-Antoinette*, 3ᵉ édit., p. 205.

25. [1790], 26 novembre. L. A. « Ce 26 novembre. » « J'ai pour vous écrire, mon cher cœur, une occasion plus sûre qu'aucune que j'aie eue jusqu'ici.... » Avec apostille de la main du Roi. Éd. Feuillet de Conches, *l. c.*, t. I, p. 392-393 (sans indication de provenance).

26. [1791]. Billet aut., 3 lignes. « Non, non, mon amie, la guerre civile est une horreur, la guerre étrangère une infamie; il faut subir ce que Dieu envoie. » Éd. Hunolstein, *l. c.*, p. 310.

27. [1791], 19 septembre. L. A. « Ce 19 septembre. » « J'ai reçu votre lettre, mon cher cœur, avec toute l'amitié que vous pouvez attendre de moi.... » Éd. Feuillet de Conches, *l. c.*, t. II, p. 352 (« Cabinet de M. le baron de Chassiron »).

28. [1791], 16 décembre. L. A. S., 1 p. 1/2 in-4. « .... Vos deux dernières lettres me sont arrivées à la fois, mon cher cœur.... » Précédée d'une lettre du Roi, signée. *Alliance des Arts. Catalogue d'autographes des XVIIIᵉ et XIXᵉ siècles*. Vente les 3 et 4 juin 1844, n° 109 *bis* (vendue 83 fr.). Cette lettre a reparu, en 1855, dans un catalogue de vente par Charavay, n° 200, et le 15 décembre 1855, dans le catalogue Renouard, n° 666 (vendue 335 fr.). Elle appartient présentement à M. le duc de Doudeauville. Éd. partiellement Bertin, *Mᵐᵉ de Lamballe*, p. 272.

29. 1792, 17 mars. L. A. S. « Ce 17 mars 1792. » 4 p. pl. in-8. « Vos deux lettres tout aimables comme vous me sont arrivées depuis longtemps, ma tendre amie.... » *Fac-simile* dans Feuillet de Conches, *Causeries d'un curieux*, t. II (1862), à la page 204. Texte dans *Louis XVI, Marie-Antoinette*, etc., t. V, p. 337, sans signature.

Voilà donc vingt-neuf lettres qui auraient été écrites par la Reine à la duchesse de Polignac. On peut s'étonner de ce nombre considérable, si l'on se rappelle cette remarque, faite par M. Jacques Charavay alors qu'il offrait au public une de ces lettres : « Les lettres à la duchesse de Polignac sont de la plus grande rareté. » Il ne sera pas inutile de faire observer que, sur ces vingt-neuf lettres, neuf seulement se trouvent parmi les papiers de famille de la maison de Polignac; les autres ont été tirées de collections particulières. La plupart ont été publiées par M. Feuillet de Conches, lequel, à lui seul, en possédait huit (n°ˢ 2, 3, 4, 6, 7, 20, 25 et 29 de la liste qui précède). D'où ces lettres venaient-elles ? M. de Lescure, qui paraît avoir reçu quelques-unes des confidences du célèbre collectionneur, nous apprend quelque part que « c'est chez un épicier de la rue Montaigne que M. Feuillet de Conches a retrouvé les lettres de Marie-Antoinette à Mme de Polignac, jetées par les fenêtres des écuries du Roi, dont un Polignac était gouverneur en 1848 (sic), par un peuple ivre de sa facile victoire [1]. » Remarquons en outre que douze au moins de ces lettres portent les signatures de la Reine (n°ˢ 1, 3, 4, 5, 10, 12, 15, 17, 20, 24, 28, 29). Or, si, d'une part, l'on « sait ce que la signature ajoute, comme valeur, à certaines pièces [2], » on peut constater, d'autre part, qu'aucune des neuf lettres provenant de la famille de Polignac ne porte de signature.

La première lettre de Marie-Antoinette à la duchesse de Polignac qui ait été mise au jour (en 1843) était signalée comme faisant partie « de l'admirable collection de M. Feuillet de Conches ». C'est celle, en date du 9 avril 1787, qui figure ci-dessus sous le numéro 3, et dont le caractère apocryphe saute aux yeux. Cette lettre n'a paru dans aucune vente ; elle est restée dans le cabinet de M. Feuillet de Conches jusqu'au jour (1864) où il lui a donné place dans le tome Ier de son recueil, sans en indiquer la provenance, qu'il ne fit connaître que dans son second tirage.

En examinant avec soin les lettres publiées par M. Feuillet de Conches, on peut faire les observations suivantes.

La lettre qui porte le n° 10, publiée par MM. de Goncourt d'après l'autographe, avec signature, tiré du cabinet de M. le marquis de Flers, se retrouve chez M. Feuillet (n° 11) comme étant tirée du cabinet du marquis Pepoli. Ici elle est sans signa-

---

1. *Les autographes en France et à l'étranger*, p. 122.
2. *Inventaire des autographes et des documents historiques composant la collection de M. Benjamin Fillon* (février 1877). Préface de M. Étienne Charavay, p. xii.

ture, datée du 28 au lieu du 29 juillet, et avec une apostille de la main de Madame Élisabeth.

La lettre qui porte le n° 14, dont l'autographe non signé fait partie des papiers Polignac, est donnée par M. Feuillet, avec *fac-simile*, d'après un autographe de son cabinet. Il faudrait donc qu'il y ait eu deux exemplaires de la même lettre, ce qui est inadmissible.

La lettre qui porte le n° 16, dont l'autographe non signé fait également partie des papiers Polignac, se retrouve (n° 17), avec signature, chez Mlle d'Arjuzon. Encore deux exemplaires de la même lettre. Il faut bien que l'un des deux ait été fabriqué, et, à coup sûr, ce n'est pas celui qui est actuellement entre les mains de M. le duc de Polignac.

Les lettres qui portent les n°s 19 et 21, lesquelles appartiennent également à M. le duc de Polignac, ont été données par M. Feuillet sans indication de provenance.

La lettre qui porte le n° 20, donnée en *fac-simile* par M. de Beauchesne, d'après l'original, avec signature, qui lui avait été communiqué par M. Feuillet, est reproduite par celui-ci sans signature.

On voit qu'il est permis de répéter ici, à propos de cette correspondance, ce que disait naguère M. Geffroy [1] : « Il est acquis à la cause que M. Feuillet de Conches corrige ses autographes. »

Si maintenant nous comparons le texte des lettres provenant de la famille de Polignac — les seules dont l'authenticité soit hors de doute — avec celui des lettres dont l'origine est inconnue, nous trouverons de nouveaux motifs de rejeter ces dernières comme apocryphes.

Leur ton diffère absolument du ton des lettres authentiques : la preuve pourrait aisément en être fournie, mais cela nous semble superflu. Et, quand il s'en rapproche, c'est à l'aide de passages des lettres authentiques, publiées par Gail en 1828,

---

1. *Le Temps* du 5 janvier 1866. Cf. *Gustave III et la cour de France*, t. II, p. 314-315.

INTRODUCTION. XLI

dont on a pris soin de s'emparer pour les insérer dans les lettres fabriquées. On en jugera pas les extraits suivants.

COLLECTIONS PARTICULIÈRES

Je ne peux résister au plaisir de vous embrasser encore. Je vous ai écrit il y a trois jours par M. de M., qui me fait voir toutes vos lettres et avec qui je ne cesse de parler de vous.
(1789, juillet.)

Je ne peux résister au plaisir de vous embrasser, mon cher cœur ; mais ce sera en courant, car l'occasion qui se présente est subite, mais elle est sûre, et elle jettera ce mot à la poste dans un gros paquet qui est pour vous.
(1790, 7 janvier.)

J'ai pour vous écrire une occasion plus sûre qu'aucune que j'aie eue jusqu'ici.
(1790, 26 novembre.)

Voici une occasion secrète et sûre de faire tenir cette lettre jusqu'à Turin où elle la jettera à la poste.
(1792, 17 mars.)

Je ne peux laisser passer, mon cher cœur, l'occasion sûre, sûre, qui se présente de vous écrire encore une fois aujourd'hui.
1789, 28 et 29 juillet.

J'ai pleuré d'attendrissement, mon cher cœur, en lisant votre lettre.
1789, 14 septembre.

PAPIERS POLIGNAC

Je ne peux résister au désir de vous dire un mot, mon cher cœur.
1789, 19 novembre.
Je vois toutes vos lettres à M⁻ᵉ de M.... 1.
1789, 31 août.

J'ai été bien heureuse, mon cher cœur, d'avoir de vos nouvelles et encore plus heureuse d'avoir une occasion sûre jusqu'à Turin pour vous écrire et vous parler de toute mon amitié.
1789, 29 décembre.

Il m'est impossible, mon cher cœur, de manquer une occasion de vous parler de toute mon amitié pour vous.
1789, 31 août.

J'ai pleuré d'attendrissement en lisant vos lettres.
1789, 29 décembre.

1. *Nota.* Dans les extraits donnés par la comtesse Diane de Polignac, il y avait *M. de M....* et non *Mᵐᵉ*.

Plaignez-moi, mon cher cœur, et surtout aimez-moi ; vous et les vôtres, je vous aimerai jusqu'à mon dernier soupir.

1789, 14 septembre.

Encore si on n'avait que ses propres peines, mais trembler pour le Roi, pour tout ce qu'on a de plus cher au monde, pour les amis présents, pour les amis absents, c'est un poids trop fort à endurer. Mais, je l'ai déjà dit, vous autres me soutenez [1].

1790, 7 janvier.

Votre amitié soutient mon courage et je ne sais comment cela se fait, mais les pleurs que je répands me soutiennent au lieu de m'affaiblir.

1791, 19 septembre.

Vos deux lettres, tout aimables comme vous, me sont arrivées depuis longtemps, ma tendre amie. J'en ai versé des larmes d'attendrissement comme à toutes vos lettres.

1792, 17 mars.

Ma fille me parle de vous souvent, et votre petit mot, qui a été si long à nous arriver, lui a fait un plaisir infini. Aimable enfant! On n'est pas plus sensible et plus aimante. Le *chou d'amour* ne vous oublie pas non plus : c'est comme l'autre fois.

1792, 17 mars.

Oh! oui, aimez-moi toujours. Ce ne sera pas une ingrate, car tant que je vivrai mon amitié ne peut cesser.

1789, 29 décembre.

Vous parlez de mon courage ; je vous assure qu'il en faut bien moins dans les moments affreux où je me suis trouvée que de supporter continuellement et journellement notre position. Ses peines à soi, celles de ses amies et celles de tous ceux qui entourent, sont un poids trop fort à supporter ; et, si mon cœur ne tenait pas par des liens aussi forts à mes enfants, vous et à deux amis que j'ai, souvent je désirerais succomber. Mais vous autres me soutenez.

1789, 29 décembre.

J'ai pleuré d'attendrissement en lisant vos lettres.... Votre frère de Valenciennes a été exact à envoyer votre lettre ; elle est aimable comme vous, c'est tout dire.

1789, 29 décembre.

Vous devez avoir reçu une lettre de ma fille. Cette pauvre petite est toujours à merveille pour moi. En vérité, si je pouvais être heureuse, je le serais par ces deux petits êtres. Ce *chou d'amour* est charmant et je l'aime à la folie.... Je lui demande quelquefois s'il se rappelle de vous, s'il vous aime ; il me dit oui, et alors je le caresse davantage.

1789, 29 décembre.

---

1. Allusion à la lettre précédente, que M. Feuillet de Conches a mal datée dans son recueil, en la plaçant en 1790.

INTRODUCTION.   XLIII

Dieu veuille qu'enfin nous puissions faire le bien dont nous sommes uniquement occupés ! Le moment sera affreux. Mais j'ai du courage, et, pourvu que les honnêtes gens nous soutiennent sans s'exposer inutilement, je crois avoir assez de force en moi pour en donner aux autres....

1789, 11 juillet.

La gloire du Roi, celle de son fils et le bonheur de cette ingrate nation, voilà tout ce que je peux, tout ce que je dois désirer.

Idem.

Ma santé est assez bonne, malgré toutes mes afflictions. Mes enfants sont très bien.

1791, 19 septembre.

Ma santé se soutient encore, mais mon âme est accablée de peines, de chagrins et d'inquiétudes. Tous les jours j'apprends de nouveaux malheurs : un des plus grands pour moi est d'être séparée de tous mes amis. Je ne rencontre plus de cœurs qui m'entendent.

1790, 26 novembre [1].

Je compte beaucoup sur le retour du bon bourgeois et du bon peuple.
1790, 26 novembre.

Le nombre des mauvais esprits est diminué, ou au moins tous les bons se réunissent ensemble, de toutes les classes et de tous les ordres.... Comptez toujours que les adversités n'ont pas diminué ma force et mon courage.

1789, 31 août.

Le bonheur du Roi, et le mien par conséquent, existant dans la prospérité de son royaume et le bonheur de tous ses sujets, depuis le plus grand jusqu'au plus petit, nous sommes encore bien loin de la tranquillité.

1789, 12 août.

Ma santé est assez bonne ; celle de mes enfants est parfaite.
1789, 19 novembre.

Ma santé se soutient encore ; mais mon âme est accablée de peines, de chagrins et d'inquiétudes. Tous les jours ce sont de nouveaux malheurs qu'on apprend, et le plus grand de tous pour moi est d'être séparée de tous mes amis. Je ne vois, je ne rencontre ni yeux ni cœurs qui m'entendent.

1790, 23 août.

Le bon bourgeois et le bon peuple sont déjà très bien pour nous ici.

1789, 19 novembre.

---

1. M. Feuillet de Conches donne cette lettre au t. I, p. 392. En donnant, au t. III, la lettre du 28 (lisez 23) août 1790, il n'a pas signalé cette similitude. Le passage en question avait été publié par la comtesse Diane de

Si l'on veut se rendre compte de la façon dont les lettres ont été fabriquées, on n'a qu'à se reporter aux lettres imprimées, soit par extraits dans l'opuscule de la comtesse Diane de Polignac, soit *in extenso* et avec *fac-simile* dans le livre de Gail, cité plus haut. On remarquera que toutes les citations que nous avons faites de passages des lettres authentiques, mis en regard de passages des lettres fabriquées, sont empruntées aux lettres publiées par la comtesse Diane et par Gail. N'est-il pas hors de doute que c'est en s'inspirant, ou plutôt en s'aidant de ces textes, que le faussaire a composé les lettres? J'ai dit *toutes les citations*.... je me trompe. Il en est une, tirée d'une lettre en date du 12 août 1789 (n° 13), qui n'avait point été publiée avant que M. Feuillet de Conches la donnât dans son tome III, d'après les papiers de famille du duc de Polignac dont il avait eu communication.

Enfin, il faut noter que les neuf prétendus autographes dans lesquels nous avons cherché des termes de comparaison provenaient des cabinets suivants : M. Chambry, un; M. le marquis de Flers, un; M. le marquis de Biencourt, un; M. de Chassiron, un; M. Feuillet de Conches, cinq.

Nous croyons avoir suffisamment établi que, en ce qui concerne les lettres de la Reine à la duchesse de Polignac, on ne peut regarder comme authentiques que les neuf lettres qui ont été ou qui se trouvent encore dans les archives de la maison de Polignac, et dont la provenance est par conséquent dûment constatée.

Polignac. Les variantes qu'on peut remarquer entre les deux textes tiennent à ce qu'on s'est emparé de la version de la comtesse Diane, qui offrait quelques erreurs de transcription.

V.

LETTRES A LA PRINCESSE DE LAMBALLE

Nous avons vu plus haut que Mme Guénard, dans son livre sur la princesse de Lamballe, avait donné trois lettres de la Reine à la surintendante de sa maison, lettres d'une évidente fausseté. Aussi, aucun historien, croyons-nous, n'a fait usage de ces documents.

Il n'en est pas de même pour un nombre assez considérable de lettres à la princesse de Lamballe, qui ont passé dans les ventes d'autographes et qui ont été acceptées de confiance.

La première figurait dans une vente faite les 5-9 février 1844 par l'expert Charon (n° 316); cette lettre, autographe et signée, fut vendue 200 francs. Une autre lettre, portant la date du 19 octobre 1791, également autographe et signée, fut vendue 65 francs à une autre vente faite par l'expert Charon, les 14-17 mai 1845. Depuis cette époque, plusieurs lettres de Marie-Antoinette à la princesse de Lamballe ont paru dans les ventes et ont atteint des prix élevés. Nous allons, comme nous l'avons fait pour les lettres à la duchesse de Polignac, dresser l'inventaire de ces lettres, en suivant, autant que possible, l'ordre chronologique.

1. 1775(?), 7 août. L. A. S. : *M. A.* « 7 août. » 2 p. in-8. Rendez-vous donné à a princesse à Trianon : « Je la ferai venir, et sans qu'elle s'en doute nous saurons toutes ses petites affaires de cœur.... » Vente Lalande et de C., 29 avril-3 mai 1850, n° 279 (85 fr.), Éd. partiellement : Lescure, *La princesse de Lamballe*, p. 154; Bertin, *Mme de Lamballe*, p. 68 (qui suppose que la lettre est de 1775) [1].

2. 1775, 29 décembre. L. A. S. : Marie-Antoinette. « Ce 29 décembre 1775. » 1 p. et 3 l pet. in-4, avec surcharges. « Je n'ai pas besoin de vous dire, ma

---

[1]. Disons une fois pour toutes que les dates que l'on donne à ces lettres sont absolument fictives, aussi bien celles de mois que d'années.

chère Lamb[alle], le plaisir que j'ai eu à recevoir de vos nouvelles.... »
Lettre achetée par Madame la duchesse de Berry et arrivée en la possession de Monsieur le comte de Chambord, qui voulut bien me la communiquer à Frohsdorf, le 30 juillet 1868. Éd. Feuillet de Conches, *Louis XVI, Marie-Antoinette et Madame Élisabeth*, t. I, p. 77 (sans indication de provenance); Lescure, *La princesse de Lamballe*, p. 101. (Communiqué par M. Feuillet de Conches.)

3. [1778, 8 septembre]. L. A. S., sans date, avec apostille signée de Louis XVI. 3 p. in-8. « J'ai appris avec une bien vive douleur, ma chère Lamballe, la mort de votre belle-mère.... » *Catalogue des livres composant la bibliothèque de M. Guizot*, 3 mai 1875, n° 3820 (450 fr.). Éd. Feuillet de Conches, *l. c.*, t. I, p. 119, sans indication de jour (« Cabinet de M. Guizot »); Lescure, *l. c.*, p. 123; Bertin, *l. c.*, p. 94. — Cf. ci-après, n° 13.

4. 1781, 21 novembre. L. A. S. « Ce 21 novembre 1781. » « L'indisposition du bon M. de Penthièvre me fait une vive peine.... » Éd. Hunolstein, *Correspondance inédite de Marie-Antoinette*, 3ᵉ édit., p. 115; Feuillet de Conches, *l. c.*, t. I. p. 134 (sans indication de provenance); Lescure, *l. c.*, p. 150 (d'après M. d'Hunolstein).

5. 1781, 29 novembre. L. A. S. « Versailles, ce 29 novembre 1781. » 1 p. 1/2 in-4. « Je vois que vous m'aimez toujours, mon cher cœur.... » *Bulletin Charavay*, mars 1850, n° 2408 *bis*, avec la date du 25 novembre (75 fr.). Éd. Goncourt, *Histoire de Marie-Antoinette*, 3ᵉ édit. (1863, in-12), p. 130 (« Lettre autographe signée communiquée par M. A.-Firmin Didot »); Feuillet de Conches, *l. c.*, t. I, p. 135; Lescure, *l. c.*, p. 152.

6. [1782 ou 1783], 16 août. L. A. S. « Ce 16 août » 2 p. in-12. « J'ai fait ce que vous avez désiré, mon cher cœur.... Je me suis fort amusée du récit de ce qui s'est passé dans votre franc-maçonnerie.... » Vente par Charavay, 10-13 mars 1847, n° 322 (80 fr.); *Bulletin Charavay*, juillet 1851, n° 3048 (75 fr.). Fragm. Lescure, *l. c.*, p. 154. — Cette lettre est actuellement dans le cabinet de M. Auguste Ducoin.

7. 1783, 14 mai. « Je ne vous réponds que pour vous prouver combien je vous aime, car je suis accablée d'audiences et d'affaires.... » Catalogue d'autographes (de Metz), 20 mars 1875. Cité Bertin, *l. c.*, p. 178.

8. [1785], 26 septembre. L. A. S. « Ce 26 septembre. » « Mon cher cœur, vous savez combien je vous aime.... » Copie en ma possession d'une lettre dont j'ignore la provenance, et qui aurait été écrite par la Reine à la nouvelle de la mort du prince Eugène de Savoie-Carignan.

INTRODUCTION. XLVII

9. 1787, 22 juin. L. A. S. « Mme de Polignac a été fort indisposée.... » Lettre paraissant adressée à la princesse de Lamballe, et qui a fait partie du cabinet de M. le marquis de Biencourt.

10. [1788], 16 août. L. A. S. « Ce 16 août. » « J'ai eu l'idée de me passer de vous, ma chère Lamballe, puisque vous prolongez votre absence.... » Éd. Feuillet de Conches, *l. c.*, t. III, p. 173 (« Cabinet de Mme la comtesse de Lezay-Marnezia »).

11. 1788 (?), 31 août. L. A. S. « 31 août. » « Il m'a été impossible, mon cher cœur, de revenir de Trianon.... » Éd. Goncourt, *Histoire de Marie-Antoinette*, p. 272 (« Lettre autographe signée, communiquée par M. le marquis de Flers »).

12. 178.... L. A. S., sans date, 1 p. in-8. « Mon cher cœur, je désirerais bien de vous voir de retour.... Le Dauphin vous a demandée plusieurs fois pour planter son parterre.... » Vente par Charavay, 10-13 mars 1847, n° 323 (60 fr.); Collection de M. Yemeniz [1]; communiquée par lui à M. Louis Paris et publiée dans le *Cabinet historique* en 1859, t. V, *Documents*, p. 173. Fragm. Lescure, *La princesse de Lamballe*, p. 181.

13. 178.... L. A. S. du Roi, de la Reine et de Madame Royale. « Madame ma cousine, c'est aujourd'hui votre fête.... » — « Mon cher cœur, moi aussi je veux vous parler de mon amitié dans cette occasion.... » Éd. Lescure, *La vraie Marie-Antoinette*, p. 89, avec cette annotation : « Cette lettre collective *inédite* nous est communiquée par M. le comte de Lignerolles, digne propriétaire de cette relique. Elle orne la garde d'un *Office de la semaine sainte* imprimé en 1732, relié aux armes de Louis XVI et envoyé à la princesse de Lamballe pour le jour de sa fête; » Lescure, *La princesse de Lamballe*, p. 180. Cette « relique » a été vendue, le 1er février 1894, à la vente du comte de Lignerolles, sous le n° 105 ; elle a été adjugée pour le prix de 30,060 fr., avec une lettre qui n'est autre que celle qui figure plus haut sous le n° 3.

14. 178...., 7.... L. A. S. « Le 7. » Lettre collective du Roi, de la Reine et de Madame Élisabeth. 2 p. in-18. « Je ne peux résister au désir d'ajouter un mot à ma lettre d'hier. Je pars dans l'instant, avec la bonne Élisabeth, pour mes jardins de Trianon.... » *Album cosmopolite ou choix des collections de M. Alex. Vattemare*, 2e édit. (Paris, Challamel, 1849) ; Catalogue Vattemare, 16-18 novembre 1866, n° 282. Éd. partiellement Lescure, *La vraie Marie-An-*

---

1. Cette lettre n'a pas figuré dans la vente Yemeniz, faite les 12-15 mai 1868.

toinette, p. 88 (d'après *Album cosmopolite*) ; Lescure, *La princesse de Lamballe*, p. 200. Cité Bertin, *Mme de Lamballe*, p. 208.

15. [1789], 9 novembre. L. A. S. 1 p. 3/4 in-8. «.... Vous ne voulez pas vous soigner et cela me chagrine.... » Catalogue Capelle (vente par Laverdet), 30 juillet-2 août 1849, n° 144 (79 fr.) ; Catalogue Amant, 5 février 1855, n° 144 (165 fr.). Éd. Bertin, *l. c.*, p. 213.

16. 1790, 2 janvier. L. A. « J'ai parlé au Roi du désir particulier de M. de Penthièvre et du vôtre.... » Éd. Feuillet de Conches, *l. c.*, t. I, p. 229 (« Cabinet de M. Lefebvre »).

17. [1790], 10 mars. L. A. S. du Roi, de la Reine et de Madame Élisabeth. « Le 10 mars. » 1 p. 1/2 in-4, avec cachet. « Je commence à me rétablir, Madame ma chère cousine. . » — « Le Roi vient de m'envoyer cette lettre, mon cher cœur, pour que je la continue.... » Fac-similé dans *Vraie histoire. Collection de lettres et documents autographes*, accompagnés de notes historiques et notices biographiques, par B. Saint-Edme et Félix Drouin. Paris, Lender, s. d. (1844), 2 vol. in-4, t. I, p. 7 (« Collection de M. Charon ») ; autographe signé au British Museum, fonds Egerton, n° 16082. Éd. (sans la lettre du Roi) Goncourt, *l. c.*, p. 399 ; Lescure, *La vraie Marie-Antoinette*, p. 144 (avec la date présumée de septembre 1791) ; Lescure, *La princesse de Lamballe*, p. 261. Texte complet, Feuillet de Conches, *l. c.*, t. I. p. 315 (sans les signatures du Roi et de la Reine et sans indication de provenance).

18. [1790], 4 avril. L. A. S. 1 p. 1/2 in-8. «.... Le Roi vous porte une amitié inaltérable.... » *Mélanges curieux et anecdotiques tirés d'une collection de lettres autographes et de documents historiques ayant appartenu à M. Fossé-Darcosse* (Paris, Techener, 1861, in-8), n° 1255 (215 fr., avec une autre pièce signée).

19. [1790], 19 septembre. L. A. S. « Ce 19 de septembre. » 1 p. in-12. « J'ai montré votre lettre au Roi, mon cher cœur.... » Vente Charon, 14-17 mai 1845, n° 230 (65 fr.). Éd. Lescure, *La princesse de Lamballe*, p. 238. Cité Bertin, *l. c.*, p. 244. Le prétendu autographe est chez M. Étienne Charavay, avec une estampille constatant qu'il a été fabriqué.

20. [1790, 7 novembre]. L. A. S. « Ce 7. » 1 p. pl. in-8. « Je suis arrivée au moment même où le Roi, ma chère Lamballe, venait de rentrer de la chasse.... » Catalogue d'autographes, vente des 7-14 décembre 1865, n° 808 (140 fr.). Éd. Lescure, *l. c.*, p. 238 (« Lettre inédite qu'a bien voulu me communiquer M. Gilbert ») ; Feuillet de Conches, *l. c.*, t. IV, p. 232 (avec : « Ce 7 novembre, » et cette indication en note : « Collection de M. Charavay aîné »).

21. [1790], 9 novembre. L. A. S. « Ce 9 novembre. » « Je ne peux résister au plaisir de causer un instant avec vous, mon cher cœur.... » Éd. HUNOLSTEIN, *l. c.*, p. 197 ; LESCURE, *l. c.*, p. 272.

22. [1790], 17 novembre. L. A. S. « Ce 17 novembre. » 1 p. pl. in-4, avec apostille de Madame Élisabeth, signée. «.... Je connais toute votre amitié pour nous.... » Vente par Laverdet, 23 novembre 1848, n° 423 (147 fr.) ; Catalogue du baron de Trémont, 30 juillet 1852, n° 939 (161 fr.). Éd. LESCURE, *l. c.*, p. 239.

23. [1791], 4 mars. L. A. S. « Ce 4 mars. » 1 p. 1/2 in-8. « Je ne peux résister au désir de profiter de l'occasion qui se présente pour vous écrire un mot, mon cher cœur. Les circonstances présentes occupent trop mon âme pour que je n'aie pas été très sensible à votre lettre et à votre douce amitié.... » Catalogue d'autographes du chevalier de R....y, 30 novembre 1863, n° 407 (205 fr.). Éd. HUNOLSTEIN, *l. c.*, p. 209 ; LESCURE, *l. c.*, p. 241 (d'après Hunolstein) ; Fragm. BERTIN, *l. c.*, p. 219.

24. [1791] (?). L. A. S., sans date. 1 p. in-8. « J'ai eu trop de plaisir, ma chère Lamballe, à recevoir votre lettre.... » Catalogue Gauthier La Chapelle, 10 mai 1872, n° 875 (106 fr.). Éd. LESCURE, *La vraie Marie-Antoinette*, p. 91 (« Lettre inédite communiquée par M. Gauthier de La Chapelle ») ; LESCURE, *La princesse de Lamballe*, p. 248. Voir fac-similé dans Catalogue Morrisson, IV, 198.

25. [1791], 29 juin [1]. L. A. S. par le Roi et par la Reine. « Le 29. » 1 p. 1/2 pet. in-8. « Je vous envoie un exprès, Madame ma chère cousine.... » — « J'espère, ma chère Lamballe, que vous vous rendrez à ce mot du Roi.... » Éd. FEUILLET DE CONCHES, *l. c.*, t. II, p. 136-137 (sans indication de provenance) ; LESCURE, *l. c.*, p. 247. — J'ai vu l'autographe de cette lettre au château de Frohsdorf le 30 juillet 1868 ; il porte la date du 29 juin ; il contient huit lignes de la main du Roi ; cachet aux doubles armes. Cet autographe avait été acquis, comme le n° 2, par Madame la duchesse de Berry.

26. [1791], 19 juillet [2]. L. A. « Ce 19 juillet. » 2 p. in-8. « Vous ne devez pas douter, mon cher cœur, du plaisir que nous avons eu à apprendre votre heureuse arrivée.... » Éd. FEUILLET DE CONCHES, *l. c.*, t. II, p. 153 (sans date et sans indication de provenance). M. Feuillet ajoute, à la suite de la lettre : « L'autographe de cette pièce, un de ceux dont on dit : *brûlez ma lettre*, et qui pour cela même sont conservés, est au nombre des plus pré-

---

1. Date de M. de Lescure : (le 30 juin 1791).
2. M. Feuillet de Conches met : « premiers jours de juillet, » ce que M. de Lescure met aussi. Mais le fac-similé porte la date du 19 juillet.

L   INTRODUCTION.

cieux que je possède. C'est une des lettres qui sont tombées de la chevelure de la princesse de Lamballe au moment où elle fut massacrée. Elle est souillée de sang »; Lescure, *La princesse de Lamballe*, p. 257, avec *fac-simile*. En tête du *fac-simile*, on a mis : « Lettre de Marie-Antoinette à la princesse de Lamballe, tombée de sa coiffe au premier coup mortel, et tachée de son sang. »

27. [1791]. L. A. S. « Samedi. » 1 p. 1/2 in-12. « Vous ne devez pas douter, ma chère Lamballe, du plaisir que j'ai eu à montrer au Roi votre lettre…. » Autographe chez M. Étienne Charavay, reconnu apocryphe.

28. 1791, juillet. L. A. S., avec apostille de Madame Élisabeth, signée. « Jeudi. » 2 p. in-8. « Ma chère Lamballe, vous ne sauriez vous faire une idée de l'état d'esprit où je me trouve depuis votre départ…. » *Catalogue of autograph letters of Mr Donnadieu* (Londres, 1851), n° 618; Catalogue de Samuel Addington, esquire (Londres, 24-26 avril 1876), n° 218. Éd. Goncourt, *l. c.*, p. 300 ; Lescure, *La vraie Marie-Antoinette*, p. 143; Lescure, *La princesse de Lamballe*, p. 258.

29. [1791], 3 août. L. A. S. « Ce 3 d'août. » « Je désirais vivement, mon cher cœur, de voir M. de B. (Batz)…. » Éd. Feuillet de Conches, *l. c.*, t. III, p. 423 (« Cabinet de Mme la princesse Clary-Aldringen, à Venise »).

30. 1791, 22 août. L. A. S. « Je suis heureuse, ma chère Lamballe, de vous savoir en sûreté dans l'état affreux de nos affaires; ne revenez point…. » Éd. Hunolstein, *l. c.*, p. 251 ; Lescure, *La princesse de Lamballe*, p. 260.

31. 1791, 30 août. L. A. S. « Ce 30 d'août 1791. » 1 p. pl. in-8. Fin de la lettre : « …. L'heureux temps, mon cher cœur, que celui où nous lisions, où nous causions…. » Bulletin Charavay, octobre 1851, n° 3098 (70 fr.). Fragm. Lescure, *l. c.*, p. 200 (3 lignes).

32. 1791, 1er septembre. L. A. S. « Ce 1er septembre. » 1 p. pl. in-12. « Ne revenez pas de Vernon, ma chère Lamballe, avant votre entier rétablissement…. » Original faisant partie actuellement du cabinet de M. Alfred Begis [1]. Éd. Feuillet de Conches, *l. c.*, t. II, p. 284, sans signature, et avec cette annotation : « Cette lettre faisait partie de mon cabinet, ainsi qu'une lettre de Louis XVI à M. de Malesherbes, en date du 25 (avril 1776), pour

1. On lit au dos de cette lettre l'annotation suivante, que M. Begis croit être de la main du comte Joseph d'Estourmel (mort en 1852) : « C'est une des lettres trouvées sur Mme la princesse de Lamballe après son assassinat. Elle me vient de M. Feuillet. »

annoncer que ce prince et Marie-Antoinette signeraient, le 27, le contrat de mariage du marquis d'Estourmel.... Toutes deux m'ont été soustraites. Vol de gentilhomme.... à la tire »; LESCURE, *La princesse de Lamballe*, p. 237.

33. [1791, 4 septembre] (date donnée par M. Feuillet de Conches entre crochets). L. A. S., sans date. 1 p. 1/2 in-8, avec signature du Dauphin dans la lettre. « Je ne peux sortir, ma chère Lamballe, sans vous avoir écrit.... » Catalogue d'autographes de M. de Lajariette, 15 novembre au 7 décembre 1860, n° 1845 (700 fr.); Catalogue d'autographes des 7-14 décembre 1865, n° 756 (760 fr.). Éd. FEUILLET DE CONCHES, *l. c.*, t. II, p. 290 (tirée du cabinet de M. Gilbert); LESCURE, *La princesse de Lamballe*, p. 269 (cette lettre avait été communiquée également à M. de Lescure; elle était en 1864 en la possession de M. Gilbert); Fragm. BERTIN, *l. c.*, p. 245.

34. 1791, 12 septembre. L. A. S., avec apostilles du Roi et de Madame Élisabeth. « Ce 12. » 2 p. 1/2 in-4. « Je vous remercie, mon cher cœur, de tout ce que vous m'avez écrit d'aimable à l'occasion de l'indisposition de ma fille.... » Vente par Charavay, 10-13 mars 1847, n° 323 (60 fr.); Catalogue du baron de L.-L. (Laroche-Lacarelle), 4-10 février 1847, n° 134 (280 fr.). Éd. FEUILLET DE CONCHES, *l. c.*, t. II, p. 323 (qui met en note : « Cette lettre appartient à Mme la comtesse de Nétumières-Montbourcher, à Rennes »); LESCURE, *La princesse de Lamballe*, p. 270.

35. [1791, vers le 15 septembre]. L. A. S. « Ma très chère amie, le Roi vient d'accepter la Constitution.... » Publiée dans *Mémoires relatifs à la famille royale de France pendant la Révolution*, 1826, 2 vol. in-8, t. II, p. 171, d'après un prétendu fragment du journal de la princesse de Lamballe.

36. [1791, juillet à septembre]. L. A. S. 2 p. «.... Le bon peuple nous rend justice, mais il se tait.... » Vente par Charon, 5-9 février 1844, n° 316 (200 fr.). Cité BERTIN, *l. c.*, p. 244.

37. [1791, 4 septembre]. L. A. S. « Ne revenez pas, dans l'état où sont les affaires; vous auriez trop à pleurer sur nous.... » Éd. *Le Quérard*, t. II (1856), p. 402; GONCOURT, *l. c.*, p. 301; LESCURE, *La vraie Marie-Antoinette*, p. 145.

38. 1791, 2 octobre. L. A. S. « Ce jeudi soir. » « On m'assure auprès de moi qu'il serait beaucoup mieux pour vous, mon cher cœur, de ne pas revenir.... » Original faisant autrefois partie de la collection Donnadieu et ayant passé dans celle du Rev. W. Sneyd. Éd. *Miscellanies of the Philobiblon Society*, vol. VII (1862-1863), sous le n° 3 (5 p. in-8).

39. 1791, octobre. L. A. S. « Samedi. » « Je ne veux pas manquer l'occasion du départ de M.... pour vous écrire, ma chère Lamballe.... » Catalogue d'une vente par Charon, 22-25 mars 1847, n° 310 (37 fr.). Éd. Lescure, *La princesse de Lamballe*, p. 271 (communiquée par M. Feuillet de Conches).

40. 1791, 4 novembre. L. A. S. « 4 novembre 1. » 1 p. in-8. « Non, ma chère Lamballe, non, ne revenez pas.... » Vente du général Naudet, n° 198, 25-26 mai 1847 (24 fr.). Éd. Lescure, *La princesse de Lamballe*, p. 274 (« Lettre inédite, communiquée par M. Dubrunfaut »).

41. 1791. L. A. S. « Vendredi. » « Non, je vous le répète, ma chère Lamballe, ne revenez pas en ce moment.... » Éd. Goncourt, *l. c.*, p. 301 (Collection du marquis de Bicucourt); Lescure, *La vraie Marie-Antoinette*, p. 146; Lescure, *La princesse de Lamballe*, p. 275.

M. de Lescure nous dit, dans son livre sur la princesse de Lamballe [2], que toutes les lettres de la Reine qu'il a pu utiliser lui ont été communiquées par M. Feuillet de Conches. Voici en quels termes hyperboliques il l'annonce :

« Nous devons la communication de cette lettre (du 29 décembre 1775), dans sa primeur, et de la plupart de celles qui suivent, à l'obligeance de M. Feuillet de Conches, qui vient de se décider à nous donner enfin le couronnement promis de l'édifice qui sera le monument de la curiosité, avant qu'il touche encore à son quatrième étage. Le savant, le spirituel et aimable fondateur d'un genre de littérature nouveau et fécond, l'histoire intime éclairée par les autographes, l'histoire *de derrière*, comme eût dit Pascal, devait cette satisfaction à l'impatiente attente de la grande famille de lecteurs sympathiques dont l'applaudissement lui a fait une gloire, que la publication complète des lettres *de Louis XVI, de Marie-Antoinette et de Madame Élisabeth*, qu'il commence chez Plon, portera à une sorte de popularité. Grâce à lui, Marie-Antoinette aura enfin son temple expiatoire, dont nous n'avions pu

---

[1]. La princesse de Lamballe était partie le 29 octobre de Bruxelles pour se rendre à Paris. Voir *Journal de Fersen*, dans le livre de M. de Klinckowström, t. I, p. 33.

[2]. *La princesse de Lamballe* (Paris, juillet 1864), p. 101, note 2.

bâtir qu'une humble chapelle.... M. Feuillet de Conches comble les vœux que M. d'Hunolstein avait noblement excités en commençant à les satisfaire. Désormais, il n'y a plus qu'un beau livre à écrire sur la Reine, où seront mises en œuvre les perles épistolaires découvertes et données par M. Feuillet de Conches. Ce livre éloquent et définitif, lui seul peut et doit le faire, et il le fera. »

M. Feuillet de Conches a indiqué lui-même, nous l'avons vu [1], l'origine des lettres à la princesse de Lamballe faisant partie de sa collection. Ailleurs, il nous apprend que la lettre du 19 juillet 1791 (voir n° 26) est au nombre des plus précieuses qu'il possède. « C'est, dit-il, une des lettres qui sont tombées de la chevelure de la princesse de Lamballe au moment où elle fut massacrée. » Et il ajoute que la lettre est « souillée de sang [2]. » Il communiqua cette lettre à M. de Lescure, qui en a donné un *fac-simile*, en mentionnant la même particularité.

Une autre lettre, en date du 1er février 1791 (n° 32), qui faisait également partie du cabinet de M. Feuillet de Conches et qui, après avoir passé entre les mains du comte d'Estourmel, est présentement dans le cabinet de M. Alfred Begis (qui a bien voulu nous en donner communication), porte cette annotation (sans doute de la main du comte d'Estourmel) : « C'est une des lettres trouvées sur Mme la princesse de Lamballe après son assassinat. Elle me vient de M. Feuillet. »

M. Feuillet de Conches avait mentionné, dans ses *Causeries d'un curieux*, l'existence de ces lettres : « C'est dans sa coiffure, écrivait-il en 1861, que l'infortunée princesse de Lamballe avait caché trois lettres de la Reine et qui, dans sa chute sous le fer des assassins, tombèrent dans le sang [3]. »

C'est là une légende qui repose sur un passage des annotations aux *Mémoires* de Weber, où on lit : « Trois lettres qui avaient été trouvées dans le bonnet de Mme de Lamballe, au

---

[1]. Voir ci-dessus, p. XXIII.
[2]. *Louis XVI, Marie-Antoinette*, etc., t. II, p. 154-155.
[3]. *Causeries d'un curieux*, t. II, p. 297.

moment de son premier interrogatoire, rendaient sa perte presque certaine. Une de ces lettres était de la Reine. Ce fait, dont il n'est question dans aucun des Mémoires du temps, a été certifié par un officier de Mgr le duc de Penthièvre qui avait, par l'ordre de ce prince, suivi la princesse à l'Hôtel de ville. Il entendit distinctement un des commissaires dénoncer ces malheureuses lettres, qui, en effet, furent découvertes [1]. » On voit qu'il n'est fait mention ici que d'*une lettre* de Marie-Antoinette, et qu'il n'est pas parlé de lettres cachées dans sa coiffure. Le portefeuille qu'on trouva sur le corps de la victime, et dont il est question dans la déposition d'un de ses meurtriers [2], ne paraît pas avoir renfermé de lettres, et l'on n'en trouve pas davantage d'indiquées dans le procès-verbal de la section des Quinze-Vingts donnant le détail de ce qui avait été trouvé dans ses vêtements [3].

Passons sur cette légende. La lettre du 1er septembre 1791 est signée, comme la plupart de celles dont l'énumération précède. Or, M. Feuillet de Conches, qui, à coup sûr, en avait manié plus d'une, met en note d'une lettre, également signée, en date du 3 août 1791 (n° 29) : « Cette lettre autographe, que j'ai copiée à Venise, sous les yeux de Mme la princesse Clary, est réellement signée, *ce qui pour l'époque est fort extraordinaire*. Elle a sans doute été transmise à la princesse de Lamballe par une voie des plus sûres [4]. » La remarque a lieu de nous surprendre, car, sur les quarante et une lettres visées plus haut, *trente-sept* portent la signature de la Reine, et quatre seulement (nos 7, 16, 26 et 33) peuvent, jusqu'à plus ample information, être considérées comme simplement autographes.

Si les lettres à la princesse de Lamballe portaient la signa-

1. *Mémoires de Weber*, éd. Barrière (1847), p. 491.
2. Voir *Curiosités révolutionnaires. Le massacre de la princesse de Lamballe dans la prison de la Force, le 3 septembre 1792. Renseignements et détails inédits, publiés d'après les documents officiels par Alfred Bégis*. Paris, imprimé pour les Amis des livres, 1891, in-8 de 25 pages.
3. Voir *Mme de Lamballe*, par G. Bertin, p. 332-334.
4. *Louis XVI, Marie-Antoinette*, etc., t. III, p. 426, note.

ture de Marie-Antoinette, c'est que cette signature leur donnait une plus-value au point de vue commercial. Mais, aujourd'hui, il est reconnu par les hommes les plus compétents que la Reine ne signait point ses lettres intimes. Nous n'avons rencontré qu'une exception, pour une lettre adressée à la duchesse de Fitz-James, et l'on verra plus loin quel a été le motif de cette signature insolite. Aussi, M. Étienne Charavay, lequel, en 1877, disait déjà : « On a signalé, parmi les lettres de Marie-Antoinette qui ont passé dans les ventes, des pièces douteuses [1], » écrivait dans la préface du catalogue de la collection Chambry, vendue par ses soins au mois de mars 1881 [2] : « J'ai écarté également des pièces douteuses, comme des lettres de Racine, Louis XVI et Marie-Antoinette. Rien de suspect ne sera présenté par moi aux amateurs; c'est une règle constante dont je ne veux pas me départir.... Ces pièces devront, à cause des questions de succession, être vendues.... Mais je prendrai des mesures pour qu'elles ne puissent jamais repasser dans le commerce comme des autographes authentiques [3]. » Ajoutons que deux des prétendus autographes à la princesse de Lamballe sont entre les mains de M. Étienne Charavay et ont été frappés par lui d'une estampille, comme pièces fabriquées.

La conclusion qui s'impose est donc celle-ci : toutes les lettres connues de la Reine à la princesse de Lamballe sont des lettres fabriquées, qu'aucun historien sérieux ne saurait citer.

Il existait pourtant des lettres de Marie-Antoinette à la princesse de Lamballe. Dans les *Mémoires particuliers pour servir à l'histoire de la Révolution*, publiés en 1826 par le

---

[1]. *Inventaire des autographes et des documents historiques composant la collection de M. Benjamin Fillon*, p. 38.

[2]. *Catalogue de la précieuse collection de lettres autographes composant le cabinet de feu M. Chambry*, p. iv.

[3]. « Quand une pièce présente des doutes qu'on ne peut combattre, disait M. Étienne Charavay en 1870, il faut la rejeter impitoyablement, car il vaut mieux, à notre avis, priver l'histoire d'un document que de lui en apporter un qui pourrait l'induire en erreur. » *Faux autographes. Affaire Vrain-Lucas*, dans *l'Amateur d'autographes* des 1er-16 mars 1870 (t. IX, p. 93).

marquis de Clermont-Gallerande, on peut lire [1] : « Le 21 (juin 1791) au matin, elle (Mme de Lamballe) reçut un billet de la Reine qui l'avertissait de son départ. » Mais, chose étonnante, on n'a point eu l'ingénieuse idée de fabriquer ce billet du 20 juin 1791, et il n'y en a aucune trace.

VI.

LETTRES A DIVERSES PERSONNES

En dehors des lettres à la duchesse de Polignac et à la princesse de Lamballe, quelles sont les lettres qui ont passé dans les ventes? Que doit-on penser de leur authenticité?

Ici la distinction à faire entre telle ou telle lettre est difficile, car on n'a point sous les yeux les originaux ou prétendus tels. On en est donc réduit à des conjectures.

La nature du document et sa provenance, telles sont les seules données qui permettent de se prononcer sur son authenticité.

Prenons les lettres, dans l'ordre chronologique où elles se sont présentées, et passons-les successivement en revue.

Voici une lettre autographe et signée, adressée, nous dit-on, vers le mois de septembre ou d'octobre 1788, au comte de la Luzerne, ministre de la marine, et relative aux ambassadeurs de Tippo Saïb. Cette lettre fut mise en vente par le libraire Pluquet en mai 1822 (vente des 24-27 mai, n° 76) ; elle provenait des doubles de la collection Villenave et atteignit le prix de 120 fr. [2] ; une autre lettre au comte de la Luzerne [3] parut

---

1. Voir t. III, p. 70, note.
2. Voir *Manuel d'autographes*, de Fontaine, p. 73. « Acquise pour le roi d'Angleterre. »
3. Nous disons *une autre lettre*, bien qu'on ait considéré cette lettre comme la même que la précédente. Voir la *Liste de toutes les lettres de Marie-Antoinette qui ont passé dans les ventes depuis 1800*, dressée par M. G. Charavay pour l'ouvrage de M. de Lescure, *La vraie Marie-Antoinette* (Paris, 1863, in-8), p. 59 (n° 16). Cette liste est précieuse, mais incomplète.—

en 1833 à la vente de feu M. Bruères de Chalabre (29 avril et jours suivants), faite par le libraire Merlin, et est ainsi mentionnée au catalogue : « Billet de la reine Marie-Antoinette à M. de la Luzerne. *Aut.* » Elle fut vendue 51 fr. [1]. Aucune lettre au comte de la Luzerne n'a reparu dans les ventes depuis 1833, et nous ne savons que penser de la lettre et du billet que nous venons de mentionner, et dont le texte est demeuré inconnu.

Voici une lettre autographe et signée, qui fut mise en vente au mois de décembre 1833 par le libraire Leblanc, et qui provenait du cabinet de feu M. Lerouge (vente des 8 décembre-24 janvier). On la donnait comme adressée (en 1784) au duc de Polignac; elle fut vendue 81 fr. [2]. C'est vraisemblablement la même lettre (une page pleine in-4) qui parut en 1850 à la vente Lalande (faite par Laverdet, 29 avril-3 mai, n° 431), et fut vendue 52 fr.; puis en 1857 à la vente Esterhazy (26 mars-2 avril, n° 496), prix : 107 fr.; et enfin en 1861 à une vente faite par Laverdet (11-18 mai, n° 797), prix : 150 fr. — Cette lettre, adressée à un duc inconnu, qu'on a supposé être le duc de Fronsac [3], portait seulement cette date : « 4 avril. » Voici l'analyse qu'en ont donnée les catalogues : « Le Roi a paru écouter avec intérêt la proposition qu'elle lui a faite en son nom; mais, tout en consentant à la survivance, il a montré beaucoup de répugnance à exécuter les choses sur-le-champ. L'exemple lui paraît dangereux, et susciterait des demandes pareilles de tous les côtés. « Mes petits spectacles

---

Il est peu probable qu'une lettre acquise, comme nous l'apprend le Manuel *de Fontaine, « pour le roi d'Angleterre » en 1822, ait reparu dans une vente en 1833.*

1. Voir *Manuel d'autographes*, p. 113.
2. *Manuel d'autographes*, p. 136.
3. *Liste de toutes les lettres*, etc., *l. c.*, p. 56.— Nous ferons remarquer que les numéros portés dans cette liste renvoient, non au catalogue visé, mais au numérotage de ces catalogues dans la bibliographie donnée par *l'Amateur d'autographes* en 1862-1863. Nous avons rétabli partout les numéros des catalogues, dont nous avons pu faire le dépouillement grâce à l'obligeance de M. Étienne Charavay, qui, avec une parfaite bonne grâce, a mis ses collections à notre disposition.

« de Trianon me paraissent devoir être exceptés des règles du
« service ordinaire. Quant à l'homme que vous tenez en pri-
« son pour le dégât commis, je vous demande de le faire relâ-
« cher. Il y a plus d'imprudence dans son fait que de méchan-
« ceté ; il faut savoir distinguer ; et, puisque le Roi a dit que
« c'est mon coupable, je lui fais grâce. »

Voici un billet autographe et signé au prince de Lambesc, qui fut vendu 19 fr. en 1838 à la vente d'un (prétendu) officier général étranger (Supplément, 4-5 mai, n° 11), faite par le libraire Merlin, et dont les pièces antérieures au xviii° siècle provenaient pour la plupart de Libri [1]. Il porte la date du 29 août 1787 et est, nous dit-on, relatif à un achat de chevaux [2].

Voici une série de lettres simplement signées, toutes uniformes, adressées à des cardinaux en date du 31 janvier 1791 (une page in-folio, avec cachet). La première qu'on rencontre est adressée au cardinal de Herzan et paraît en 1839 dans une vente faite par l'expert Charon (7-14 février, n° 338) ; elle est vendue 6 fr. Une seconde, adressée au cardinal Antonelli, est mise en vente en 1840 (vente Pixerécourt, 4-14 novembre, n° 630) et ne trouve point d'acquéreur. Une troisième, adressée au cardinal Doria, paraît en 1849, à la vente Capelle (10-14 juin, n° 764) et est vendue 15 fr. 50 ; une quatrième, adressée au cardinal Colonna de Sigliano, paraît en 1850 (vente Lalande et de C., 29 avril-3 mai, n° 431), et est vendue 5 fr. Enfin une cinquième, adressée au cardinal Honorati, paraît en 1851 (vente Capelle, 26 février-3 mars, n° 564) et est vendue 10 fr. 50 [3]. Enfin, il existe une sixième lettre, qui nous a été obligeamment communiquée par M. Ducoing, qui la possède ; elle est adressée au cardinal Chiaramonti, et, comme toutes les autres, elle a une page in-folio. En voici la teneur :

Mon cousin, vous pouvez être assuré que les vœux que vous formez pour moi, au commencement de l'année, me sont aussi agréables que les

---

[1]. *Dictionnaire de pièces autographes volées*, p. 43.
[2]. Non mentionné dans la liste de G. Charavay.
[3]. Aucune de ces cinq lettres n'est mentionnée dans la liste de G. Charavay.

sentiments dont vous les accompagnez. Je ne désire que des circonstances propres à vous persuader que j'ai pour vous une affection et une estime particulière. Sur ce, je prie Dieu qu'il vous ait, mon cousin, en sa sainte et digne garde.

Fait à Paris, le 31 janvier 1791.

MARIE ANTOINETTE.

Et plus bas :

BEAUGEARD.

Au dos : *A mon cousin le cardinal Chiaramonti.*

Voici maintenant une lettre autographe et signée au marquis de Bérenger,[1] en date du 19 janvier; elle a une page in-8, avec enveloppe, cachet et suscription autographe. La sèche mention du catalogue porte : « Elle a montré sa lettre au Roi, qui n'a pu accorder à M.... la présentation qu'il désire, ne trouvant pas ses titres suffisants. » Mise en vente pour la première fois en mai 1843 et provenant de la collection Dolomieu (vente par Charon, 15-20 mai, n° 331), elle est vendue 170 fr. La même lettre, livrée aux enchères par l'expert Charon à une vente faite en 1845 (3-9 février, n° 323), n'atteint que le prix de 41 fr.[2] Enfin elle reparaît, en février 1878, à la vente Wagener, faite à Berlin (n° 169), et est vendue 121 marks (151 fr. 25).

En 1844, à une vente faite les 5-9 février par l'expert Charon, apparaît pour la première fois une lettre à la princesse de Lamballe, qui est vendue 200 fr.[3] A deux ventes faites en avril et juin, deux lettres à la duchesse de Polignac sont vendues 111 et 83 fr.[4] A la vente Lalande, faite par Charon (8-13 avril, n° 367), on voit apparaître une lettre autographe et signée à l'empereur Léopold II, en date du 4 octobre 1791, qui est vendue 330 fr.[5] Cette lettre, — est-il besoin de le dire ? — ne se retrouve pas dans le recueil des lettres à Joseph II et à Léopold II publiées à Vienne.

[1]. Chargé d'affaires de France à La Haye.
[2]. Voir *Bulletin de l'Alliance des arts*, numéro du 25 avril 1845, t. III, p. 333.
[3]. N° 29 de la liste Charavay; n° 36 de la nomenclature donnée ci-dessus, p. LI.
[4]. N°s 17 et 32 de la liste Charavay; n°s 14 et 28 de notre nomenclature, p. XLVII et L.
[5]. N° 30 de la liste Charavay.

LX   INTRODUCTION.

En 1845, à une vente faite par l'expert Charon (8-11 décembre), et dont les pièces provenaient de Libri, apparaît (n° 269) une lettre autographe et signée adressée à Necker, en date du 17 avril 1790. Elle est vendue 75 fr. 1. Cette lettre est arrivée, dans ces derniers temps, aux mains de M. Étienne Charavay, qui l'a mise au rebut en la frappant d'une estampille, comme pièce fabriquée. Dans la même vente parut (n° 270) un billet autographe et signé, qui fut vendu 32 fr. 2. Il passa dans la collection de M. Boutron, qui, en 1863, le communiqua à M. de Lescure ; il a été imprimé par celui-ci 3, bien qu'il ne fût pas plus authentique que la lettre précédente. Signalons encore, en 1845, la vente d'une lettre à la princesse de Lamballe, pour le prix de 65 fr. 4.

En 1846, une lettre autographe et signée à M. ***, en date du 20 mai 1790 (deux grandes pages in-4), est mise en vente par l'expert Charon (16-21 avril, n° 302), et vendue 106 fr. 5. L'extrait donné dans le catalogue édifiera suffisamment sur la valeur du document : «.... Quelque plaisir que nous aurons tou-
« jours à voir auprès de nous un être aussi fidel que vous,
« nous sentons bien que la position de vos affaires peut exiger
« de vous une plus longue absence.... Je me flatte toujours de
« vous revoir bientôt avec le brave et respectable corps avec
« lequel vous êtes éloigné ; notre vie entière ne pourra suffire
« pour leur prouver notre reconnaissance : c'est à l'Europe,
« c'est à la postérité à juger de leur dévouement, de leur fidé-
« lité et de leur courage ; vous êtes bien heureux, mais bien
« digne d'estre à leur teste ; quel beau moment que celui où
« nous serons tous réunis ! Je ne finirois pas si je voulois vous
« exprimer tout ce que je sens.... »

En 1847 paraît une autre lettre autographe et signée, en

---

1. N° 22 de la liste Charavay.
2. N° 8 de la liste Charavay.
3. *La vraie Marie-Antoinette*, p. 36.
4. N° 31 de la liste Charavay (avec la date du 19 octobre); n° 19 de notre nomenclature.
5. N° 23 de la liste Charavay.

date du 12 septembre 1791 (deux pages et demie in-4), dont le destinataire est également inconnu ; elle est adjugée au prix de 286 fr. (vente Laroche-Lacarelle, faite par Charon, 4-10 février, n° 424) 1. A en juger par le long extrait donné dans le catalogue, elle est aussi suspecte que la précédente. La même année, dans une vente faite par Charavay (10-13 mars) et dont la plupart des pièces venaient de M. Feuillet de Conches 2, apparaissent deux lettres autographes et signées : l'une, en date du 3 septembre 1791, adressée à l'empereur Léopold II (deux pages pleines in-4, n° 322), est vendue 80 fr. 3; l'autre, adressée à la princesse de Lamballe (n° 323), est vendue 60 fr. 4. La lettre à Léopold II reparut, la même année, dans le Bulletin d'autographes à prix marqués de l'expert J. Charavay (n° 856, 100 fr.), et en 1855 à la vente Amant (n° 303, 130 fr.).

Nous ne citerons que pour mémoire les lettres suivantes : Vente par Charon, 22-25 mars 1847, n° 310, 37 fr. 5; vente du général Naudet, 25-27 mars, n° 198, à la princesse de Lamballe, 24 fr. 6; vente Donnadieu, 29 juin et jours suivants, n° 175, « à l'archiduc d'Autriche 7 ; » 23 novembre 1848, n° 423, à la princesse de Lamballe, 147 fr. 8.

En 1848, nous rencontrons un billet autographe et signé (une demi-page in-12), en date du 1er décembre, adressé au comte de Lusace, prince royal de Pologne, au sujet de la mort de la princesse Christine de Saxe. Il est annoncé au prix de 35 fr. par M. J. Charavay dans son Bulletin de février (n° 1600 9). Ce billet reparaît dans le même Bulletin en novembre 1849 (n° 2290), au prix de 32 fr. 10, et en 1858, dans

---

1. N° 28 de la liste Charavay.
2. Voir *Dictionnaire des pièces autographes volées*, p. 50.
3. N° 27 de la liste Charavay.
4. N° 6 de la liste Charavay.
5. Non mentionnée dans la liste Charavay.
6. N° 18 de la liste Charavay.
7. Non mentionnée dans la liste Charavay.
8. N° 20 de la liste Charavay.
9. N° 7 de la liste Charavay.
10. Mention omise dans la liste Charavay.

une vente faite par J. Charavay (15-20 mars, n° 621), où il fut adjugé au prix de 31 fr.

En 1851, apparaît à la vente Capelle (20-26 mars, n° 570) une lettre autographe et signée (une page in-8) qui fut vendue 26 fr. 50 [1]. Le catalogue en donnait l'analyse suivante : « Elle n'a pu déterminer le Roi et M. de Ségur à laisser continuer à M. de Rabodanges les fonctions de colonel, qui sont incompatibles avec le grade de maréchal de camp auquel il a été promu. » La même année, l'expert J. Charavay met en vente, dans son Bulletin (mars, n° 2858), au prix de 60 fr., une lettre autographe et signée (deux pages pleines in-8), adressée au comte de Mercy dans les premiers jours de juillet 1790 [2]. Dans le même Bulletin sont annoncées deux lettres à la princesse de Lamballe [3] et une lettre à la duchesse de Polignac [4], mentionnées plus haut [5], et sur lesquelles nous n'avons pas à revenir.

En 1852, le même Bulletin (février, n° 3284) annonce une lettre autographe et signée (deux pages pleines in-4), à l'Empereur, en date du 26 novembre (1790 ou 1791), au prix de 90 fr. [6]. La même lettre reparaît en 1857 à la vente Esterhazy (n° 497) et atteint le prix de 320 fr. A la vente du baron de Trémont (9-22 décembre 1852) apparaît (2e supplément, n° 713) une lettre autographe au baron de Breteuil, en date du 19 juillet 1788 (une page petit in-8), vendue 30 fr. [7]. Cette lettre figure en mai 1875 à la vente O'Callaghan (n° 252), faite à Londres. Voici l'analyse que nous en fournit le catalogue Trémont : « Mme de Praslin lui ayant envoyé la démission de sa place de dame du palais, il lui fera plaisir de prendre tout de

---

[1]. N° 5 de la liste Charavay.
[2]. Non mentionnée dans la liste Charavay.
[3]. N°s 15 et 26 de la liste Charavay.
[4]. N° 13 de la liste Charavay.
[5]. Voir notre nomenclature, n°s 10 et 31 des lettres Lamballe, et n° 4 des lettres Polignac.
[6]. N° 24 de la liste Charavay.
[7]. Avec un état des plantations à faire à Trianon, en date du 20 mars 1778, approuvé et signé par la Reine. Voir n°s 10 et 14 de la liste Charavay.

suite l'ordre du Roi « pour la petite de Maillé, à qui la première place était destinée ». Cette lettre, non signée, offre de sérieuses garanties d'authenticité.

Nous n'avons aucun renseignement sur une autre lettre, seulement autographe (une page in-12), adressée à Mme ***, et portant la date du 2 décembre, qui fut livrée aux enchères le 9 mai 1853, à la vente Crepy-Leprince (n° 61) ; elle fut vendue 125 fr. (avec deux autres pièces) [1].

En 1854, apparaît, à la vente Brissot-Thivars (6-11 avril, n° 555), une lettre autographe et signée, adressée à Léopold II, en date du 13 mai 1791 ; elle fut vendue 130 fr. [2]. Inutile de dire qu'elle ne se retrouve pas, et pour cause, dans les lettres publiées à Vienne par M. d'Arneth.

Signalons, la même année, une vente faite par Laverdet, les 7-13 décembre 1854 (n° 587), un billet autographe de six lignes à Mme de Gramont, vendu 15 fr., et qui reparut en janvier 1859 dans le Bulletin de J. Charavay (n° 10823), au prix de 16 fr. [3].

En 1861, à une vente faite par Laverdet (11 mai et jours suivants), apparaît (n° 797) une lettre qui fut vendue 150 fr., et sur laquelle nous manquons d'autres indications.

En 1863, dans le catalogue d'Auffay (28 mars) nous trouvons (n° 129) une lettre au garde des sceaux, autographe seulement (trois quarts de page in-8), écrite à la troisième personne, pour prier le garde des sceaux de faire placer une indulte qu'a M. le chevalier Th. de Lameth, et qui se termine ainsi : « La Reine aurait vu elle-même le garde des sceaux sur cet objet, si elle en avait eu le temps ce matin. » La lettre fut adjugée au prix dérisoire de 23 fr.; mais, dans son Bulletin de mai (n° 17610), l'expert J. Charavay l'offrit à 50 fr. ; elle passa dans le cabinet de M. Dubrunfaut, et atteignit le même prix à sa vente (29-30 janvier 1883, n° 43). Enfin, elle reparut dans une vente faite les 15-16 avril 1885 (n° 49) et atteignit le prix de 145 fr.

1. Voir n° 9 de la liste Charavay.
2. N° 25 de la liste Charavay.
3. Non mentionné dans la liste Charavay.

La même année, à la vente du chevalier R.....y, faite par Laverdet (30 novembre-3 décembre, n° 407), une lettre de la Reine, datée du 4 mars, est vendue 205 fr.

En 1864, à la vente du comte de H. de M. (7-12 avril), faite par Charavay, paraît (n° 469) une lettre autographe et signée à Joseph II, en date du 27 juin 1774 (trois pages in-4), qui est vendue 350 fr.

Signalons en 1865 (7 décembre) la vente de deux lettres à la princesse de Lamballe, l'une autographe signée, vendue 140 fr.; l'autre autographe, avec une signature du Dauphin, vendue 760 fr. Toutes deux provenaient du cabinet de M. de Lajariette [1].

Nous touchons à une date fatale aux lettres apocryphes, qui allaient peu à peu, et à tout jamais, être chassées des ventes publiques. C'est le moment où éclate la polémique dont nous avons suivi les phases et qui aboutit à la constatation des faux en ce qui concernait principalement les lettres à Marie-Thérèse et à Marie-Christine, lesquelles avaient, d'ailleurs, été soigneusement écartées du feu des enchères.

Nous ne voyons plus apparaître de lettres suspectes qu'en 1872, à la vente Gauthier la Chapelle (lettre à la princesse de Lamballe, vendue 106 fr. [2]); puis, en 1874, dans le Bulletin d'autographes de Charavay (n° 179, lettre collective de Louis XVI, Marie-Antoinette et Madame Élisabeth); puis, en 1875, dans une vente faite à Metz et à la vente Guizot (deux lettres à la princesse de Lamballe, dont la dernière atteignit le prix de 450 fr.) [3]; enfin, en 1878, à la vente Veydt (de Bruxelles), où l'on revend, moyennant 260 fr., la lettre à la princesse de Lamballe provenant de M. Gauthier la Chapelle.

Les principales pièces qui apparaissent, à partir de 1866, sont les suivantes :

Lettre autographe à la princesse de Ligne, une page pleine in-8, enveloppe et cachet. « Elle lui envoie le bon qu'elle a

---

1. N°ˢ 20 et 33 de notre inventaire. Voir ci-dessus, p. XLVIII et LI.
2. N° 24 de notre inventaire. Voir ci-dessus, p. XLIX.
3. N°ˢ 7 et 3 de notre inventaire. Voir ci-dessus, p. XLVI.

désiré pour la princesse Charlotte ; mais elle la prie de le renvoyer à M. de Champcenetz, qui est obligé de le garder. » Cabinet du vicomte de Fer...., 3-6 décembre 1866, n° 935, vendu 10 fr.

Lettre au duc de Choiseul, vendue à Londres, moyennant 118 fr. 75, à une vente faite les 3-7 juin 1867, qui est mentionnée dans *l'Amateur d'autographes* [1].

Lettre signée aux abbesse, chanoinesses et chapitre de l'abbaye de Neuville, une page in-4, cachets et soies. Cabinet Yemeniz, 12-15 mai 1868, n° 61 ; vendue 63 fr. Cette lettre a été publiée dans le *Cabinet historique* [2].

Image représentant la sainte Vierge et l'enfant Jésus, au dos de laquelle on lit ces mots, tracés par l'archiduchesse Marie-Antoinette : « *Auspice Deo*. C'est pour vous assurer, chère Wallis, que je serai toujours votre fidelle Antoine. » Pièce accompagnée d'une note de la baronne de Gombault-Rasac, qui certifie l'authenticité de cet autographe, et fait savoir qu'il fut offert à la duchesse d'Angoulême, laquelle reconnut l'écriture de sa mère et laissa la pièce entre les mains du baron de Gombault-Rasac. Cabinet de Mme Amélie Lassabathie (9 novembre 1872), n° 117, vendu 110 fr.

Lettre autographe à la duchesse de Polignac, vendue le 1er février 1877 pour le prix de 640 fr. Nous avons déjà parlé de cette lettre [3].

Lettre autographe et signée à la duchesse de la Trémoille, 31 janvier (1775), une page petit in-4. Cabinet de M. Rathery, n° 256 (24 avril 1876), vendue 83 fr. ; cabinet de M. Benjamin Fillon, série II, n° 154 (17 février 1877), vendue 650 fr. — Nous reviendrons plus loin sur les lettres à la duchesse de la Trémoille.

Lettre autographe à Mme ***, une demi-page in-8. Vente Fillon, n° 156 ; vendue 100 fr. Le texte du billet est donné dans le catalogue ; on le trouvera plus loin.

---

[1]. Année 1867, p. 187.
[2]. Année 1859, t. V, *Documents*, p. 173.
[3]. N° 22 de notre inventaire. Voir ci-dessus, p. xxxvii.

Lettre autographe à la comtesse d'Ossun, une demi-page in-12. Cabinet de M. Sensier, n° 29 (11 février 1878), vendue 200 fr., avec une pièce signée par le secrétaire de la main. Nous donnons plus loin le texte de cette lettre, qui est actuellement dans le cabinet de M. La Caille.

Les lettres de la Reine deviennent de plus en plus rares, à partir de cette époque. Nous rencontrons seulement : un billet autographe et signé, de neuf lignes, vendu le 23 mai 1882 (n° 41), au prix de 92 fr. ; une lettre autographe au garde des sceaux, mentionnée plus haut, vendue 50 fr. à la vente Dubrunfaut (29-30 janvier 1883, n° 43), et 145 fr. à une vente faite les 15-16 avril 1885 (n° 49); une lettre signée au roi de Sardaigne (trois quarts de page in-4, avec cachets et soies), en date du 15 août 1775, provenant de la collection de la marquise de Barol (26 janvier 1885, n° 142), dont nous n'avons pas le prix, mais qui fut revendue peu après 150 fr. [1]; une lettre autographe à la comtesse de Laage, en date du 28 juin 1785, mise en vente le 25 juin 1886 (n° 99), et adjugée au prix de 200 fr. (on en trouvera le texte dans notre recueil); enfin une lettre autographe à une comtesse, sans date, mise en vente le 10 mars 1893 (n° 59), adjugée au prix de 290 fr., et qui a reparu dans le *Bulletin* d'Étienne Charavay de février 1894, sous le n° 36402, au prix de 300 fr.

En revanche, on se dispute les moindres signatures, les plus insignifiantes apostilles. En 1872, à la vente d'Hervilly (11-13 avril), une apostille de quatre lignes autographes, avec signature, en date du 25 mars 1783, au bas d'une supplique de Des Entelles (n° 299), est vendue 94 fr. : une autre apostille de trois lignes, avec signature, en date du 20 novembre 1789 (n° 300), est vendue 60 fr. En 1880, à la vente Michelot (7-8 mai), une apostille de quatre petites lignes, avec signature, sur un placet d'une des femmes de la Reine (n° 298), est vendue 35 fr. La même année (18 décembre), une pièce signée, en date du

---

[1]. *Revue des autographes* d'Eugène Charavay, mai 1885, n° 91, sous le n° 56 du catalogue d'autographes à prix marqués.

1ᵉʳ juillet 1785 (n° 163), est vendue 41 fr. En 1881 (20 juin), une pièce signée, en date du 1ᵉʳ juillet 1785, avec le mot *Payez* autographe (n° 168), atteint le prix de 180 fr. La même année, à la vente d'un amateur anglais (28 novembre), une pièce signée, en date du 1ᵉʳ avril 1784, avec le mot *Payez* autographe (n° 101), est vendue 105 fr. En 1882, à la vente Bayle (22 avril), une pièce signée (n° 122) est vendue 30 fr. La même année (25 mai), une pièce signée, avec le mot *Payez* autographe, en date du 1ᵉʳ octobre 1783, concernant Didier-Grégoire Trincano, maître de mathématiques des pages de la Reine (n° 153), est vendue 50 fr. ; cette même pièce reparaît à des ventes en 1883 et 1885 [1]. En 1884, à la vente Alfred Bovet (série I, 12-19 février, n° 24), une pièce signée, avec le mot *Payez* autographe, en date du 1ᵉʳ octobre 1783, concernant Jacques Briant, maître à danser des pages, est vendue 62 fr. En 1885, à une vente faite les 15-16 avril, une pièce signée, avec trois lignes autographes, en date du 20 novembre 1783 (n° 48), atteint le prix de 120 fr. La même année, à une vente faite le 14 décembre, une apostille de deux lignes autographes, avec la signature ANTOINETTE, sur un placet présenté à la Dauphine par l'abbé de Vermond en faveur de l'un de ses frères, chevalier de Saint-Louis, capitaine réformé à la légion de Flandre (n° 129), est vendue 110 fr. ; et une autre apostille de trois lignes autographes sur un mémoire adressé à la Reine par la première femme de chambre de la feue Reine (n° 130), est vendue 109 fr. La première de ces deux pièces reparaît dans une vente faite le 2 juin 1887 (n° 105), et est vendue 100 fr. ; et encore le 22 décembre suivant (n° 119), prix : 155 fr. La seconde reparaît dans une vente du 27 novembre 1888 (n° 111), et est vendue 80 fr. En 1886, à une vente faite le 25 juin, une apostille de trois petites lignes (n° 100), qui avait déjà paru aux ventes Lajariette (1860) et Dubrunfaut (1883), est vendue 135 fr.

---

1. N° 123 de la vente du 19 juin 1883, et n° 50 de la vente des 15-16 avril 1885.

Signalons enfin deux lettres, évidemment apocryphes, mises récemment en vente.

En mai 1890, à la vente de la collection de M. le comte de B.... (5-7 mai), faite par M. Eugène Charavay, figure, sous le n° 414, une lettre autographe signée à l'impératrice Marie-Thérèse, une page in-4. Le catalogue contient la note suivante : « Lettre des plus précieuses, les autographes de Marie-Antoinette étant de la plus grande rareté. Elle a été écrite à l'âge de huit ans; elle est signée *Antoine*.... Elle remercie l'impératrice, sa mère, de « la récompense que Votre « Majesté m'a fait la grâce de m'envoyer pour avoir soutenu « courageusement l'opération. » Cette lettre, malgré les doutes sérieux que pouvait soulever son authenticité, fut acquise par M. Eugène Charavay moyennant le prix de 500 francs.

En mars 1893, le libraire Cohn vendait à Berlin la belle collection du comte Paar. Sous le n° 230, figurait une lettre à la duchesse de Polignac, que nous avons mentionnée plus haut (voir n° 1). La lettre, autographe signée, une demi-page petit in-8, est transcrite *in extenso* dans le catalogue (p. 27); elle fut vendue 337 fr. 50.

VII.

LETTRES AUTHENTIQUES

Le terrain est maintenant suffisamment déblayé. Nous pouvons arriver aux lettres authentiques, qui forment la matière de ce recueil.

Elles se composent des éléments suivants :
1° Lettres à l'impératrice Marie-Thérèse ;
2° Lettres à Joseph II et à Léopold II ;
3° Lettres au comte de Mercy ;
4° Lettres aux princesses de Hesse-Darmstadt ;
5° Lettres au roi de Suède Gustave III ;
6° Lettres au comte de Fersen ;
7° Lettres à diverses personnes.

§ 1ᵉʳ. — *Lettres à l'impératrice Marie-Thérèse.*

Nous possédons quatre-vingt-treize lettres de Marie-Antoinette à sa mère. Ces lettres se trouvent dans un cahier intitulé : *1770-1786. Correspondance de Sa Majesté l'Impératrice-Reine avec la Reine de France*, faisant partie de la bibliothèque particulière du chef de la maison impériale. Trente-sept sont en original ; les autres en copie. Mais ces copies, faites de la main du baron de Pichler, secrétaire intime de l'Impératrice, et par ordre de celle-ci, offrent un indiscutable caractère d'authenticité. On peut d'ailleurs les contrôler : plusieurs lettres sont à la fois en original et en copie, et, en comparant les textes, on constate leur parfaite similitude [1]. Ce cahier n'est plus aujourd'hui dans les archives privées de la maison impériale, qui ont toutes été versées en 1865 aux archives d'État [2].

Il ne sera pas inutile de reproduire ici quelques indications générales données par M. d'Arneth sur les lettres de Marie-Antoinette conservées à Vienne ; nous les trouvons dans une lettre adressée par lui à M. Charavay aîné, en mai 1866, au cours de la polémique engagée sur les documents fabriqués publiés dans les recueils français :

« Les lettres de Marie-Antoinette se sont trouvées dans la propriété privée de Marie-Thérèse, et, après elle, de ses héritiers, les empereurs d'Autriche. Indépendamment de cela, sur une voie tout à fait différente, et quinze ans plus tard, le gouverneur *(sic)* d'Autriche, après la mort du comte de Mercy, vint en possession de sa correspondance avec Marie-Antoinette. Il s'y trouve plusieurs billets, écrits pendant les premières années du séjour de la Dauphine en France, bien insignifiants quant à leur contenu, mais très intéressants pour la question de l'écriture, qui concorde parfaitement avec celle des lettres

---

[1]. Voir l'avant-propos placé par M. le chevalier d'Arneth en tête de la correspondance.
[2]. Voir l'introduction du recueil de 1874, t. I, p. III.

qu'avant son avènement au trône Marie-Antoinette a écrites à sa mère. Outre cela, il existe encore une troisième preuve pour l'authenticité de l'écriture que vous croyez pouvoir contester. Les archives de Vienne possèdent une riche collection de lettres et de rapports du comte de Mercy à l'impératrice Marie-Thérèse et à ses deux fils, Joseph Ier et Léopold Ier *(sic)*. Dans ces rapports se trouvent quelquefois, comme annexes, des copies, et plusieurs fois, mais bien rarement, des originaux de billets de Marie-Antoinette à Mercy [1]. »

Les lettres de la Reine à sa mère ont été publiées à Vienne en 1865 (décembre 1864) [2], dans un volume intitulé : *Maria Theresia und Marie Antoinette. Ihr Briefwechsel während der Jahre 1770-1780*, herausgegeben von Alfred Ritter von Arneth [3]. Une seconde édition allemande de ce recueil parut l'année suivante [4]; elle se distinguait de la précédente par un certain nombre d'additions, telles que le texte des instructions données par Marie-Thérèse à sa fille, en date du 21 avril 1770; la première lettre de Marie-Thérèse à la Dauphine, en date du 4 mai suivant; cinq billets ou lettres de Marie-Antoinette au comte de Mercy; deux lettres au comte de Rosenberg et une au prince de Kaunitz; enfin, dans un appendice, seize lettres de l'abbé de Vermond au comte de Mercy.

La correspondance de Marie-Thérèse et de Marie-Antoinette a été en outre réimprimée dans un recueil publié à Paris en 1874 par MM. le chevalier d'Arneth et A. Geffroy, sous ce titre : *Marie-Antoinette. Correspondance secrète entre Marie-Thérèse et le comte de Mercy-Argenteau, avec les lettres de Marie-Thérèse et de Marie-Antoinette* [5]. Ces dernières lettres ne forment que la minime partie de ce volumineux recueil,

---

1. *L'Amateur d'autographes* du 15 mai 1866, t. V, p. 130.
2. Voir ci-dessus, p. xv.
3. Paris, Ed. Jung-Treuttel; Wien, Wilhelm Braumüller, 1865, in-8 de xi-348 pages, avec 8 pages de *fac-simile*.
4. Zweite vermehrte Auflage, mit Briefen des abbé de Vermond an den Grafen Mercy. Leipzig, Köhler; Paris, Ed. Jung-Treuttel; Wien, Wilhelm Braumüller, 1866, in-8 de xvi-415 pages, avec 8 pages de *fac-simile*.
5. Paris, Firmin-Didot, 1874, 3 vol. gr. in-8.

que les habiles éditeurs ont fait précéder d'une vaste introduction [1]. Ils nous apprennent, en ce qui concerne cette correspondance, que : « grâce à des concordances précédemment ignorées, grâce à des fragments retrouvés de pièces perdues, » ils ont « pu quelquefois mieux ordonner et dater ces lettres » [2]. Nous emprunterons notre texte, pour cette partie des lettres de la Reine, au texte du recueil de 1874.

§ II. — *Lettres à Joseph II et à Léopold II.*

Les lettres authentiques de Marie-Antoinette à ses frères sont au nombre de quarante-six : trente à Joseph II et seize à Léopold II. Elles ont été conservées, soit dans les archives privées, soit dans les archives d'État de la maison d'Autriche, et se trouvent dans trois dossiers : l'un portant ce titre : *Briefe verschiedener Souveräne an Kaiser Joseph II, 1769-1789*; l'autre : *Correspondenz zwischen Ihren Kaiserlichen Majestäten und Ihren Königlichen Majestäten von Frankreich, 1716-1792*; le troisième consiste en vingt-huit copies authentiques des lettres échangées en 1784 et 1785 entre Joseph II et le couple royal de France. Quatorze des lettres de Marie-Antoinette à Joseph II, et douze des lettres à Léopold II sont en original; les autres sont en copies authentiques [3]. Toutes, sauf trois, ont été publiées par M. d'Arneth, en mars 1866 [4].

---

1. Elle remplit 72 pages.
2. Introduction, p. II.
3. Préface de l'ouvrage ci-dessous.
4. *Marie Antoinette, Joseph II und Leopold II, ihr Briefwechsel*, herausgegeben von Alfred Ritter von Arneth. Leipzig, Köhler; Paris, Ed. Jung-Treuttel; Wien, Wilhelm Braumüller, 1866, in-8 de XII-300 pages, avec 8 pages de *fac-simile*. — Les trois autres sont dans Feuillet de Conches (t. III, p. 85) (lettre tirée des archives de l'archiduc Albert), et dans la *Correspondance secrète du comte de Mercy*, publiée en 1890-1891 par MM. d'Arneth et Flammermont (t. II, p. 76, note, et 241, note).

§ III. — *Lettres au comte de Mercy.*

M. le chevalier d'Arneth a donné, dans ses deux recueils de 1866, quarante-six lettres ou billets de la Reine au comte de Mercy, tirés des archives impériales [1]. Il en a publié cinq autres dans le recueil de la *Correspondance secrète du comte de Mercy-Argenteau*, publié par lui, avec la collaboration de M. Jules Flammermont, en 1889-90 [2]. De son côté, M. Feuillet de Conches a donné, dans ses six volumes de correspondances, un assez grand nombre d'autres lettres (il n'y en a pas moins de trente-cinq). Ces dernières ne sauraient être acceptées de confiance, comme celles données par M. d'Arneth. Les unes auraient été prises par lui aux archives impériales à Vienne; les autres sont reproduites d'après des minutes existant dans son cabinet. Or certaines de ces lettres ont été également publiées par M. d'Hunolstein, qui les donne d'après les originaux en sa possession. On se demande comment elles peuvent exister en double. Voici, par exemple, une lettre, à la troisième personne, donnée par M. d'Hunolstein [3], qui se retrouve chez M. Feuillet de Conches, comme provenant des archives impériales d'Autriche [4]. Voici une lettre du 14 avril 1791, signée, donnée par M. d'Hunolstein [5], qui se retrouve chez M. Feuillet d'après les mêmes archives, sans signature, et avec une suppression des dernières lignes : « Conservez-moi cette lettre, que je serai bien aise de revoir [6]. » Voici une lettre du 6 mai 1791, donnée par M. d'Hunolstein [7], que publie

---

[1]. Six dans l'ouvrage intitulé *Maria Theresia und Marie Antoinette*, 2ᵉ édit.; quarante dans l'ouvrage intitulé *Marie Antoinette, Joseph II und Leopold II*.

[2]. *Correspondance secrète du comte de Mercy-Argenteau avec l'empereur Joseph II et le prince de Kaunitz*. Paris, Imprimerie nationale, 1889-1891, 2 vol. gr. in-8.

[3]. 3ᵉ édit., p. 122.

[4]. T. I, p. 127.

[5]. 3ᵉ édit., p. 212.

[6]. T. II, p. 37.

[7]. 3ᵉ édit., p. 223.

M. Feuillet [1] avec cette annotation : « De mon cabinet. Il y a plusieurs copies authentiques de cette lettre. Les archives impériales d'Autriche en possèdent une. » Voici une lettre des 16-21-26 août 1791, commune aux deux recueils, dont M. Feuillet donne un *fac-simile*, et dont il dit [2] qu'il existe trois transcriptions (nous avons en effet une partie de cette lettre chez M. d'Arneth, aux dates des 21 et 26 août). Voici une lettre du 5 septembre, signée chez M. d'Hunolstein [3], sans signature chez M. Feuillet [4], qui met en note : « Original aux archives de Vienne. Minute dans mon cabinet. » Voici enfin une lettre du 12 septembre 1791, signée chez M. d'Hunolstein [5], sans signature chez M. Feuillet [6], qui met en note : « Cette lettre, plusieurs fois écrite par la Reine, est une de celles qui ont été trouvées en copie aux archives générales de l'Empire, à Paris, et qui ont été publiées incomplètement dans la *Revue rétrospective.* » Or la lettre du 12 septembre, dont M. d'Hunolstein aurait eu l'original *signé*, dont M. Feuillet aurait eu la minute, a été donnée par M. d'Arneth [7] d'après l'autographe non signé conservé aux archives de Vienne.

Il y a donc tout un travail à faire, en ce qui concerne les lettres de Marie-Antoinette au comte de Mercy, pour distinguer le vrai du faux, l'autographe inventé de l'autographe copié. Nous nous sommes attaché à ne reproduire que les lettres dont la provenance nous était connue et dont l'authenticité nous paraît hors de doute.

§ IV. — *Lettres aux deux princesses de Hesse.*

Nous possédons vingt-sept lettres de Marie-Antoinette à la princesse Louise de Hesse-Darmstadt, et seize lettres à la

---

1. T. II, p. 46.
2. T. II, p. 228, note.
3. 3ᵉ édit., p. 285.
4. T. II, p. 292.
5. 3ᵉ édit., p. 286.
6. T. II, p. 325.
7. *Marie Antoinette, Joseph II und Leopold II*, p. 208.

princesse Charlotte, devenue en 1784 duchesse de Mecklembourg-Strelitz, plus une lettre au duc de Mecklembourg, à l'occasion de la mort de sa femme. Les premières ont été publiées en 1865, par M. le comte de Reiset [1], et elles ont été imprimées en même temps par M. Feuillet de Conches dans son recueil [2]. Les secondes ont été mises au jour en 1876 par M. le comte de Reiset [3].

Les lettres à la landgrave Louise ont été communiquées à M. de Reiset, alors qu'il remplissait auprès du grand-duc de Hesse les fonctions de ministre plénipotentiaire. Elles se trouvaient aux archives de Darmstadt, dans une liasse portant cette suscription de la main de la landgrave : « Ce paquet contient les lettres de feu la Reine de France, de la Reine d'Angleterre, de l'Impératrice-reine et de plusieurs princes et princesses. Darmstadt, le 4 novembre 1801. » M. de Reiset a copié lui-même les vingt-sept lettres de Marie-Antoinette, et c'est avec l'agrément du grand-duc régnant en 1865 qu'il les a livrées au public.

Les lettres à la princesse Charlotte ont été communiquées au comte de Reiset par la grande-duchesse de Mecklembourg-Strelitz, qui en a fait prendre copie à son intention. Elles étaient conservées à Strelitz, parmi les papiers de la famille, et se trouvaient réunies dans un petit portefeuille sur lequel est brodée une couronne de pensées. Elles ont été publiées par M. de Reiset et sont encadrées dans un abondant et très intéressant commentaire.

---

1. *Lettres de la reine Marie-Antoinette à la landgrave Louise de Hesse-Darmstadt.* Paris, Henri Plon, 1865, in-8 de 68 p.

2. *Louis XVI, Marie-Antoinette et Madame Élisabeth.* Lettres et documents publiés par M. Feuillet de Conches, t. III. Paris, Henri Plon, 1865, gr. in-8. Voir l'introduction de M. Feuillet, p. II-III. Cf. t. V, p. 49, et t. VI, p. 189.

3. *Lettres inédites de Marie-Antoinette et de Marie-Clotilde de France (sœur de Louis XVI), reine de Sardaigne,* publiées et annotées par le comte de Reiset, ancien ministre plénipotentiaire. Paris, Firmin-Didot, 1876, in-12.

§ V. — *Lettres à Gustave III.*

Les lettres de Marie-Antoinette au roi de Suède Gustave III sont au nombre de vingt. Elles ont été prises par M. Geffroy sur les originaux conservés à Upsal. C'est une collection formée à l'université de cette ville, au moyen des papiers légués par Gustave III à la bibliothèque de la principale université suédoise, et qui ne devaient être livrés aux investigations des travailleurs que cinquante ans après sa mort. M. Geffroy a publié, en 1867, les lettres de la Reine, soit dans le texte de son bel ouvrage sur Gustave III [1], soit dans l'appendice. Il a de plus donné le *fac-simile* d'une de ces lettres [2].

Nous trouvons dans le recueil de M. Feuillet de Conches une lettre à Gustave III, prise « sur l'original autographe, écrit en entier de la main de la reine Marie-Antoinette » et conservé au dépôt du ministère des affaires étrangères à Stockholm [3]. La même lettre se trouvait déjà dans le volume du comte d'Hunolstein, mais comme adressée au duc de Saxe-Teschen [4]. L'original de Stockholm ne porte pas de date d'année; l'original de la collection d'Hunolstein porte la date de 1776. Grande fut la surprise du comte d'Hunolstein quand il retrouva la lettre dans le recueil de M. Feuillet. Aussi, dans sa troisième édition, il en changea le destinataire et y mit cette note (p. 84) : « Cette lettre portait pour suscription dans nos premières éditions : *Au duc de Saxe-Teschen*. Nous y faisons le changement indiqué dans l'ouvrage de M. Feuillet, qui doit mieux savoir que personne à qui elle est adressée, puisqu'il a vu cette lettre dans les archives du ministère des affaires étrangères à Stockhlom. Seulement, ce qui est étonnant, c'est que l'original que je possède m'ait été procuré à

---

[1]. *Gustave III et la cour de France, suivi d'une étude critique sur Marie-Antoinette et Louis XVI apocryphes.* Paris, Didier, 1867, 2 vol. in-8.
[2]. Voir t. II, p. 381.
[3]. T. I, p. 81.
[4]. 1re édit., p. 76.

Paris. » M. Geffroy, qui n'a pas, dans son ouvrage sur Gustave III, publié le texte de cette lettre du 26 février, constate pourtant son authenticité [1]; et, parlant de ces doubles qui se rencontrent, d'une façon si insolite, chez M. d'Hunolstein, il ajoute : « N'est-il pas évident que d'audacieux fabricateurs, ayant eu connaissance du texte de ces billets à Mercy et de cette lettre à Gustave III, ont forgé de faux autographes ? »

§ VI. — *Lettres au comte de Fersen.*

Une des sources les plus précieuses, restée ignorée pendant longtemps, c'est la correspondance échangée entre Marie-Antoinette et le comte de Fersen. On en avait signalé l'existence, mais on la croyait à jamais perdue. Nous lisons en effet, dans un livre publié en 1858 par M. Amédée Renée, sous ce titre : *Louis XVI et sa cour* (p. 438, note) : « La comtesse de Gyldenstolpe, petite-nièce du comte de Fersen, a dit, dans un voyage très récent à Paris, qu'il n'existe ni dans sa famille, ni à Stockholm, aucune lettre de la Reine à son oncle, tous les papiers du comte de Fersen ayant péri dans l'incendie de son palais de Stockholm, lors de l'émeute où le comte fut massacré. » On avait publié seulement deux lettres de Marie-Antoinette à Fersen, qui se trouvaient, en copie de la main de celui-ci, parmi les papiers du comte de Mercy. Mais en 1877 paraissait un livre intitulé : *Le comte de Fersen et la cour de France. Extraits des papiers du grand maréchal de Suède comte Jean-Axel de Fersen*, publiés par son petit-neveu le baron R. M. de Klinckowström, colonel suédois [2]. Dans l'introduction [3], l'auteur écrit : « Onze lettres de la Reine en 1791, dix-sept en 1792 et trente-deux lettres de M. de Fersen à la Reine, dont dix en 1791 et vingt-deux en 1792, nous sont restées comme témoignage de sa dernière mission

---

[1]. Voir t. II, p. 341.
[2]. Paris, Firmin-Didot, 2 vol. gr. in-8.
[3]. P. LXIV et LXVI.

auprès de la royauté expirante.... Ces lettres étaient presque toutes chiffrées. On les envoyait tantôt par des gens sûrs, tantôt dans une boîte de biscottes, dans un paquet de thé, de chocolat, cousues dans la doublure d'un chapeau ou dans un vêtement. » Ailleurs, M. le baron de Klinckowström nous apprend que les originaux sont en sa possession [1]. Il a d'ailleurs donné en *fac-simile* deux fragments de lettres autographes de la Reine. Ces documents étant une propriété privée, nous avons cru devoir solliciter, pour les reproduire, l'autorisation de l'auteur et de l'éditeur, qui, l'un et l'autre, nous l'ont gracieusement accordée. Nous devons, en particulier, des remerciements à Son Excellence M. Due, ministre plénipotentiaire de Sa Majesté le roi de Suède, qui a bien voulu très gracieusement nous servir d'intermédiaire auprès de son ami M. le baron de Klinckowström.

§ VII. — *Lettres à diverses personnes.*

En suivant l'ordre chronologique, nous rencontrons tout d'abord une lettre de l'archiduchesse Marie-Antoinette à sa gouvernante, la comtesse de Brandis. Cette lettre, qui a été donnée par M. Geffroy, avec un *fac-simile* offrant les dernières lignes [2], est signée Antoine, et doit avoir été écrite avant le mois d'avril 1768, époque où Mme de Brandis cessa ses fonctions. Elle avait été communiquée à M. Geffroy par la comtesse de Landrian, dont la famille était en relations de parenté avec l'ancienne gouvernante de la jeune archiduchesse. Mme Campan nous apprend que « Marie-Antoinette fit congédier sa grande maîtresse, en avouant à l'impératrice que toutes ses pages d'écriture et toutes ses lettres étaient habituellement tracées au crayon » [3]. C'est une de ces lettres que

---

[1] « Le journal du comte de Fersen.... est écrit de sa main.... L'original se trouve à présent chez le baron de Klinckowström, en Suède, *ainsi que tous les originaux des papiers publiés dans cet ouvrage.* » T. I, p. 1, note.

[2] *Gustave III et la cour de France*, t. II, p. 330.

[3] *Mémoires de Mme Campan*, t. II, p. 39-40.

nous avons ici. Cette lettre est actuellement en la possession de M. le comte de Landrian, à Nancy.

Une autre lettre, écrite dans les mêmes conditions, en date du 20 avril 1770, et adressée à l'archiduchesse Amélie, duchesse de Parme, est conservée aux archives royales de Parme. Elle a été publiée par M. Feuillet de Conches dans une note du tome IV de son recueil (p. XII).

Deux autres lettres de la Reine sont conservées dans les mêmes archives : l'une adressée à la princesse Caroline-Marie-Thérèse ; l'autre au duc de Parme. Toutes deux portent la date du 10 juin 1783. Nous en avons vainement demandé la communication à M. le surintendant des archives de Parme ; mais nous savons que, si elles portent la signature de Marie-Antoinette, elles ne sont point autographes.

D'autres lettres se trouvent à Turin [1]. Dans une correspondance datée de cette ville, publiée dans *le Monde* du 7 juillet 1893, on lisait : « En réorganisant à Turin les archives particulières de la maison de Savoie, on a découvert beaucoup de lettres que la maison de France avait échangées avec elle à l'époque de la Révolution, de 1789 à 1792. Parmi ces lettres, il y en a de Marie-Antoinette, qui correspondait avec les comtes de Provence et d'Artois, ses beaux-frères, réfugiés ici, et d'autres écrites par la sœur de Louis XVI, la vénérable Clotilde, femme du roi Charles-Emmanuel IV de Sardaigne. Cette correspondance, étant la propriété privée du roi Humbert, ne sera pas laissée à la libre disposition des historiens pour être consultée ; une autorisation spéciale du ministre de la maison royale sera nécessaire à ceux qui voudront en prendre connaissance. » Les renseignements donnés par *le Monde* n'étaient pas rigoureusement exacts. L'opération — et non la dé-

---

[1] Nous devons à M. le baron de Saint-Pierre, surintendant des archives d'État à Turin, la communication de plusieurs lettres de Marie-Antoinette au roi et à la reine de Sardaigne. Ces lettres ne sont point autographes et n'offrent aucun caractère personnel : nous n'avons pas cru devoir les reproduire. Nous n'en exprimons pas moins toute notre gratitude à M. le baron de Saint-Pierre pour le gracieux empressement qu'il a bien voulu mettre à nous en envoyer le texte.

couverte — a consisté à faire passer des documents intimes de la famille royale de Savoie des archives d'État aux archives privées de la maison. Nous espérons que, grâce à l'obligeante entremise de M. le baron de Saint-Pierre, ces lettres pourront être reproduites dans notre second volume.

Deux lettres de la Reine à la duchesse de la Trémoïlle, l'une sans date, l'autre du 31 janvier 1775, toutes deux autographes et signées, pourraient susciter quelques doutes, au point de vue de leur authenticité, si nous ne savions, d'après les renseignements qu'a bien voulu nous donner M. le duc de la Trémoïlle, que les archives de sa famille ont été mises au pillage, et qu'il lui a fallu de persévérants efforts pour reconstituer son précieux chartrier. M. le duc de la Trémoïlle regarde ces deux lettres comme authentiques, et leur a donné place dans la belle publication consacrée par lui aux La Trémoïlle [1]. La première avait déjà été publiée par M. Feuillet de Conches, d'après l'original de son cabinet, avec un *fac-simile* [2]; la seconde était dans le cabinet de M. Benjamin Fillon, comme nous l'avons dit plus haut [3], et le texte en a été donné dans le catalogue de sa vente d'autographes en 1877 (p. 38).

Deux lettres au comte de Rosenberg, en date des 17 avril et 13 juillet 1775, ont été publiées en 1866 par M. le chevalier d'Arneth, d'après les documents conservés aux archives impériales d'Autriche [4]; elles sont reproduites dans le recueil publié à Paris, en 1874, par MM. d'Arneth et Geffroy [5]. L'une est autographe et signée; l'autre est une copie, envoyée par l'Impératrice au comte de Mercy [6].

---

1. *Chartrier de Thouars. Documents historiques et généalogiques.* Paris, 1877, in-fol., p. 182.
2. *Louis XVI, Marie-Antoinette et Madame Élisabeth*, t. III, p. 5. Cette lettre a été achetée, en mars 1891, chez M. Étienne Charavay, par M. Brenot, et fait partie de son cabinet : nous l'avons eue sous les yeux, grâce à une obligeante communication.
3. Voir ci-dessus, p. LXV.
4. *Maria Theresia und Marie Antoinette*, 2ᵉ édit., p. 144 et 152. Cf. p. XIV.
5. Voir t. II, p. 361 et 362.
6. Voir, dans ce même recueil, t. II, p. 359-360, la lettre de Marie-Thérèse à Mercy, en date du 31 juillet 1775.

Une lettre au prince de Kaunitz, autographe et signée, en date du 15 mai 1780, a été publiée par M. le chevalier d'Arneth [1], qui l'a trouvée aux archives impériales d'Autriche; elle porte donc avec elle tous les caractères d'authenticité, qu'on ne saurait accorder à une autre lettre au prince de Kaunitz, en date du 28 novembre 1781, donnée par M. d'Hunolstein (p. 117).

Nous devons aussi rejeter comme apocryphes deux lettres données par M. Feuillet de Conches, l'une adressée au duc de Chartres, en date du 20 juillet 1779 [2]; l'autre au duc de Choiseul, en date du 15 avril 1785 [3].

Doit-on admettre comme authentiques les Instructions à la marquise de Tourzel, en date du 25 juillet 1789? Personne n'a indiqué la provenance de ce document. En le publiant en 1859, dans la seconde édition de leur *Histoire de Marie-Antoinette*, MM. de Goncourt disaient en note (p. 271) : « Nous devons la communication de ce bien précieux document, trouvé le 10 août aux Tuileries, chez Mme de Tourzel, à l'obligeance de M. Ch. Alleaume. »

Mais quelle garantie offrait cette source? Les auteurs ne nous le disaient pas.

Nous avons voulu élucider la question. Nous avons fait appel à l'obligeance de notre éminent ami M. Henri Beaune, ancien procureur général, qui, le premier, avait publié les *Instructions*, avant que le texte en eût été donné par MM. de Goncourt, et voici ce qu'il nous a appris.

Se trouvant en 1859 au château de Grosbois, chez Mme la duchesse d'Harcourt, née Terray, il eut communication du document, que Mme d'Harcourt tenait de son amie la duchesse de Duras [4]; il en prit copie et le publia.

---

1. *Maria Theresia und Marie Antoinette*, 2e édit., p. 330, et fac-similé à la fin du volume.
2. Voir t. V, p. 6, avec *fac-simile*.
3. Voir t. III, p. 120. Donnée d'après l'autographe signé faisant partie de la collection de M. le docteur Sprague, à Albany (États-Unis).
4. La duchesse de Duras était Claire-Louise-Rose-Bonne-Guy de Cœtnen de Kersaint, mariée, en 1819, à Amédée-Bretagne-Malo de Durfort, duc de

Les *Instructions* avaient déjà reçu un commencement de publicité. En 1857, Michaud jeune, dans l'article consacré à la duchesse de Tourzel, au supplément de la *Biographie universelle* [1], en avait donné un court fragment, qu'il avait fait précéder de ces lignes : « A cette époque (24 juillet 1789), la reine Marie-Antoinette écrivit pour la nouvelle gouvernante des instructions remarquables, qui n'ont pas été publiées jusqu'ici, et qui font connaître l'âme digne et ferme de cette reine trop méconnue. » Et il ajoutait : « Ces instructions furent trouvées au château des Tuileries, chez Mme de Tourzel, après la journée du 10 août 1792. »

M. Alleaume, qui communiqua les *Instructions* à MM. de Goncourt, était attaché à la maison d'Harcourt : la source était donc la même que celle où avait puisé M. Henri Beaune.

Les recherches faites récemment par celui-ci pour retrouver, dans la bibliothèque de Gresbois, la copie possédée par la duchesse d'Harcourt, ont été infructueuses.

Aux riches archives du château de Sourches, dont M. le duc des Cars fait, en ce moment, opérer le classement, on n'a trouvé aucune trace du précieux document adressé à son arrière-grand'mère, et dont l'original a disparu.

Une lettre au baron de Flachslanden, en date du 28 octobre 1789, dont l'original autographe se trouve à la Bibliothèque royale de Berlin, a été donnée par M. Feuillet de Conches [2]. Elle provient de la collection du général de Radowitz, et celui-ci la tenait du baron de Malzen. On a discuté sur l'authenticité de cette lettre. Finalement cette authenticité a été admise. Il en est de même pour une seconde lettre autographe au même, en date du 22 avril 1790, publiée également par M. Feuillet, avec un *fac-simile* [3].

Duras, dont la mère, la duchesse de Duras (Louise-Henriette-Charlotte-Philippine de Noailles), était dame du palais de Marie-Antoinette.

1. T. LXXXIV, p. 232.
2. Voir t. III, p. 199.
3. Voir t. I, p. 324. Le *fac-simile* se trouve au t. IV, p. 212. Voir *Gustave III et la cour de France*, par M. Geffroy, t. II, p. 337.

Nous acceptons également une lettre au duc de Guiche, autographe, en date du 29 mai 1790, tirée des papiers de famille de la duchesse douairière de Gramont, publiée par M. Feuillet [1], bien qu'elle se retrouve chez M. d'Hunolstein (p. 175), qui croyait posséder l'original et n'en avait qu'une contrefaçon.

§ VIII. — *Lettres perdues ou à retrouver.*

Le recueil que nous offrons au public contient le texte de toutes les lettres authentiques qu'il nous a été donné de rassembler. Mais est-ce là tout ce que nous aurions pu mettre au jour ?

Dans les séries les plus importantes, que de lacunes existent, qu'il sera à jamais impossible de combler !

Le fait ressort de la correspondance elle-même [2].

A peine arrivée en France, la Dauphine écrit à sa mère : le comte de Mercy mentionne cette lettre à la date du 26 mai 1770 [3]. Elle est en déficit.

Le 12 juillet 1770, Marie-Antoinette écrit à sa mère : « Je suis au désespoir que Votre Majesté n'a pas reçu ma lettre. J'ai cru qu'elle irait par le courrier ; mais Mercy a jugé à propos de l'envoyer par Forcheron, et c'est, à ce que j'imagine, ce qui cause le retard [4]. »

Or, nous n'avons pas de lettre antérieure aux 9 et 12 juillet.

---

1. Voir t. I, p. 334 ; cf. t. IV, p. 486.

2. Il est certain, d'ailleurs, qu'une partie des suppressions que l'on peut constater ont été volontaires. Dans l'instruction donnée par l'Impératrice à sa fille, en date du 21 avril 1770, on lit (Arneth, 2ᵉ édit., p. 6) : « Déchirez mes lettres, ce qui me mettra à même de vous écrire plus ouvertement. J'en ferai de même avec les vôtres. »

3. « M. de Starhemberg s'est d'abord emparé de la lettre de Madame la Dauphine à l'Impératrice ; il l'enverra sans doute à S. M. avec tous les détails qu'il n'a pas jugé à propos de me communiquer. » Lettre au prince de Kaunitz, en date du 26 mai 1770. *Correspondance secrète du comte de Mercy-Argenteau avec l'empereur Joseph II et le prince de Kaunitz*, publiée par M. le chevalier d'Arneth et M. Jules Flammermont, t. II, p. 366.

4. *Marie-Antoinette. Correspondance secrète entre Marie-Thérèse et le comte de Mercy-Argenteau*, t. I, p. 18.

La Correspondance secrète du comte de Mercy avec l'Impératrice nous fournit une lettre en date du 4 août, où on lit : « Le 31, lorsque j'allai faire ma cour le matin à Madame la Dauphine, elle me remit pour Votre Majesté une lettre que j'expédiai le lendemain par la poste ordinaire 1. »

Cette lettre du 31 juillet est en déficit; il en est de même, d'ailleurs, pour les lettres de l'Impératrice adressées à sa fille du mois de juin à la fin d'octobre 1770.

Le 2 octobre 1770, l'Impératrice écrit à Mercy : « Je vous envoie sa lettre, que vous pouvez brûler et ne pas faire semblant de l'avoir lue. Je vous l'envoie pour vous faire voir combien il serait à souhaiter qu'elle voulût s'appliquer à écrire mieux, surtout l'orthographe 2. »

Le 1er novembre 1770, l'Impératrice écrit : « Madame ma chère fille, à la fin le courrier éternel est arrivé hier à neuf heures du soir et m'a apporté de vos chères nouvelles.... Je vous suis bien obligée de m'avoir informée en détail de vos livres de prières et lectures spirituelles. Bossu[et] est admirable; j'en suis très contente; mais vous me dites que vous vous servez du livre que je vous ai donné; est-ce les Heures de Noailles ou le petit livre Année spirituelle....? » Et plus loin : « Vous me dites que vous portez quelquefois des habits de votre trousseau : quels en avez-vous donc gardés 3 ? »

Le 10 février 1771, l'Impératrice écrit : « .... Le caractère de vos lettres est tous les jours plus mauvais et moins correct : depuis dix mois vous auriez dû vous perfectionner. J'étais un peu humiliée en voyant courir par plusieurs mains celles des

1. *Marie-Antoinette. Correspondance secrète*, t. I, p. 31.
2. *Marie-Antoinette. Correspondance secrète*, etc., t. I, p. 60. Nous trouvons, à ce sujet, une observation assez curieuse dans une lettre de Mercy du 20 octobre 1770 (t. I, p. 67) : « L'abbé (de Vermond).... m'apprit là-dessus une circonstance au moyen de laquelle Madame la Dauphine n'écrit jamais si mal que lorsqu'elle écrit à V. M. La raison en est que S. A. R. ne croit pas ses écritures en sûreté, moyennant quoi elle attend le moment du départ du courrier pour écrire, et alors elle se presse au point que sa lettre se trouve remplie des négligences que peut occasionner la précipitation. » Cf. p. 75 et 154.
3. *Marie-Antoinette. Correspondance secrète*, etc., t. I, p. 83-85.

dames que vous leur avez écrites.... Je suis bien consolée de ce que vous me dites de la continuation des attentions et bontés du Roi pour vous [1]. »

Il y avait donc eu de nombreuses lettres de la Dauphine dans le courant de 1770. Or, nous n'avons pour cette première période que deux lettres, celles des 9 et 12 juillet. Il est évident que plusieurs lettres n'ont point été conservées ou ont été égarées. L'Impératrice écrivait à sa fille tous les mois [2], et il n'est pas douteux que la Dauphine ne lui répondît chaque fois. Il faut ajouter que certaines de ces lettres paraissent avoir eu un caractère tellement intime [3] qu'elles ont pu être détruites et que, existassent-elles même parmi les papiers secrets de la maison d'Autriche, elles ne pouvaient être livrées à la publicité. Comment trahir les confidences d'une fille à sa mère ? On a été déjà bien loin, sous ce rapport, dans les lettres mises au jour à Vienne il y a trente ans.

Glanons encore, en passant, quelques indications sur des lettres que nous ne possédons plus [4].

L'Impératrice écrit à sa fille le 9 juin 1771 : « J'ai reçu votre lettre pour le 13 le même jour (13 mai : anniversaire de la naissance de Marie-Thérèse). J'avoue que cette attention m'a fait grand plaisir.... Je suis bien contente du détail que vous me faites de vos déjeuners.... La scène que vous me marquez du jour du mariage (du comte de Provence) m'a fait pleurer et a augmenté mes souhaits [5]. »

---

1. *Marie-Antoinette. Correspondance secrète*, p. 129-130.
2. *Id., ibid.*, p. 8 ; cf. sur les courriers mensuels, p. 70-71.
3. Voir (p. 77) la lettre de Mercy à l'Impératrice, en date du 20 octobre 1770, où il lui annonce qu'il renvoie la lettre de la Dauphine qui lui avait été confiée, et où il indique le sujet délicat traité dans cette lettre.
4. Notons ici que, le 1ᵉʳ décembre 1770, l'Impératrice envoie à Mercy une lettre de Marie-Antoinette (t. I, p. 103), qu'il renvoie le 18 (t. I, p. 113). Le 17 décembre, Mercy attend pour le lendemain les lettres de la Dauphine (t. I, p. 110) ; le 8 mai 1771, l'Impératrice écrit : « J'ai reçu vos deux lettres, l'une par le courrier du 16 et l'autre par l'abbé de Vanwolden » (t. I, p. 157). Or, nous n'avons qu'une de ces lettres. Inutile d'insister davantage sur ces nombreuses lacunes.
5. Voir t. I, p. 151.

Le 10 août 1771, l'Impératrice écrit à Mercy : « Ma fille est à la vérité très habile à faire des portraits ; je voudrais seulement qu'elle en tirât parti pour régler sa conduite sur la connaissance qu'elle sait prendre du caractère des hommes [1]. »

A partir de 1773, les lacunes disparaissent, et les lettres de Marie-Antoinette à sa mère se succèdent, presque régulièrement, de mois en mois.

La série des lettres à Joseph II offre des lacunes encore plus considérables que celle des lettres à l'Impératrice.

Le 13 août 1773, Marie-Antoinette écrit à sa mère [2] : « Je suis ravie que l'Empereur n'ait pas son entrevue.... Je lui écris un mot par ce courrier. »

Le 17 mars 1775, elle écrit encore [3] : « La lettre de l'Empereur m'a fait très grand plaisir. C'est actuellement que j'espère véritablement de le voir. Je lui répondis sur toutes ses conditions.... »

En juillet 1775, Joseph II écrit à sa sœur [4] : « Très chère sœur, le courrier vient de me remettre votre chère lettre, qui m'a fait beaucoup de plaisir quant aux sentiments que vous voulez bien me témoigner et au désir que vous avez de me voir. »

Le 19 juin 1777, l'Empereur, au moment où il venait de quitter la Reine pour faire son tour de France, écrit de Rochefort au comte de Mercy [5] : « La lettre que la Reine m'écrit est de huit pages, très jolie et très amicale. »

Dans l'automne de cette année, Joseph II fait allusion à plusieurs lettres reçues de la Reine, lettres courtes d'ailleurs et insignifiantes [6].

---

1. *Marie-Antoinette. Correspondance secrète*, t. I, p. 195.
2. *Id.*, t. II, p. 17.
3. *Id.*, p. 308.
4. *Marie Antoinette, Joseph II und Leopold II*, p. 1.
5. *Correspondance secrète du comte de Mercy-Argenteau avec l'empereur Joseph II*, t. II, p. 497.
6. « Sa lettre a été très courte ; en revanche, le Roi m'en a écrit une très jolie dont voici la copie. » A Mercy, août 1777 (p. 507). —« Deux lettres que

Toutes ces lettres sont en déficit, car la première lettre de Marie-Antoinette à son frère que nous possédons est du 20 décembre 1777 [1].

Après la mort de l'Impératrice, les relations du frère et de la sœur deviennent plus fréquentes. Mais que de lacunes! Aucune lettre pour l'année 1781. Or, nous avons la preuve que la Reine écrivit au moins six lettres à Joseph II [2], qui avait passé une semaine à Versailles (29 juillet-5 août). Une seule lettre pour l'année 1782 (20 décembre). Or, il y eut un échange continuel de lettres entre Marie-Antoinette et son frère [3]. Deux lettres pour l'année 1783. Or, la Reine ne cessa point d'écrire régulièrement à Joseph II [4]. Les cinq lettres de 1784 (du 22 septembre au 31 décembre) ne sont point les seules : il y en eut, dans les mois précédents, plusieurs qui font défaut [5], et de

---

j'ai reçues de la Reine étaient si laconiques, qu'à la première page d'un fort petit papier et d'un gros caractère elles se terminaient. Il faudra voir celles qui suivront. » Au même, 2 octobre 1777 (p. 509). — « Voici, ci-joint, pour votre notice, la copie de sa lettre; je continuerai ainsi pour que vous restiez au fait. Bien entendu que ma sœur n'imagine pas cette petite trahison. » Au même, 2 novembre 1777 (p. 512; cf. p. 514). — « La Reine ne m'écrit que deux mots insignifiants, hors qu'elle prévient que probablement on fera bien des comptes (sic) à son sujet et qu'elle assure l'Impératrice de vouloir modérer et arranger les jeux d'hasard d'une façon plus décente. » Au même, 3 décembre 1777 (p. 515).

1. Voir *Marie Antoinette, Joseph II und Leopold II*, p. 19. M. Feuillet de Conches, qui donne cette lettre (t. II, p. 102) comme autographe de son cabinet, avec la date du 20 novembre, en a publié (t. III, p. 8) une autre, en date du 8 octobre 1775, qu'il prétend avoir tirée des « Cahiers de lettres de l'archiduchesse reine de France à Vienne ». Cahier introuvable pour les archivistes; lettre qui est apocryphe.

2. Voir lettres de Mercy à Joseph II des 21 avril, 13 juin, 6 et 30 août, 16 octobre et 20 novembre 1781. *Correspondance secrète*, t. I, p. 32, 41, 56, 61, 65 et 76.

3. Voir lettres de Mercy à Joseph II des 12 avril, 24 mai, 5 juillet et 10 août 1782, et de Joseph II à Mercy des 15 et 27 avril et 18 août. *Correspondance secrète*, t. I, p. 95, 97, 98, 109, 116, 117, 120 et 122.

4. Voir lettres de Mercy à Joseph II des 17 février, 19 avril, 17 août et 10 novembre 1783 ; de Mercy à Kaunitz du 17 juin. *Correspondance secrète*, t. I, p. 162, 163, 179, 193, 199 et 224.

5. Voir lettres de Mercy à Joseph II des 14 février, 20 mars, 7 juillet et 16 août 1784; de Joseph II à Mercy des 2 avril et 1er septembre; de Joseph II à la Reine du 1er septembre. *Correspondance secrète*, t. I, p. 252, 256, 260, 270, 279, 289, 291.

plus une autre, en date du 27 octobre [1]. Si la correspondance cesse à partir de 1786, sauf trois lettres en 1788, ce n'est pas qu'il n'y eût plus de relations épistolaires : nous avons les traces de plusieurs lettres dont le texte a disparu. C'est ainsi que, le 17 avril 1786, Joseph II écrit à Mercy [2] : « Elle m'a écrit par la même occasion ; et, en me donnant part de sa grossesse, elle me témoigna d'en être fâchée, croyant d'avoir assez d'enfants, ce qui m'engage à me récrier beaucoup sur ce propos dans la lettre ci-jointe, que vous aurez soin de lui remettre [3]. » Dans des lettres des 6 mai et 10 juin 1786 [4], Joseph II fait allusion aux lettres qu'il avait reçues de sa sœur, qui était au moment d'accoucher (l'événement eut lieu le 9 juillet).

Il y a encore trace de lettres écrites par la Reine en novembre 1786 [5], en juillet, en octobre et en novembre 1787 [6]. Enfin la correspondance se poursuivit, à intervalles assez éloignés, jusqu'à la mort de Joseph II [7].

En dehors de ces deux séries, nous rencontrons la mention de lettres qui, pour la plupart, ne se retrouveront pas.

Telle une lettre de la Dauphine à Louis XV, en date du 8 juillet 1770 [8]; telle une lettre à la reine de Naples, de même date [9]; telles des lettres à la princesse Charlotte (vers sep-

---

1. Voir la lettre de la Reine à Mercy, en date du 27 octobre. *Id.*, *ibid.*, p. 311, note 2, et 314, note.

2. *Correspondance secrète*, t. II, p. 12.

3. Cette lettre fait défaut, comme un grand nombre de lettres de Joseph II à sa sœur. Voir le commentaire de Mercy à ce sujet, t. II, p. 16.

4. Voir *Correspondance secrète*, t. II, p. 19 et 27.

5. *Correspondance secrète*, t. II, p. 57.

6. *Id.*, *ibid.*, p. 107, 134 et 143.

7. Dans deux lettres de Joseph II à Mercy, en date des 17 juin et 3 août 1789, il fait mention de la réception de lettres de la Reine (t. II, p. 249 et 260).

8. La Dauphine écrit le 9 juillet 1770 à sa mère : « J'ai oublié de lui dire que j'ai écrit hier la première fois au Roi. » *Marie-Antoinette. Correspondance secrète*, etc., t. I, p. 18.

9. La Dauphine écrit dans la même lettre : « V. M. permettra que je lui envoie ma lettre pour Naples, dans laquelle j'avertis ma sœur d'envoyer ses lettres par Vienne. » *Id.*, *ibid.*

tembre 1771) [1] ; à la comtesse de Boufflers (octobre 1791) [2] ; à la reine de Naples (avril 1778) [3] ; à l'électeur de Cologne (septembre 1780) [4] ; à Marie-Christine (août 1786) [5] ; au comte Esterhazy (4 août et août 1791) ; à Catherine II (3 décembre 1791) ; au roi de Suède (fin décembre 1791) [6].

Marie-Antoinette entretenait une correspondance assez active avec la comtesse de Polignac, avec le comte Esterhazy, avec d'autres personnes de son intimité, correspondance dont il ne reste aucune trace, mais dont l'existence nous est révélée. Le comte de Mercy écrivait à l'Impératrice, à la date du 15 février 1776 : « La comtesse de Polignac est allée passer quelque temps à la campagne chez ses parents, mais son absence ne change rien au goût et préférence que la Reine conserve pour cette dame. Elle lui écrit souvent ; elle écrit de même au comte d'Esterhazy, qui se trouve actuellement à son régiment ; et, d'après ce que la Reine me dit elle-même du contenu de ses lettres, je vois qu'elles contiennent des nou-

---

[1]. La Dauphine écrit le 13 octobre 1771 : « J'ai mandé dans le temps à la princesse Charlotte (de Lorraine) que j'avais tout tenté (pour Mme de Bussy) et que cela était impossible. » *Id.*, p. 221.

[2]. La Dauphine écrit le même jour : « J'ai écrit avec toute l'humilité possible à Mme de Boufflers que le Roi n'accorde pas ce qu'elle demandait ; les Broglie ont jugé à propos de tourner ma lettre en ridicule et en ont donné des copies. » *Id., ibid.*

[3]. Voir t. III, p. 187. Cf. p. 214 et 419.

[4]. Voir t. III, p. 467 et 473.

[5]. Voir lettre de Marie-Antoinette au comte de Mercy, en date du 31 août 1786. Il est établi que la correspondance de Marie-Antoinette avec ses sœurs et les autres personnes de sa famille était rare et qu'elle fut toujours banale. Voici quelle avait été la règle tracée à cet égard par l'Impératrice à sa fille dans l'instruction du 21 avril 1770 (p. 5) : « Je ne crois pas que vous deviez écrire à votre famille, hors des cas particuliers, et à l'Empereur avec qui vous vous arrangerez sur ce point. Je crois que vous pourriez encore écrire à votre oncle (Charles de Lorraine, gouverneur des Pays-Bas) et tante (Charlotte de Lorraine, sœur de François Ier), de même qu'au prince Albert (Albert de Saxe-Teschen, marié à l'archiduchesse Marie-Christine). La reine de Naples souhaite votre correspondance (Caroline, la plus jeune des sœurs) ; je n'y trouve aucune difficulté.... Vous pouvez donc lui écrire, mais que tout soit mis en façon à pouvoir être lu par tout le monde. »

[6]. Voir Geffroy, *Gustave III et la cour de France*, t. II, p. 199, 201 note, 209, 458.

velles de ce qui se passe à la cour et que ces nouvelles sont souvent données avec une franchise dont il pourrait résulter de grands abus. Je n'ai point dissimulé cette remarque à la Reine [1].... » — Dans une autre lettre, en date du 18 décembre 1776, Mercy parle des lettres de la Reine à la comtesse de Polignac, lettres que celle-ci aurait eu l'indiscrétion de communiquer autour d'elle [2].

Dans un recueil de lettres écrites par un contemporain anonyme, et qui est conservé à la bibliothèque de Saint-Pétersbourg [3], on lit à la date du 13 septembre 1778 : « La Reine a fait cette réponse à une lettre de la princesse de Guémenée, nommée gouvernante des enfants, et qui est allée voir la Hollande et les Pays-Bas : « Votre lettre m'a fait le plus grand « plaisir, mais ne différez pas votre retour, dont je suis impa- « tiente. C'est une mère qui s'y intéresse, une amie qui vous « attend et une Reine qui vous demande [4]. » Ce texte peut avoir subi quelque altération, mais l'indication a sa valeur.

M. Geffroy a parlé quelque part [5] d'une série de vingt-deux lettres, adressées par Marie-Antoinette à sa sœur Marie-Élisabeth, abbesse à Innsbrück. Elles passèrent aux mains d'une dame de la famille de la Tour, qui avait été au service de cette princesse, et arrivèrent par héritage à M. de la Tour, un curieux viennois, qui les vendit à un libraire antiquaire nommé Schratt, lequel les revendit, sans garder le souvenir du collectionneur qui avait acquis cette précieuse série de lettres.

Voici une autre série, dont l'existence est problématique [6].

Dans son recueil le Quérard, en 1856, après avoir mentionné

---

1. *Correspondance secrète*, t. II, p. 456.
2. *Id., ibid.*, p. 538.
3. Ces lettres ont été publiées en 1866 par M. de Lescure : *Correspondance secrète inédite sur Louis XVI, Marie-Antoinette, la cour et la ville, de 1777 à 1792.* Paris, Plon, 2 vol. gr. in-8.
4. Voir t. I, p. 216.
5. Dans *le Temps* du 5 janvier 1866.
6. Dans *l'Intermédiaire des chercheurs* du 30 mars 1893, nous avons posé la question de savoir ce que sont devenues ces lettres. Aucune réponse ne nous a été faite.

le recueil apocryphe intitulé *Correspondance de la Reine avec d'illustres personnages* (1790, in-18), le célèbre bibliographe ajoutait : « Les Baudouin avaient d'autres lettres de la Reine et ils allaient les publier, lorsque Charles X les racheta pour *les brûler* (en 1828). Une copie, néanmoins, a échappé. Où se trouve-t-elle [1] ? »

Malgré les appels réitérés que les éditeurs du présent recueil ont adressé, par la voie de la presse [2], aux possesseurs de lettres de la Reine, bien peu de communications leur sont venues. En offrant aux personnes qui ont bien voulu les honorer d'une réponse leurs plus vifs remerciements [3], les éditeurs tiennent ici à renouveler leur prière, en s'adressant spécialement aux représentants des familles qui posséderaient dans leurs archives des lettres de la Reine. Déjà, grâce à la courtoise entremise de M. le duc de Doudeauville, nous avons eu communication de lettres adressées à la duchesse de Polignac, qui se trouvent actuellement en la possession de M. le duc de Polignac, son neveu. D'un autre côté, M. le duc de Fitz-James a bien voulu nous ouvrir ses portefeuilles, et nous avons pu y puiser une lettre inédite, laquelle vient s'ajouter aux sept autres communiquées jadis par lui à M. Feuillet de Conches, et que nous avons toutes revues sur les originaux. Mais il y a certainement encore plus d'un descendant des dames de l'entourage de Marie-Antoinette dont les archives recèlent quelque trésor ignoré. Il en existe aussi, sans nul doute, dans certaines archives princières, jusqu'ici soustraites aux investigations des chercheurs. Les lettres authentiques dont nous aurions la bonne fortune d'obtenir des copies seraient insérées dans un supplément, à la fin du second volume de notre recueil.

MARQUIS DE BEAUCOURT.

---

1. *Le Quérard*, t. II, p. 402.

2. Nous adressons ici nos remerciements aux directeurs de *l'Intermédiaire des chercheurs*, de la *Gazette de France*, du *Moniteur universel*, de *l'Univers*, du *Monde*, etc., qui ont bien voulu insérer notre appel.

3. Nommons ici Mme d'Arjuzon, MM. Auguste Decoin, La Caille, Victor Reséglise, Brenot, Maurice Allard.

DEUXIÈME PARTIE. — ÉTUDE HISTORIQUE

S'il est vrai de dire que les lettres sont l'histoire intime de l'âme, jamais peut-être cela n'a été plus juste que pour Marie-Antoinette. Ses lettres, en effet, n'ont point été, comme celles d'épistolières célèbres, destinées à la publicité ; elles n'ont pas été méditées et fardées pour paraître dans un cercle plus ou moins nombreux de littérateurs et de gens du monde ; elles sont le reflet de son âme, l'expression spontanée de ses sentiments ; elles répondent à l'accomplissement d'un devoir, à un besoin du cœur, à une nécessité politique. Jamais non plus correspondance n'a été plus surveillée, jamais son exactitude n'a été mieux contrôlée. Pendant dix ans, chaque lettre de la Dauphine ou de la Reine est accompagnée d'un volumineux rapport de Mercy, qui en est le commentaire le plus autorisé et comme la vivante pierre de touche. Si parfois, dans un moment d'embarras, la jeune princesse est tentée d'éluder une question ou de dissimuler un peu la vérité, nous le savons aussitôt par les dépêches de l'ambassadeur que sa mère a placé près d'elle comme le témoin de sa vie et le guide de son inexpérience.

I.

C'était une enfant en effet, et une enfant inexpérimentée qui, le 7 mai 1770, franchissait le Rhin pour entrer en France. Elle tenait de Dieu des qualités charmantes : un esprit vif et net, un cœur aimant, une spontanéité pleine de grâce, une bonté attirante, qui dès l'âge de douze ou treize ans, c'est Marie-Thérèse qui l'affirme[1], lui faisait « recevoir très joli-

---

[1]. Marie-Thérèse à Marie-Antoinette, 31 décembre 1772.

ment son monde », disant « à chacun quelque chose de poli et de gracieux ». Mais l'éducation n'avait pas suffisamment fécondé ce sol si richement doué par la nature. Grande souveraine et grande politique, Marie-Thérèse n'avait pas le temps ni peut-être le goût de s'occuper d'une façon suivie de ses enfants. Livrée à des gouvernantes tantôt trop faibles, tantôt trop sévères, la jeune archiduchesse ne semble avoir travaillé un peu sérieusement que pendant les quelques mois où elle avait été mise sous la direction plus raisonnée de l'abbé de Vermond, et encore ses progrès avaient-ils été plus d'une fois entravés par les critiques des courtisans, qui se plaignaient qu'on lui donnât une éducation trop française.

Si l'Impératrice avait un peu négligé sa fille, lorsqu'elle l'avait eue près d'elle, elle se dédommagea bien lorsqu'elle en fut éloignée. Pas une lettre alors qui ne soit remplie d'observations, de recommandations, de conseils, de critiques, de reproches, la plupart du temps très sages, souvent fondés, parfois exagérés, mais qui eussent été mieux à leur place quand l'enfant était encore dans l'intimité du gynécée impérial. Cette indolence de caractère, ce peu de goût pour l'étude, cette légèreté d'esprit dont Marie-Thérèse se plaignait à juste titre, c'est à Vienne qu'il eût fallu les corriger, ce n'est pas à Versailles, au milieu des distractions de la cour, des mille occupations de cette existence si affairée sans affaires sérieuses [1], où tous les instants étaient pris par les obligations de l'étiquette et de la représentation, parmi cette nouvelle famille où, il faut bien le dire, la jeune femme ne trouvait guère de guide à écouter ni d'exemples à suivre.

II.

Il faut l'avouer aussi, les conseils de l'Impératrice n'étaient pas toujours heureux ni sans inconvénients. Quand elle ré-

---

1. Voir la lettre de Marie-Antoinette à Marie-Thérèse, du 12 juillet 1770.

pétait à la Dauphine dans son langage semi-germanique : « Soyez bonne Allemande ; le sang allemand coule dans vos veines ; n'ayez pas de honte de l'être. — Ne soyez pas honteuse d'être Allemande jusqu'aux gaucheries, » ne sentait-elle pas qu'elle élevait à plaisir une barrière entre sa fille et la nation spirituelle et ombrageuse sur laquelle elle était appelée à régner ? Quand elle lui redisait plus fréquemment encore : « Voyez souvent Mercy, suivez tous les conseils qu'il vous donnera. — Mercy est chargé de vous parler clair ; écoutez Mercy en toute chose, » ne se rendait-elle pas compte que cette incessante ingérence de son ministre dans la vie de la reine de France réveillait des préventions mal éteintes contre l'œuvre de Choiseul et de Kaunitz, et accréditait en quelque sorte cette qualification d'*Autrichienne*, qu'avait donnée à la nouvelle arrivée la jalouse malignité d'une vieille tante ?

Au premier de ces conseils, d'ailleurs, Marie-Antoinette n'obtempéra pas. Tout en protestant contre les reproches de sa mère, elle s'était si complètement séparée de son pays d'origine qu'elle en avait oublié la langue ; du jour où, dans le pavillon de l'île du Rhin, elle dépouilla ses vêtements allemands pour revêtir un costume français, elle se sentit et elle se fit toute Française. Elle le fut de goût, de mode, d'expression, de cœur surtout.

Elle aime la France ; elle aime cette nation brillante, généreuse et dévouée ; elle aime ses vertus et jusqu'à ses défauts ; elle les défend contre les critiques de sa mère 1. Elle est fière de régner sur la France — ses lettres y reviennent à chaque instant ; — elle est passionnée pour sa grandeur et son prestige — on le vit bien pendant la guerre d'Amérique. — Elle a une compassion particulière pour les pauvres et les déshérités ; elle envoie de l'argent aux indigents et aux malades ; elle secourt les blessés, parfois même elle les soigne de ses mains et, un jour où elle a tenu à faire panser sous ses yeux

---

1. Marie-Antoinette à Marie-Thérèse, 14 janvier 1776.

un postillon tombé de cheval pendant une chasse, les gazettes racontent que « Marie Thérèse aurait bien reconnu sa fille, et Henri IV, son héritière. »

Et le peuple lui rend en enthousiasme et en affection ce qu'elle lui donne en largesses et en sympathie. Elle est pendant quelques années l'enfant chérie de la France. On a admiré sa jeunesse et sa fraîcheur; on a été séduit par sa grâce; on est pris par sa bonté. Un jour vient où, du haut de la terrasse des Tuileries, le vieux maréchal de Brissac, gouverneur de Paris, lui montrant dans le jardin la foule qui se presse et l'acclame, peut lui dire : « Madame, n'en déplaise à M. le Dauphin, ce sont deux cent mille amoureux de votre personne. »

Ce jour-là, le jour de son entrée à Paris, a été pour elle un éclatant jour de triomphe. Et elle l'a senti avec un cœur profondément touché, avec un vrai cœur de Française : « J'ai eu mardi dernier, écrit-elle à sa mère, une (fête) que je n'oublierai de ma vie : nous avons fait notre entrée à Paris. Pour les honneurs, nous avons reçu tous ceux qu'on a pu imaginer; tout cela, quoique fort bien, n'est pas ce qui m'a touchée le plus; mais c'est la tendresse et l'empressement de ce pauvre peuple qui, malgré les impôts dont il est accablé, était transporté de joie de nous voir. Lorsque nous avons été nous promener aux Tuileries, il y avait une si grande foule que nous avons été trois quarts d'heure sans pouvoir ni avancer ni reculer. M. le Dauphin et moi avons recommandé plusieurs fois aux gardes de ne frapper personne, ce qui a fait un très bon effet. Il y a eu si bon ordre dans cette journée que, malgré le monde énorme qui nous a suivis partout, il n'y a eu personne de blessé. Au retour de la promenade, nous sommes montés sur une terrasse découverte et y sommes restés une demi-heure. Je ne puis vous dire, ma chère maman, les transports de joie, d'affection qu'on nous a témoignés dans ce moment. Avant de nous retirer, nous avons salué avec la main le peuple, ce qui a fait grand plaisir. Qu'on est heureux, dans notre état, de gagner l'amitié de tout un peuple à si bon marché ! Il n'y a pourtant rien de plus précieux ; je l'ai bien senti et ne l'oublierai jamais [1]. »

Deux ans après, les acclamations sont les mêmes, et de même aussi l'émotion passe du cœur dans l'expression :

« Le sacre a été parfait de toute manière ; il paraît que tout le monde a été fort content du Roi. Il doit bien l'être de tous ses sujets : grands et petits, tous lui ont montré le plus grand intérêt ; les cérémonies de l'Église étaient interrompues, au moment du couronnement, par les acclamations les plus touchantes. Je n'ai pu y tenir : mes larmes ont coulé malgré moi, et on m'en a su gré. J'ai fait de mon mieux pendant tout le temps du voyage pour répondre aux empressements du peuple, et, quoiqu'il y ait eu beaucoup de chaleur et de foule, je ne regrette pas ma fatigue, qui d'ailleurs n'a pas dérangé ma santé. C'est une chose étonnante, et bien heureuse en même temps, d'être si bien reçu deux mois après la révolte et malgré la cherté du pain, qui malheureusement continue. C'est une chose prodigieuse dans le caractère français de se laisser emporter aux mauvaises suggestions et de revenir tout de suite au bien. Il est bien sûr qu'en voyant des gens qui, dans le malheur, nous traitent aussi bien, nous sommes encore plus obligés de travailler à leur bonheur. Le Roi m'a paru pénétré de cette vérité ; pour moi, je sais bien que je n'oublierai de ma vie (dût-elle durer cent ans) la journée du sacre. Ma chère maman, qui est si bonne, aurait bien partagé notre bonheur [2]. »

Sous l'influence de ce sentiment profond, de ce contact du cœur du peuple et du cœur de la souveraine, le style se transforme comme la pensée. Quand Marie-Antoinette est partie de Vienne, la pensée est nuageuse ; la phrase est raide, gourmée, obscure ; les germanismes apparaissent à chaque instant :

« Notre voyage de Choisy a retardé d'un jour, écrit-elle le

---

1. Marie-Antoinette à Marie-Thérèse, 14 juin 1773.
2. Marie-Antoinette à Marie-Thérèse, 22 juin 1775. Le sacre avait eu lieu le 11 juin.

12 juillet 1770, mon mari ayant eu un rhume avec de la fièvre ; mais cela s'est passé dans un jour, car, ayant dormi douze heures et demie tout de suite, il s'est trouvé très bien portant et en état de partir. Nous sommes donc depuis hier ici, où on est depuis une heure, où l'on dîne, jusqu'à une heure du soir sans rentrer chez soi, ce qui me déplaît fort : car, après le dîner, l'on joue jusqu'à six heures, que l'on va au spectacle qui dure jusqu'à neuf heures et demie, et ensuite le souper ; de là encore jeu jusqu'à une heure et même la demie quelquefois ; mais le Roi, voyant que je n'en pouvais plus hier, a eu la bonté de me renvoyer à onze heures, ce qui m'a fait grand plaisir [1]. »

Qu'on compare cette lettre, une des premières que la Dauphine ait écrites de France à sa mère, avec celles que nous venons de citer, et qu'on juge du progrès. L'expression est claire, la phrase dégagée, la pensée affinée et émue. Qu'on tourne quelques pages encore, on arrivera aux lettres à Rosenberg, alertes, spirituelles, pétillantes, vraiment françaises ; françaises jusqu'à la légèreté, jusqu'au persiflage, jusqu'à l' « inconséquence », disait Marie-Thérèse : lettres imprudentes et regrettables d'ailleurs, et qui correspondent à une période fâcheuse de la vie de la Reine, période d'entraînement et de dissipation.

III.

Marie-Antoinette a eu deux grands malheurs dans sa vie : elle a régné trop jeune, et elle a eu un mari qui ne l'a ni comprise ni dirigée. Quand on apprit à Vienne la mort de Louis XV, le premier cri de Marie-Thérèse fut un cri de terreur : « Je suis bien fâchée, écrivait-elle le 19 mai à l'archiduc Ferdinand, que le jeune Roi et la Reine sont si neufs ; six ans leur auraient convenu de plus. Je crains que voilà la fin des

---

1. Marie-Antoinette à Marie-Thérèse, 12 juillet 1770.

jours paisibles et agréables de votre sœur 1. » Son bon sens maternel ne l'avertissait que trop bien. Pendant les quatre années où Marie-Antoinette avait été dauphine, malgré les périls d'une cour comme celle de Louis XV, malgré quelques entraînements momentanés et des rechutes inévitables, malgré son isolement dans sa nouvelle famille, sous l'influence des observations de Mercy et de Vermond, des conseils et parfois des gronderies de sa mère, elle avait fait des efforts sincères pour se corriger de ses défauts et perfectionner ses qualités. « Je ferai le moins de fautes que je pourrai, » disait-elle un jour au fidèle ambassadeur. Et elle avait tenu parole. Son esprit était devenu plus sérieux, sans perdre cette spontanéité qui lui donnait tant de charme; sa conduite était plus soutenue, son attitude plus réfléchie. Elle montrait peu de goût de dépense, et on lui eût plutôt reproché de pencher vers une trop stricte économie; elle s'efforçait de vaincre sa naturelle nonchalance, de se plier davantage aux affaires. Tous ceux qui l'avaient connue dans son enfance à Vienne et qui la revoyaient à Versailles étaient frappés de son changement, et elle avait le droit de dire à Mercy : « Convenez que je me suis réformée sur bien des points. »

Si elle avait eu devant elle quelques années de plus de réflexion et de retraite, ces six ans que réclamait sa mère, elle eût, cédant à l'impulsion acquise, continué à développer et à fortifier les qualités naturelles dont Dieu l'avait douée, et qui sait alors quel avenir eût pu être réservé à cette jeune femme, d'un caractère si ferme, et dont l'intelligence, très ouverte, mûrie par le travail, se fût appliquée aux affaires, dont elle avait une instinctive et merveilleuse compréhension?

Mais elle avait dix-neuf ans quand Louis XV mourut. Et il semble qu'elle ait été comme éblouie par l'éclat de ce trône, le premier du monde, où elle était si brusquement portée dans un âge si tendre. Sevrée de plaisirs pendant les derniers

1. Marie-Thérèse à Ferdinand, 19 mai 1774.

jours de la vie monotone du vieux Roi, elle s'y jeta avec toute l'impétuosité, toute la fougue de la jeunesse. Les fêtes, le théâtre, la parure, le jeu, tout ce qu'elle n'avait point eu à Vienne, tout ce qu'elle n'avait guère eu jusque-là à Versailles, tout cela l'attire, l'entraîne, l'aveugle. Il y eut, pendant les années qui suivirent son avènement, une période de dissipation, d'amusements « licites », mais « hasardeux », où elle fut poussée par une vivacité irréfléchie, par le besoin d'échapper à l'ennui, par les insinuations de son entourage, peut-être par les calculs intéressés de certains ministres, et qui alarma justement la tendresse de Marie-Thérèse.

Tout cela cependant n'eût pas été grave, si la Reine avait eu près d'elle un mari dont la vie eût été plus mêlée à la sienne, dont l'esprit ferme eût su l'avertir et la diriger. Mais jamais ménage royal n'eut des goûts plus discordants que Louis XVI et Marie-Antoinette. Autant l'une était vive, légère, gracieuse, autant l'autre était lourd, gauche, embarrassé. Autant l'une aimait le monde et s'y mouvait à l'aise, autant l'autre en avait l'ignorance et l'horreur; il ne sentait d'attrait que pour la chasse, les travaux manuels ou des méditations solitaires. C'était l'affabilité unie à la brusquerie, la distinction suprême à l'inélégance native, et, suivant un mot même de la Reine, Vénus près de Vulcain. Avec toutes les vertus privées et solides, Louis XVI n'avait guère les qualités d'un roi, d'un roi surtout appelé à régner sur une nation polie comme la France, qui donnait le ton à l'Europe. « C'est une nature encore en globe, » disait Joseph II. Toujours hésitant, défiant de lui-même, ne sachant ni prendre une résolution ni donner un ordre, semblable, prétendait son frère, à des billes huilées qui ne peuvent s'arrêter ni se joindre, il était incapable d'imposer à sa femme une volonté qu'il n'avait pas. Il désapprouvait parfois les plaisirs où elle se laissait emporter; il n'osait pas lui en faire l'observation. Il se contentait de rire, souvent même il faisait pis, il approuvait. Et, lorsque l'Impératrice, plus clairvoyante et plus sévère, adressait à sa fille des reproches sur certaines journées employées aux courses, sur certaines soirées passées au jeu ou au bal de l'Opéra, sa fille avait le droit de lui répondre qu'elle avait pour elle l'autorisation et les encouragements de son mari [1].

Assurément nous n'avons nulle pensée de nier ou de dissimuler les torts qu'a eus Marie-Antoinette pendant cette période de sa vie. Mais elle n'avait pas vingt-cinq ans; elle était ardente, elle portait au cœur un insurmontable chagrin : après sept ans de mariage, elle n'était point encore mère. Trompée sans cesse par l'inconcevable apathie de son mari, aigrie par la comparaison que ne manquait pas de faire le public entre sa stérilité inexplicable et la fécondité de sa belle-sœur, la comtesse d'Artois, livrée à elle-même, à ses regrets, à ses déceptions, à son besoin de s'étourdir, entraînée par une société où elle n'avait cherché que le charme de l'intimité et qui exploitait son crédit, comment s'étonner qu'elle ait commis des fautes; comment ne pas s'étonner surtout qu'elle n'en ait pas commis davantage et peut-être de plus graves; comment ne pas souscrire au jugement que portait sur elle Joseph II, après un séjour en France où il l'avait étudiée de près, souvent avec peu de bienveillance, pendant six semaines, et où il ne lui avait ménagé ni les avertissements, ni les critiques, ni les boutades : « C'est une aimable et honnête femme, un peu jeune, peu réfléchie, mais qui a un fonds d'honnêteté et de vertu, dans son âge, vraiment respectable. Avec cela de l'esprit et une justesse de pénétration qui m'a souvent étonné. Son premier mouvement est toujours le vrai; si elle s'y laissait aller, réfléchissait un peu plus et écoutait un peu moins les gens qui la soufflent, dont il y a des armées et de différentes façons, elle *serait parfaite* [2]. »

[1]. Marie-Antoinette à Marie-Thérèse, 22 juin 1775.
[2]. Joseph II à Léopold, 9 juin 1777.

IV.

Avec cette ardeur au plaisir, la Reine, on le conçoit, s'occupait peu de politique. Peut-être, étant donné le tempérament de son mari, eût-il été utile qu'elle s'y attachât davantage. Si elle avait appliqué aux affaires cette justesse de jugement, cette pénétration d'intelligence que Joseph II et Mercy lui reconnaissaient, peut-être leur eût-elle imprimé une direction plus nette et plus ferme. Mais elle n'en avait aucun goût et tout contribuait à l'en éloigner : la susceptibilité de la nation, qui redoutait de voir le sceptre tomber en quenouille, la timidité sauvage de son mari, la méfiance des ministres, qui craignaient une concurrence pour leur propre crédit. Elle-même a raconté dans une lettre à son frère combien peu elle était au courant de la politique du cabinet de Versailles :

« Je ne vous contredirai pas, mon cher frère, sur le défaut de vue de notre ministère. Il y a déjà du temps que j'ai fait une partie des réflexions que vous me faites dans votre lettre; j'en ai parlé plus d'une fois au Roi; mais il faudrait le bien connaître pour juger du peu de ressources et de moyens que me fournissent son caractère et ses préjugés. Il est de son naturel très peu parlant, et il lui arrive souvent de ne me parler des grandes affaires, lors même qu'il n'a pas d'envie de me les cacher. Il me répond quand je lui en parle; mais il ne me prévient guère, et, quand j'apprends le quart d'une affaire, j'ai besoin d'adresse pour me faire dire le reste par les ministres, en leur laissant croire que le Roi m'a tout dit. Quand je reproche au Roi de ne m'avoir pas parlé de certaines affaires, il ne se fâche pas, il a l'air un peu embarrassé, et quelquefois il me répond naturellement qu'il n'y a pas pensé. Je vous avouerai bien que les affaires politiques sont celles sur lesquelles j'ai le moins de prise. La méfiance naturelle du Roi a été fortifiée d'abord par son gouverneur. Dès avant mon mariage, M. de la Vauguyon l'avait effrayé sur l'empire que sa femme voudrait prendre sur lui, et son âme noire s'était plue à effrayer son élève par tous les fantômes inventés contre la maison d'Autriche. M. de Maurepas, quoique avec moins de caractère et de méchanceté, a cru utile pour son crédit d'entretenir le Roi dans les mêmes idées. M. de Vergennes suit le même plan, et peut-être se sert-il de sa correspondance des affaires étrangères pour employer la fausseté et le mensonge. J'en ai parlé clairement au Roi et plus d'une fois. Il m'a répondu quelquefois avec humeur, et, comme il est incapable de discussion, je n'ai pu lui persuader que son ministre était trompé ou le trompait. Je ne m'aveugle pas sur mon crédit; je sais que, surtout pour la politique, je n'ai pas grand ascendant sur l'esprit du Roi. Serait-il prudent à moi d'avoir avec son ministre des scènes sur des objets sur lesquels il est presque sûr que le Roi ne me soutiendrait pas?

« Sans ostentation ni mensonge, je laisse croire au public que j'ai plus de crédit que je n'en ai véritablement, parce que, si on ne m'en croyait pas, j'en aurais encore moins.

« Les aveux que je vous fais, mon cher frère, ne sont pas flatteurs pour mon amour-propre, mais je ne veux vous rien cacher, afin que vous me puissiez juger autant qu'il est possible de la distance affreuse où mon sort m'a éloignée de vous [1]. »

Pour Marie-Antoinette, d'ailleurs, toute la politique se résumait en deux mots : l'alliance austro-française. Elle avait été élevée dans cette tradition, et Marie-Thérèse ne cessait de l'y entretenir avec une insistance et dans les formes les plus propres à impressionner l'esprit et l'imagination d'une fille qui adorait sa mère. Dès le lendemain de son avènement elle lui avait écrit :

« Nos intérêts, non seulement de cœur, mais de nos États, sont liés si intimement que, pour le bien faire, il faut le faire avec une intimité, comme feu le Roi a bien voulu y mettre la

---

[1]. Marie-Antoinette à Joseph II, 22 septembre 1784.

première base et la continuer, nonobstant les divers changements arrivés, toujours de même.

« De mes chers enfants, j'attends bien autant, *une diminution me donnerait la mort*. Il ne faut à nos deux monarchies que du repos pour ranger nos affaires. Si nous agissons bien étroitement liés ensemble, personne ne troublera nos travaux et l'Europe jouira du bonheur de la tranquillité. Non seulement nos peuples seront heureux, mais même tous les autres qui ne cherchent qu'à troubler pour leur intérêt particulier [1]. »

C'était là le symbole qu'on avait appris à Marie-Antoinette, celui qu'elle croyait avec une foi vive, auquel elle se tenait obstinément. « C'est mon devoir et ma gloire, disait-elle, si je puis contribuer à conserver l'union des deux Maisons [2]. »

L'alliance austro-française, ou, pour parler comme elle, *l'alliance*, cette alliance dont elle était le gage et comme la vivante image, était à ses yeux la base de l'équilibre européen, celle sur laquelle reposait une paix de quinze années, paix non moins nécessaire à la France qu'à l'Autriche, dont elle ne séparait pas les intérêts : « Nos intérêts sont les mêmes, » lui écrivait sa mère et elle le croyait comme elle, « tant par rapport à notre sainte religion, qui a bien besoin qu'on se tienne bien ensemble, que par rapport à nos intérêts. Nous serons culbutés l'un après l'autre, si nous ne prévenons pas, par notre fermeté, le renversement total [3]. »

Et de fait cette pensée eût été juste s'il ne s'était agi que de Marie-Thérèse. La vieille Impératrice, rassasiée de gloire et avide de tranquillité, ne souhaitait nul agrandissement de territoire. Il n'en était plus de même de Joseph II, dont l'ambition brouillonne était toujours en quête de combinaisons nouvelles pour augmenter ses États. Mais lui-même, Joseph II, ne manquait jamais, en écrivant à sa sœur, de placer ses plans sous le double patronage de l'intérêt commun de la France et de l'Autriche. Il protestait que « le Roi y aurait

1. Marie-Thérèse à Marie-Antoinette, 30 mai 1774.
2. Marie-Antoinette à Marie-Thérèse, 15 décembre 1772.
3. Marie-Thérèse à Marie-Antoinette, 29 août 1778.

trouvé la plus parfaite assurance de son attachement éternel à l'alliance ». Et il avait bien soin de faire développer par Mercy les avantages que ses projets offraient au cabinet de Versailles.

Qui eût pu éclairer Marie-Antoinette? Ce n'était pas le Roi, dont elle a dépeint avec tant de vérité l'attitude embarrassée, et qui, lorsqu'elle se plaignait à lui d'une décision prise, au lieu de lui en expliquer les motifs, se contentait de lui dire : « Vous voyez que j'ai tant de torts que je n'ai pas un mot à vous répondre [1]. » Ce n'étaient pas les ministres, qui ne lui donnaient pas plus d'explications que le Roi et s'inclinaient devant elle, tout en la combattant en dessous, affectant ainsi un air de duplicité qui l'exaspérait. Et, si l'on veut bien examiner les choses de près, on verra qu'en somme, dans les deux seules affaires où elle soit intervenue avant 1789, — l'affaire de la succession de Bavière et le différend de Joseph II avec la Hollande, — elle n'a eu qu'une chose en vue : empêcher la rupture d'une alliance qui était à ses yeux la meilleure sauvegarde de l'intérêt de la France et la plus sûre garantie de la paix européenne. « C'est mon cœur seul qui agit dans tout ceci, écrit-elle le 16 mai 1778.... Et en vérité c'est pour l'utilité et la gloire même du Roi que je le désire; car il ne peut que gagner de toute manière à soutenir des alliés qui lui doivent être si chers [2]. » — « Le Roi désire sincèrement de procurer la paix à l'Allemagne, écrit-elle quelques mois plus tard, et je suis sûre qu'il en viendrait à bout, s'il pouvait faire par lui-même et n'était pas embarrassé par ses ministres. Pour moi, j'ai tous les motifs réunis, car je suis bien persuadée *qu'il y va de la gloire du Roi et du bien de la France*, sans compter le bien-être de ma chère patrie [3]. »

Pendant ces grosses préoccupations de la succession de Bavière, elle suit d'un œil attentif et avec un intérêt anxieux

---

1. Marie-Antoinette à Marie-Thérèse, 12 juin 1778.
2. Marie-Antoinette à Marie-Thérèse, 16 mai 1778.
3. La même à la même, 17 octobre 1778.

la marche des flottes franco-espagnoles engagées dans une campagne maritime qu'a rendue possible précisément l'alliance autrichienne, et qui vont chercher en Amérique la glorieuse revanche des désastres de la guerre de Sept ans. « Ils sont donc dans la Manche, écrit-elle, et je ne pense pas sans frémir que d'un moment à l'autre tout le sort sera décidé. Je m'effraie aussi de l'approche du mois de septembre, où la mer n'est presque plus praticable; enfin c'est dans le sein de ma chère maman que je dépose toutes mes inquiétudes [1]. »

Et, au plus fort de ses démarches près des ministres en faveur de son frère imprudemment lancé dans un conflit avec la Hollande, elle protestait à Vergennes que « toutes les fois que les intérêts de la France seraient en opposition avec ceux de l'Empereur, elle hésiterait d'autant moins à embrasser le parti de la France que son mariage avait été béni de Dieu [2]. »

V.

Elle était mère enfin! Ce rêve, qu'elle poursuivait vainement depuis près de huit ans, était devenu une réalité. Le 19 avril 1778, Marie-Antoinette avait pu écrire à Marie-Thérèse :

« Madame ma très chère mère, mon premier mouvement, que je me repens de n'avoir pas suivi, il y a huit jours, était d'écrire mes espérances à ma chère maman. J'ai été arrêtée par la crainte de causer trop de chagrin si mes grandes espérances venaient à s'évanouir; elles ne sont pas encore entièrement assurées et je n'y compterai entièrement que dans les premiers jours du mois prochain.... En attendant, je crois avoir de bonnes raisons pour y prendre confiance; du reste, je me porte à merveille; mon appétit et mon sommeil sont augmentés [3]. » Dès lors que de précautions! Elle re-

---

1. Marie-Antoinette à Marie-Thérèse, 16 août 1779.
2. Correspondance de Mercy avec Joseph II et Kaunitz, I, 280.
3. Marie-Antoinette à Marie-Thérèse, 19 avril 1778.

nonce aux courses en voiture, aux excursions à Paris, même au billard; elle ne se promène plus qu'à pied, et, quand le printemps est arrivé, elle s'installe à Marly, où, logeant au rez-de-chaussée, elle sort plus facilement à toute heure du jour. Et, dès que ces espérances sont confirmées, pour les sanctifier par la bienfaisance et associer les malheureux à son bonheur, elle envoie douze mille livres aux pauvres de Paris, quatre mille à ceux de Versailles. « C'était une manière de faire la charité en même temps que de constater mon état aux yeux de tout le peuple [1]. » Avec quelle joie elle salue les premiers mouvements de ce petit être tant désiré.

« Ma santé est toujours bonne, écrit-elle le 14 août. Mon enfant a donné le premier mouvement le vendredi 31 juillet, à dix heures et demie du soir; depuis ce moment, il remue fréquemment, ce qui me cause une grande joie. Je ne peux pas dire à ma chère maman combien chaque mouvement ajoute à mon bonheur [2]. »

Et alors que de rêves charmants, que de projets pour l'éducation de ce premier rejeton; elle en étudie, elle en règle à l'avance tous les détails :

« Ma chère maman est bien bonne de vouloir s'inquiéter pour ce petit enfant futur; j'ose l'assurer que j'en aurai le plus grand soin. A la manière dont on les élève à cette heure, ils sont bien moins gênés; on ne les emmaillote plus; ils sont toujours dans une barcelonnette ou sur les bras, et du moment qu'ils peuvent être à l'air, on les y accoutume petit à petit, et ils finissent par y être presque toujours. Je crois que c'est la manière la plus saine et la meilleure de les élever. Le mien logera en bas, avec une petite grille pour le séparer du reste de la terrasse, ce qui même pourra lui apprendre à marcher plus tôt que sur les parquets [3]. » Et, comme pour mieux se préparer elle-même à ces doux, mais graves devoirs de la maternité, elle devient plus sérieuse, elle ne joue plus, elle

---

1. Marie-Antoinette à Marie-Thérèse, 16 mai 1778.
2. La même à la même, 14 août 1778.
3. La même à la même, 12 juin 1778.

ne veille plus, elle lit davantage, si bien que Marie-Thérèse, toujours si sévère pour sa fille, lui écrit, le 30 juin 1780, que « sa charmante reine de France ne contribue pas peu aux seuls moments heureux de sa vie pénible »[1].

Lorsque enfin, après les couches dramatiques qui ont failli lui coûter la vie, la Reine peut presser sur son cœur ce premier-né, qui, hélas! n'est qu'une fille, avec quelle vigilance elle surveille ses premiers mouvements; elle va chez elle à toute heure du jour, elle jouit de son développement physique; elle jouit plus encore de son développement intellectuel :

« J'ose envoyer à ma chère maman le portrait de ma fille : il est bien ressemblant. Cette pauvre petite commence à marcher fort bien dans son panier. Depuis quelques jours, elle dit papa; ses dents n'ont pas percé encore, mais on les sent toutes. Je suis bien aise qu'elle ait commencé par nommer son père; c'est pour lui une attache de plus. Il y va toujours bien exactement, et pour moi je n'ai besoin de rien pour l'aimer davantage[2]. »

Quelques mois après son bonheur est plus grand encore :

« J'ose confier au tendre cœur de ma chère maman un bonheur que j'ai eu il y a quatre jours. Étant plusieurs personnes dans la chambre de ma fille, je lui ai fait demander par quelqu'un où était sa mère. Cette pauvre petite, sans que personne lui disait mot, m'a souri et est venue me tendre les bras. C'est la première fois qu'elle a marqué me reconnaître; j'avoue que cela m'a fait une grande joie, et je crois que je l'aime bien mieux depuis ce temps[3]. »

Cette lettre est une des dernières que la Reine ait écrites à sa mère : le 29 novembre 1780, après une courte maladie de cinq jours, l'héritière des Habsbourg mourait, toujours vaillante et toujours chrétienne, debout comme elle avait vécu. Le coup fut terrible pour Marie-Antoinette : elle s'en-

---

[1]. Marie-Thérèse à Marie-Antoinette, 30 juin 1780.
[2]. Marie-Antoinette à Marie-Thérèse, 16 août 1779.
[3]. La même à la même, 16 mars 1780.

ferma dans sa chambre, ne voulant voir personne que la famille royale et ses amies les plus intimes, Mmes de Polignac et de Lamballe, et envoyant à son frère Joseph, dans ces lignes désolées, le cri de son inconsolable douleur :

« Accablée du plus affreux malheur, ce n'est qu'en fondant en larmes que je vous écris. Oh! mon frère, oh! mon ami! il ne me reste donc plus que vous dans un pays qui m'est et me sera toujours cher. Ménagez-vous, conservez-vous; vous le devez à tous. Il ne me reste qu'à vous recommander mes sœurs. Elles ont encore plus perdu que moi; elles seraient bien malheureuses. Adieu, je ne vois plus ce que j'écris. Souvenez-vous que nous sommes vos amis, vos alliés; aimez-moi. Je vous embrasse [1]. »

Une maternité nouvelle pouvait seule faire diversion à ce cruel déchirement, et Dieu la lui envoya telle qu'elle le désirait : car cette fois c'était un fils. La voix publique ne s'y trompait pas : elle donnait d'avance le nom de *Consolateur* à l'enfant qu'on attendait de la seconde grossesse de la Reine. Mais, que ce fût un fils ou une fille, la sollicitude de la mère était égale pour tous les deux. Soucieuse de leur assurer un air plus pur et des ébats plus libres, elle les emmenait à son cher Trianon, si riant, si gai, si intime, asile de l'amitié devenu comme le temple de la maternité, où ils se roulaient sur les gazons, près des maisons du hameau, au milieu des moutons et des pigeons de la ferme, buvant le lait des vaches suisses que Valy faisait rafraîchir dans les eaux du lac. Plus tard, elle leur achetait Saint-Cloud pour remplacer Versailles. Plus soucieuse encore de développer leur intelligence et leur cœur, elle se faisait elle-même leur gouvernante, et se traçait, pour leur éducation, un plan que Mercy, juge sévère pourtant, qualifiait de « très sage et très réfléchi ». Elle tenait surtout à éloigner d'eux toute mollesse nuisible, toute image propre à faire naître des sentiments d'orgueil et de hauteur. Cette jeune femme, qu'on se figurait livrée à l'entraînement

---

[1]. Marie-Antoinette à Joseph II, 10 décembre 1780.

des plaisirs et seulement occupée de fêtes et de frivolités, avait observé à fond le caractère de ses enfants et médité longuement sur les difficultés des éducations royales. Nous connaissons peu de pages aussi belles, aussi sages, aussi pratiques, aussi vraiment maternelles que les instructions qu'elle adressait à Mme de Tourzel, devenue, après Mme de Polignac émigrée, gouvernante des Enfants de France :

« Mon fils a quatre ans quatre mois moins deux jours. Je ne parle ni de sa taille ni de son extérieur; il n'y a qu'à le voir. Sa santé a toujours été bonne; mais, même au berceau, on s'est aperçu que ses nerfs étaient très délicats et que le moindre bruit extraordinaire faisait effet sur lui.... La délicatesse de ses nerfs fait qu'un bruit auquel il n'est pas accoutumé lui fait toujours peur; il a peur, par exemple, des chiens, parce qu'il en a entendu aboyer près de lui. Je ne l'ai jamais forcé à en voir, parce que je crois qu'à mesure que sa raison viendra, ses craintes passeront. Il est, comme tous les enfants forts et bien portants, très léger et violent dans ses colères; mais il est bon enfant, tendre et caressant même, quand son étourderie ne l'emporte pas. Il a un amour-propre démesuré, qui, en le conduisant bien, peut tourner un jour à son avantage. Jusqu'à ce qu'il soit bien à son aise avec quelqu'un, il sait prendre sur lui et même dévorer ses impatiences et colères pour paraître doux et aimable. Il est d'une grande fidélité, quand il a promis une chose, mais il est très indiscret; il répète aisément ce qu'il a entendu dire, et souvent, sans vouloir mentir, il ajoute ce que son imagination lui a fait voir. C'est son plus grand défaut et sur lequel il faut bien le corriger. Du reste, je le répète, il est bon enfant, et avec de la sensibilité et en même temps de la fermeté, sans être trop sévère, on fera toujours de lui ce qu'on voudra. Mais la sévérité le révolterait, parce qu'il a beaucoup de caractère pour son âge, et, pour en donner un exemple, dès sa plus petite enfance le mot *pardon* l'a toujours choqué. Il fera et dira tout ce qu'on voudra, quand il a tort, mais le mot pardon, il ne le prononcera qu'avec des larmes et des peines infinies.

« On a toujours accoutumé mes enfants à avoir grande confiance en moi, et, quand ils ont eu des torts, à me les dire eux-mêmes. Cela fait qu'en les grondant j'ai l'air plus peinée et affligée de ce qu'ils ont fait que fâchée. Je les ai accoutumés tous à ce que oui ou non, prononcé par moi, est irrévocable ; mais je leur donne toujours une raison à la portée de leur âge, pour qu'ils ne puissent pas croire que c'est humeur de ma part.

« Mon fils ne sait pas lire et apprend fort mal, mais il est trop étourdi pour s'appliquer. Il n'a aucune idée de hauteur dans la tête et je désire fort que cela continue. Nos enfants apprennent toujours assez tôt ce qu'ils sont. Il aime sa sœur beaucoup et a bon cœur. Toutes les fois qu'une chose lui fait plaisir, soit d'aller quelque part ou qu'on lui donne quelque chose, son premier mouvement est toujours de demander pour sa sœur de même. Il est né gai, il a besoin, pour sa santé, d'être beaucoup à l'air et je crois qu'il vaut mieux, pour sa santé, le laisser jouer et travailler à la terre sur les terrasses que de le mener plus loin. L'exercice que les petits enfants prennent en courant, en jouant à l'air, est plus sain que d'être forcés de marcher, ce qui souvent leur fatigue les reins [1]. »

Le fils, dont Marie-Antoinette avait observé avec tant de clairvoyance les qualités naissantes et les petits défauts, dont elle aspirait à faire un homme et un prince digne de sa race, n'était plus ce dauphin que Marie-Thérèse avait souhaité avec une impatience grondeuse, dont la naissance avait provoqué un tel mouvement d'enthousiasme dans la France entière et fait battre le cœur de ses parents d'une si joyeuse fierté. Celui-là, le premier Dauphin, avait eu une enfance délicate, et, après quelques années trop courtes d'espoir, sa pauvre mère l'avait vu dépérir, sa taille se déformer, son humeur s'aigrir, jusqu'au jour où, le 4 juin 1789, il s'était éteint doucement et tristement à Meudon, dans une scène de larmes dont un témoin oculaire a retracé, avec une mélancolie naïve, la tou-

---

[1]. Marie-Antoinette à la marquise de Tourzel, 24 juillet 1789.

chante et profonde amertume. Son frère, le duc de Normandie, devenu dauphin à son tour, celui que Marie-Antoinette, comme elle le disait, avait repris à l'amitié pour le confier à la vertu, était alors un bel enfant, aux joues roses et aux longs cheveux bouclés, dont l'intelligence précoce savait deviner bien des larmes sous les sourires de sa mère, dont le cœur délicat s'efforçait de sécher ces larmes sous les caresses et les manifestations d'une vive et chaude affection. Et c'était près de son berceau, au spectacle de ses jeux, que la Reine malheureuse allait chercher une diversion à ses soucis et une consolation à ses chagrins. Deux ans plus tard, elle écrivait au fidèle Fersen :

« Pour moi, je me soutiens mieux que je ne devrais, par la prodigieuse fatigue d'esprit que j'ai sans cesse, en sortant peu de chez moi ; je n'ai pas un moment à moi, entre les personnes qu'il faut voir, les écritures et le temps que je suis avec mes enfants. Cette dernière occupation, qui n'est pas la moindre, fait mon seul bonheur et, quand je suis bien triste, je prends mon petit garçon dans mes bras, je l'embrasse de tout mon cœur et cela me console de tout dans ce moment [1]. »

VI.

Hélas ! les heures sombres étaient venues, et le temps n'était plus, depuis longtemps déjà, où la jeune et brillante souveraine pouvait se borner à tenir sa cour avec un éclat incomparable et à regarder jouer et grandir ses enfants dans les bosquets fleuris de Trianon. A la période de bonheur tranquille avait vite, trop vite, succédé la période d'alarmes et de malheur. Les haines de cour, les passions de la rue, les calomnies des gazettes s'étaient acharnées contre elle, défigurant ses actes, diffamant ses intentions, ameutant contre elle les préventions et les colères populaires. La déplorable af-

---

[1]. Marie-Antoinette au comte de Fersen, 7 décembre 1791.

faire du Collier, où elle avait tout ignoré, où elle n'avait été coupable que d'une trop grande confiance dans la justice du Parlement, était venue fournir un nouveau prétexte au débordement d'injures qui grossissait chaque jour.

En même temps, habilement attaqué, mollement et maladroitement défendu, le trône chancelait sur sa base, et les périls de la monarchie, les périls même de la famille royale, s'ajoutaient aux déboires personnels de la souveraine. Ce n'était plus elle seule, c'était sa couronne, c'était son mari, c'était l'avenir de ses enfants qui était en jeu. Quelque répugnance qu'elle eût pour la politique, force lui était bien de s'y jeter. C'était elle qui, après le renvoi de Calonne, avait fait nommer Brienne à sa place. On le lui a vivement reproché, et il faut bien reconnaître que Brienne fut aussi triste ministre qu'il s'était montré brillant administrateur. Mais, si la Reine s'est trompée sur son compte, elle n'a pas été seule à s'illusionner : elle a erré avec son frère, avec Mercy, avec Turgot, avec Malesherbes, avec l'opinion publique tout entière, qui avait une confiance absolue dans l'archevêque de Toulouse, avec l'assemblée des notables, qui, en le prenant pour chef dans son opposition à Calonne, semblait le désigner par là même comme le successeur naturel du ministre disgracié.

Ce fut aussi Marie-Antoinette qui, d'accord cette fois encore avec le sentiment général, fit, après la chute de Brienne, rappeler Necker, dont elle avait regretté le départ en 1781 ; mais, en 1788, sa confiance n'était plus la même, et elle ne s'abandonnait pas au courant sans effroi : « Je tremble, écrivait-elle, que c'est moi qui le fais revenir. Mon sort est de porter malheur, et, si des machinations infernales le font encore manquer et qu'il fasse reculer l'autorité du Roi, on m'en détestera davantage [1]. »

Les pressentiments de la pauvre femme ne la trompaient pas : Necker ne sut ni prévoir ni prévenir, et la Révolution l'emporta, comme elle emporta tout.

---

1. Marie-Antoinette au comte de Mercy, 25 août 1788.

Qui eût pu l'arrêter? Ce n'était pas le Roi, qui se défiait de tout le monde et surtout de lui-même; ce n'étaient pas les ministres, pour la plupart faibles et incapables; ce n'était pas la Reine, vaillante sans doute, mais sans expérience et sans guide, paralysée par l'inertie du Roi. Elle le tenta cependant, et pendant trois ans s'essaya à combiner des plans, à négocier des alliances, à organiser, autant qu'il était en son pouvoir, la résistance.

Les meneurs le comprenaient si bien que c'était elle, et elle presque seule, qu'ils attaquaient par tous les moyens possibles, par l'outrage, par la calomnie, par les menaces, par le poison, par le poignard, par la perspective même d'un procès en divorce; car on tenait moins à la tuer qu'à la séparer de son mari. De celui-là on comptait bien avoir facilement raison; mais, tant que la Reine était debout, il semblait que rien n'était définitivement conquis: le Roi n'a qu'un homme près de lui, disait Mirabeau, et c'est sa femme.

VII.

Mais la Reine avait-elle un plan? Il semble bien qu'elle en a eu successivement plusieurs, conçus et modifiés sous la pression des événements. Au début, et par caractère, elle eût plutôt incliné vers les mesures énergiques. Élevée à Vienne dans les traditions du saint-empire, grandie à Versailles dans les souvenirs de la toute-puissance de Louis XIV, elle ne devait guère éprouver qu'une médiocre sympathie pour une constitution à l'anglaise. Elle se faisait de l'autorité royale une opinion si haute que toute diminution de cette autorité lui paraissait un abaissement. Tout en comprenant la nécessité des réformes, elle n'en calculait pas bien toute la portée. Elle acceptait la déclaration du 23 juin, dans laquelle des esprits libéraux et pratiques, comme Arthur Young, avaient salué un progrès sérieux et comme l'aurore d'une ère nouvelle; mais elle s'en tenait là, et, malgré la rapidité de la marche en avant, les empiétements de l'Assemblée et le développement de l'anarchie, elle crut longtemps qu'on y pourrait revenir. Elle ne voulait pas désespérer et se figurait qu'avec des ménagements et de la prudence il serait possible de ramener les esprits, momentanément égarés, mais mûris par l'expérience et enfin éclairés sur les défauts du nouveau régime :

« Il faut inspirer de la confiance à ce malheureux peuple, écrivait-elle au printemps de 1790, à la veille de partir pour Saint-Cloud ; on cherche tant à l'inquiéter et à l'entretenir contre nous. Il n'y a que l'excès de la patience et la pureté de nos intentions qui puissent le ramener à nous ; il sentira tôt ou tard combien, pour son propre bonheur, il doit tenir à un seul chef, et quel chef encore ! Celui qui, par l'excès de sa bonté et toujours pour lui rendre le calme et le bonheur, a sacrifié ses opinions, sa sûreté et jusqu'à sa liberté. Non, je ne puis croire que tant de maux, tant de vertus ne soient pas récompensés un jour [1]. »

« Notre position est toujours la même, écrivait-elle encore quelques mois plus tard, mais l'excès du malheur où toutes les classes d'hommes se trouvent commence à bien ouvrir les yeux. Mais nous sommes encore loin d'un retour à un ordre de choses raisonnable, et toute démarche précipitée replongerait dans de nouveaux malheurs. Ils sentent leurs peines en particulier, mais celles de leurs voisins ne les frappent pas encore et les mots de liberté et de despotisme sont tellement gravés dans les têtes, même sans les définir, qu'ils passent sans cesse de l'amour du premier à la terreur du second. Il s'agit de bien épier le moment où les têtes seront assez revenues pour les faire jouir enfin d'une juste et bonne liberté, telle que le Roi l'a toujours désirée lui-même pour le bonheur de son peuple, mais loin de la licence et de l'anarchie, qui précipiteraient le plus beau royaume dans tous les maux possibles [2]. »

---

1. Marie-Antoinette à Léopold II, 29 mai 1790.
2. La même au même, 7 novembre 1790.

Ces maux, elle les ressentait vivement elle-même, car elle en avait sa large part. Elle ne comptait plus les outrages et les calomnies ; et récemment encore, après un débat passionné, où Mirabeau, à cette heure pourtant conseiller de la royauté, s'était laissé emporter à des violences qui avaient fait douter de sa sincérité, l'Assemblée, s'associant au rapport de Chabroud sur les journées d'octobre, avait innocenté les coupables pour faire peser tout son blâme sur les défenseurs de la monarchie, transformés en provocateurs. La Reine avait été indignée de ce jugement, qui, disait-elle, « souille les âmes, comme le palais du Roi l'a été l'année dernière. » Aussi, après avoir tracé les lignes que nous venons de citer, ajoutait-elle avec une amertume mal contenue :

« Notre santé continue à être bonne, et elle le serait bien davantage, si nous pouvions seulement apercevoir une idée de bonheur à l'entour de nous ; car, pour nos personnes, il est fini à jamais, quelque chose qui arrive. Je sais que c'est le devoir d'un Roi de souffrir pour les autres ; mais aussi le remplissons-nous bien. »

C'est pour échapper à cette situation douloureuse que la famille royale avait tenté, le 20 juin 1791, cette évasion de Paris qui devait échouer si misérablement à Varennes. Mais, à cette époque encore, il n'était nullement question de faire une contre-révolution, à laquelle la Reine avait supplié le comte d'Artois lui-même de renoncer. Il s'agissait seulement de rendre au Roi une liberté de mouvements qu'il n'avait pas et ne pouvait pas avoir dans la capitale ; une fois dehors et en sûreté, il eût traité avec ses sujets, en prenant pour base de la Constitution nouvelle la déclaration du 23 juin « avec les modifications que les circonstances et les événements ont dû y apporter ».

Et, quelques mois après, des esprits très libéraux regrettaient l'échec de ce qu'on nommait le plan de Montmédy ; car, disait le baron de Staël, « il promettait à la France une constitution également éloignée des deux extrêmes ».

VIII.

Lorsque tout cela eut échoué, lorsque la famille royale, arrêtée à Varennes, eut été ramenée à Paris et enfermée aux Tuileries, gardée à vue, espionnée jour et nuit, séparée de ses plus fidèles serviteurs, il fallut bien renoncer à ces projets ou du moins à la partie active qui pouvait y revenir aux souverains, réduits par les circonstances à un rôle purement passif. Le plan de la Reine se modifie donc forcément, mais en même temps il se précise et s'affirme. Et c'est dans ses lettres qu'il faut le chercher, dans ses lettres *vraies;* car elle eut alors, on le sait, une correspondance en partie double : à côté des lettres ostensibles, il y avait les lettres secrètes qui démentaient les premières.

Depuis la Révolution, les donneurs de conseils affluaient aux Tuileries; il suffira de citer les plus célèbres : Mirabeau et les Constitutionnels, Barnave, Duport, les Lameth. La Reine les écouta tous, mais ne se fia jamais complètement à aucun. On le lui a reproché et peut-être eut-elle tort; mais combien eussent agi de même à sa place! Le plus grand de tous ces alliés de la dernière heure, Mirabeau, ne semblait-il pas s'ingénier en quelque sorte à détruire, par ses boutades subites, par ses emportements à la tribune, par ce qu'il nommait lui-même ses *par delà,* l'effet des notes admirables qu'il rédigeait pour le Roi, et surtout la confiance qu'il attendait de ses augustes clients ? Et, quant à Barnave et aux Constitutionnels, ils avaient fait tant de mal à la royauté; Mirabeau lui-même les avait si souvent combattus comme révolutionnaires, que la Reine ne pouvait se départir à leur égard d'une instinctive méfiance; ce n'est pas, nous le reconnaissons, un sentiment politique, mais c'est un sentiment bien humain.

Quoi qu'il en soit, et laissant de côté les lettres officielles et en quelque sorte imposées par ses nouveaux amis, le plan de la Reine se résume en deux points principaux : pas de guerre civile, pas de guerre étrangère. Pour réaliser le premier, pas d'intervention des émigrés ; pour réaliser le second, pas d'intervention armée des puissances à l'intérieur. C'était pour échapper à ce double danger, pour ne « devoir rien qu'à l'opinion qui se serait formée en France en faveur de la monarchie [1], » que la famille royale avait voulu recouvrer la liberté et se retirer à Montmédy.

Avant tout, pas d'entrée en campagne des émigrés ; de tous les points du programme de la Reine, c'est peut-être celui auquel elle tient le plus, auquel elle revient le plus souvent dans sa correspondance. Au début, elle avait compris l'émigration ; elle y avait même poussé ses amis, les Polignac, comme Louis XVI y avait engagé son frère le comte d'Artois ; mais c'était pour sauver leurs têtes mises à prix : elle voyait là un moyen de salut, non un moyen d'action. Lorsque l'émigration fut devenue une mode, lorsque les émigrés se furent constitués en parti et en armée et voulurent négocier et combattre, la Reine fit tout pour les empêcher d'agir. Elle déplorait cette sortie en masse qui privait la royauté de ses plus dévoués défenseurs ; elle déplorait cette politique qui voulait se substituer à celle du Roi et qui ne tenait compte ni de la disposition des esprits en France ni des périls mêmes de la famille royale.

« Nous gémissons depuis longtemps, écrivait-elle à Fersen, du nombre des émigrants ; nous en sentons l'inconvénient, tant pour l'intérieur du royaume que pour les princes eux-mêmes. Ce qui est affreux, c'est la manière dont on trompe et a trompé tous ces honnêtes gens, à qui il ne restera bientôt que la ressource de la rage et du désespoir. Ceux qui ont eu assez de confiance en nous pour nous consulter ont été arrêtés, ou tout au moins, s'ils ont cru de leur honneur de partir, nous leur avons dit la vérité. Mais que voulez-vous ? Le ton et la manie est, pour ne pas faire nos volontés, de dire que nous ne sommes pas libres (ce qui est bien vrai) ; mais que,

---

[1]. Déclaration de la Reine au baron de Staël. — Staël à Gustave III, 23 août 1791.

par conséquent, nous ne pouvons pas dire ce que nous pensons et qu'il faut agir à l'inverse. C'est le sort qu'a eu le mémoire envoyé par nous à mes frères et que vous avez vu et approuvé. La réponse est que nous avons été forcés d'écrire ce mémoire, que tels ne peuvent être nos sentiments et que, par conséquent, on n'en tiendra aucun compte, et, après cela, on veut que nous ayons de la confiance, que nous parlions franchement! C'est absolument dire : Faites toutes nos volontés et alors nous vous servirons, mais rien sans cela [1]. »

Cette désobéissance formelle, ce refus d'admettre ni tempérament ni raison, exaspérait la Reine. Aussi toutes ses lettres de cette époque, à Fersen, à Mercy, à Léopold, sont-elles pleines de récriminations contre les émigrés, d'objurgations sur la nécessité de les arrêter et de les tenir impitoyablement en arrière, de manifestations d'antipathie énergiques, violentes même, parfois jusqu'à la brutalité et à l'injustice :

« Il est essentiel, écrit-elle à Mercy, que les Français, mais surtout les frères du Roi, restent en arrière et que les puissances réunies agissent seules. Aucune prière, aucun raisonnement de notre part ne l'obtiendra d'eux ; il faut que l'Empereur l'exige ; c'est la seule manière dont il puisse, et surtout moi, me rendre service. Vous connaissez par vous-même les mauvais propos et les mauvaises intentions des émigrants. Les lâches, après nous avoir abandonnés, veulent exiger que seuls nous nous exposions et seuls nous servions tous leurs intérêts. Je n'accuse pas les frères du Roi ; je crois leurs cœurs et leurs intentions purs ; mais ils sont entourés et menés par des ambitieux qui les perdront, après nous avoir perdus les premiers. »

Quelques jours après, elle rouvre sa lettre. On va apporter au Roi la Constitution ; c'est un « tissu d'absurdités » ; mais il est impossible de ne pas l'accepter :

« Croyez que la chose doit être bien vraie, puisque je le dis. Vous connaissez assez mon caractère pour croire qu'il

---

[1]. Marie-Antoinette au comte de Fersen, 31 octobre 1791.

me porterait plutôt à une chose noble et pleine de courage ; mais il n'en existe point à courir un danger plus que certain. Nous n'avons donc plus de ressources que dans les puissances étrangères ; il faut, à tout prix, qu'elles viennent à notre secours. Mais c'est à l'Empereur à se mettre à la tête de tous et à régler tout. Il est essentiel que pour première condition il exige que les frères du Roi, et tous les Français, mais surtout les premiers, restent en arrière et ne se montrent pas [1]. »

Et lorsque, par une « comédie auguste », l'Empereur et le roi de Prusse, réunis à Pillnitz, avaient semblé déférer aux désirs du comte d'Artois et lui promettre un appui efficace, la Reine s'indignait :

« On dit ici que, dans l'accord signé à Pillnitz, les deux puissances s'engagent à ce que jamais la nouvelle constitution française ne s'établisse. Il y a sûrement des points auxquels les puissances ont le droit de s'opposer ; mais, pour ce qui regarde les lois intérieures d'un pays, chacun est maître d'adopter dans le sien ce qui lui convient. Ils auraient donc tort de l'exiger, et tout le monde reconnaîtrait l'intrigue des émigrants, ce qui ferait perdre tous les droits de leur bonne cause.

« Enfin le sort en est jeté, il s'agit à présent de régler sa conduite et sa marche suivant les circonstances. Je voudrais bien que tout le monde réglât sa conduite d'après la mienne : mais, même dans notre intérieur, nous avons de grands obstacles et de grands combats à livrer. Plaignez-moi ; je vous assure qu'il faut bien plus de courage à supporter mon état que si on se trouvait au milieu d'un combat, d'autant que je ne me suis guère trompée, et je ne vois que malheurs dans le peu d'énergie des uns et la mauvaise volonté des autres. Mon Dieu ! est-il possible que, née avec du caractère et sentant si bien le sang qui coule dans mes veines, je sois destinée à passer mes jours dans un tel siècle et avec de tels hommes ! Mais ne croyez pas pour cela que mon courage m'abandonne ; non pour moi, pour mon enfant je me soutiendrai et je remplirai

---

[1]. Marie-Antoinette au comte de Mercy, 21-26 août 1791.

jusqu'au bout ma longue et pénible carrière. Je ne vois plus ce que j'écris. Adieu [1]. »

Mais si la Reine ne voulait, comme elle l'établissait nettement dans un mémoire adressé à Vienne le 8 septembre, ni guerre civile, ni guerre étrangère, que demandait-elle donc? Elle eût voulu que l'Empereur prît l'initiative et la direction de ce qu'elle appelait elle-même un *congrès armé*. Les puissances auraient réuni à Aix-la-Chapelle leurs ambassadeurs à Paris, et là, rappelant les atteintes portées par l'Assemblée au droit international, la dépossession des princes allemands de leurs biens d'Alsace, l'occupation d'Avignon, invoquant la garantie des traités passés avec la France et que le nouveau régime compromettait, appuyant au besoin leurs déclarations par la réunion, sur la frontière, de forces suffisantes pour en imposer aux factieux et rendre le courage aux hommes raisonnables, mais évitant de s'immiscer dans les institutions intérieures de la France, elles sommeraient l'Assemblée de laisser le Roi libre de sortir de Paris et d'aller où il voudrait. Une fois hors de la capitale et loin de l'atteinte des insurrections, le Roi se poserait en médiateur entre ses sujets et les puissances, « seul rôle qui lui convienne, tant par l'amour qu'il a pour ses sujets que pour en imposer aux factions des émigrants, qui, par le ton qu'ils ont et qui s'élèverait encore, s'ils contribuaient à un autre ordre de choses, replongeraient le Roi dans un autre esclavage [2]. » Ainsi il assurerait la paix au dehors et au dedans, et pourrait, d'accord avec les représentants du pays, réaliser les réformes nécessaires et apporter à la Constitution les améliorations et les corrections que ses auteurs eux-mêmes jugeaient indispensables.

En attendant, il fallait s'attacher à gagner la confiance du peuple, observer strictement la Constitution, afin que la nation elle-même fût la première à en sentir les inconvénients et à en souhaiter la réforme. Une déclaration ferme des puissances,

1. Marie-Antoinette au comte de Mercy, 12 septembre 1791.
2. La même au même, 28 septembre 1791.

survenant au milieu du malaise général causé par l'application du nouveau régime, dont les imperfections sautaient à tous les yeux, servirait de point de ralliement, autour duquel se grouperait la masse des honnêtes gens désabusés, et, d'autre part, les factieux étant intimidés par cette attitude énergique, tout pourrait être rétabli sans lutte et presque sans secousse.

Tel était le plan combiné par la Reine, et longuement développé dans les lettres et les mémoires qu'elle adressait à son frère, à Mercy et à Fersen, plan que le Roi avait fini par accepter, auquel s'étaient ralliés des esprits libéraux et sages, comme Mounier et Mallet du Pan, mais qui reposait sur une double illusion : la possibilité d'en imposer à la France par des menaces, l'établissement d'un accord complet et désintéressé entre toutes les puissances.

Mais la Reine avait confiance malgré tout :

« Notre position est tous les jours plus embarrassante, écrivait-elle à la fin de novembre ; avec cela l'Assemblée est si mauvaise, tous les honnêtes gens, si las de tous les troubles, qu'avec de la sagesse je crois encore qu'on pourra s'en tirer ; mais, pour cela, j'insiste toujours pour le congrès armé, comme j'en ai déjà parlé. Il n'y a que lui qui puisse arrêter les folies des princes et des émigrés, et je vois de tous les côtés qu'il viendra peut-être avant peu un tel degré de désordre ici que, hors les républicains, tout le monde sera charmé de trouver une force supérieure pour arriver à une composition générale [1]. »

IX.

Jusqu'au bout la Reine conserve ses illusions. Cependant les événements se précipitent. La nouvelle Assemblée mène vivement l'assaut contre la royauté. L'Empereur meurt subitement, emportant avec lui les dernières chances d'une solu-

---

[1]. Marie-Antoinette au comte de Mercy, 25 novembre 1791.

tion pacifique. La déclaration de guerre fait évanouir l'espoir de ce congrès armé, qu'à vrai dire les puissances n'ont jamais pris au sérieux, mais où Marie-Antoinette a mis toute sa confiance. A Paris, le danger redouble ; ce sont chaque jour insultes plus grossières, menaces plus effrayantes, émeutes permanentes en quelque sorte. La Reine pourtant ne perd pas encore courage ; elle croit toujours à la possibilité d'un changement intérieur amené par la guerre, mais sans intervention apparente :

« La guerre est déclarée, écrit-elle. La cour de Vienne doit tâcher d'éloigner sa cause le plus possible de celle des émigrés, l'annoncer dans son manifeste en même temps que l'on pense qu'elle pourrait employer l'ascendant naturel qu'elle a sur les émigrés pour tempérer leurs prétentions, les amener à des idées raisonnables, et à se rallier enfin à tous ceux qui soutiendront la cause du Roi. Il est facile d'imaginer les idées qui doivent former le fond du manifeste de Vienne ; mais, en appelant l'univers à témoin des intentions de cette puissance, de ses efforts pour conserver la paix, de ses dispositions constantes encore à terminer à l'amiable, de son éloignement de soutenir des prétentions particulières, ou quelques individus contre la nation, on doit éviter de trop parler du Roi, de trop faire sentir que c'est lui qu'on soutient et qu'on veut défendre. Ce langage l'embarrasserait, le compromettrait, et, pour ne pas paraître conniver avec son neveu, il serait forcé d'exagérer ses démarches, et par là de s'avilir ou de donner un mouvement faux à l'opinion publique. C'est de la nation dont il faut parler, pour dire que l'on n'a jamais eu le désir de lui faire la guerre. Une observation également importante, c'est d'éviter de paraître vouloir d'abord se mêler des affaires intérieures, ou même de vouloir amener à une composition. On a déjà cherché à déjouer les bonnes intentions de Léopold, en faisant répandre qu'il voulait faire une transaction entre tous nos partis. *Il est à désirer sans doute que la marche que prendra la cour de Vienne y amène les Français.* Mais ce dessein doit être très caché ; car ce serait le rendre impossible à exécuter, que de le manifester d'abord. Les Français repousseront toujours toute intervention politique des étrangers dans leurs affaires, et l'orgueil national est tellement attaché à cette idée, qu'il est impossible au Roi de s'en écarter, s'il veut rétablir son royaume [1]. »

Cette guerre, qui a éclaté et qui ne pouvait guère ne pas éclater un jour, ce n'est pas, aux yeux de la Reine, la guerre des puissances contre la France, c'est la guerre contre la Révolution, la lutte entre des factieux qui veulent établir à Paris la république et les souverains de l'Europe, qui viennent au secours d'un des leurs. Et ce secours, elle l'accepte sans arrière-pensée, comme Henri IV, dépossédé, lui aussi, par un parti de révoltés et d'usurpateurs, a accepté, a sollicité l'aide d'Elisabeth et des princes protestants d'Allemagne pour reconquérir son royaume. Sa conviction est si fortement établie sur ce point, elle regarde si peu la guerre faite par l'Autriche à la France comme une guerre de conquêtes, qu'en envoyant Mallet du Pan près des souverains alliés, elle le charge de stipuler que, dans le manifeste adressé par eux à la France, on fera entrer « cette vérité fondamentale qu'on n'entend point toucher à l'intégrité du royaume, qu'on fait la guerre à une faction antisociale et non à la nation française, » et qu'on s'arme seulement « pour le rétablissement de l'autorité royale légitime, telle que Sa Majesté entend elle-même la circonscrire ». Et, chose plus étonnante, cette double assurance, Mallet du Pan l'obtient des coalisés.

Dans les derniers temps d'ailleurs, la Reine, en pressant la marche des puissances, ne songe plus qu'à sauver sa vie, ou plutôt celle de son mari et de ses enfants. Que lui fait à elle l'existence ? Pourvu que le Roi et son fils soient sauvés, tout le reste lui est indifférent, et elle « aime mieux courir tous les dangers possibles que de vivre plus longtemps dans l'état d'avilissement et de malheur » où elle se trouve [2]. Prisonnière,

---

1. Marie-Antoinette au comte de Mercy, 30 avril 1792.
2. Simolin à Catherine II, 11 février 1792.

elle l'est; assassinée, elle peut l'être à chaque instant. Car ce ne sont plus seulement des émeutiers de bas étage ou des folliculaires obscurs qui demandent sa tête. Ce sont les chefs de l'Assemblée qui la désignent aux fureurs de la foule; c'est Vergniaud, dans son apostrophe enflammée du 10 mars; c'est Mme Roland, dans ses lettres à ses amis; ce sont les Girondins enfin, qui, à défaut d'assassinat, agitent la question de l'enfermer dans un couvent ou de la traduire devant la haute cour. Contre ces hommes qui veulent sa mort ou son déshonneur, qui conspirent contre ce qu'elle a de plus cher, elle se regarde comme en état de légitime défense; car le péril grandit à chaque minute, et elle n'est entourée que de pièges ou d'espions. A peine ose-t-elle encore écrire : la plupart du temps elle a recours à la main d'un serviteur dévoué comme Goguelat; si elle tient la plume elle-même, c'est avec des chiffres convenus, avec de l'encre sympathique. Ses lettres, elle les envoie dans un paquet de chocolat, dans une boîte de biscottes, dans la doublure d'un vêtement. Et, à vrai dire, ce ne sont plus que des cris de détresse, des appels désespérés :

« J'existe encore, mais c'est un miracle, » écrit-elle à Fersen après l'atroce journée du 20 juin.

« On prêche le régicide, écrit-elle encore le 6 juillet.... Il n'y a pas de jour qu'on n'avertisse la Reine de se tenir sur ses gardes.... On ne lui laisse pas une minute de tranquillité. »

Elle ne peut plus faire un pas dans le jardin des Tuileries sans être insultée ou menacée :

« Dans le courant de la semaine, mande-t-elle à Fersen le 24 juillet, l'Assemblée doit décréter sa translation à Blois et la suspension du Roi. Chaque jour produit une scène nouvelle, mais tendant toujours à la destruction du Roi et de sa famille. Des pétitionnaires ont dit, à la barre de l'Assemblée, que, si on ne le destituait, ils le massacreraient. Ils ont eu les honneurs de la séance. Dites donc à M. de Mercy que les jours du Roi et de la Reine sont dans le plus grand danger, qu'un délai d'un jour peut produire des malheurs incalculables; qu'il faut envoyer le manifeste sur-le-champ, qu'on l'attend avec une extrême impatience, que nécessairement il ralliera beaucoup de monde autour du Roi et le mettra en sûreté ; qu'autrement personne ne peut en répondre pendant vingt-quatre heures : la troupe des assassins grossit sans cesse [1]. »

Le 1er août, après l'échauffourée du Champ de Mars entre les Marseillais et les grenadiers des Filles-Saint-Thomas, nouvel appel, et c'est le dernier :

« Pour le moment, il faut songer à éviter les poignards et à déjouer les conspirateurs qui fourmillent autour du trône prêt à disparaître. Depuis longtemps les factieux ne prennent plus la peine de cacher le projet d'anéantir la famille royale. Dans les deux dernières assemblées nocturnes on ne différait que sur les moyens à employer. Vous avez pu juger par une précédente lettre combien il est utile de gagner vingt-quatre heures ; je ne ferai que vous le répéter aujourd'hui, en ajoutant que, si on n'arrive pas, il n'y a que la Providence qui puisse sauver le Roi et sa famille [2]. »

Les dévouements cependant ne restaient pas inactifs. A Paris, en province, à l'étranger, ils combinaient des plans d'évasion, soit pour la famille royale tout entière, soit pour la Reine seule, la plus menacée de tous. Mais une fuite collective était-elle possible après l'échec de Varennes? et, quant à fuir seule, la Reine n'y consentait pas. Une de ses plus fidèles amies, la landgrave Louise de Hesse, avait envoyé en France son frère le prince Georges pour tâcher de sauver l'infortunée souveraine, et il semble bien qu'il y avait là des chances sérieuses de succès; mais il fallait se séparer du Roi et de ses enfants ; tristement, mais fermement, inébranlablement, Marie-Antoinette refusa :

« Non, ma princesse, en sentant tout le prix de vos offres, je ne puis les accepter. Je suis vouée pour la vie à mes devoirs et aux personnes chères dont je partage les malheurs et qui, quoi qu'on en dise, méritent tout intérêt par le courage

---

[1]. Marie-Antoinette au comte de Fersen, 24 juillet 1792.
[2]. La même au même, 1er août 1792.

avec lequel elles soutiennent leur position. Le porteur de cette lettre pourra vous donner les détails sur ce moment-ci et sur l'esprit du lieu où nous habitons. On dit qu'il a beaucoup vu et voit juste. Puisse un jour tout ce que nous faisons et souffrons rendre heureux nos enfants! C'est le seul vœu que je me permette. Ils m'ont tout ôté, hors mon cœur, qui me restera toujours pour vous aimer. N'en doutez jamais ; c'est le seul malheur que je ne saurais supporter [1]. »

C'en était fait ; rien ne pouvait plus conjurer les événements ; quelques jours après cette lettre, l'émeute triomphait ; l'Assemblée prononçait la déchéance, et la famille royale était enfermée au Temple, sous la garde de la Commune de Paris.

X.

Ces déchirements de la captivité du Temple, est-il besoin de les raconter? Qui ne les connaît? Là encore la Reine eût pu s'évader; mais là aussi il eût fallu partir seule. Comme aux Tuileries, elle ne le voulut pas, et quand les fidèles de la dernière heure, les Toulan, les Michonis, les Batz, les Jarjayes, vinrent pour la chercher, ils ne reçurent que ce simple billet qui était un éternel adieu :

« Nous avons fait un beau rêve, voilà tout. Mais nous y avons beaucoup gagné, en trouvant dans cette occasion une nouvelle preuve de votre entier dévouement pour moi. Ma confiance en vous est sans bornes. Vous trouverez toujours en moi du caractère et du courage ; mais l'intérêt de mon fils est le seul qui me guide. *Quelque bonheur que j'eusse éprouvé à être hors d'ici*, je ne peux consentir à me séparer de lui. Je ne pourrais jouir de rien sans mes enfants et *cette idée ne me laisse pas même un regret* [2]. »

Six mois plus tard, après avoir adressé à Madame Élisabeth ce

---

[1]. Marie-Antoinette à la landgrave Louise de Hesse, juillet 1792.
[2]. Marie-Antoinette au général de Jarjayes, mars 1793.

testament admirable qu'on ne peut lire sans pleurer, la Reine, « calme comme on l'est quand la conscience ne reproche rien, » montait sur l'échafaud de la place Louis XV, couronnant ainsi par le martyre une vie si pleine de contrastes, de joies, de douleurs et de sacrifices.

Jetée sans expérience et sans guide sur une mer pleine d'écueils, éblouie par l'éclat soudain du trône, entraînée par les conseils et les obsessions de sa société, Marie-Antoinette s'est laissé emporter un moment par le tourbillon des plaisirs et de la dissipation ; mais elle n'a pas tardé à se reprendre, à la rude école du malheur, à l'école plus douce de la maternité. Du jour où il l'a fallu, pour défendre moins sa propre existence que les droits de son fils et la couronne de son mari, elle a lutté avec une indomptable énergie. Mais, mal préparée à ce rôle par son éducation et sa vie antérieure, ayant plus de vaillance que d'intelligence politique, plus d'élan que d'esprit de suite, elle a été incertaine dans sa marche, souvent mal inspirée dans ses plans, peu éclairée dans le choix de ses moyens, et finalement elle a échoué dans son entreprise. Mais cette entreprise, quel autre y eût réussi ? Pour dominer une situation comme celle-là, créée par les fautes de plusieurs générations, pour arrêter un courant aussi irrésistible, il eût fallu plus que de l'habileté, plus que du courage, il eût fallu du génie, et Marie-Antoinette n'était pas une femme de génie. Mais, après avoir lu sa correspondance, qui niera qu'elle ait été une femme de grand caractère et de grand cœur, et, comme le disait éloquemment Burke, « jusqu'au dernier moment supérieure à ses infortunes » [1] ?

MAXIME DE LA ROCHETERIE.

Le Bouchet, 16 octobre 1894.

[1]. Burke, *Réflexions sur la Révolution française*, p. 155.

LETTRES
DE
MARIE-ANTOINETTE

I.

A la comtesse de Brandis [1].

[1767 ou 1768.]

Ma très chère Brandis [2], je vous fais mon compliment. Croyez, ma chère Brandis, que les vœux que je forme pour votre bonheur sont dictés par le cœur le plus reconnaissant. J'espère qu'à l'avenir ma docilité vous récompensera de tous les soins que vous coûte mon éducation. Continuez-les-moi, ma chère amie, et soyez assurée de la tendresse de votre fidèle élève.

ANTOINE [3].

(Autographe signé, en la possession de M. le comte de Landrian, à Nancy. Éd. GEFFROY, *Gustave III et la cour de France*, II, 330, avec reprod. partielle de l'original en fac-similé; FEUILLET DE CONCHES, *Louis XVI, Marie-Antoinette et Madame Élisabeth*, IV, XII, note.)

1. Cette lettre semble être une lettre de compliment de nouvelle année. Les premiers mots : « Ma très chère Brandis » sont entourés de traits à la plume, et la lettre elle-même est entourée d'un double encadrement à l'encre. La marque du crayon au moyen duquel on avait à l'avance tracé les caractères est encore visible sous l'encre qui la recouvre.

2. La comtesse de Brandis était gouvernante de la jeune archiduchesse; elle fut remplacée en avril 1768 par la comtesse de Lerchenfeld. Voy. ci-après, lettre XXI.

3. C'est sous le nom de *Madame Antoine* qu'on désignait habituellement

II.

A l'archiduchesse Amélie, duchesse de Parme.

1770, 20 avril.

Madame ma très chère sœur, j'ai reçu hier, au pied des autels, la bénédiction sacerdotale de mon mariage à Monsieur le Dauphin, que, par procuration, mon frère a représenté dans cette cérémonie. J'ose espérer de l'amitié de Votre Altesse Royale qu'elle voudra bien prendre quelque part à cet événement qui m'intéresse aussi essentiellement, et je crois, moyennant cela, ne pas devoir tarder à le lui apprendre. Je la prie d'en agréer la notification, et je lui demande avec instance la continuation de son amitié, que je tâcherai toujours de mériter par le tendre et sincère attachement avec lequel je ne cesserai jamais d'être,
De Votre Altesse Royale,
Très affectionnée et tendre sœur,

ANTOINE.

A Vienne, le 20 avril 1770.

Je vous suis très obligée pour le beau présent que vous m'avez envoyé ; il me fait grand plaisir.

(Autographe signé, Archives de Parme. *Éd.* FEUILLET DE CONCHES, *Louis XVI, Marie-Antoinette et Madame Élisabeth*, IV, xii, note.)

la jeune archiduchesse Marie-Antoinette dans le cercle de la famille impériale. On retrouve cette appellation dans les lettres de l'abbé de Vermond à Mercy pendant son séjour à Vienne comme précepteur de la future Dauphine.

III.

A l'Impératrice Marie-Thérèse.

1770, 9 juillet.

Ce 9 juillet 1770 [1].

Madame ma très chère mère, ayant appris que le courrier devait partir après-demain et que nous partons de-

---

1. Pour donner une idée de l'orthographe de Marie-Antoinette, nous reproduisons ici le texte original de cette lettre, tel que M. d'Arneth l'a donné en note (p. 9) :

« ce 9 juillet 1770.

« Madame ma tres chere Mere. Ayant apris que le courier devoit partir apres demain et que nous partons demain pour Choissy je n'ai pas voulu attendre les lettres que Mercy doit m'apporter ce soir de peur de n'avoir pas le temps de repondre ainsi je me le reserve pour une autre occasion.

« Nous partont donc demain 10. pour Choissi et nous reviendrons le 13 pour aller à Bellvue le 17 : et le 18 a Compiegne ou nous restont jusqu'au 28 d'Aoust et dela pour quelque jours à Chantilly. le Roi a mille bontes pour moi et je l'aime tendrement mais s'est a faire pitie la foiblesse qu'il a pour Md. du Barry qui est la plus sotte et impertinant creature qui soit imaginable elle a joué tous les soirs avec nous a Marly elle s'est trouve deux fois a cotes de moi mais elle ne ma point parle et je n'ai point tachee justement de lié conversation avec elle mais quand il le faloit je lui ai pourtant parle. pour mon cher Mary il est changé de beaucoup et toute a son avantage, il marque beaucoup d'amitie pour moi et même il commence a marquer de la confiance. il n'aime certainement point Mr de la Vauguyon mais il le craint il lui est arrive un singulier histoire l autre jour. j'étoit seule avec mon Mary lorsque M. de la Vauguyon approche d'un pas precipité a la porte pour ecouter. un valet de Chambre qui est sot ou tres honnete homme ouvre la porte et M. le Duc si trouve planté comme un piqué sans pouvoir reculé lorsse je fit remarquer a mon Mary l'inconvenient qu'il y a de laisser ecouter au porte et il la tres bien prisse. Comme j'ai promisse a Votre Majesté de lui dire la moindre indisposition je lui dirai donc que j'ai eu un peu devoiement mais la diette la fait finir, mon Mary a eu en meme temps une indigestion mais cela ne la pas empeché d'aller a la chasse. J'ai aujourd'hui un grand embaras. Je me confesserai à 5 heure a l'abbée Modoux Mercy et l'abbée m'ayant conseilie de le prendre je n'ai point douté que vous en serez contente et le Roi été aussi content.

main pour Choisy [1], je n'ai pas voulu attendre les lettres que Mercy [2] doit m'apporter ce soir, de peur de n'avoir pas le temps de répondre ; ainsi je me le réserve pour une autre occasion.

J'ai oublie de lui dire que j'ai ecrie hier la premier foi au Roi j'en ait eu grande peur sachant que Md. du Barry les lit toutte mais vous pouvez être bien persuadée ma tres chere Mere que je ne ferai jamais de faute n y pour n'y contre elle.

« Votre Majesté permettera que je lui envoye une lettre pour Naple dans laquelle j'avertis ma sœur d'envoyer ses lettres par Vienne. J'ai l'honneur d'etre avec la plus respectueuse tendresse
« la plus tendre
« et soumisse fille
« Antoinette. »

1. Le château de Choisy, construit par la grande Mademoiselle, fille de Gaston d'Orléans, avait été racheté par Louis XV à *la princesse de Conti.* Il fut alors considérablement augmenté et richement décoré. C'était une des résidences entre lesquelles la cour, sous Louis XV et au commencement du règne de Louis XVI, partageait son été. Il n'en reste rien aujourd'hui que quelques peintures, transportées aux musées du Louvre ou de Versailles.

2. Florimond-Claude, comte de Mercy-Argenteau, d'une très ancienne famille seigneuriale du pays de Liège, naquit à Liège, le 20 avril 1727. Après avoir achevé son éducation à l'Académie de Turin, alors fort en vogue, il entra dans la carrière diplomatique vers 1750 et fut en 1752 chevalier d'ambassade à Paris, près du comte, depuis prince de Kaunitz, qui l'appréciait fort. Nommé en 1754 ministre d'Autriche près du roi de Sardaigne, puis en 1761 à Saint-Pétersbourg, où il fut témoin de la révolution qui mit Catherine II sur le trône ; un moment ambassadeur en Pologne, où il essaya vainement de soutenir le parti patriote contre Poniatowski et les amis de la Russie, il vint en 1766 remplacer en France comme ambassadeur le prince de Stahrenberg. C'est à ce titre qu'il négocia avec Choiseul le mariage du Dauphin avec Marie-Antoinette et qu'il reçut la jeune archiduchesse à son arrivée à Versailles. C'est à ce titre aussi qu'il fut chargé par Marie-Thérèse d'être le guide et le mentor de sa fille. « Voyez souvent Mercy, suivez tous les conseils qu'il vous donnera ; Mercy est chargé de vous parler clair, » répétait sans cesse l'Impératrice à Marie-Antoinette. Et en effet, pendant cette période de 1770 à 1780, les rapports secrets de l'ambassadeur, publiés par M. le chevalier d'Arneth et M. Geffroy, sont la source la plus précieuse et la plus sûre à laquelle puisse puiser l'historien de la Reine ; on y suit sa vie et sa pensée jour par jour et presque heure par heure. Après la mort de Marie-Thérèse, le rôle de Mercy, sans diminuer d'importance, change un peu de nature : il est plus politique et moins intime ; on le sent à la lecture de ses rapports à Joseph II et au prince de Kaunitz, publiés, eux aussi, par M. le chevalier d'Arneth et M. Flammer-

Nous partons donc demain 10 pour Choisy et nous en reviendrons le 13, pour aller à Bellevue [1] le 17 et le 18 à Compiègne [2], où nous restons jusqu'au 28 d'août, et de là pour quelques jours à Chantilly [3]. Le Roi a mille bontés pour moi et je l'aime tendrement ; mais c'est à faire pitié la faiblesse qu'il a pour Mme du Barry [4], qui est la plus sotte et impertinente créature qui soit imaginable. Elle a joué tous les soirs avec nous à Marly [5] ; elle s'est trouvée deux fois à côté de moi, mais elle ne m'a point parlé et je n'ai point tâché justement de lier conversation avec elle ; mais, quand il le fallait, je lui ai pourtant parlé.

Pour mon cher mari, il est changé de beaucoup, et tout

---

mont. Mais, après la prise de la Bastille, l'ambassadeur, par prudence et dans l'intérêt de la Reine, chaque jour insultée et calomniée sous le nom d'Autrichienne, crut devoir s'éloigner de la cour, et se retira aux environs de Paris, à Chenevières. Il n'en demeura pas moins un des conseillers les plus écoutés de la malheureuse souveraine, et c'est lui, entre autres, qui la décida à entrer en relations avec Mirabeau. Lors même qu'en octobre 1790 il quitta définitivement la France pour résider dans les Pays-Bas autrichiens, où l'appelait la confiance de l'empereur Léopold, il resta en correspondance suivie avec la Reine et fut, avec Breteuil et Fersen, un de ses confidents et de ses agents à l'étranger. Malgré tous ses efforts, il ne put ni la sauver ni la venger. Chargé en dernier lieu d'une mission à Londres, il tomba malade en y arrivant et mourut le 25 août 1794.

1. Bellevue, construit par Mme de Pompadour et décoré avec la plus grande magnificence par les plus renommés artistes du temps. Louis XVI, à son avènement, en fit présent à ses tantes, Mesdames, qui ne le quittèrent qu'au moment de leur émigration, le 19 février 1791. Le château est aujourd'hui détruit.

2. Compiègne, autre château royal, complètement rebâti par Louis XV, sur les plans de l'architecte Gabriel. C'est à Compiègne, le 14 mai 1770, que Marie-Antoinette, arrivant d'Allemagne, avait rejoint la famille royale.

3. Chantilly, la merveilleuse résidence des Condé. Rasé à la Révolution, le château a été réédifié par Mgr le duc d'Aumale, qui l'a légué à l'Institut de France, avec ses inestimables collections.

4. Jeanne Bécu, comtesse du Barry, devenue, par une misérable intrigue, la favorite du Roi ; exilée à la mort de Louis XV, guillotinée le 8 décembre 1793 ; personnage trop connu pour que nous ayons besoin d'insister sur son compte.

5. Marly, château construit par Louis XIV, aujourd'hui détruit. Les déplacements à Marly étaient fort recherchés — car le Roi n'y emmenait habituellement que peu de monde — et fort coûteux.

à son avantage. Il marque beaucoup d'amitié pour moi et même il commence à marquer de la confiance. Il n'aime certainement point M. de la Vauguyon [1], mais il le craint. Il lui est arrivé une singulière histoire l'autre jour. J'étais seule avec mon mari, lorsque M. de la Vauguyon approche d'un pas précipité à la porte pour écouter. Un valet de chambre, qui est sot ou très honnête homme, ouvre la porte, et M. le duc s'y trouve planté comme un piquet sans pouvoir reculer. Alors je fis remarquer à mon mari l'inconvénient qu'il y a de laisser écouter aux portes, et il l'a très bien pris.

Comme j'ai promis à Votre Majesté de lui dire la moindre indisposition, je lui dirai donc que j'ai eu un peu de dévoiement, mais la diète l'a fait finir. Mon mari a eu en même temps une indigestion, mais cela ne l'a pas empêché d'aller à la chasse.

J'ai aujourd'hui un grand embarras. Je me confesserai à cinq heures à l'abbé Modoux [2], Mercy et

1. Antoine-Paul-Jacques de Quélen, duc de la Vauguyon, né en 1706, mort en 1772. Le duc de la Vauguyon avait été gouverneur de Louis XVI et de ses frères, et, grâce à l'influence que lui donnait ce titre, il était devenu, avec la comtesse de Marsan, un des chefs du parti *des dévots*, parti opposé à Choiseul, et par conséquent peu sympathique à Marie-Antoinette. Le duc avait servi avec honneur, mais s'était rendu ridicule par son excessive vanité. On peut lire dans la Correspondance de Grimm, au tome VII, son pompeux billet de mort, dont la cour et la ville firent des gorges chaudes.

2. L'abbé Maudoux (et non Modoux, comme l'écrivait Marie-Antoinette), né à Paris en 1724, successivement vicaire de Saint-Paul et de Saint-Louis en l'Ile, puis curé de Bretigny, avait été nommé confesseur du Roi à la fin de 1764, et confesseur de la Dauphine en 1770, après une conférence entre le duc de Choiseul, le prince de Stahrenberg, l'évêque d'Orléans et la comtesse de Noailles. C'était un prêtre excellent, « d'une probité et piété reconnues, » si désintéressé que, malgré son séjour et sa situation à la cour, il ne sollicita jamais une abbaye. Un de ses parents l'ayant prié d'en demander une pour lui, ne reçut que cette belle réponse : « L'Église a besoin de bons vi-« caires et de bons curés, elle n'a besoin ni de bénéficiers ni de pensionnai-« res. » Un moment confesseur de Louis XVI et de ses frères, après la mort de l'abbé Soldini, et, quoique maintenu avec ce titre à l'*Almanach royal* en 1778 et même 1779, l'abbé Maudoux dut quitter la cour, à cause de l'état

l'abbé [1] m'ayant conseillé de le prendre. Je n'ai point douté que vous en serez contente, et le Roi a été aussi content. J'ai oublié de lui [2] dire que j'ai écrit hier la première fois au Roi ; j'en ai eu grande peur, sachant que Mme du Barry les lit toutes ; mais vous pouvez être bien persuadée, ma très chère mère, que je ne ferai jamais de faute ni pour ni contre elle.

Votre Majesté permettra que je lui envoie une lettre pour Naples, dans laquelle j'avertis ma sœur [3] d'envoyer ses lettres par Vienne. J'ai l'honneur d'être, avec la plus respectueuse tendresse,

la plus tendre et soumise fille,

ANTOINETTE [4].

(Autographe signé, Archives impériales d'Autriche. *Éd.* ARNETH, *Maria Theresia und Marie Antoinette*, 2ᵉ édit., p. 9 ; ARNETH et GEFFROY, *Marie-Antoinette. Correspondance secrète entre Marie-Thérèse et le comte de Mercy-Argenteau, avec les lettres de Marie-Thérèse et de Marie-Antoinette*, I, 16.)

de sa vue, dès 1776, et se retira à Issy, chez les prêtres de Saint-François de Sales ; c'est là qu'il mourut en 1780. Ses papiers sont conservés aujourd'hui au séminaire de Saint-Sulpice, à Paris. On peut consulter sur l'abbé Maudoux une très intéressante notice de M. Ant. de Lantenay, publiée en 1881 dans la *Revue catholique de Bordeaux*.

1. L'abbé de Vermond, né en 1735, était bibliothécaire au collège Mazarin lorsque, sur la demande de Marie-Thérèse et à la recommandation de l'archevêque de Toulouse, Loménie de Brienne, il fut envoyé par Choiseul à Vienne en 1769, pour être l'instituteur de l'archiduchesse Marie-Antoinette, fiancée au Dauphin de France. Il resta ensuite près de la Dauphine et plus tard de la Reine en qualité de lecteur, et eut sur la jeune princesse une véritable influence. Marie-Thérèse et Mercy avaient grande confiance en lui, et, malgré les attaques de Mme Campan dans ses *Mémoires*, il semble bien que cette confiance était justifiée. L'abbé de Vermond émigra après la prise de la Bastille.

2. A l'Impératrice. Marie-Antoinette s'adresse souvent à sa mère sous cette forme respectueuse, alternant avec le *vous*.

3. Marie-Caroline, sœur aînée de Marie-Antoinette, née le 13 août 1752, mariée en 1768 à Ferdinand, roi de Naples, morte le 8 septembre 1814.

4. M. d'Arneth a donné, à la fin de sa première édition, un fragment de cette lettre, en fac-similé.

IV.

A l'Impératrice Marie-Thérèse.

1770, 12 juillet.

Madame ma très chère mère, je ne peux vous exprimer combien j'étais touchée des bontés que Votre Majesté m'y marque, et je lui jure que je n'ai pas encore reçu une de ses chères lettres sans avoir eu les larmes aux yeux de regret d'être séparée d'une aussi tendre et bonne mère ; et, quoique je suis très bien ici, je souhaiterais pourtant ardemment de revenir voir ma chère et très chère famille, au moins pour un instant.

Je suis au désespoir que Votre Majesté n'a pas reçu ma lettre. J'ai cru qu'elle irait par le courrier, mais Mercy a jugé à propos de l'envoyer par Forcheron [1], et c'est, à ce que je m'imagine, ce qui cause le retard. Je trouve que c'est bien triste de devoir attendre mon oncle, mon frère et ma belle-sœur [2], sans savoir quand ils viendront. Je la supplie de me marquer si c'est vrai qu'elle est allée à leur rencontre à Gratz et que l'Empereur [3] est beaucoup maigri de son voyage ; cela pourrait m'inquiéter, n'ayant pas trop de graisse pour cela.

Pour ce qu'elle m'a demandé pour mes dévotions, je

---

1. Huissier de la chambre.
2. Le prince Charles de Lorraine, frère de François Ier, le grand-duc de Toscane Léopold et sa femme. Ce voyage n'eut pas lieu.
3. Joseph II, frère aîné de Marie-Antoinette, né le 13 mars 1741, élu roi des Romains le 27 mars et couronné le 3 avril 1764, empereur à la mort de son père, le 18 août 1765, mort le 20 février 1790. Il avait épousé successivement Marie-Isabelle, fille du duc de Parme, morte le 27 novembre 1763, et Marie-Josèphe, princesse de Bavière, morte en 1767. Il n'avait d'enfant ni de l'un ni de l'autre de ces mariages.

lui dirai que je n'ai communié qu'une seule fois ; je me suis confessée avant-hier à M. l'abbé Modoux, mais, comme c'était le jour que j'ai cru partir pour Choisy, je n'ai point communié, ayant cru d'avoir trop de distraction ce jour-là. Notre voyage à Choisy a retardé d'un jour, mon mari ayant eu un rhume avec de la fièvre ; mais cela s'est passé dans un jour, car, ayant dormi douze heures et demie tout de suite, il s'est trouvé très bien portant et en état de partir. Nous sommes donc depuis hier ici, où on est depuis une heure, où l'on dîne, jusqu'à une heure du soir sans rentrer chez soi, ce qui me déplaît fort ; car après le dîner l'on joue jusqu'à six heures, que l'on va au spectacle qui dure jusqu'à neuf heures et demie, et ensuite le souper, de là encore jeu jusqu'à une heure et même la demie quelquefois ; mais le Roi, voyant que je n'en pouvais plus hier, a eu la bonté de me renvoyer à onze heures, ce qui m'a fait grand plaisir, et j'ai très bien dormi jusqu'à dix heures et demie, quoique seule : mon mari, étant encore au régime, est rentré avant souper et s'est couché tout de suite chez lui, ce qui n'arrive jamais sans cela.

Votre Majesté est bien bonne de vouloir bien s'intéresser à moi et même de vouloir savoir comme je passe ma journée. Je lui dirai donc que je me lève à dix heures ou à neuf heures et demie, et, m'ayant habillée, je dis mes prières du matin ; ensuite je déjeune, et de là je vais chez mes tantes[1], où je trouve ordinairement le Roi. Cela dure jusqu'à dix heures et demie ;

---

1. Les tantes, ou Mesdames, étaient les trois filles non mariées de Louis XV : Mme Adélaïde, née en 1732 ; Mme Victoire, née en 1733 ; Mme Sophie, née en 1734. Le Roi allait beaucoup chez ses filles, et c'était dans leur appartement que le matin il allait habituellement prendre son café. Il y avait une quatrième tante, Mme Louise, née en 1735, et entrée le 11 avril 1770 au couvent des Carmélites de Saint-Denis, où elle mourut en odeur de

ensuite à onze heures je vais me coiffer. A midi on appelle la chambre, et là tout le monde peut entrer, ce qui n'est point des communes gens. Je [mets] mon rouge et lave mes mains devant tout le monde; ensuite les hommes sortent et les dames restent, et je m'habille devant elles. A midi est la messe; si le Roi est à Versailles, je vais avec lui et mon mari et mes tantes à la messe; s'il n'y est pas, je vais seule avec M. le Dauphin, mais toujours à la même heure. Après la messe nous dînons à nous deux devant tout le monde, mais cela est fini à une heure et demie, car nous mangeons fort vite tous deux. De là je vais chez M. le Dauphin, et s'il a affaires je reviens chez moi, je lis, j'écris ou je travaille; car je fais une veste pour le Roi, qui n'avance guère, mais j'espère qu'avec la grâce de Dieu elle sera finie dans quelques années. A trois heures je vais encore chez mes tantes, où le Roi vient à cette heure-là; à quatre heures l'abbé vient chez moi; à cinq heures tous les jours le maître de clavecin ou à chanter jusqu'à six heures. A six heures et demie je vais presque toujours chez mes tantes, quand je ne vais point promener; il faut savoir que mon mari va presque toujours avec moi chez mes tantes. A sept heures on joue jusqu'à neuf heures, mais quand il fait beau je m'en vais promener, et alors il n'y a point de jeu chez moi, mais chez mes tantes. A neuf heures nous soupons, et quand le Roi n'y est point, mes tantes viennent souper chez nous; mais quand le Roi y est, nous allons après souper chez elles; nous attendons le Roi, qui vient ordinairement à dix heures trois quarts, mais moi en attendant me place sur un grand canapé et dors jus-

---

sainteté, le 23 décembre 1787. Mme Sophie était morte le 2 mars 1782; Mmes Adélaïde et Victoire émigrèrent en 1791 et moururent en exil à Trieste: Mme Victoire le 8 juin 1799, et Mme Adélaïde le 18 février 1800.

qu'à l'arrivée du Roi ; mais quand il n'y est pas nous allons nous coucher à onze heures. Voilà toute notre journée. Pour ce que nous faisons les dimanches et fêtes, je me le réserve à lui mander une autre fois.

Je vous supplie, ma très chère mère, de pardonner si ma lettre est trop longue, mais c'est mon seul plaisir de m'entretenir avec elle. Je lui demande encore pardon si la lettre est sale, mais je l'ai dû écrire deux jours de suite à la toilette, n'ayant pas d'autre temps à moi, et si je ne lui réponds pas exactement, qu'elle croie que c'est par trop d'exactitude à brûler la lettre [1]. Il faut que je finisse pour m'habiller et aller à la messe du Roi ; j'ai donc l'honneur d'être

la plus soumise fille,
ANTOINETTE.

Choisy, ce 12 juillet 1770.

Je lui envoie la liste des présents que j'ai reçus, croyant que cela pourrait l'amuser.

(Autographe signé, Archives impériales d'Autriche. *Éd.* ARNETH, *l. c.*, p. 12, avec fragment de fac-similé à la fin du volume ; ARNETH et GEFFROY, *l. c.*, I, 18.)

V.

A l'Impératrice Marie-Thérèse.

1771, 16 avril.

Madame ma très chère mère, je suis enchantée que le carême n'a pas nui à votre santé ; la mienne est toujours

---

[1]. La Dauphine était tellement convaincue que rien n'était en sûreté chez elle, qu'elle brûlait les lettres de sa mère, dans la crainte qu'on ne vînt à les découvrir, et qu'elle n'écrivait qu'à sa toilette, n'osant laisser aucun papier dans son secrétaire.

très bonne. L'Empereur m'inquiète aussi beaucoup ; malgré toute sa raison, il s'exposera sûrement à toute sorte de fatigue et de danger. J'en suis doublement affligée, non seulement par la tendresse pour lui et le vif intérêt que je prends au chagrin de Votre Majesté, mais aussi parce que je n'aurai pas le plaisir de le voir cette année.

Je serais bien fâchée si les Allemands étaient mécontents de moi ; j'avouerai que j'aurais parlé davantage à M. de Paar et au petit Starhemberg s'ils avaient meilleure réputation ici. J'ai pourtant dans les temps des bals fait venir M. de Lamberg et Starhemberg, et, d'abord que j'ai vu qu'ils dansaient, je les ai fait danser avec moi.

Il y a à cette heure beaucoup de train ici ; il y a eu samedi un lit de justice pour affirmer la cassation de l'ancien parlement et en mettre un autre [1] ; les princes du sang ont refusé d'y venir et ont protesté contre les volontés du Roi ; ils lui ont écrit une lettre très impertinente, signée d'eux tous hors du comte de la Marche, qui se conduit très bien dans cette occasion-ci. Ce qui est le plus étonnant à la conduite des princes, c'est que M. le prince de Condé [2] a fait signer son fils, qui n'a pas encore quinze

---

1. Il s'agit ici de la chute des Parlements et de leur remplacement par ce qu'on a nommé le Parlement Maupeou. Irrité de la résistance des Parlements, le Roi avait résolu de s'en défaire, à l'instigation du chancelier Maupeou. Dans la nuit du 20 au 21 janvier 1771, cent soixante-neuf présidents ou conseillers furent exilés, et le 14 avril un lit de justice, solennellement tenu à Versailles, supprima les Parlements et les remplaça par une nouvelle assemblée, composée en partie de membres du Grand Conseil. Maupeou avait profité de ce coup d'État pour simplifier certaines formalités et abréger les lenteurs de la justice. Mais la population, les princes du sang en tête, sauf le comte de la Marche, prit avec éclat parti pour les exilés. Sur cette réforme, qui, malgré sa brutalité, avait de bons côtés, on peut consulter l'étude de M. Flammermont sur le chancelier Maupeou.

2. Louis-Joseph de Bourbon, prince de Condé, né en 1736, mort en 1818. Il s'était distingué pendant la guerre de Sept ans, où il avait gagné la bataille de Johannisberg. Pendant la Révolution, il forma et commanda le corps d'émigrés désigné sous le nom d'*Armée de Condé* ; il était le

ans et qui a toujours été élevé ici. Le Roi lui a fait dire de s'en aller, de même qu'aux autres princes, à qui il a donné défense de paraître devant lui et devant nous. Les ducs, quoiqu'ils y ont été, ils ont protesté, et il y en a douze d'exilés à ce que l'on dit.

Il y aura aujourd'hui un mois que je pourrai déjà donner des nouvelles à Votre Majesté de la comtesse de Provence [1], car le mariage est le 14 de mai; on avait préparé beaucoup de fêtes pour ce mariage, mais on en retranche, manque d'argent.

Votre Majesté peut être fort rassurée sur ma conduite avec la comtesse de Provence, et je tâcherai sûrement de gagner son amitié et sa confiance, sans pourtant aller trop loin. Mais j'ai bien peur que si elle n'a pas beaucoup d'esprit et n'est pas prévenue, qu'elle sera tout à fait pour Mme du Barry. On fait tout ce qu'on peut pour la gagner, car sa dame d'atour, qui est Mme de Valentinois [2], est tout à fait de ce parti-là. Il y a aussi Mme de Caumont [3] qui va à sa rencontre (c'est celle qui a brouillé feu Mme la Dauphine avec tout le monde), et M. de Saint-Mégrin [4], fils de M. de

---

grand-père du malheureux duc d'Enghien. La Dauphine pouvait d'autant plus justement s'étonner de le voir parmi les protestataires, qu'il passait pour être en excellents termes avec le chancelier, dont l'avait rapproché une commune haine contre Choiseul.

1. Josèphe-Louise de Savoie, alors fiancée au comte de Provence, frère du Dauphin. Marie-Thérèse était alarmée de son arrivée à Versailles, craignant qu'on ne voulût l'opposer à sa fille. Les ennemis de la Dauphine s'y essayèrent en effet, mais sans succès.

2. La comtesse de Valentinois était petite-fille du duc de Saint-Simon et l'une des familières de la comtesse du Barry. Elle avait eu même, l'année précédente, un conflit avec une dame du palais de la Dauphine, la comtesse de Gramont, conflit à la suite duquel cette dernière avait été éloignée de la cour. Il avait fallu l'intervention de Marie-Antoinette pour obtenir la grâce de l'exilée au bout de quelques mois. La comtesse de Valentinois mourut en 1774.

3. Sans doute Marie-Louise de Noailles, veuve du duc de Caumont.

4. François-Paul de Quélen, marquis de Saint-Mégrin, duc de la Vauguyon à la mort de son père en 1772, après avoir servi pendant la

la Vauguyon, qui est encore plus dans l'intrigue et plus méchant que son père; il avait bien envie d'aller à Vienne au lieu de M. le baron de Breteuil [1]; j'ai bien senti par moi-même le chagrin que cela ferait à Votre Majesté, mais grâce à Dieu cette affaire est rompue.

J'ai grand regret de la comtesse de Paar [2], que je respectais et aimais de tout mon cœur. La princesse [3], je la regrette comme femme d'esprit; je partage le chagrin de Votre Majesté pour Tarouca [4], Odonel [5] et la Justel [6]; c'est une grande perte que de bons et anciens serviteurs,

---

guerre de Sept ans et être arrivé au grade de maréchal de camp, suivit la carrière diplomatique. Ambassadeur en Espagne en 1784, il en fut rappelé en 1789, pour prendre le portefeuille des affaires étrangères dans l'éphémère ministère qui succéda à Necker le 11 juillet. Quoique compromis par cette participation, il fut renvoyé en Espagne, où il rendit de vrais services; mais, en 1790, dénoncé et attaqué sans cesse à la tribune de l'Assemblée nationale, il dut donner sa démission. Toutefois, il ne rentra pas en France et resta à l'étranger un des agents des princes émigrés. Il mourut pair de France en 1828.

1. Louis-Auguste Le Tonnelier, baron de Breteuil, après avoir été ministre de France en Russie, avait été désigné en 1770 pour l'ambassade à Vienne; mais, après la chute de Choiseul, on lui préféra le prince Louis de Rohan. Il fut envoyé à Naples en 1772, et en 1775 remplaça Rohan à Vienne. Nommé à son retour ministre de la Maison du Roi, un moment premier ministre le 11 juillet 1789, il émigra après la prise de la Bastille et fut pendant toute l'émigration l'homme de confiance du Roi et surtout de la Reine. Ses longs démêlés avec Calonne, agent des princes, remplissent cette période et furent une des causes des divisions et de la faiblesse du parti royaliste.

2. La comtesse Paar, grande maîtresse de l'impératrice douairière, Élisabeth, mère de Marie-Thérèse, morte le 22 mars 1771, à l'âge de quatre-vingt-six ans.

3. La princesse Paar, née comtesse Esterhazy, femme du prince Paar, neveu de la grande maîtresse; son mari avait accompagné Marie-Antoinette lorsqu'elle était venue en France.

4. Le comte Sylvain Tarouca avait été un des plus intimes et des plus fidèles conseillers de Marie-Thérèse au début de son règne. C'est lui qui avait parié avec l'Impératrice, alors enceinte, qu'elle aurait un garçon, et qui, « condamné à payer » par la naissance de Marie-Antoinette, lui avait envoyé les vers bien connus de Métastase. Il mourut à soixante-quinze ans, le 8 mars 1771.

5. Le comte Charles O'Donnell, mort le 26 mars 1771, à cinquante-six ans.

6. Justine Lindhardt, femme de chambre de l'Impératrice.

et je conserve bien précieusement le livre qu'elle m'a envoyé, car tout ce qui viendra d'elle me sera toujours bien cher, ce dont elle doit être persuadée si elle connaît la vive et respectueuse tendresse qu'aura toute sa vie pour elle

sa très soumise fille,
ANTOINETTE.

Ce 16 d'avril 1771.

(Autographe signé, Archives impériales d'Autriche. *Éd.* ARNETH, *l. c.*, p. 26; ARNETH et GEFFROY, *l. c.*, I, 147.)

VI.

A l'Impératrice Marie-Thérèse.

1771, 21 juin.

Ce 21 juin 1771.

Madame ma chère mère, c'est avec bien du plaisir que j'ai reçu avant-hier votre chère lettre, qui m'apprend que Votre Majesté se porte bien. Pour moi je me porte à merveille. Mon cher mari a pris médecine aujourd'hui, ayant eu une indigestion il y a deux nuits. Il a beaucoup vomi, et, en montant le matin chez lui, il s'est trouvé fort mal deux fois; mais il se porte très bien à cette heure, et il m'a bien promis qu'il ne sera pas si longtemps à revenir coucher.

Nous sommes très bien encore ensemble, ma sœur, mon frère [1] et nous : j'espère que cela continuera toujours. Ma sœur est fort douce, fort complaisante et très gaie. Elle m'aime beaucoup et a beaucoup de confiance en moi. Elle n'est point du tout prévenue, comme on l'a craint, ni pour Mme du Barry, ni pour M. de la Vauguyon;

---

1. Le comte et la comtesse de Provence.

elle m'en a parlé très raisonnablement et s'est très bien conduite le jour qu'à Marly elle était assise à côté d'elle.

Je suis au désespoir que Votre Majesté puisse croire que je lui ai manqué de parole pour la chasse à cheval, n'y ayant été qu'une fois à celle du daim, et ne l'ayant pas même bien suivie [1].

Nous sommes arrivés hier de Marly; pour moi, je suis revenue à pied. Je suis bien fâchée de me retrouver à Versailles, m'étant très bien amusée à Marly. Il y avait beaucoup de monde; on y jouait avant et après souper; pendant une absence du Roi nous avons dansé une fois, ce qui était fort gai; ma sœur [2] en a paru enchantée. Nous partirons le 16 du mois prochain pour Compiègne.

Je ne vous parle point, ma chère maman, de la nomination de M. d'Aiguillon [3], ne me mêlant point d'affaires. L'on dit que c'est le coadjuteur de Strasbourg [4] qui doit aller à Vienne. Il est de très grande maison, mais la vie

---

1. Marie-Thérèse redoutait pour sa fille l'exercice du cheval, pour lequel, en revanche, la Dauphine avait un goût extrême. La jeune princesse commença par monter à âne; puis un beau jour, excitée par ses tantes, encouragée d'ailleurs par le Roi et par son mari, elle sauta sur un cheval, qu'on avait conduit secrètement à un endroit marqué de la forêt de Fontainebleau. Elle promit bien à sa mère de ne pas suivre de chasses; mais le goût était si vif et les occasions si tentantes, que Marie-Thérèse finit par se relâcher de sa sévérité, se bornant à des recommandations de prudence qui furent habituellement observées.

2. La comtesse de Provence.

3. Armand de Vignerod, duc d'Aiguillon, protégé de Mme du Barry. Gouverneur de Bretagne, il avait eu de longs démêlés avec le Parlement de Rennes et le procureur général La Chalotais; et, après sa révocation, il avait été flétri par le Parlement de Paris, comme « prévenu de faits qui entachaient son honneur ». On l'avait même accusé de s'être caché dans un moulin, lors de la descente des Anglais à Saint-Cast; mais le fait semble faux. Quoi qu'il en soit, il fut un des adversaires acharnés de Marie-Antoinette, surtout lorsque, devenue reine, elle l'eut fait renvoyer et exiler. Né en 1720, il mourut en 1788.

4. Louis-René-Édouard, prince de Rohan, le trop célèbre héros du Procès du Collier. Marie-Thérèse le redoutait instinctivement, et l'on voit avec quelle juste sévérité Marie-Antoinette le jugeait dès le début.

qu'il a toujours tenue ressemble plus à celle d'un soldat que d'un coadjuteur.

Adieu, ma chère maman, je vous embrasse de bon cœur et vous aime tendrement.

(Autographe, Archives impériales d'Autriche. *Éd.* ARNETH, *l. c.*, p. 36, avec fragment de fac-similé à la fin du volume ; ARNETH et GEFFROY, *l. c.*, I, 171.)

VII.

Au comte de Mercy.

[1771, vers le 21 juin.]

Je vous prie d'envoyer cette lettre par la poste. Je l'ai bien examinée ; il n'y a rien qu'on n'y puisse lire. Notre malade va assez bien, mais pourtant on le saignera ce soir [1]. Adieu.

(Autographe, Archives impériales d'Autriche ; fac-similé dans GEFFROY, *Gustave III et la Cour de France*, II, 333. Cf. *Amateur d'autographes*, t. V (1866, numéro du 1er mai), p. 131.)

VIII.

A l'Impératrice Marie-Thérèse.

1771, 2 septembre.

Le 2 septembre 1771.

Madame ma très chère mère, j'ai été enchantée de l'arrivée du courrier, son retard ayant commencé à m'inquiéter. M. de Mercy m'a parlé de ce dont Votre Majesté l'a chargé [2] ; je crois qu'il sera content de mes réponses et

---

[1]. Il s'agit sans doute du Dauphin, qui avait eu une indigestion, comme on le voit par la lettre précédente de la Dauphine à sa mère.
[2]. Louis XV tenait beaucoup à ce que la Dauphine montrât quelques

j'espère qu'elle est bien persuadée que mon plus grand bonheur consiste à lui plaire. Je tâcherai aussi de bien traiter le Broglie [1], quoiqu'il m'ait manqué personnellement. Je suis au désespoir que vous pouvez ajouter foi à ce que l'on vous dit que je ne parle plus à personne ; il faut que vous ayez bien peu de confiance en moi pour croire que je sois assez peu raisonnable pour m'amuser avec cinq ou six jeunes gens, et manquer d'attention pour ceux que je dois honorer.

Je suis bien éloignée des idées que Votre Majesté me croit sur les Allemands : je me ferai toujours gloire d'en être ; je leur connais bien de bonnes qualités que je souhaiterais aux gens de ce pays-ci ; et, tant que les bons sujets viendront, ils seront contents de l'accueil que je leur ferai.

Je plains mon frère Ferdinand [2] d'approcher du moment de son départ, sentant bien par ma propre expérience combien il en coûte pour vivre éloigné de sa famille. Je crois bien qu'il y aura bientôt des fruits de son

---

égards à Mme du Barry et lui adressât la parole en public. Il s'en était même ouvert à Mercy. Marie-Thérèse, redoutant pour sa fille et aussi pour l'alliance austro-française le mécontentement du Roi et du « parti dominant », insistait dans le même sens. Mais Marie-Antoinette, poussée par ses tantes et soutenue en secret par son mari, conservait toujours vis-à-vis de la favorite la même raideur. Quelques jours avant cette lettre, après avoir promis de dire un mot à Mme du Barry au cercle de la cour, elle s'était éloignée brusquement sans lui adresser la parole ; de là plaintes de la « dame », mécontentement du Roi, gronderies de Marie-Thérèse. Il y eut pendant quatre ans, sur ce délicat sujet, entre la mère et la fille, un conflit, où en somme ce n'était pas la fille qui avait tort.

1. Le comte de Broglie, qui dirigea sous Louis XV, de concert avec le Roi, la diplomatie secrète. Voir sur ce personnage le beau livre de M. le duc de Broglie, *le Secret du Roi*. Le comte de Broglie avait demandé que la comtesse de Broglie remplaçât sa sœur, la duchesse de Boufflers, dame du palais, qui songeait à se retirer. La Dauphine était peu favorable à cette demande, on verra pourquoi dans la lettre suivante.

2. L'archiduc Ferdinand, frère de Marie-Antoinette, né le 1er juin 1754, mort le 26 décembre 1806. Il allait quitter Vienne pour aller épouser Marie-Béatrix d'Este, fille du duc de Modène, et devenir gouverneur de la Lombardie.

mariage : pour moi, je vis toujours dans l'espérance, et la tendresse que M. le Dauphin me marque tous les jours de plus en plus ne me permet pas d'en douter, quoique j'aimerais mieux que tout soit fini.

Nous quatre nous vivons fort bien ensemble. La comtesse de Provence est très douce et gaie en particulier, ce qu'elle ne paraît point en public.

M. de Mercy a eu raison de dire que l'écritoire m'a fait grand plaisir : elle m'en fait tous les jours, et il me semble vous voir, ma chère maman, dans toute cette maison et appartements. Je ne vous parle pas de toutes les tracasseries de ce pays-ci ; M. de Mercy vous dira sûrement ce qui en vaut la peine ; pour moi je m'y mêlerai toujours le moins possible. Votre Majesté peut être bien sûre que je me conduirai toujours par ses conseils, et que j'espère me montrer toujours digne d'elle et de la bonne éducation qu'elle m'a donnée.

(Archives impériales d'Autriche. Éd. ARNETH, *l. c.*, p. 43 ; ARNETH et GEFFROY, *l. c.*, I, 216.)

IX.

A l'Impératrice Marie-Thérèse.

1771, 13 octobre.

Ce 13 septembre [1].

Madame ma très chère mère, c'est avec bien du plaisir et de l'impatience que j'ai vu arriver le courrier, y ayant bien longtemps que je n'ai eu de vos chères nouvelles.

---

1. Cette lettre est datée du 13 *septembre* ; mais M. Geffroy fait remarquer justement que c'est une erreur de date : la lettre répond manifestement à une lettre de Marie-Thérèse du 30 septembre. En outre, elle parle de certains événements postérieurs au 13 septembre.

Vous me permettrez de m'excuser sur tous les points que vous me mandez. Premièrement, je suis au désespoir que vous ajoutiez foi à tous les mensonges qu'on vous mande d'ici, de préférence à ce que peut vous dire Mercy et moi. Vous croyez donc que nous voulons vous tromper. J'ai bien des raisons de croire que le Roi ne désire pas de lui-même que je parle à la Barry, outre qu'il ne m'en a jamais parlé. Il me fait plus d'amitiés depuis qu'il sait que j'ai refusé, et, si vous étiez à portée de voir comme moi tout ce qui se passe ici, vous croiriez que cette femme et sa clique ne seraient pas contents d'une parole, et ce serait toujours à recommencer. Vous pouvez être assurée que je n'ai pas besoin d'être conduite par personne pour tout ce qui est de l'honnêteté. Pour les Broglie, si vous étiez mieux informée, ma chère maman, vous sauriez qu'un petit Broglie manque dans ce pays-ci comme il ne manquerait pas à Vienne. J'ai écrit avec toute l'honnêteté possible à Mme de Boufflers [1] que le Roi n'accorde pas ce qu'elle demandait; les Broglie ont jugé à propos de tourner ma lettre en ridicule et en ont donné des copies; ce n'est pas là un travers pris pour quelqu'un à ma suite.

J'étais bien fâchée de ne pouvoir faire l'affaire de Mme de Bussy; j'ai mandé dans le temps à la princesse Charlotte [2] que j'avais tout tenté et que cela était impossible, vu la naissance de M. de Bussy [3], quoique la sienne soit très bonne.

---

1. La duchesse de Boufflers, née Montmorency, était belle-fille de la maréchale de Luxembourg. Sa fille fut la charmante Amélie de Boufflers, l'épouse délaissée du trop fameux duc de Lauzun.

2. La princesse Charlotte de Lorraine, abbesse de Remiremont, tante de Marie-Antoinette.

3. Charles-Joseph Patissier, marquis de Bussy-Castelnau, un des plus brillants lieutenants de Dupleix dans l'Inde. Sa femme était Mlle de Messey, parente de Choiseul; elle demandait à être présentée à la cour.

La mort de Mme de Villars [1] m'a donné bien de la tracasserie. M. de la Vauguyon m'a persécutée jusqu'à faire écrire M. le Dauphin (qui dans le fond ne s'en soucia pas) à M. d'Aiguillon pour me faire parler en faveur de Mme de Saint-Mégrin [2]. Quoiqu'on vous dise que je n'ose pas parler au Roi, je lui ai parlé, du consentement de M. le Dauphin, et il m'a autorisée à le refuser. Je l'ai prié en même temps de vouloir bien agréer une de mes dames pour la place de dame d'atours, qu'il a refusée par l'instigation de Mme du Barry. On m'a donné la duchesse de Cossé [3], fille de M. de Nivernais [4] et belle-fille du maréchal de Brissac [5]; elle a très bonne réputation. Le Roi m'avait chargée de lui apprendre sa nomination, en me marquant qu'il ne

---

1. Dame d'atours de la Dauphine. — Amable-Gabrielle de Noailles, née en 1706, mariée à Henri-Armand, duc de Villars; elle était morte le 15 septembre.

2. Belle-fille du duc de la Vauguyon. On sait combien Marie-Antoinette avait peu de sympathie pour toute cette famille. Depuis un certain temps déjà la cabale s'agitait pour faire nommer la marquise de Saint-Mégrin dame d'atours, à la place de la duchesse de Villars. La Dauphine avait écrit au Roi pour le supplier de ne pas faire cette nomination, et le Roi avait répondu : « Je ne suis pas surpris que Mme de Saint-Mégrin ne vous convienne pas, elle est trop jeune et par trop bête. » Ce second mot avait été effacé; mais il était visible par les ratures.

3. Adélaïde-Diane-Hortense-Délie Mancini de Nevers, celle qu'on nommait *Mancinetta*, fille du duc de Nivernais, mariée le 14 avril 1760 au duc de Cossé-Brissac; femme charmante, « aimée et respectée de tous pour ses vertus et l'agrément de son esprit, » écrivait le comte de Creutz. Forcée de quitter la cour en 1775 pour sa santé et celle de son fils, elle fit à la Reine, avant de partir, de très sages observations : ce qu'elle nomma son *testament de fidélité*. Son mari, intime de Mme du Barry, mais très dévoué à Louis XVI, commanda la garde constitutionnelle en 1792, fut renvoyé devant la haute Cour d'Orléans et massacré à Versailles le 9 septembre 1792.

4. Louis-Jules-Barbon Mancini-Mazarini, duc de Nivernais, né le 16 décembre 1716, le type du grand seigneur ami des lettres et des arts, littérateur lui-même, diplomate, membre de l'Académie française, respecté de tous même pendant la Révolution, mort le 27 février 1798. On peut consulter sur le duc de Nivernais les deux très intéressants volumes de M. Lucien Percy: *Un petit-neveu de Mazarin* et *La fin du XVIIIe siècle*.

5. Jean-Paul-Timoléon de Cossé, duc de Brissac, né le 12 octobre 1698, maréchal de France en 1768, mort le 17 décembre 1780.

le disait à personne; cependant, dès la veille, M. d'Aiguillon avait été l'annoncer à Mme de Cossé, et il y avait cinquante personnes dans la confiance. Je me suis plainte au Roi du ridicule que me donnait l'indiscrétion de ses confidents; il m'a bien reçue et m'a dit qu'il en était fâché. J'ai pris Mme la duchesse de Luxembourg [1], fille de M. de Paulmy, à la place de Mme de Boufflers; elle est jeune et paraît bonne enfant; dans ce moment-ci on n'a pas trop le choix des dames, à cause des tracasseries des affaires et de la favorite.

Vous saurez sûrement, ma très chère maman, le malheur de Mme la duchesse de Chartres [2], qui vient d'accoucher d'un enfant mort; quoique cela soit terrible, je voudrais pourtant en être là, mais il n'y en a pas encore d'apparence.

On dit que l'abbé de Langeac est à Vienne avec le coadjuteur; c'est un fort mauvais sujet et est fils bâtard de la Sabatin, maîtresse de M. de la Vrillière [3]; celle du contrôleur général [4] a été chassée, atteinte et convaincue d'avoir vendu tous les emplois; je voudrais bien que toutes les autres fussent chassées de même.

---

1. Madeleine-Suzanne-Adélaïde de Voyer d'Argenson de Paulmy, duchesse de Luxembourg, née le 25 janvier 1752, mariée le 9 avril 1771 au fils du duc de Bouteville, qui fut président de la noblesse de Poitou aux États généraux.

2. Louise-Marie-Adélaïde de Bourbon, fille du duc de Penthièvre, mariée au duc de Chartres, plus tard duc d'Orléans (Philippe Égalité).

3. Louis Phélypeaux, comte de Saint-Florentin, créé duc de la Vrillière en 1770, était ministre depuis 1725. On l'appelait le *petit duc*, à cause de sa taille. Comme il avait dans son département les lettres de cachet, il fut l'un des ministres les plus décriés de Louis XV. Il avait pour maîtresse une femme Sabatin, qui, devenue veuve, se remaria avec un comte de Langeac et légitima ainsi les nombreux enfants qu'elle avait eus du duc de la Vrillière. Celui-ci fut renvoyé en 1775 et remplacé par Malesherbes. Le duc de la Vrillière était né en 1704; il avait épousé en 1724 la comtesse Anne-Amélie de Platin, dont il se sépara en 1767. Il mourut à Paris à la fin de février 1777 et fut enterré sans pompe, le 2 mars, à sa terre de Châteauneuf-en-Loire, qu'il avait fait ériger en duché-pairie sous le nom de la Vrillière.

4. L'abbé Terray.

Pour vous faire voir l'injustice des amis de la Barry, je dois vous dire que je lui ai parlé à Marly; je ne dis pas que je ne lui parlerai jamais, mais ne puis convenir de lui parler à jour et heure marquée pour qu'elle le dise d'avance et en fasse triomphe. Je vous demande pardon de ce que je vous ai mandé si vivement sur ce chapitre; si vous aviez pu voir la peine que m'a fait votre chère lettre [1], vous excuseriez bien le trouble de mes termes et vous croiriez bien que, dans ce moment comme toute ma vie, je suis pénétrée de la plus vive tendresse et la plus respectueuse soumission pour ma chère maman.

ANTOINETTE.

(Autographe signé, Archives impériales d'Autriche. *Éd.* ARNETH, *l. c.*, p. 44; ARNETH et GEFFROY, *l. c.*, I, 221.)

X.

A l'Impératrice Marie-Thérèse.

1771, 15 novembre.

Ce 15 novembre 1771.

Madame ma chère mère, je suis bien touchée de tout ce que vous voulez bien me marquer sur le jour de ma naissance. Je désire surtout de mettre à profit les bons avis que vous me donnez, ma chère maman. La lettre de mon frère m'a fait un plaisir que je ne puis dire; il me semble que je l'en aime davantage; ce sera sûrement un bon mari, qui fera le bonheur de sa femme. Je ne crois point avoir mal fait en me laissant aller au premier mouvement qui m'a fait dire le petit secret à M. le Dauphin.

---

1. Voir cette lettre dans le recueil de MM. d'Arneth et Geffroy, *Correspondance secrète*, I, 217.

Je n'avais pas le ton de reproche, il était pourtant un peu embarrassé. J'ai toujours bonne espérance ; il m'aime beaucoup et fait tout ce que je veux, et finira tout lorsqu'il aura moins d'embarras.

Je puis bien vous assurer que, quoique je vous aie montré vivement ma sensibilité, ce n'était que de la sensibilité. On me laisse assez tranquille sur cet article ; les amies et amis de cette créature n'ont pas à se plaindre que je les traite mal.

Quand je vous ai écrit, ma chère maman, que je ne prenais pas d'avis pour l'honnêteté, je voulais dire que je n'avais pas consulté mes tantes. Quelque amitié que j'aie pour elles, je n'en ferai jamais de comparaison avec ma tendre et respectable mère ; je ne crois pas m'aveugler sur leurs défauts, mais je crois qu'on vous les exagère beaucoup [1].

Quoique l'état de la Reine [2] me fasse penser souvent au mien, je n'en partage pas moins la joie de ma chère sœur.

Depuis l'été les voyages et les chasses m'ont empêchée

---

[1]. Ces mots répondent à un passage sévère de la lettre de Marie-Thérèse du 31 octobre : « Ce qui m'a fait de la peine, c'est le silence entier sur le chapitre de vos tantes.... Est-ce que mes conseils, ma tendresse méritent moins de retour que la leur ? J'avoue, cette réflexion me perce le cœur. Comparez quel rôle, quelle approbation ont-elles eus dans ce monde ? Et, cela me coûte à dire, quel est-ce que j'ai joué ? Vous devez donc me croire de préférence, quand je vous préviens ou conseille le contraire de ce qu'elles font. Je ne me compare nullement avec ces princesses respectables, que j'estime sur leur intérieur et qualités solides ; mais je dois répéter toujours qu'elles ne se sont fait ni estimer du public ni aimer dans leur particulier. A force de bonté et coutume de se laisser gouverner par quelques-uns, elles se sont rendues odieuses, désagréables et ennuyées pour elles-mêmes, et l'objet des cabales et tracasseries. Je vous vois prendre le même train et je dois me taire ? Je vous aime trop pour le pouvoir ou le vouloir. » Marie-Thérèse à Marie-Antoinette, 31 octobre 1771. — *Correspondance secrète*, I, 235.

[2]. La reine de Naples.

de faire des lectures suivies; j'ai pourtant lu presque tous les jours quelque chose.

La petite vérole de la comtesse de Provence s'est passée à merveille; elle ne sera presque point marquée. Je l'ai vue, avant qu'elle partît pour la Muette [1], avec le consentement du Roi et de M. le Dauphin.

J'oublie encore la prière que m'a fait l'abbé de le mettre aux pieds de Votre Majesté. Je ne puis vous dire, ma chère maman, combien je désire et j'espère vous donner autant de satisfaction que mon frère et ma sœur : c'est ce dont vous assure de toute son âme

ANTOINETTE.

(Autographe signé, Archives impériales d'Autriche. *Éd.* ARNETH, *l. c.*, p. 54; ARNETH et GEFFROY, *l. c.*, I, 236.)

XI.

A l'Impératrice Marie-Thérèse.

1771, 18 décembre.

Ce 18 décembre.

Madame ma très chère mère, agréez mon hommage et mes vœux pour la nouvelle année; ses enfants [ne] désirent tous que de vous donner satisfaction et je [le] désire autant qu'une autre. Si vous aviez pu voir la joie que m'a fait votre dernière lettre et combien je suis aise de voir que vous n'êtes pas mécontente de moi! Vous pouvez être persuadée que je ne serai jamais heureuse, ma chère maman, sans l'assurance de vous plaire.

Je vous envoie ma mesure et celle de M. le Dauphin. La

---

1. Château royal aux portes de Paris.

mienne a été prise sans souliers ni coiffure ; pour la sienne, [elle] l'a été avec des souliers fort plats, et on peut compter sa coiffure pour rien, étant très basse ; quoique je sois fort grandie, je ne suis point maigrie ; pour M. le Dauphin, quoiqu'il soit fort hâlé par le grand air, son teint s'éclaircit et sa santé se fortifie ; il est tous les jours plus aimable et il ne manque plus à mon bonheur que d'être dans le cas de la Reine ; je l'espère bientôt.

Quand je vous écris, ma chère maman, sur la Du Barry, c'est à cœur ouvert et vous pouvez croire que je suis trop prudente pour en parler sur le même ton avec les gens d'ici.

La comtesse de Provence est revenue puis huit jours avec nous ; elle n'est point marquée et presque pas rouge. On dit toute sorte d'horreurs de son mari contre M. de Choiseul [1] ; mais je suis convaincue du contraire, et nous continuons à vivre tous très bien ensemble.

Quoique le carnaval est fort long, il a déjà commencé ici dès le mois d'octobre, et nous dansons toutes les semaines une fois chez moi.

J'étais aujourd'hui au tiré de M. le Dauphin ; il tire à merveille et avec beaucoup de prudence ; il a tué une quarantaine de pièces ; cela prouve bien qu'il n'a pas la vue aussi basse qu'on le croirait à le voir.

Je suis bien enchantée que vous ayez toujours de bonnes nouvelles de Milan [2] ; ma nouvelle belle-sœur ne peut me

---

1. Le comte de Provence avait écrit au Roi pour demander la charge de colonel-général des Suisses qu'avait le duc de Choiseul. Il y avait là tout un réseau d'intrigues, racontées par Besenval, contre l'ancien ministre, et le jeune prince s'était fait l'instrument de cette cabale. Le Roi fit en effet demander au duc de Choiseul sa démission ; le duc l'envoya sans conditions : mais l'effet produit dans le public avait été si mauvais, que le comte de Provence n'osa plus revendiquer l'héritage ; la place fut donnée au comte d'Artois.

2. L'archiduc Ferdinand était alors gouverneur de Milan.

donner que de la jalousie sur le mariage. Quoique je sois fort contente ici, j'envie le bonheur qu'a ma sœur Marie [1] de vous voir souvent; j'ose dire que j'en serais aussi digne par la respectueuse et vive tendresse que j'ai pour ma chère maman.

Antoinette.

(Autographe signé, Archives impériales d'Autriche. *Ed.* Arneth, *l. c.*, p. 56; Arneth et Geffroy, *l. c.*, I, 248.)

XII.

A l'Impératrice Marie-Thérèse.

1772, 21 janvier.

Le 21 janvier.

Madame ma très chère mère, je ne doute point que Mercy ne vous ait mandé ma conduite du jour de l'an [2], et j'espère que vous en aurez été contente. Vous pouvez bien croire que je sacrifie toujours tous mes préjugés et répugnances, tant qu'on ne me proposera rien d'affiché et contre l'honneur [3]. Ce serait le malheur de ma vie, s'il arrivait de la brouillerie entre mes deux familles. Mon

---

1. Marie-Christine, sœur aînée de Marie-Antoinette : née le 13 mai 1742, mariée en 1766 au prince Albert de Saxe-Teschen, morte le 24 juin 1798. Marie-Christine devint, en 1781, gouvernante des Pays-Bas. Il y avait entre elle et Marie-Antoinette peu de sympathie.
2. A la réception du 1ᵉʳ janvier 1772, la Dauphine s'était décidée à dire un mot, bien insignifiant d'ailleurs, à Mᵐᵉ du Barry. Mais cet effort, pour obéir au désir du Roi et aux conseils maternels, lui avait beaucoup coûté : car après avoir raconté elle-même l'incident à Mercy, elle ajoutait aussitôt : « J'ai parlé une fois; mais je suis bien décidée à en rester là, et cette femme n'entendra plus le son de ma voix. »
3. Cette phrase fit bondir Marie-Thérèse : « Vous m'avez fait rire, riposta-t-elle le 13 février, de vous imaginer que moi ou mon ministre pourraient jamais vous donner des conseils *contre l'honneur*, pas même contre

cœur sera toujours pour la mienne, mes devoirs ici seront bien durs à remplir. Je frémis de cette idée; j'espère que cela n'arrivera jamais, et qu'au moins je n'en fournirai pas le prétexte. Je suis charmée que les nouvelles de Naples et de Florence continuent; j'ai un pressentiment que, quand les miennes commenceront, elles ne cesseront pas et donneront de la joie à ma chère maman.

Je me suis bien trompée sur ce que je vous ai mandé sur le comte de Provence; il s'est beaucoup déshonoré dans l'affaire de Mme de Brancas [1]; sa femme le suit en tout, mais ce n'est que par peur et par bêtise, étant, comme je le crois, fort malheureuse. Au reste je vis fort bien avec eux, quoique je me méfie de leur caractère, qui n'est pas aussi sincère que le mien.

Pour le comte d'Artois, quoiqu'encore en éducation, il montre des sentiments d'honnêteté qu'on ne peut pas croire qu'il les tienne de son gouverneur. Il lui a résisté lorsqu'il lui voulait faire chasser un honnête homme que M. de Choiseul avait placé auprès des Suisses comme secrétaire [2]; aussi a-t-il l'approbation de son frère aîné, qui a aussi montré dans l'affaire de Brancas qu'il avait plus d'amitié et de confiance pour sa femme que le comte de Provence.

(Archives impériales d'Autriche. Éd. ARNETH, *l. c.*, p. 57; ARNETH et GEFFROY, *l. c.*, I, 260.)

---

la moindre décence. Voyez par ces traits combien les préjugés, les mauvais conseils ont pris sur votre esprit. Votre agitation après ce peu de paroles, le propos de n'en plus y venir font trembler pour vous. » *Correspondance secrète*, I, 271-272.

1. Élisabeth-Pauline de Gand d'Isenghien, duchesse de Brancas. Dame d'honneur de la comtesse de Provence, elle avait été renvoyée pour avoir fait « une opposition trop marquée » à Mme du Barry.

2. C'était l'abbé Barthélemy, l'auteur du *Voyage du jeune Anacharsis*, ami intime des Choiseul.

XIII.

Au comte de Mercy.

[1772, 23 janvier.]

M. d'Aiguillon vient de m'apprendre que l'Impératrice a été saignée deux fois. Je vous prie de m'en dire tout de suite des nouvelles.

ANTOINETTE.

A monsieur le comte de Mercy.

(Autographe signé, Archives impériales d'Autriche. Fac-similé dans GEFFROY, *Gustave III et la cour de France*, II, 333. Cf. *Amateur d'autographes*, t. V (1866, numéro du 1ᵉʳ mai), p. 131. E. ARNETH et GEFFROY, *l. c.*, I, 274, note 1.)

XIV.

A l'Impératrice Marie-Thérèse.

1772, 13 juin.

Versailles, le 13 juin 1772.

Madame ma très chère mère, j'attends avec la plus grande impatience la nouvelle de l'accouchement de la Reine. Je blâme fort ceux qui lui ont donné des préjugés contre les accoucheurs. Je m'abandonnerais bien à me confier à qui l'on voudrait, pour être assurée d'en venir là. Le beau temps étant venu aussi dans ce pays-ci, j'espère que la récolte sera bonne, dont nous avons grand besoin.

Je suis bien affligée de la maladie de Van Swieten [1];

---

1. Gérard van Swieten, célèbre médecin, né à Leyde en 1700. Persécuté dans son pays à cause de sa foi catholique, il fut attiré à Vienne par Marie-Thérèse, dont il fut le médecin attitré jusqu'à sa mort.

quoique tout le monde ne pense pas de même, je le regarde comme un homme de beaucoup de mérite et à qui toute la famille a de l'obligation. Il a déjà échappé de cette maladie ; j'espère encore pour cette fois-ci ; ce serait une grande perte pour ma chère maman et pour toute la famille.

La bonne amitié continue toujours entre nous tous. Le comte de Provence est plus de huit jours dans son lit d'une fièvre d'humeur avec des redoublements : il a rendu beaucoup de bile, et il est beaucoup mieux.

Je ne puis vous dire, ma chère maman, combien je suis affligée de l'Infante [1] ; il est bien étonnant qu'elle n'ait pas profité de vos bonnes leçons et de tout ce que vous lui avez fait dire par Rosenberg [2]. Malgré tout cela je saisirai avec empressement toute occasion de diminuer la mauvaise impression que cela peut faire ici; sans cela je fuis les occasions d'en entendre parler. Il me semble que si j'avais eu le même malheur qu'elle, le seul désir d'épargner du chagrin à ma chère maman, cela me convertirait.

---

1. Marie-Amélie, sœur de Marie-Antoinette, née le 26 février 1746, mariée en 1769 à l'infant don Ferdinand, fils de Philippe, duc de Parme, et d'Élisabeth de France, fille de Louis XV. D'un caractère impérieux et ardent, plus âgée que son mari, elle ne put supporter la direction du ministre que les cours de France et d'Espagne avaient mis à la tête des affaires du duché. Ses démêlés avec ce ministre, du Tillot, marquis de Felino, qu'elle réussit à faire disgracier et renvoyer le 14 novembre 1771, puis avec son successeur, M. de Llano, jetèrent le trouble dans les États de Parme et motivèrent à nombreuses reprises l'intervention des cabinets de Versailles et de Madrid, auxquels s'associait Marie-Thérèse. Marie-Amélie mourut à Prague le 18 juin 1804. — Voir sur ces affaires de Parme, le livre de M. Ch. Nisard : *Un valet ministre et secrétaire d'État*.

2. Wolfgang-Franz-Xavier, comte de Rosenberg, né en 1723, avait toute la confiance de Marie-Thérèse. Lorsque son second fils alla régner en Toscane, l'Impératrice le mit près de lui pendant deux ans comme ministre dirigeant. Il remplissait encore en ce moment une mission près de la duchesse de Parme, et plus tard ce fut lui qui accompagna l'archiduc Maximilien pendant son voyage en France. Créé prince par Léopold, Rosenberg mourut en 1793. Voir la note de M. Geffroy, *Correspondance secrète*, I, 158.

Je viens de recevoir une lettre de la Böhme [1]. La Reine est bien heureuse, et moi aussi en ce moment de la savoir si bien délivrée ; quoique ce ne soit qu'une fille [2], je crois cependant qu'elle doit être contente par l'espérance que cela lui donne d'avoir des garçons.

Le comte d'Angivilliers [3], homme d'esprit, qui a été attaché à l'éducation de M. le Dauphin et qui est intendant du jardin royal, désirerait d'avoir quelques petits morceaux des mines d'Hongrie et d'Autriche. J'ai pensé que ma chère maman voudrait bien me donner le moyen d'obliger un homme de mérite ; je prends la liberté de lui envoyer la note de ce qu'il désirerait.

Vous avez bien de la bonté de penser à ma fête : je ne demande à Dieu que de me rendre digne de ma chère maman et de me conserver son amitié.

ANTOINETTE.

(Archives impériales d'Autriche. *Éd.* ARNETH, *l. c.*, p. 61 ; ARNETH et GEFFROY, *l. c.*, I, 358.)

XV.

A l'Impératrice Marie-Thérèse.

1772, 17 juillet.

Versailles, le 17 juillet 1772.

Je me représente tout ce que ma tendre mère a souffert pour Van Swieten et la Reine. Elle m'a écrit elle-même

---

1. Éléonore Pöhme, femme de chambre de la reine Caroline de Naples.
2. Cette fille, nommée Marie-Thérèse, comme sa grand-mère, épousa en 1790 son cousin, François II, empereur d'Autriche, et mourut en 1807.
3. Charles-Claude de la Billarderie, comte d'Angivilliers, directeur général des bâtiments, jardins, manufactures et académies royales. Il s'occupait tout particulièrement de minéralogie et avait formé un riche cabinet, qu'il céda en 1780 au Jardin du Roi.

une lettre charmante. Elle est ivre de joie, et ne peut la montrer à une sœur qui la sente et partage mieux.

J'ai vu Mercy, et, après avoir lu votre chère lettre, je lui ai parlé sur ce qu'elle m'annonçait. Il m'a montré la sienne, qui m'a fort touchée et donné à penser. Je ferai de mon mieux pour contribuer à la conservation de l'alliance et bonne union ; où en serais-je s'il arrivait une rupture entre mes deux familles? J'espère que le bon Dieu me préservera de ce malheur et m'inspirera ce que je dois faire ; je l'en ai prié de bon cœur [1].

Je ne veux pas attendre après Compiègne pour vous rendre compte de mes lectures. Je lis depuis quelque temps avec l'abbé les Mémoires de L'Étoile ; c'est un journal des règnes de Charles IX, Henri III et Henri IV. On y voit jour par jour tout ce qui s'est passé dans ce temps-là, les bonnes et les mauvaises actions, les lois et les coutumes. J'y retrouve les noms, les charges et quelquefois l'origine des gens qui sont à la cour. Je lis encore les lettres d'une mère à sa fille et de la fille à sa mère [2] ; quoiqu'elles soient amusantes, elles ont de bons principes et une très bonne morale.

Mon confesseur m'a donné le livre de Tobie avec une

---

1. Il s'agissait des affaires de Pologne. Au moment de consommer, avec la Russie et la Prusse, un partage qu'elle réprouvait au fond — voir dans l'Introduction de la *Correspondance de Mercy*, p. xxviii, son opinion sur la note du baron van Swieten, — Marie-Thérèse redoutait avec raison le mécontentement de la France et recommandait d'autant plus à sa fille de ne pas froisser le « parti dominant ». Les craintes de l'Impératrice d'ailleurs n'étaient pas fondées. Le gouvernement français n'avait ni la clairvoyance ni l'énergie nécessaires pour s'opposer au démembrement de la Pologne. Il n'y avait même pas à ce moment d'ambassadeur de France à Vienne.

2. Il s'agit sans doute de l'ouvrage suivant, attribué à Mme Le Prince de Beaumont, mais que, d'après Quérard (*France littéraire*, XI, 245), elle n'aurait fait que retoucher et terminer : *Lettres de Mme du Montier à la marquise de ***, sa fille, avec les réponses*. Lyon, 1756 et 1766, 2 vol. in-12.

paraphrase très pieuse ; j'en lis presque tous les jours un verset ou deux, comme il me l'a recommandé, qui sont ordinairement de deux pages.

La comtesse de Noailles [1] a eu un grand effroi. Le chevalier d'Arpajon, son fils cadet, vient d'avoir la petite vérole ; il avait été inoculé par Gatti [2] ; ce n'est pas le premier exemple des inoculés de ce médecin-là ; aussi tous ceux qui l'ont été par lui ont eu grande peur.

Un prélat près de Gunzburg [3] m'a envoyé huit médailles de celles qu'il a fait frapper en reconnaissance du blé que Votre Majesté a envoyé aux pauvres gens qui en manquaient ; ce monument m'a fait un plaisir sensible. Personne à ma place n'a jamais eu le plaisir d'entendre parler de sa mère avec une admiration aussi sincère que je l'entends souvent ici. J'ai écrit au prélat pour le remercier.

Nous n'avons pas grand monde à Compiègne. Les brouilleries des princes et des ministres en éloignent beaucoup. Tout le monde se porte bien ici ; l'on pense à

---

[1]. Anne-Charlotte-Louise d'Arpajon, comtesse de Noailles, celle que la jeune princesse, un jour de mauvaise humeur, avait surnommée *Madame l'Étiquette*, femme de principes un peu rigides peut-être, mais profondément honnête et chrétienne. Son mari, Philippe de Noailles, marquis de Mouchy, qui avait été envoyé avec elle au-devant de la Dauphine, était le second fils du maréchal Maurice de Noailles et fut lui-même maréchal de France en 1775. Lorsque sa femme renonça à ses fonctions de dame d'honneur, en cette même année 1775, il se retira dans son gouvernement de Guyenne. En 1785, il résigna tous ses emplois et rentra à son château de Mouchy. Il n'en sortit que pour défendre le Roi au 20 juin et au 10 août. Arrêté avec sa femme pendant la Terreur, il fut guillotiné avec elle le 27 juin 1794, après avoir prononcé ces belles paroles : « A seize ans je suis monté à l'assaut pour mon Roi ; à quatre-vingts je monte sur l'échafaud pour mon Dieu : je ne suis pas à plaindre. » Sur ces derniers moments du maréchal et de la maréchale de Mouchy, on peut consulter le *Journal de la duchesse de Duras*, leur fille.

[2]. Médecin florentin, grand partisan de l'inoculation, qu'il contribua à propager.

[3]. Petite ville de Bavière.

ôter le cautère au comte de Provence ; il est d'un tempérament bien faible. Dieu merci ! M. le Dauphin se porte très bien.

Ma chère maman est bien bonne de vouloir bien faire faire ma commission pour M. d'Angivilliers. Je suis sûre que je lui fais un grand plaisir.

Je n'oublierai sûrement pas ce que Mercy m'a dit ; cela est bien important, j'en suis bien inquiétée ; mais je serais trop heureuse de contribuer à l'union et de prouver à ma chère maman la déférence et la tendresse respectueuse qu'aura toute sa vie....

(Archives impériales d'Autriche. *Éd.* Arneth, *l. c.*, p. 63 ; Arneth et Geffroy, *l. c.*, I, 322.)

XVI.

A l'Impératrice Marie-Thérèse.

1772, 14 octobre.

Ce 14 octobre.

Madame ma très chère mère, agréez mes vœux et mes hommages pour la Sainte-Thérèse ; je demanderai bien demain par l'intercession de cette sainte patronne la conservation de votre précieuse santé.

J'ai bien profité du malheur de Schönborn pour M. le Dauphin. Je lui ai lu l'article devant mes tantes, qui l'ont prêché ainsi que moi. Il avait eu deux jours auparavant une bonne leçon par lui-même ; en courant à la chasse il n'a pas vu une grosse pierre glissante qui a fait tomber son cheval de manière qu'il s'est trouvé dessous l'animal. Un de ses écuyers s'est risqué à se jeter à la jambe du cheval pour empêcher ses mouvements. Il en a eu un léger coup de pied, qui lui a permis de continuer la chasse, ainsi que M. le Dauphin, qui n'a eu aucune douleur. Il m'a fait l'amitié de venir me l'apprendre lui-même, de peur que je n'eusse de l'inquiétude.

Ma sœur Marianne [1] m'a fait l'amitié de m'apprendre qu'il y a un nouveau portrait de Votre Majesté. Ce serait une grande grâce si vous m'en accordiez une copie.

Le lait continue à me très bien faire. Je dors tous les matins une heure ou deux après l'avoir pris. Les gens qui ne m'avaient vue depuis quelque temps me trouvent engraissée.

Quoique le temps soit fort rempli ici, je lis au moins un peu tous les jours. J'ai commencé à lire les *Anecdotes de la cour de Philippe-Auguste*, par Mlle de Lussan [2].

Je vous remercie bien, ma chère maman, de m'avoir en quelque sorte associée aux fêtes de Laxenbourg par le détail que vous m'envoyez. Il me semble que l'Empereur y a bien pris part et en a été fort content.

Le plan de Schönbrunn [3] et de Vienne m'a fait le plus grand plaisir. J'ai été bien payée de la petite peine que j'ai eue à reconnaître les endroits qui ont été changés, par le plaisir que j'ai eu à m'en occuper. Mon appartement de Schönbrunn est bien honoré de loger Votre Majesté. J'en suis bien contente, si cela lui épargne quelquefois de monter; rien n'est plus fatigant pour la res-

---

1. L'archiduchesse Marianne, l'aînée des dix enfants de Marie-Thérèse, née le 6 octobre 1738, se retira en 1781 au couvent des sœurs de Sainte-Ursule, à Klagenfurt, en Carinthie, et y mourut le 19 octobre 1789. On a d'elle une fort intéressante relation des derniers moments de Marie-Thérèse.

2. Marguerite de Lussan, fille naturelle du prince Thomas de Savoie, comte de Soissons, née en 1682; auteur de plusieurs romans historiques; morte le 31 mai 1748. Ces *Anecdotes* avaient paru de 1733 à 1748 en six volumes in-12.

3. Laxenbourg et Schönbrunn, palais impériaux.

piration. Les soins que ma chère maman s'est trop souvent refusés, elle devrait bien les accorder à la tendresse et à l'inquiétude de ses enfants. La mienne a grand besoin d'être rassurée ; c'est la plus grande consolation que [je] puis avoir.

ANTOINETTE.

(Autographe signé, Archives impériales d'Autriche. Éd. ARNETH, *l. c.*, p. 65, avec un fragment en fac-similé à la fin du volume ; ARNETH et GEFFROY, *l. c.*, I, 355.)

XVII.

A l'Impératrice Marie-Thérèse.

1772, 15 décembre.

Versailles, le 15 décembre 1772.

Madame ma très chère mère, les gazettes n'ont pas encore raison : je ne désespère pas que cela n'arrive bientôt. Je crois qu'il n'est pas encore assez fort ; certainement du moment que cela arrivera, je ne perdrai pas une minute pour vous le mander. Mercy secondera sûrement bien mon empressement.

Je soupçonne qu'on vous en aura dit sur mes cavalcades plus qu'il n'y en a. Je vais, ma chère maman, vous dire la vérité tout entière. Le Roi et M. le Dauphin ont plaisir de me voir à cheval. Je ne le dis que parce que tout le monde s'en est aperçu ; surtout pendant le voyage de Compiègne, ils ont été enchantés de me voir l'habit d'équipage. Quoique je dois avouer que je n'ai pas eu de peine de me conformer à leur goût, je puis néanmoins assurer que je ne me suis jamais laissé emporter à la poursuite de la chasse, et j'espère que, malgré mon étourderie, je me laisserai toujours arrêter par des gens sensés qui m'accompagnent et ne me fourreraient¹ jamais dans la bagarre. Je n'aurais pas cru qu'on eût pris pour un accident ce qui m'est arrivé à Fontainebleau; on trouve de temps en temps dans la forêt de grandes pierres de grès : dans un de ces endroits, en montant au très petit pas, mon cheval, ne voyant pas une de ces pierres, qui était couverte de sable, a glissé ; j'ai fait un mouvement qui l'a retenu et j'ai continué.

La Palffy ² n'est pas encore venue ici; j'espère qu'elle viendra lundi prochain pour voir le bal. Esterhazy ³ a dansé hier avec nous ; tout le monde a été fort content de son maintien et de sa manière de danser. J'aurais dû lui parler lorsqu'on me l'a présenté : mon silence n'était que de l'embarras, ne le connaissant pas. On me ferait grande injustice de croire que j'ai de l'indifférence pour ma patrie ; j'ai plus de raison que personne pour sentir tous les jours le prix du sang qui coule dans mes veines, et ce n'est que par prudence que, dans quelque occasion, je n'en fais pas sentir toute la valeur.

Toutes vos lettres vous manderont sûrement la nouvelle disposition des princes ⁴. M. le prince de Condé a écrit au Roi, en son nom et en celui de son fils, pour témoigner sa soumission. La lettre était fort bien, quoiqu'il n'y parlât pas du Parlement, mais on en était convenu. Le Roi lui permit de venir le lendemain, et lui et son fils nous ont fait visite à tous, ce qui s'est fort bien passé de part et d'autre. Quelques jours après, avec la permission du Roi,

---

1. On a corrigé, à tort, croyons-nous, cette leçon, en 1874, dans le recueil de MM. d'Arneth et Geffroy, en mettant : *fourrerai*.
2. Marie-Gabrielle, comtesse de Colloredo, mariée au comte Jean Palffy. Voir *Correspondance secrète*, I, 371.
3. Sans doute le comte Nicolas Esterhazy, né en 1741.
4. Il s'agit toujours des démêlés des princes avec la cour à propos des affaires du Parlement.

j'ai invité le duc, la duchesse et Mademoiselle de Bourbon au bal. Pour M. le duc d'Orléans, son fils et M. le prince de Condé, ils ne sont pas encore revenus, mais on espère que cela ne tardera pas.

Je ne néglige rien pour faire ma cour au Roi et prévenir ses souhaits autant que je puis les deviner. J'espère qu'il est content de moi; c'est mon devoir de le contenter, mon devoir et ma gloire, si je puis contribuer à conserver l'union des deux maisons.

Mercy doit être content du silence que je garde depuis longtemps sur tout ce qui fait murmurer contre la favorite. Le Roi a fait une petite chute avant-hier; nous avons eu peur un moment, mais on nous a rassurés en disant qu'il continue la chasse. Nous nous sommes trouvés à son retour; il était de très bonne humeur et n'avait pas la moindre chose.

Je préviens le jour de l'an pour ne m'exposer au retard de la poste. Mes vœux les plus ardents sont pour la conservation de votre précieuse santé, et pour mériter la continuation des bontés et la tendresse de ma très chère maman.

(Archives impériales d'Autriche. *Éd.* ARNETH, *l. c.*, p. 67; ARNETH et GEFFROY, *l. c.*, I, 381.)

XVIII.

A l'Impératrice Marie-Thérèse.

1773, 13 janvier.

Versailles, le 13 janvier 1773.

Vous me punissez bien d'un oubli; sur toute chose écartez cette vilaine ombre sur ma confiance; elle ferait le malheur de ma vie. Je vous ai bien dit la vérité sur l'approbation du Roi et de M. le Dauphin; il est vrai qu'il n'y a pas grand mérite à ma complaisance. Je n'oserais pas dire que je vais sagement à cheval, si je n'avais le témoignage de mes deux écuyers, qui ne me quittent jamais et qui sont des gens bien graves et bien raisonnables.

Le Roi a appris la grossesse de ma sœur [1] par une lettre de l'Infant [2], à qui il n'a pas répondu. Selon l'usage, l'Infant a écrit à M. le Dauphin et à mes frères, mais le Roi ne leur a pas permis de répondre. Pour moi je me tiens en silence, à l'exemple de mes deux familles. Il faut espérer que, quand l'Infante se verra plusieurs enfants, elle sentira mieux son devoir et travaillera à contenter ses parents.

J'ai aussi appris la grossesse de la Reine [3], et ce qui m'a fait le plus de plaisir, c'est qu'on me dit que sa grossesse est tout différente de l'autre, ce qui me fait espérer un garçon; quand pourrai-je en dire autant?....

On dit que le Grand-Duc et sa femme [4] iront en Espagne; je voudrais bien qu'ils eussent peur de la mer et qu'ils prissent leur chemin par ici; il serait un peu plus long, mais ils seraient bien reçus, mon frère ayant grande réputation; et avec cela je porte jalousie de ce que je suis la seule de la famille qui ne connaisse pas ma belle-sœur.

Les portraits de mes petits frères, que vous m'avez donnés dans la garniture émaillée, me font un nouveau plaisir. Je les ai fait mettre en bague et les porte tous les jours. Ceux qui les ont vus à Vienne les trouvent fort ressemblants, et tout le monde en général trouve leurs figures charmantes. Le jour de l'an est ici un jour de foule et de

1. Marie-Amélie, duchesse de Parme.
2. Don Ferdinand de Bourbon, duc de Parme, né en 1751, mort en 1802.
3. La reine de Naples.
4. Léopold, grand-duc de Toscane, et sa femme, Marie-Louise, fille de Charles III, roi d'Espagne.

cérémonie. Je ne puis m'en faire ni mérite ni blâme pour les conseils de ma chère maman : la favorite est venue chez moi, dans un moment où il y avait beaucoup de monde ; je n'aurais pu parler à tous et j'ai parlé en général. J'ai lieu de croire que la favorite et sa sœur [1], qui est son premier conseil, avaient été contentes; cependant je crois que, deux jours après, M. d'Aiguillon a voulu leur persuader qu'elles avaient été maltraitées. Quant au ministre, il ne s'est jamais plaint de moi pour lui, et à la vérité j'ai toujours eu attention de le traiter aussi bien que les autres ministres.

Vous aurez appris, ma chère maman, que le duc d'Orléans et le duc de Chartres sont revenus. J'en suis charmée pour la paix, la tranquillité et le bonheur du Roi ; mais je ne crois pas que ma chère maman, à la place du Roi, eût accepté la lettre qu'ils ont osé écrire et qu'ils font imprimer dans les gazettes étrangères.

J'ai eu grand plaisir de revoir M. de Stormond [2]. Je lui ai demandé des nouvelles de ma chère famille, et il m'a paru avoir plaisir de m'en dire. Jusqu'ici il me paraît revenu [3], et tout le monde lui trouve un fort bon ton. J'ai chargé M. de Mercy de l'engager à venir à un de mes bals de lundi. Nous avons aujourd'hui le premier chez la comtesse de Noailles; ils continueront jusqu'aux Cendres; ils commenceront une heure ou deux plus tard, afin de n'être pas si fatiguées que l'année dernière pour commencer le carême. Malgré les plaisirs du Carnaval je suis toujours fidèle à ma chère harpe, et on trouve que j'y

---

1. Mlle du Barry, belle-sœur de la comtesse.

2. Lord Stormond, ambassadeur d'Angleterre à Vienne, puis à Paris. Il occupait ce dernier poste lors de la guerre d'Amérique et quitta la France lorsque Louis XVI eut conclu un traité d'alliance avec les *insurgents*.

3. Voir la lettre de l'Impératice au comte de Mercy en date du 1er septembre 1772. *Correspondance secrète*, I, 345.

fais des progrès. Je chante aussi toutes les semaines au concert de ma sœur Madame [1]; quoiqu'il y ait fort peu de monde, on s'y amuse fort bien, et d'ailleurs cela fait grand plaisir à mes deux sœurs. Je trouve encore le temps de lire un peu; j'ai commencé l'*Histoire d'Angleterre* par M. Hume; elle me paraît fort intéressante, quoiqu'il faille se souvenir que c'est un protestant qui l'a composée.

Toutes les gazettes vont parler du cruel incendie de l'Hôtel-Dieu [2]; on a été obligé de transporter les malades dans la cathédrale et chez l'archevêque [3]. Il y a d'ordinaire cinq ou six mille malades dans l'hôpital; malgré les soins qu'on y a portés, on n'a pas pu empêcher qu'une partie du bâtiment n'ait été brûlée, et, quoiqu'il y ait quinze jours que cet accident soit arrivé, il y a encore du feu dans les souterrains. L'archevêque a donné un mandement pour ordonner des quêtes; j'y ai envoyé mille écus, je n'en ai rien dit; on m'en fait des compliments qui embarrassent, mais on prétend qu'il faut que cela soit pour donner bon exemple. Je vous envoie, ma chère maman, les Almanachs comme à l'ordinaire.

Je viens de relire votre chère lettre pour voir si je n'ai rien oublié : j'ai le cœur navré du reproche du défaut de confiance, mon cœur ne l'a jamais mérité. Je demande à ma chère maman de me rendre la sienne; me permet-elle de l'embrasser ? je serai bien de tout mon cœur....

(Archives impériales d'Autriche. *Éd.* ARNETH, *l. c.*, p. 71; ARNETH et GEFFROY, *l. c.*, I, 395.)

1. Madame Clotilde. Voy. ci-après, p. 45, note 1.
2. Ce terrible incendie, qui détruisit la plus grande partie des bâtiments de l'Hôtel-Dieu, éclata dans la nuit du 29 au 30 décembre 1772. La perte fut évaluée à deux millions; une dizaine de malades périrent dans les flammes.
3. Christophe de Beaumont, archevêque de Paris depuis 1746, bien connu par ses luttes contre le jansénisme et ses démêlés avec le Parlement.

XIX.

A l'Impératrice Marie-Thérèse.

1773, 15 février.

Versailles, le 15 février 1773.

Je vous ai écrit, il y a huit jours, par la Palffy; j'apprends qu'elle n'est partie qu'aujourd'hui. Je vous parlais d'un rhume tout à fait passé et d'une charmante fête que ma sœur Madame m'avait donnée, suivie d'un petit bal, qui a duré jusqu'à trois heures du matin. Nous avons été, M. le Dauphin, le comte, la comtesse de Provence et moi, jeudi dernier à Paris au bal de l'Opéra; on a gardé le plus grand secret. Nous étions tous masqués; cependant on nous a reconnus au bout d'une demi-heure. Le duc de Chartres et le duc de Bourbon [1], qui dansaient au Palais royal, qui est tout à côté [2], sont venus nous trouver, et nous ont fort pressés d'aller danser chez M`me` la duchesse de Chartres; mais je m'en suis excusée, n'ayant la permission du Roi que pour l'Opéra. Nous sommes venus ici à sept heures, et avons entendu la messe avant de nous coucher. Tout le monde est enchanté de la complaisance de M. le Dauphin pour cette partie, pour laquelle on lui croyait de l'aversion.

Le jardin de Schönbrunn me paraît avoir prodigieusement gagné; j'ai peine à croire que tout ce que je vois sur le plan puisse être déjà exécuté; la métamorphose

---

[1]. Louis-Henri-Joseph de Bourbon, fils du prince de Condé. Il avait épousé par amour la fille du duc d'Orléans. L'amour, on le sait, dura peu.

[2]. L'Opéra occupait depuis 1673 l'ancienne salle de la Comédie française attenante au Palais-Royal.

de la montagne surtout doit faire un changement fort agréable.

Le portrait de ma petite nièce [1] m'enchante; on l'a vu ici avec grand plaisir; on lui trouve de la ressemblance avec moi. Je l'ai fait encadrer tout de suite, et l'ai envoyé à Mme de Beauvau [2]. J'espère que la joie qu'elle en aura ne l'empêchera pas de renvoyer tout de suite mon charmant petit portrait; je l'en ai fait prier.

J'ai été pénétrée de l'amitié de ma sœur Marianne, qui malgré sa maladie m'a écrit par ce courrier; heureusement cette vilaine maladie ne paraît pas de nature à revenir. La Reine m'a mandé la petite vérole de son mari : j'aurais été bien effrayée à sa place. Je suis surprise qu'il est toujours sorti; il me paraît qu'elle raffole de sa petite fille.

Si on me voyait en particulier avec le Roi, on conviendrait que je n'y ai pas l'air gêné; en public c'est autre chose; mais aussi on blâmerait d'y être comme dans le particulier. On croit que le mariage du comte d'Artois avec la sœur de la comtesse de Provence est décidé, quoique pas déclaré [3]. Nous vivons toujours tous dans une fort bonne union. Jeudi j'assisterai à un proverbe, dans lequel joue ma petite sœur [4]; je vous l'envoie, ma chère maman, afin que vous jugiez de nos amusements. Ce proverbe a

---

1. MM. Geffroy et d'Arneth pensent que cette petite-nièce est Marie-Thérèse, fille aînée de la reine de Naples, née le 6 juin 1772.
2. Gabrielle-Charlotte de Beauvau, fille de Marc de Beauvau, prince de Craon. Ce dernier, ayant négocié le mariage de Marie-Thérèse avec François de Lorraine, toute la famille impériale s'intéressait beaucoup aux Beauvau. Mme de Beauvau était religieuse au couvent de la Visitation, rue du Bac, où Marie-Antoinette alla la visiter plusieurs fois.
3. Le comte d'Artois épousa en effet, le 16 novembre 1773, la sœur de la comtesse de Provence, Marie-Thérèse de Savoie, douce et bonne, mais peu jolie et tout à fait nulle.
4. Madame Élisabeth. La comtesse de Marsan, gouvernante des enfants de France, avait organisé de petites représentations où ses jeunes élèves jouaient des rôles.

été composé par un nommé de Dromigola[1], ami de Mme Graffigny[2]. Quand le courrier arrivera, le carême sera déjà commencé ; je le redoute pour la santé de ma chère maman. Je la supplie de penser qu'elle est nécessaire à ses enfants, et à moi plus qu'à aucun autre.

(Archives impériales d'Autriche. *Éd.* ARNETH, *l. c.*, p. 77; ARNETH et GEFFROY, *l. c.*, I, 411.)

XX.

A l'Impératrice Marie-Thérèse.

1773, 15 mars.

Versailles, le 15 mars 1773.

L'assurance que vous me donnez de votre bonne santé est un grand bien pour moi, surtout au commencement d'un carême. C'est un grand bonheur que le maigre ne vous incommode pas. J'ai entrepris le carême ; j'avoue que le maigre me dégoûte, mais il ne m'incommode pas. Je me crois obligée de continuer, et j'espère que j'en viendrai à bout. J'ai été obligée la première semaine de faire gras pendant quatre jours pour une médecine qu'on a crue bonne pour faire finir le reste de mon rhume. Je me porte à merveille.

Le mariage du comte d'Artois avec la sœur de la comtesse de Provence sera déclaré publiquement demain.

1. Il s'agit évidemment de Jean Dromgold, né à Paris en 1720, d'origine irlandaise, d'abord professeur de rhétorique au collège de Namur, puis gentilhomme du comte de Clermont ; auteur de plusieurs ouvrages poétiques.

2. Françoise d'Issembourg d'Happoncourt, connue sous le nom de Mme de Graffigny, auteur d'un roman qui fut très à la mode au XVIIIe siècle, les *Lettres d'une Péruvienne*. En sa qualité de Lorraine, elle avait été protégée par l'Impératrice ; elle était morte en 1758.

Depuis qu'on parle de ce mariage, j'ai fait bien des réflexions sur l'union qui doit être entre les deux sœurs ; avec de la prudence et le cœur de M. le Dauphin, j'espère qu'elles ne m'embarrasseront pas. Je sens bien que l'empressement de marier le comte d'Artois ne présente pas des idées trop agréables pour ma sœur et pour moi, mais il faut convenir qu'il y a bien d'autres raisons : on espère de faire le mariage de ma sœur [1] avec le prince de Piémont [2]. A cette occasion on nous a voulu tendre un piège à M. le Dauphin et à moi, il y a trois semaines. M. du Boynes [3], ministre de la marine et ami de M. d'Aiguillon, nous a fait dire en grand secret qu'il était le maître de faire épouser au comte d'Artois Mademoiselle de Condé [4] ou la princesse de Savoie, et qu'il ne ferait rien que d'après notre choix. Nous n'avons hésité ni l'un ni l'autre à répondre que nous lui étions bien obligés, que nous serions toujours contents de ce que le Roi déciderait et que nous n'avions rien à y dire.

Nous avons ce carême un fort bon prédicateur, qui

---

1. Marie-Adélaïde-Clotilde-Xavière de France, dite Madame Clotilde, l'aînée des sœurs du Dauphin. Le mariage se fit en effet deux ans plus tard, le 27 août 1775. Madame Clotilde mourut à Naples le 7 mars 1802. Elle a été déclarée vénérable par Pie VII, en 1808.

2. Charles-Emmanuel, fils aîné de Victor-Amédée III, roi de Sardaigne, devenu roi à la mort de son père en 1796; chassé de ses États de terre ferme par les armées françaises, peu après son avènement, il se retira en Sardaigne. Après la mort de sa femme, il abdiqua en faveur de son frère, le duc d'Aoste, et mourut à Rome en odeur de sainteté, le 6 octobre 1819.

3. Le comte Bourgeois de Boynes, ministre de la marine, beau-frère du baron de Breteuil. Marie-Thérèse en faisait grand cas. « Il passe à juste titre, écrivait-elle, pour la meilleure tête qu'il y ait à présent dans le ministère de Versailles. » *Corresp. secrète du comte de Mercy*, I, 268. Le comte de Boynes quitta le ministère à l'avènement de Louis XVI; il fut remplacé par Turgot.

4. La princesse Louise de Condé, fille du prince de Condé, sœur du duc de Bourbon. On connaît son gracieux et chaste roman avec M. de la Gervaisais. Après la prise de la Bastille, la princesse émigra avec son père, erra longtemps en Europe, de couvent en couvent, chassée de partout par

prêche trois fois la semaine [1]; il prêche la bonne morale de l'Évangile et dit bien des vérités à tout le monde; j'aime pourtant encore mieux le Petit carême de Massillon, parce qu'il est plus à ma portée.

Je vous rends grâce, ma très chère maman, de la musique que vous m'avez envoyée; elle ne m'a pas paru difficile et je l'ai jouée tout de suite d'une main, en attendant que je l'apprenne de l'autre.

On a cru à Paris que nous retournerions au bal de l'Opéra; depuis ce temps il y a eu foule, et les gens de l'Opéra ont gagné beaucoup. J'espère que l'année prochaine nous n'attraperons pas le public, et que nous y irons plus d'une fois. La cascade de Schönbrunn doit faire un joli effet; je voudrais bien que ma chère maman fît continuer ce qui est sur le plan de la montagne; ce serait une distraction aux affaires, et sûrement votre santé y gagnerait; elle est plus que jamais nécessaire, pour moi surtout. L'amusement ne m'empêche pas de penser à tout ce qui peut m'arriver. J'ai grand besoin d'être soutenue par les avis et le désir de donner satisfaction en tout à ma chère maman, que j'aime et embrasse de toute mon âme.

(Archives impériales d'Autriche. *Éd.* ARNETH, *l. c.*, p. 80; ARNETH et GEFFROY, *l. c.*, I, 427.)

---

les armées de la Révolution, et ne rentra en France qu'après la Restauration. Elle fonda à Paris le monastère des Bénédictines du Saint-Sacrement et mourut le 10 mars 1824.

1. L'abbé de Beauvais, qui fut cette année même nommé évêque de Senez. Comme l'écrivait Marie-Antoinette, il disait bien des vérités à tout le monde. C'est à lui que se rapporte cette anecdote si connue: « Eh bien, maréchal, » disait Louis XV au vieux Richelieu, en sortant d'un sermon de l'abbé de Beauvais, « il me semble que le prédicateur a jeté des pierres dans votre jardin. — Oui, sire, répondit le maréchal, et si fort, que quelques-unes ont rejailli dans le parc de Versailles. »

XXI.

A l'Impératrice Marie-Thérèse.

1773, 18 avril.

Versailles, le 18 avril 1773.

Il était bien temps pour moi que le courrier arrivât; j'en étais mortellement inquiète depuis quatre jours. J'étais bien dédommagée en voyant que ma chère maman est contente de moi; ce n'est pas tout à fait ma faute pour ce qui regarde le Roi : je cherche bien lui plaire et j'ai le bonheur de réussir quelquefois; mais il ne m'est pas toujours possible de deviner sa pensée, parce que, pour dire la vérité, les gens qui l'environnent le font changer bien souvent. Cependant, si je ne me trompe pas, il me semble que le Roi est assez content de moi.

Il y a un mois que je n'avais eu des lettres de la Brandis [1]; j'en étais fort inquiète, non seulement parce que je craignais qu'elle fût malade, mais parce qu'il m'était fort doux d'avoir toutes les semaines des nouvelles de ma chère famille et des événements publics de Vienne. Comme les lettres de la poste me sont remises par ma dame d'honneur [2], on s'est aperçu que je n'en recevais plus et cela faisait un mauvais effet. Je vous serai bien obligée, ma chère maman, de l'engager à m'écrire plus exactement.

---

1. La comtesse de Brandis avait été la première gouvernante de Marie-Antoinette (voy. ci-dessus lettre I). Aimant beaucoup son élève et très aimée d'elle, elle la gâtait un peu, et, lorsque la jeune archiduchesse eut douze ans, la comtesse de Brandis fut remplacée par la comtesse de Lerchenfeld, plus énergique et plus ferme. Elle entretint plus tard avec son élève, devenue Dauphine, une correspondance que celle-ci aimait beaucoup, mais qui plaisait moins à sa mère et que l'Impératrice fit cesser.
2. La comtesse de Noailles.

Le maigre m'a dégoûté le carême, mais je me suis accoutumée à en manger; il n'a point fait de mal à ma santé, je suis même engraissée; je ne désire pas l'être davantage. Le jour du mariage du comte d'Artois est fixé au 16 novembre; une partie de sa maison est nommée d'avant-hier; elle sera tout aussi nombreuse et aussi bien composée que celle du comte de Provence. Il faudrait pourtant des gens raisonnables et d'esprit auprès de mon frère; quoique fort aimable, il a une tête bien vive.

C'est un grand bonheur que le carême n'ait point fait de mal à ma chère maman, j'en étais bien inquiétée. Au beau temps que nous avons ici, j'espère que vous irez bientôt à Schönbrunn. J'espère que, quoique mon frère n'aime pas cette habitation, il sera le premier à vous presser de l'embellir. Je ne crois pas être peureuse, je n'aimerais pourtant pas à essayer ce cabinet volant [1]; cela me paraît fort joli, mais pas trop assuré.

Je suis bien obligée à ma chère maman de la liste du voyage de l'Empereur [2]; s'il menait autant de suite que dans ce pays-ci, il lui serait impossible de faire tant de chemin en si peu de temps. Ce n'est pas à moi à juger si sa présence est nécessaire à tous les camps, mais je trouve qu'il voyage trop dans une année. Dieu veuille que sa santé n'en souffre pas.

Il est bien à désirer que la diète [3] apporte de la tranquillité; j'espère que les Turcs et les Russes se lasseront de faire la guerre.

Je suis enchantée que la Reine se porte mieux; j'espère

---

1. Ce cabinet volant était ce qu'on nomme aujourdhui un ascenseur. Il avait été installé dans un belvédère élevé à Schönbrunn et nommé la *Gloriette*. On avait de là une vue splendide sur la ville de Vienne.
2. Joseph II partait pour visiter la Transylvanie et la Hongrie.
3. La diète de Pologne dait s'ouvrir le 19 avril.

qu'elle aura le bon esprit de nous donner un garçon. Si j'avais le bonheur de suivre son exemple, j'espérerais que ma chère maman m'aiderait de ses bons avis pour l'élever et aurait la consolation de le voir marié ; peut-être pour venir plus tard s'en porteront-ils mieux. Mon frère Ferdinand doit être bien content si les espérances continuent pour la grossesse de sa femme. Je n'entends pas non plus parler de l'Infante ; il faut qu'elle sente bien peu le bonheur de contenter ses parents pour ne pas changer de conduite. Je ne comprends pas comment elle peut vivre sans avoir des nouvelles de la meilleure des mères. Dieu me préserve, ma chère maman, d'un malheur semblable ; je ne connaîtrais pas de pénitence assez rude pour fléchir votre bonté et obtenir mon pardon. L'abbé se met à vos pieds.

(Archives impériales d'Autriche. Éd. ARNETH, l. c., p. 82; ARNETH et GEFFROY, l. c., I, 438.)

XXII.

A l'Impératrice Marie-Thérèse.

1773, 17 mai.

Versailles, le 17 mai 1773.

Nous avons été dans les malades, mais Dieu merci tout va bien. M. le Dauphin a eu un mal de gorge et une petite fièvre qui n'a duré que trois ou quatre jours ; il n'en a plus et est purgé aujourd'hui. Ma tante Victoire a eu la rougeole, qui s'est fort bien passée ; elle n'a plus que du régime à observer et être séparée de nous pour quinze jours, dont je suis bien fâchée.

Je désire et j'espère que la bonne intelligence se soutiendra ; il y a un bonheur dans ce pays : c'est que, si les mauvais bruits se répandent promptement, ils s'en vont de même ; mais je crois que M. d'Aiguillon est un peu honteux de n'avoir pas mieux pris ses mesures pour l'escadre de Toulon. Le roi de Prusse est de sa personne un vilain voisin ; mais les Anglais le seront toujours pour la France, et de tout temps la mer ne les a pas empêchés de lui faire bien du mal.

Mes frères vont la semaine prochaine à Paris pour le service du roi de Sardaigne [1]. J'espère que M. le Dauphin et moi nous y ferons notre entrée le mois prochain, ce qui me fera grand plaisir. Je n'ose pas encore en parler, quoique j'aie la parole du Roi ; ce ne serait pas la première fois qu'on l'aurait fait changer. Le départ de l'Empereur me fait peur, surtout pour si longtemps.

La revue [2], qui devait être lundi, a été remise au jeudi ; j'étais bien fâchée que M. le Dauphin n'ait pas pu y aller. Elle était fort belle ; il y avait prodigieusement de monde, se faisant aux portes de Paris. Le Roi en a été fort content.

Je promets bien, si j'ai le bonheur d'avoir des enfants, d'avoir plus d'attention à leur santé, et de ne pas m'en rapporter à mon avis. Il faut espérer que si ma chère maman a la bonté de récrire à l'Infante, elle rentrera en elle-même et reconnaîtra tous ses torts.

Vous êtes à Schönbrunn, ma chère maman ; que ne puis-je m'y transporter ! Je suivrais vos pas aux promenades du soir, je serais plus en état de profiter de vos bons avis et de témoigner combien mon âme est

---

1. Charles-Emmanuel III, grand-père des comtesses de Provence et d'Artois, mort le 20 février.
2. La revue des gardes-françaises et des Suisses, passée le 13 mai par le Roi dans la plaine des Sablons.

remplie de respect et de tendresse pour la meilleure des mères.

(Archives impériales d'Autriche. *Éd.* ARNETH, *l. c.*, p. 87; ARNETH et GEFFROY, *l. c.*, I, 449.)

XXIII.

A l'Impératrice Marie-Thérèse.

1773, 14 juin.

Versailles, le 14 juin 1773.

Madame ma très chère mère, je suis toute honteuse de vos bontés. Avant-hier Mercy m'a remis votre précieuse lettre, et hier j'ai reçu la seconde; c'est passer bien heureusement sa fête. J'en ai eu mardi dernier une que je n'oublierai de ma vie : nous avons fait notre entrée à Paris [1]. Pour les honneurs, nous avons reçu tous ceux qu'on a pu imaginer; mais tout cela, quoique fort bien, n'est pas [ce] qui m'a touché le plus, mais c'est la tendresse et l'empressement de ce pauvre peuple qui, malgré les impôts dont il est accablé, était transporté de joie de nous voir. Lorsque nous avons été nous promener aux Tuileries, il y avait une si grande foule que nous avons été trois quarts

---

[1]. Après avoir été longtemps retardée par la jalousie de la « cabale », l'entrée du Dauphin et de la Dauphine à Paris eut lieu enfin le 8 juin 1773. La cérémonie fut splendide et l'enthousiasme extraordinaire. A la porte de la Conférence, les deux jeunes princes furent reçus par le vieux maréchal de Brissac, gouverneur de Paris, M. de Sartines, lieutenant de police, le corps de ville et le prévôt des marchands. Après avoir visité successivement Notre-Dame, Sainte-Geneviève et les principaux monuments, ils rentrèrent aux Tuileries, où eut lieu le dîner. Le jardin regorgeait de peuple. Quand la Dauphine parut au balcon, elle ne put s'empêcher de s'écrier, comme effrayée de ces vagues humaines : « Mon Dieu! que de monde! — Madame, reprit galamment le maréchal de Brissac, n'en déplaise à Monsieur le Dauphin, ce sont deux cent mille amoureux de votre personne. »

d'heure sans pouvoir ni avancer ni reculer. M. le Dauphin et moi avons recommandé plusieurs fois aux gardes de ne frapper personne, ce qui a fait un très bon effet. Il y a eu si bon ordre dans cette journée que, malgré le monde énorme qui nous a suivis partout, il n'y a eu personne blessé. Au retour de la promenade, nous sommes montés sur une terrasse découverte et y sommes restés une demi-heure. Je ne puis vous dire, ma chère maman, les transports de joie, d'affection qu'on nous a témoignés dans ce moment. Avant de nous retirer nous avons salué avec la main le peuple, ce qui a fait grand plaisir. Qu'on est heureux dans notre état de gagner l'amitié de tout un peuple à si bon marché! Il n'y a pourtant rien de si précieux : je l'ai bien senti et ne l'oublierai jamais.

Un autre point qui a fait grand plaisir dans cette belle journée, c'est la conduite de M. le Dauphin. Il a répondu à merveille à toutes les harangues, a remarqué tout ce qu'on faisait pour lui, et surtout l'empressement et la joie du peuple, à qui il a montré beaucoup de bonté. Entre tous les vers qu'on m'a donnés à cette occasion, j'ai trouvé ceux-ci les plus jolis; j'ose vous les envoyer [1]. Nous allons demain à l'Opéra à Paris; on le désire fort, et je crois même que nous irons deux autres jours aux comédies française et italienne. Je sens tous les jours de plus en plus ce que ma chère maman a fait pour mon établissement. J'étais la dernière de toutes, et elle m'a traitée en aînée; aussi mon âme est-elle remplie de la plus tendre reconnaissance.

Le Roi a eu la bonté de faire délivrer trois cent vingt prisonniers pour dettes dues aux nourrices qui ont allaité leurs enfants : cette délivrance a été faite deux jours après

---

1. Ces vers n'ont point été retrouvés aux Archives de Vienne.

notre entrée. J'avais le désir de faire mes dévotions le jour de ma fête; mais, la veille au soir, ma sœur Madame m'a donné un proverbe avec des chansons pour moi, avec un feu d'artifice; cette distraction m'a obligée de remettre mes dévotions au lendemain.

J'ai grande joie de la bonne espérance qu'a Votre Majesté pour le maintien de la paix; pendant que les intrigants de ce pays-ci se mangent les uns les autres, ils ne tracasseront pas leurs voisins ni leurs alliés. Je commence à être plus tranquille sur le voyage de l'Empereur, puisqu'il est sorti bien portant du Banat [1]. J'ai eu le plaisir de voir le général Stein [2]; j'en aurai encore davantage à voir Nenny [3], parce qu'il est plus en état de me dire des nouvelles de ma chère maman. Je désirerais bien que Mme de Schwarzenberg [4] me prêtât un peu de sa fécondité. Dieu merci, M. le Dauphin se porte bien, et j'ai toujours bonne espérance. Les vomissements de la Reine me font peine, j'espère qu'en avançant dans sa grossesse ils cesseront; je désire fort qu'elle me donne un neveu. La rougeole de ma tante n'a été contagieuse pour personne; elle s'est bien passée pour elle, et à présent elle se porte à merveille. Elle et moi nous n'allons pas aux processions de la Fête-Dieu, parce que nous prenons du lait d'ânesse, de peur de nous échauffer.

Ma chère maman me loue trop sur ma tendresse et mon attachement pour elle; jamais je ne pourrai lui rendre la

---

1. Le banat de Temeswar.
2. Le baron de Stein, major général et chevalier de l'ordre de Marie-Thérèse.
3. Cornélius, baron de Neny, conseiller d'État et premier secrétaire intime du cabinet de l'Impératrice, qui avait en lui une extrême confiance. Le baron de Neny vint en effet en France au mois de septembre 1773. Il mourut en 1776.
4. La princesse Marie-Éléonore de Schwartzenberg, née comtesse Œttingen, née en 1747, morte en 1797, laissant treize enfants.

moitié de ce que je lui dois. Je l'embrasse de tout mon cœur.

(Archives impériales d'Autriche. *Éd.* Arneth, *l. c.*, p. 89; Arneth et Geffroy, *l. c.*, I, 458.)

XXIV.

A l'Impératrice Marie-Thérèse.

1773, 17 juillet.

Ce 17 juillet.

Madame ma très chère mère, votre satisfaction est tout ce qui pouvait ajouter à la joie et au sentiment que j'aurai toute ma vie pour l'accueil que j'ai reçu à Paris. J'avouerai à ma chère maman qu'en partant pour Compiègne j'ai eu quelque regret de m'éloigner de cette bonne ville ; il est bien vrai que j'y ai été attendrie jusqu'aux larmes, surtout à la Comédie italienne, lorsque, le parterre ne faisant qu'une voix avec les acteurs, tout s'est écrié : *Vive le Roi*[1]*!* Clerval, un des acteurs, ajoute : *et ses chers enfants!* A quoi il a été fort applaudi. Je ne peux comparer cette grande journée qu'à celle où ma chère maman est venue au spectacle après la naissance de mon neveu de Florence[2]. Quoique je fusse fort enfant, j'ai bien senti comme tous les cœurs étaient émus par la présence de ma tendre mère. M. le Dauphin a été à merveille toutes les fois qu'il a été à Paris, et si je l'ose dire il a gagné dans l'esprit du peuple par l'air de bonne amitié qui était en-

---

1. On jouait *le Déserteur* de Sedaine et Monsigny. Le refrain d'un couplet amenait le cri de *Vive le Roi!*

2. Celui qui fut ensuite l'empereur François II. En apprenant cette nouvelle, Marie-Thérèse s'était rendue au théâtre, et de sa loge avait crié au parterre : « Léopold a un garçon ! »

tre nous; c'est peut-être ce qui a fait dire qu'il m'a embrassée publiquement, quoique cela ne soit pas vrai; mais ma chère maman est bien trompée en croyant qu'il ne l'a pas fait depuis mon arrivée; au contraire depuis longtemps tout le monde remarque son empressement auprès de moi.

Je suis fâchée de l'état de la Weinrottre [1]; sa résignation est la plus grande grâce que Dieu puisse lui accorder; je suis aussi bien fâchée de la de Peste [2].

Nous avons appris ici les couches de l'Infante [3]; l'Infant, qui ne m'avait pas écrit depuis son mariage, m'a écrit cette fois-ci. Il est vrai qu'il a oublié que j'étais sa belle-sœur: il m'appelle sa cousine; c'est encore assez de parenté pour la conduite qu'il tient. Je souhaite qu'il en change; le Roi n'a pas voulu que je lui réponde. Un des premiers officiers des mousquetaires revient de Naples, et ne cesse de chanter les louanges de la Reine. Vous ne sauriez croire, ma chère maman, quel plaisir cela me fait; j'espère que vous vous êtes trompée dans le temps de ses couches, vu la grosseur dont elle est; je désire fort que mes deux belles-sœurs accouchent heureusement.

Il me tarde fort que l'Empereur revient; j'aimerais mieux qu'il ne vît pas le roi de Prusse. L'abbé se met à vos pieds; il a été également transporté et pour moi et pour ses compatriotes. Vous avez bien de la bonté, ma chère maman, de m'envoyer la liste de Laxenbourg; n'espérant plus de revoir ma patrie, c'est une grande consolation pour moi de savoir ce qui s'y passe.

---

1. Marie-Anne de Weyrothen, femme de chambre de Marie-Antoinette avant son mariage.
2. Élisabeth de Pest, également attachée au service de Marie-Antoinette à Vienne.
3. Le prince qui naquit alors, le 5 juin 1773, fut fait roi d'Étrurie par Napoléon en 1801, sous le nom de Louis Ier. Il mourut en 1803.

On a voulu depuis quelque temps nous faire des tracasseries; grâce à Dieu, le plus fort est passé et nous n'avons plus de crainte [1]. Le parti de M. le Dauphin et le mien sont assez bien pris pour ne jamais manquer au Roi et à nous. J'espère sur toute chose que ma chère maman sera toujours contente de moi, et me conservera toujours ses bontés et son amitié, qui me sont plus précieuses que tout.

ANTOINETTE.

(Autographe signé, Archives impériales d'Autriche. *Éd.* ARNETH, *l. c.*, p. 92; ARNETH et GEFFROY, *l. c.*, II, 8.)

XXV.

A l'Impératrice Marie-Thérèse.

1773, 13 août.

Ce 13 août.

Madame ma très chère mère, la présentation de la jeune Mme du Barry [2] s'est très bien passée; un moment avant qu'elle vînt chez moi, on m'a dit que le Roi n'avait dit mot ni à la tante ni à la nièce; j'en ai fait autant. Mais au reste je puis bien assurer à ma chère maman que je les ai reçues très poliment : tout le monde qui était chez moi est convenu que je n'avais ni embarras ni empressement à les voir sortir; le Roi sûrement n'a pas été mécontent, car il a été de très bonne humeur toute la soirée avec nous. Le voyage finira beaucoup mieux qu'il paraissait

---

1. Marie-Antoinette avait raison; sa position à la cour s'était extrêmement affermie, et Mme du Barry, éclairée par certaines réflexions sur le présent et sur *l'avenir*, que lui avait faites Mercy, cherchait plutôt à se rapprocher d'elle.

2. Mlle de Tournon, vicomtesse du Barry, nièce de la favorite.

d'abord ; nous n'entendons plus parler de mouvement ni d'intrigue ; entre nous il y a une parfaite union.

Nous avons eu trois petites fêtes chez la marquise de Durfort [1] ; nous en avons encore une la semaine prochaine. Je désire fort qu'il fasse moins chaud, surtout s'agissant de danse, car il fait aujourd'hui une chaleur excessive.

Je suis ravie que l'Empereur n'ait pas son entrevue [2] ; mais je ne serai entièrement rassurée que lorsqu'il sera revenu de ses courses ; je lui écris un mot par ce courrier.

Mercy m'a déjà parlé du prince Louis [3] ; sa mauvaise conduite me fait peine de toute manière. C'est un point encore plus fâcheux dans ce pays-ci, qu'il déshonore, que pour Vienne qu'il scandalise ; quand Mercy croira qu'il est temps, je ferai ce qu'il me dira, mais j'imagine qu'il voudra des ménagements, tant à cause de Mme de Marsan [4] que du crédit de M. de Soubise [5].

J'attends Nenny avec impatience. On me peint actuellement. Il est bien vrai que les peintres n'ont pas encore attrapé ma ressemblance ; je donnerais de bon cœur tout

---

1. La marquise de Durfort, femme du marquis de Durfort, qui, étant ambassadeur de France à Vienne, avait négocié le mariage du Dauphin avec Marie-Antoinette. La marquise de Durfort était dame d'atour de Mme Victoire. Marie-Thérèse avait vivement désiré qu'en reconnaissance des services rendus aux deux familles impériale et royale, le marquis de Durfort fût créé duc. L'affaire traîna en longueur ; mais enfin, à la suite d'une très amusante manœuvre, racontée par Mercy, Louis XV promit qu'à l'extinction prochaine de la branche de Lorge, le marquis de Durfort serait fait duc et pair, et Louis XVI, peu après son avènement en 1774, le fit duc de Civrac.

2. Avec le roi de Prusse.

3. Le prince Louis de Rohan, ambassadeur de France à Vienne.

4. La comtesse de Marsan, née Marie-Louise de Rohan, née en 1720, sœur du prince de Soubise, gouvernante des Enfants de France. La comtesse de Marsan était à la cour l'un des chefs du parti des dévots. Elle fut toute sa vie l'un des ennemis les plus acharnés de Marie-Antoinette. Elle mourut en émigration.

5. Charles de Rohan, prince de Soubise, maréchal de France, très connu par la défaite de Rosbach.

mon bien à celui qui pourrait exprimer dans mon portrait la joie que j'aurais à revoir ma chère maman; il est bien dur de ne pouvoir l'embrasser que par lettre.

ANTOINETTE.

Mon mari est bien touché de vos bontés; j'espère qu'il les méritera davantage.

(Autographe signé, Archives impériales d'Autriche. *Éd.* ARNETH, *l. c.*, p. 94, avec un fragment en fac-similé à la fin du volume; ARNETH et GEFFROY, *l. c.*, II, 17.)

XXVI.

A l'Impératrice Marie-Thérèse.

1773, 14 septembre.

Ce 14 septembre.

Madame ma très chère mère, je suis tout à fait ravie que vous vous soyez déterminée à aller à Esterhazy [1]; il serait bien à désirer que vous preniez plus souvent de ces petites distractions.

J'ai suivi le conseil de Mercy, j'ai parlé à Mme de Marsan pour le coadjuteur; elle est bien affligée de la conduite de son parent; elle a eu depuis une explication avec Mercy, qui vous mandera ce dont ils sont convenus; du reste Mme de Marsan paraît contente de la manière dont je lui ai parlé, quoique je ne sois entrée en aucun détail.

Quoique cela soit bien raisonnable à la Reine, je regarde comme un vrai bonheur l'enchantement dont elle est de sa petite Louise.

1. Le magnifique château d'Esterhazy appartenait au prince Nicolas-Joseph Esterhazy.

Il est vrai que le courrier m'a vue à cheval ; mais ce n'était point à la chasse, où je n'ai été qu'une fois à cheval ; encore était-ce à une chasse à vue, qui fait faire moins de chemin que les autres....

Pour la jeune du Barry, je suis bien fâchée que ma chère maman ne soit pas contente de moi ; si elle pouvait voir tout ce qui se passe ici, elle jugerait que la bonne mine du Roi était sincère, et qu'il ne désire jamais qu'on ait des attentions pour eux que dans le moment où toute cette cabale le tourmente. Pour ma sœur de Provence, je n'ai jamais blâmé sa conduite ; mais ma chère maman me permettra de lui dire avec confiance quelque petite différence d'elle à moi : 1° le caractère italien lui donne des ressources que je n'ai pas ; 2° lorsqu'elle est arrivée ici, le comte de Provence était mêlé dans les intrigues et désirait la tournure que sa femme a prise ; pour moi au contraire je suis bien sûre que M. le Dauphin l'aurait trouvé mauvais. Pour ma tante, sa conduite ne peut pas me régler ; mais il n'est pas vrai qu'elle ait changé, et il n'y a que les intrigues de Mme de Narbonne [1] qui ont donné lieu aux mauvais propos.

En revenant de Compiègne j'avais grand désir de retourner à Paris ; j'avais bien raison, car nous avons été parfaitement bien reçus ; je compte y retourner pour voir les tableaux ; j'ai prêté celui de ma chère maman, qu'on voit avec beaucoup d'empressement [2].

---

1. La comtesse de Narbonne, après avoir été dame d'honneur de la fille aînée de Louis XV, Élisabeth, duchesse de Parme, l'était de Mme Adélaïde, sur laquelle elle avait une grande influence. Intrigante et habile, elle était peu sympathique à Marie-Antoinette. Elle suivit sa maîtresse en exil et mourut en 1821. Son fils, le comte de Narbonne, filleul de Mme Adélaïde, fut ministre de la guerre sous Louis XVI, et plus tard aide de camp de Napoléon, sur lequel il a laissé de curieux *Mémoires*.

2. La manufacture des Gobelins avait exécuté pour Marie-Antoinette les portraits en buste de l'Impératrice et de l'Empereur. Ces portraits avaient

La réconciliation de Parme est entièrement faite [1]; c'est un grand bonheur si elle peut être durable. Je sais bien fâchée que ma sœur ne le sente pas assez pour vous en avoir écrit tout de suite; cela ne peut venir que de la honte et de l'embarras de ses torts. Nenny n'est pas encore arrivé; il me tarde bien de le voir; ce sera sûrement le plus que je pourrai. Comme c'est un bon serviteur de ma chère maman, il partagera bien la joie que j'ai en parlant de la plus tendre et respectable mère.

Antoinette.

(Autographe signé, Archives impériales d'Autriche. *Éd.* Arneth, *l. c*, p. 98; Arneth et Geffroy, *l. c.*, II, 36.)

XXVII.

Au comte de Mercy.

[1773, vers le 17 septembre.]

Je ne sors point demain. Voyez si vous pouvez faire venir Nenny dans l'après-dîner.

(Autographe, Archives impériales d'Autriche. Communiqué par M. d'Arneth à M. J. Charavay, et publié dans l'*Amateur d'autographes* du 1er mai 1866, t. V, p. 131.)

été portés par la princesse à l'exposition de tableaux qui se faisait au Louvre.

1. Après une résistance de plus d'une année, les Infants de Parme avaient fini par céder et par rappeler M. de Llano. La pension de 750,000 francs que chacune des cours de Versailles et de Madrid leur faisait, et qui avait été supprimée, avait été rétablie, et les relations diplomatiques avaient été reprises.

XXVIII.

A l'Impératrice Marie-Thérèse.

1773, 21 septembre.

Ce 21 septembre.

Madame ma très chère mère, il m'est impossible d'exprimer tout ce que je sens de vos bontés ; j'avais, au moment où Nenny est arrivé, l'audience de l'ambassadrice de Sardaigne et tout le corps diplomatique. Quelle joie et quelle gloire pour moi de montrer une aussi charmante marque de la tendresse maternelle [1] ! Autre grande joie pour moi, c'est que M. le Dauphin a bien montré à Nenny son respect pour ma tendre mère. Nenny vous dira ce qu'il a vu ici et à Paris ; je ne veux pas retarder son courrier ; jamais respect et tendresse n'ont rempli l'âme comme à moi.

ANTOINETTE.

L'abbé est transporté d'admiration et de reconnaissance ; je suis bien touchée de ce que vous faites pour un homme qui m'est attaché [2].

(Autographe signé, Archives impériales d'Autriche. *Éd.* ARNETH, *l. c.,* p. 100 ; ARNETH et GEFFROY, *l. c.*, II, 49.)

[1]. L'impératrice avait envoyé à sa fille, par le baron de Neny, un collier en diamants.
[2]. M. d'Arneth a donné, dans sa première édition, un fac-similé complet de cette lettre.

XXIX.

Au comte de Mercy.

1774, 3 avril.

Mme la Dauphine a appris que M. de Lascy [1] est à Paris. S'il doit venir à Versailles mardi, elle prie M. de Mercy de l'amener de bonne heure, pour qu'elle puisse le voir avant le lever du Roi.

Ce 3 du mois.

(Autographe, Archives impériales d'Autriche. *Éd.* ARNETH, *l. c.*, p. 105, avec fac-similé à la fin du volume.)

XXX.

A l'Impératrice Marie-Thérèse.

1774, 14 mai.

Choisy, le 14 mai 1774.

Madame ma très chère mère, Mercy vous aura mandé les circonstances de notre malheur; heureusement cette cruelle maladie a laissé au Roi la tête présente jusqu'au dernier moment, et sa fin a été fort édifiante [2]. Le nou-

---

1. Le maréchal de Lascy, ou de Lacy, fut un des plus illustres généraux de l'Autriche au xviiie siècle. Il était à Vienne président du conseil de guerre. Après un voyage en France et un séjour à Montpellier, nécessité par le soin de sa santé, il était venu à Paris et à Versailles, où la Dauphine le reçut avec distinction.

2. Louis XV était mort de la petite vérole à Versailles, le 10 mai 1774. Sur sa fin édifiante, on peut consulter une lettre fort intéressante de son confesseur, l'abbé Maudoux, publiée par M. Ant. de Lantenay, et un *Récit inédit des derniers moments de Louis XV*, par M. du Buisson de la Boulaye,

veau Roi paraît avoir le cœur de ses peuples; deux jours avant la mort du grand-père il a fait distribuer deux cent mille francs aux pauvres, ce qui a fait le plus grand effet. Depuis la mort, il ne cesse de travailler et de répondre de sa main aux ministres, qu'il ne peut pas encore voir, et à beaucoup d'autres lettres. Ce qu'il y a de sûr, c'est qu'il a le goût de l'économie et le plus grand désir de rendre ses peuples heureux. En tout il a autant d'envie que de besoin de s'instruire; j'espère que Dieu bénira sa bonne volonté [1].

Le public s'attendait à beaucoup de changements dans le moment; le Roi s'est borné à envoyer la créature au couvent et à chasser de la cour tout ce qui porte ce nom de scandale [2]. Le Roi même devait cet exemple au peuple de Versailles, qui au moment même de l'accident a accablé Mme de Mazarin [3], l'une des plus humbles servantes de la favorite. On m'exhorte beaucoup à prêcher la clémence au Roi pour un nombre d'âmes corrompues qui ont fait bien du mal depuis quelques années. J'y suis fort portée; mais, au milieu de ces idées, je ne puis m'empêcher de songer au sort d'Esterhazy [4]. Je crois qu'on a in-

cité par M. le marquis de Beaucourt dans son étude sur le *Caractère de Louis XV* (*Revue des questions historiques*, t. IV, p. 243).

1. Tous les récits du temps sont unanimes pour constater la confiance et l'enthousiasme qu'excitait le jeune Roi. « Il se barricade d'honnêtes gens, » écrivait pittoresquement le comte de Creutz, ambassadeur de Suède.

2. Reléguée dès le 4 mai à Rueil, chez le duc d'Aiguillon, par ordre de Louis XV, Mme du Barry, dès le lendemain de la mort du Roi, fut exilée au couvent des Bernardines de Pont-aux-Dames, près de Meaux. Son beau-frère, le comte Jean du Barry, décrété de prise de corps, s'était réfugié en Angleterre.

3. Jeanne de Durfort-Duras, mariée à Louis-Marie-Guy d'Aumont, auquel elle avait apporté le duché de Mazarin. Malgré son esprit et sa grande fortune, elle s'était déshonorée par sa servilité empressée près de la favorite.

4. Le comte Esterhazy avait eu un duel avec le prince de Nassau. Quoique, d'après Mercy, les torts fussent du côté du prince, Marie-Thérèse avait été extrêmement irritée contre Esterhazy. Marie-Antoinette, qui l'estimait beaucoup, cherchait à apaiser le mécontentement de sa mère. Il ne faut

disposé Votre Majesté par des rapports faux sur quelques points et exagérés sur d'autres. Il est vrai qu'il a eu bien des torts; mais, au milieu de tout cela, il n'y a qu'une voix sur son honneur et sa probité, et il y a tout lieu d'espérer qu'éloigné des occasions de ce dangereux pays et vivant au sein de sa famille, il peut devenir un bon sujet. Au contraire je crains que, si on le traitait avec toute la sévérité qu'il mérite, sa tête ne soit pas encore assez remise pour qu'il ne fasse quelque nouvelle sottise. J'espère que ma chère maman ne me jugera pas assez insensée pour vouloir lui donner des conseils. Je sens qu'étant chargée du gouvernement, elle est obligée à la justice; je désire seulement pour qu'elle ne tourne pas tout entière contre Esterhazy.

On arrive dans ce moment pour me défendre d'aller chez ma tante Adélaïde, qui a beaucoup de fièvre et maux de reins: on craint la petite vérole [1]. Je frémis et n'ose pas penser aux suites; il est déjà bien affreux pour elle de payer si vite le sacrifice qu'elle a fait.

Je suis charmée que le maréchal Lascy a été content de moi. J'avoue à ma chère maman que j'ai été bien affectée lorsqu'il a pris congé de moi, en pensant combien il m'arrive rarement de voir des personnes de mon pays, surtout de celles qui ont le plus le bonheur de vous approcher. J'ai vu, il y a quelque temps, Mme de Marmier [2]; j'en ai été ravie, sachant les bontés que ma chère maman a toujours eues pour elle.

pas confondre ce comte Esterhazy avec le comte Valentin Esterhazy, colonel au service de la France, que nous retrouverons plus tard.

1. Mesdames, qui, avec un admirable dévouement, avaient soigné leur père pendant sa dernière maladie, avaient contracté à son chevet la petite vérole. Elles furent prises à Choisy, où l'on avait eu l'imprudence de les laisser suivre la jeune cour.

2. Marie-Catherine-Françoise du Châtelet, troisième femme du marquis de Marmier.

14 MAI 1774.

Le Roi me laisse la liberté de choisir pour les nouvelles places dans ma maison en qualité de Reine. J'ai eu plaisir de donner aux Lorrains une marque d'attention, en prenant pour premier aumônier l'abbé de Sabran, homme de bonne conduite, de grande naissance et nommé à l'évêché qu'on va faire à Nancy [1]. Quoique Dieu m'a fait naître dans le rang que j'occupe aujourd'hui, je ne puis m'empêcher d'admirer l'arrangement de la Providence, qui m'a choisie, moi la dernière de vos enfants, pour le plus beau royaume de l'Europe. Je sens plus que jamais ce que je dois à la tendresse de mon auguste mère, qui s'est donné tant de soins et de travail pour me procurer ce bel établissement. Je n'ai jamais tant désiré de pouvoir me mettre à ses pieds, l'embrasser, lui montrer mon âme tout entière et lui faire voir comme elle est pénétrée de respect, de tendresse et de reconnaissance.

P. S. L'abbé se met à vos pieds ; il a autant de respect et de reconnaissance pour vos bontés que d'attachement pour moi.

De la main du Roi :

Je suis fort aise de trouver une occasion, ma chère maman, de vous prouver ma tendresse et mon attachement. Je désirerais bien avoir de vos conseils dans ces

---

[1]. L'érection de l'évêché de Nancy avait été approuvée par une bulle de Pie VI en 1774. L'abbé de Sabran, qui en fut le premier titulaire, était le beau-frère de cette charmante comtesse de Sabran dont on a publié la correspondance avec le chevalier de Boufflers. Transféré en 1777 à l'évêché de Laon, Mgr de Sabran resta jusqu'à la fin aumônier de la Reine. Il émigra le 18 avril 1791, et après bien des péripéties, mourut en Pologne en 1811. On trouvera de curieux renseignements sur lui dans l'intéressante publication de M. Pierre de Croze sur le chevalier de Boufflers et Mᵐᵉ de Sabran, d'après les papiers inédits du fils de cette dernière, le comte Elzéar de Sabran.

moments-ci, qui sont si embarrassants. Je serais bien enchanté de pouvoir vous contenter et de vous marquer par là tout mon attachement et la reconnaissance que j'ai que vous avez bien voulu m'accorder votre fille, dont je suis on ne saurait plus content.

La Reine reprend :

Le Roi n'a pas voulu laisser partir ma lettre sans y écrire son petit mot. Je sens bien qu'il n'aurait pas trop fait en écrivant une lettre exprès ; je supplie ma chère maman de l'excuser, vu le grand nombre d'affaires dont il s'occupe beaucoup, et aussi un peu sa timidité et embarras naturel. Vous voyez, ma chère maman, par la fin de son compliment, que, quoiqu'il ait beaucoup de tendresse pour moi, il ne me gâte pas par ses fadeurs.

(Autographe, Archives impériales d'Autriche. *Éd.* Arneth, *l. c.*, p. 105 ; Arneth et Geffroy, *l. c.*, II, 139.)

XXXI.

A l'Impératrice Marie-Thérèse.

1774, 27 juin.

Marly, le 27 juin 1774.

Nous sommes ici il y a vendredi huit jours ; le Roi, mes frères et la comtesse d'Artois ont été inoculés le samedi [1] ; depuis ce moment ils n'ont pas manqué à se promener au moins deux fois par jour. Le Roi a eu de la

---

1. C'était le Roi lui-même qui avait voulu être inoculé, et avec lui le comte de Provence et le comte d'Artois ; mais le public attribuait cette volonté du Roi à la Reine, et lui en avait su mauvais gré ; on était inquiet de voir les trois frères se soumettre à une opération encore peu usitée, et dans laquelle on n'avait qu'une médiocre confiance.

fièvre assez forte pendant trois jours; depuis avant-hier au soir l'éruption s'est décidée, et la fièvre a tombé si bien qu'il n'y en a plus à cette heure. Il n'aura pas beaucoup de boutons; il en a au nez de fort remarquables, au poignet et à la poitrine; ils commencent déjà à blanchir. On lui avait fait quatre petites incisions; ces petites plaies suppurent bien, ce qui assure les médecins que l'inoculation a entièrement réussi. Les trois autres sont un peu moins avancés; l'éruption est pourtant déjà commencée, et ils vont très bien.

La lettre de ma chère maman a mis la joie dans mon âme; je ne puis être heureuse qu'en la rendant contente de moi. Tout continue fort bien ici; mes tantes sont arrivées au soir : comme l'éruption est parfaitement bien établie, les médecins n'y trouvent aucun inconvénient [1]. La cassette du feu Roi s'est trouvée beaucoup plus légère qu'on ne la croyait; il n'y avait guère que 50,000 francs, qui font environ 20,000 florins [2]. J'ai dit au Roi la bonté de ma chère maman pour lui; il en est bien touché et reconnaissant [3]. Rien n'échappe à votre tendresse pour moi; je suis comblée de joie de votre souvenir pour ma fête. Je compte que Mercy dépêchera encore un courrier cette semaine; quoique nous n'ayons aucune inquiétude pour le Roi, je serai bien aise d'en donner encore des

---

1. Marie-Thérèse était très effrayée de ce retour de Mesdames à la cour; elle craignait la contagion. « L'espèce de petite vérole paraît plus mauvaise en France que chez nous, écrivait-elle à sa fille le 16 juin, et la maison de Bourbon n'a que trop de malheurs à compter; ainsi aucune précaution de trop.... Employez même votre autorité qu'on ne laisse approcher le Roi de qui que ce soit qui ait eu la petite vérole, avant dix semaines. » *Correspondance secrète*, II, 180.

2. Le bruit avait couru, et Marie-Thérèse l'avait cru, que Louis XV laissait un trésor considérable, des millions. On voit combien on se trompait.

3. Marie-Thérèse avait engagé le nouveau Roi à lui écrire souvent, sans aucun cérémonial.

nouvelles, et de réitérer à ma chère maman le respect et la tendresse que ses bontés augmenteraient, s'il était possible.

(Archives impériales d'Autriche. *Éd.* Arneth, *l. c.*, p. 120; Arneth et Geffroy, *l. c.*, II, 182.)

XXXII.

A l'Impératrice Marie-Thérèse.

1774, 1er juillet.

Marly, le 1er juillet 1774.

Madame ma très chère mère, l'inoculation est entièrement finie; le Roi n'a souffert véritablement que pendant la fièvre, qui l'a fatigué et un peu accablé deux jours. Il sera purgé demain; je compte que les médecins feront un procès-verbal sur tout ce qui s'est passé. Je l'enverrai à ma chère maman aussitôt qu'il sera fait. Mes frères et ma sœur sont également hors de toute crainte.

J'ai vu M. d'Esterhazy [1] avec grand plaisir; je souhai-

---

1. Le comte Valentin Esterhazy de Galantha appartenait à une branche de la famille Esterhazy en disgrâce depuis l'empereur Joseph Ier. Son grand-père, le comte Antoine, avait pris part à la révolte de la Hongrie à cette époque et avait été proscrit, et son père s'était réfugié en France. Né le 22 octobre 1740, il était devenu en 1764 colonel de hussards au service de la France; il fut fait maréchal de camp en 1780 et cordon bleu en 1786. Il revenait d'un voyage en Autriche, où il avait été bien reçu par l'Empereur et l'Impératrice. Également bien vu par Marie-Antoinette, comme l'atteste cette lettre, il ne tarda pas à faire partie de sa société et à être un des familiers de Trianon. Il entretint même quelque temps avec la Reine une correspondance qui déplut à l'Impératrice. Le comte Esterhazy émigra au commencement de juin 1791 et devint un des agents des Princes à l'étranger. Accrédité par eux à Saint-Pétersbourg, il fut en désaccord avec l'agent de la Reine et du Roi, le marquis de Bombelles. Il mourut en Angleterre en 1806, laissant de curieux *Mémoires*, dont plusieurs fragments ont été publiés par M. Feuillet de Conches.

terais bien que son cousin fût aussi raisonnable que lui. Je le trouve inexcusable de n'avoir pas obéi aux ordres de Votre Majesté. J'ai bien pensé à mon frère Maximilien [1] depuis quelque temps. On m'a dit qu'il était venu à Dunkerque. Je n'ai pu le savoir si près sans désirer vivement de le voir. Je n'aurais jamais osé ici, étant trop près de Paris; mais, si nous avions été à Compiègne, je ne sais si j'aurais pu m'empêcher de l'inviter à faire une course de quelques jours. Serait-il impossible qu'il y vînt de Bruxelles sans aller à Paris? Nous serons à Compiègne depuis les premiers jours d'août jusqu'au commencement de septembre.

Vous voyez, ma chère maman, combien j'use du privilège d'amie, que vous voulez bien m'accorder [2], en vous parlant aussi franchement de mes rêveries. Je me remets en tout à votre indulgence et bonté, et vous embrasse avec autant de tendresse que de respect.

De la main du Roi :

Je vous assure aussi avec ma femme, ma chère maman, que je suis très bien rétabli de mon inoculation, et que j'ai très peu souffert. Je vous demanderais la permission de vous embrasser si mon visage était plus propre.

(Archives impériales d'Autriche. *Éd.* Arneth, *t. ..*, p. 121; Arneth et Geffroy, *l. c.*, II, 190.)

1. L'archiduc Maximilien, le plus jeune des frères de Marie-Antoinette, né le 8 décembre 1756, élu archevêque de Cologne en 1780, mort le 17 juillet 1801. Ce prince faisait alors, sous la direction du comte de Rosenberg et pour compléter son éducation, un voyage en Allemagne et aux Pays-Bas. Marie-Antoinette, qui l'aimait beaucoup, désirait vivement qu'il en profitât pour venir en France. Il y vint, en effet, l'année suivante ; mais, de manières gauches et d'esprit assez mince, il réussit peu, et ses maladresses causèrent bien des ennuis à sa sœur.

2. L'Impératrice avait écrit à sa fille, le 16 juin : « Agissez avec moi non seulement comme votre tendre mère, mais votre intime amie. » *Corresp. secrète*, II, 180.

XXXIII.

A la duchesse de la Trémoïlle [1].

[1774, juillet.]

Je ne puis vous expliquer, Madame, par quel accident ma réponse vous parvient si tard. Je serais bien fâchée que vous puissiez soupçonner oubli ou défaut d'intérêt : le nom de La Trimouille ne doit éprouver ni l'un ni l'autre. Je profiterai de toutes les circonstances pour rappeler au Roi les intérêts de M. votre fils, et je serai bien charmée de pouvoir vous prouver les sentiments que j'ai pour vous.

Antoinette.

A ma cousine Madame la duchesse douairière de la Trimouille.

(Autographe signé, une page in-12; le cachet manque. Éd. Feuillet de Conches, *Louis XVI, Marie-Antoinette et Madame Élisabeth*, III, 5 (d'après l'original, faisant partie de son cabinet), avec fac-similé; duc de la Trémoille, *Chartrier de Thouars, Documents historiques et généalogiques* (1877, in-fol.), p. 182. — L'original est actuellement en la possession de M. Brenot, qui a bien voulu nous le communiquer.)

XXXIV.

A l'Impératrice Marie-Thérèse.

1774, 30 juillet.

Marly, le 30 juillet 1774 [2].

Vos deux dernières lettres m'ont comblée de satisfaction par la bonté avec laquelle ma chère maman pense à

---

1. Marie-Hortense de la Tour d'Auvergne, née en 1704, veuve de Charles, duc de la Trémoille, mère de Jean-Bretagne-Charles-Godefroy.
2. Cette lettre était datée par erreur du *14* juillet dans la première pu-

tout ce qui m'intéresse, et par ses bons avis, qui sont encore plus de la tendresse et amitié que des droits de mère; si je n'en profite autant que je devrais pour moi, au moins je répondrai à ma tendre mère avec sincérité et confiance. Il est bien vrai que les éloges et l'admiration pour le Roi ont retenti partout. Il le mérite bien par la droiture de son âme et l'envie qu'il a de bien faire; mais je suis inquiète de cet enthousiasme français pour la suite. Le peu que j'entends des affaires me fait voir qu'il y en a de fort difficiles et embarrassantes. On convient bien que le feu Roi a laissé les choses en très mauvais état; les esprits sont divisés, et il sera impossible de contenter tout le monde dans un pays où la vivacité voudrait que tout fût fait dans un moment. C'est bien vrai ce que dit ma chère maman : fixer des principes et ne s'en plus départir [1]. Le Roi n'aura pas la même faiblesse que son grand-père. J'espère aussi qu'il n'aura pas de favori; mais je crains qu'il ne soit trop doux et trop facile, comme quand M. de Maurepas [2] lui a fait donner les 500,000 fr. à M. d'Aiguil-

---

blication de M. d'Arneth (*Maria Theresia and Marie Antoinette*); elle est du 30, car elle répond manifestement à une lettre de l'Impératrice du 16 juillet. L'erreur avait été réparée et la date rectifiée dans le recueil de MM. d'Arneth et Geffroy, publié en 1874.

1. Voici le curieux passage de la lettre de l'Impératrice : « Tout est en extase, tout est fou de vous autres ; on se promet le plus grand bonheur, et vous faites revivre une nation qui était aux abois et que son attachement seul pour ses princes soutenait. Il faut dire cela à sa louange, mais elle est vive et plus qu'elle n'en a besoin et espère tout du Roi, et plus grande sera la difficulté à la contenter. A cela, il n'y a qu'un seul moyen : de fixer des principes et ne plus s'en départir. Il vaut mieux passer pour exact et économe, pour juste et religieux, comme on a cru que Louis XVI sera, que de croire qu'il sera capable de se laisser entraîner, d'être bon ou faible, encore pis, et de ne pas soutenir la première idée que le public en a tirée et dont vous avez vu les effets merveilleux, même au dehors. » *Correspondance secrète*, II, 204.

2. Né en 1701, secrétaire d'État à vingt-quatre ans, disgracié en 1749 pour avoir offensé Mᵐᵉ de Pompadour, le comte de Maurepas fut ministre de Louis XVI par la protection de Madame Adélaïde, au lieu de Machault ou de

lon [1]. La pension de M. de Monteynard [2] est bien différente. On ne lui a donné que ce qu'on donne toujours aux ministres retirés ; il s'était conduit en honnête homme, et tout son tort était de déplaire au vilain tripot. Ma chère maman peut compter que je n'entraînerai pas le Roi dans de grandes dépenses ; bien au contraire je refuse de moi-même les demandes qu'on me prie de lui faire pour de l'argent. Le Roi ne pense pas à dépenser des millions en bâtiments ; c'est une exagération comme sur bien des choses, et sur ma familiarité, qui ne pourrait être vue que de bien peu de monde. Ce n'est pas à moi à me juger, mais il me semble qu'il n'y a entre nous que l'air de bonne amitié et de gaieté de notre âge. Il est vrai que le comte d'Artois est bien vif et bien étourdi, mais je sais lui faire sentir ses torts. Pour mes tantes, on ne peut plus dire qu'elles me conduisent ; et quant à Monsieur et à Madame, il s'en faut bien que je me confie entièrement à eux.

Je dois avouer ma dissipation et paresse pour les choses sérieuses. Je désire et espère me corriger peu à peu, et, sans jamais me mêler d'intrigues, me mettre en état de répondre à la confiance du Roi, qui vit toujours

---

Sartines, auxquels le Roi avait tout d'abord pensé. Insouciant et frivole, ne cherchant qu'à assurer son repos et à éluder les difficultés plutôt qu'à les résoudre, il contribua pour une large part à la chute de la monarchie. Il mourut le 21 novembre 1781, laissant désemparé ce vaisseau de l'État sur lequel, suivant le mot du duc de Lévis, il avait été « passager plutôt que pilote ».

1. La Reine avait obtenu le renvoi du duc d'Aiguillon, à qui elle ne pardonnait pas ses intrigues avec Mme du Barry. Mais le comte de Maurepas, dont la femme était la tante du duc, lui fit donner une gratification de cinq cent mille francs, ce qui excita justement les murmures du public.

2. Le marquis de Monteynard avait été ministre de la guerre dans le dernier ministère de Louis XV. Le duc d'Aiguillon avait cherché à le renverser, à la fin de 1773. Il fut remplacé par le comte du Muy, un des amis intimes du Dauphin, père de Louis XVI.

de bien bonne amitié avec moi. Ce que dit la *Gazette de Cologne* est bien dans son cœur, mais je ne crois pas qu'il l'ait dit [1].

J'envoie à ma chère maman le rapport de l'inoculation. Elle en recevra douze exemplaires par Mercy. J'ai pensé que sa tendresse sera bien aise de savoir en détail tout ce qui s'est passé ici.

Le Roi a renvoyé M. de Boynes, ministre de la marine; ce n'est pas pour ses liaisons et bassesses pour la du Barry, mais pour son incapacité, reconnue de tout le monde; son successeur [2] a la réputation d'un très honnête homme. Je suis fâchée de la disgrâce des ducs d'Orléans et de Chartres [3], parce que je voudrais qu'il n'y eût plus de brouilleries. J'espère que celle-ci ne durera pas : il ne sont exilés nulle part; seulement défense de venir à la cour. Le Roi ne pouvait pas les y laisser dans le moment où ils refusaient d'aller au service de son grand-père.

Je suis transportée de la bonté de ma chère maman pour laisser venir à Compiègne mon frère; s'il venait, je ferais tout de mon mieux pour lui ôter l'air d'embarras, mais la santé de Rosenberg me fait craindre qu'il ne puisse pas venir.

Je suis bien touchée des prières que ma chère maman a fait faire, et de l'affection de mes chers compatriotes; je leur rends bien le change par mes sentiments, mais je ne pourrai jamais montrer à ma chère maman combien j'ai de respect, de tendresse et de confiance en elle.

---

1. « Je ne sais, » avait écrit l'Impératrice à sa fille, le 16 juillet, « si la réponse du Roi est vraie qu'on lit dans la *Gazette de Cologne*, mais elle est admirable et m'a tiré les larmes : « qu'il souhaitait d'être informé du mal « qu'on dirait de lui pour s'en corriger. » *Correspondance secrète*, II, 206.
2. Le successeur du comte de Boynes fut Turgot, intendant du Limousin.
3. Ils avaient refusé d'assister avec le Parlement Maupeou au service pour Louis XV.

P. S. L'abbé serait bien affligé si j'oubliais de le mettre à vos pieds.

(Archives impériales d'Autriche. *Éd.* Arneth, *l. c.*, p. 125; Arneth et Geffroy, *l. c.*, II, 206.)

XXXV.

A l'Impératrice Marie-Thérèse.

1774, 7 septembre.

Versailles, ce 7 septembre.

Madame ma très chère mère, j'ai été vraiment fâchée de ne pas voir mon frère; je m'en faisais un grand plaisir, et le Roi m'a paru bien penser comme moi. Je reconnais bien la tendresse de ma chère maman à l'inquiétude qu'elle a pour le temps où il sera ici; je suis sûre que, s'il manque quelque chose dans les manières et le langage, il en dédommagera par sa bonne éducation et ses qualités; d'ailleurs nous avions peu de monde à la fin de Compiègne, et c'eût été une bonne occasion pour prendre en peu de jours une première idée de ce pays-ci.

J'espère que ma chère maman sera rassurée dans ce moment-ci sur le coadjuteur, et qu'elle sera contente du baron de Breteuil. Il a beaucoup d'esprit, et l'âge a diminué sa vivacité. Le coadjuteur a eu une petite consolation dont il n'est pas trop content, quoiqu'il se vante beaucoup. On lui a donné une pension de 50,000 fr. pour payer ses dettes jusqu'à ce qu'il ait l'évêché de Strasbourg; j'en fais mon compliment à ses créanciers [1].

Le peuple a fait des extravagances de joie du renvoi du

---

[1]. Le prince de Rohan venait d'être rappelé de Vienne et remplacé par le baron de Breteuil. Il avait scandalisé l'Autriche par sa conduite et ses propos, et Marie-Thérèse demandait depuis longtemps son rappel; mais

chancelier [1] et du contrôleur général [2]. Je ne me mêle d'aucune affaire, mais je désire bien que celle-ci finisse, car je crains qu'elle ne donne bien de la peine et de la tracasserie au Roi. J'ai déjà dit à ma chère maman que M. Turgot [3] était un très honnête homme; cela est bien essentiel pour les finances. On a mis M. de Sartines [4] pour la marine; il s'est fait adorer du peuple étant lieutenant de police; je ne sais pourtant s'il a des talents pour la marine, peut-être par la suite le changera-t-on de place; c'est toujours un grand bonheur qu'un aussi honnête homme soit auprès du Roi; pour moi j'en suis enchantée. Pour le garde des sceaux [5], je ne le connais point du tout.

Joseph II, qu'il amusait par ses « turlupinades », et Kaunitz, dont il ne contrecarrait pas la politique, souhaitaient son maintien.

1. Maupeou. Il y avait longtemps qu'on l'envoyait

Sur la roue, sur la roue,
Sur la route de Chatou.

Le peuple se livra, pour célébrer son renvoi et celui de l'abbé Terray, contrôleur général, aux manifestations les plus bruyantes et les plus violentes. On brûla un mannequin revêtu d'une simarre pour représenter le chancelier, et l'on en pendit un autre, habillé en abbé, pour simuler le contrôleur. Le chancelier Maupeou ne mourut qu'en 1792.

2. L'abbé Marie-Joseph Terray. Le public était exaspéré contre lui par les impôts qu'il avait mis, par la banqueroute qu'il avait faite, et plus encore par ses opérations sur les grains, qu'on avait flétries sous le nom de *Pacte de famine*.

3. Turgot venait de passer de la marine au contrôle général, où il était mieux à sa place. On connaît son mot fameux à Louis XVI : « Pas d'emprunt, pas de banqueroute, peu d'impôts; » programme plus séduisant que facile à réaliser. Turgot est trop connu pour qu'il soit besoin d'en dire plus long; on peut consulter sur lui le volume de M. Foncin : *Turgot et son ministère*, et l'ouvrage plus récent de M. Ch. Gomel : *les Causes financières de la Révolution française*.

4. Antoine-Raymond de Sartines, ancien lieutenant de police. Il fit beaucoup pour la reconstitution de la marine française; mais les dépenses auxquelles il fut obligé le mirent en opposition avec Necker, qui obtint son renvoi en 1780; on avait accusé la Reine de ce renvoi; c'était une erreur.

5. Armand-Thomas Hue de Miromesnil, premier président du Parlement de Rouen; il avait été énergiquement opposé aux réformes de Maupeou et alors exilé. Il resta garde des sceaux jusqu'en 1787, et la Reine alors contribua à sa chute.

En revenant de Compiègne j'ai eu une petite indisposition, fort désagréable en voyage ; la grande chaleur et le mouvement de la voiture, où j'étais montée en sortant de table, m'ont porté au cœur, ce qui m'a fait beaucoup vomir, ce qui m'a fait grand honneur dans le public ; mais malheureusement ma chère maman voit bien que j'étais bien loin de grossesse. Quatorze heures de repos m'ont entièrement remise, et il n'y paraît plus du tout. Ma chère maman ne me parle point de sa santé ; j'espère qu'elle est bonne, mais j'aimerais bien à être rassurée sur la chose du monde qui m'est la plus chère. Permet-elle que je l'embrasse de tout mon cœur ?

ANTOINETTE.

L'abbé se met à vos pieds.

(Autographe signé, Archives impériales d'Autriche. *Éd.* ARNETH, *l. c.*, p. 128 ; ARNETH et GEFFROY, *l. c.*, II, 228.)

XXXVI.

A l'Impératrice Marie-Thérèse.

1774, 18 octobre.

Fontainebleau, le 18 octobre 1774.

Madame ma très chère mère, nous sommes à Fontainebleau depuis huit jours ; ma santé est tout à fait remise. Je ne puis pas dire autant de celle de ma tante Adélaïde, qui est restée à Versailles avec mes deux autres tantes, à cause de la fièvre double tierce qui lui a pris la veille de notre départ. Elle s'en croit délivrée à cette heure et compte venir la semaine prochaine. Avant de venir ici, nous avons passé cinq jours à Choisy ; le Roi y était à merveille, de la plus grande honnêteté pour tout le monde et surtout pour les dames, pour lesquelles il avait bien plus d'attention qu'on n'en espérait de son éducation. Nous avons soupé tous les soirs tant avec celles de Choisy qu'avec celles qu'on invitait de Paris; cela a bien réussi dans le monde, et je crois que rien n'est plus propre pour former le Roi et le faire aimer. Je voudrais bien l'engager à en faire autant ici. Pour la chasse, il est vrai que quelquefois elles sont bien violentes; j'en suis très fâchée, mais pourtant je dois convenir qu'il s'est modéré depuis qu'il est Roi, et qu'il a beaucoup diminué de ses chasses....

Certainement Mme du Muy [1] s'apercevra de la bonté que ma chère maman a eue de m'en parler; quoiqu'elle soit bien nouvellement ici, on dit beaucoup de bien de son esprit et de son caractère.

C'est bien à moi de me désoler de n'avoir pu encore trouver un peintre qui attrape ma ressemblance; si j'en trouvais un, je lui donnerais tout le temps qu'il voudrait, et, quand même il ne pourrait en faire qu'une mauvaise copie, j'aurais un grand plaisir de la consacrer à ma chère maman. Le Roi sera bien flatté qu'elle veuille bien son portrait; je souhaite qu'il en envoie un bien ressemblant. J'attends avec bien de l'impatience les cheveux que j'ai pris la liberté de demander à ma chère maman; elle ne peut imaginer combien ils me seront précieux. Permet-elle que je l'embrasse de tout mon cœur?

ANTOINETTE.

L'abbé se met à vos pieds.

(Archives impériales de Vienne. *Éd.* ARNETH, *l. c.*, p. 130; ARNETH et GEFFROY, *l. c.*, II, 247.)

1. Louis-Nicolas-Victor de Félix, maréchal du Muy, ministre de la guerre, venait, à soixante-trois ans, d'épouser Mme de Blanckarth, chanoinesse de Neuss, qui en avait quarante-deux. C'était le couronnement d'une longue affection que des obstacles avaient traversée jusque-là.

XXXVII.

A l'Impératrice Marie-Thérèse.

1774, 16 novembre.

Le 16 novembre 1774.

Madame ma très chère mère, je suis bien contente d'avoir pu remplir vos intentions. Le Roi m'a accordé la présentation de Mme de Vergennes [1]; le mari, à qui je l'ai annoncé, m'en a paru touché et attendri jusqu'aux larmes.

La grande affaire des Parlements est enfin terminée [2]; tout le monde dit que le Roi y était à merveille. Mercy y a assisté et vous en rendra compte. Quoique je n'aie pas voulu me mêler ni même questionner sur ces affaires, j'ai été sensible à la confiance du Roi. Ma chère maman en jugera par le papier que je lui envoie; il est de l'écriture du Roi, qui me l'a donné la veille du lit de justice [3]. Tout

---

1. Le comte de Vergennes, après avoir été ambassadeur à Constantinople de 1755 à 1768, puis à Stockholm, où il était encore en 1774 et où il avait très habilement secondé Gustave III lors de son coup d'État, venait d'être appelé au ministère des affaires étrangères. Il désirait vivement que sa femme fût présentée à la Cour; mais des formalités d'étiquette s'opposaient à cette présentation. Mme de Vergennes, que le ministre avait épousée à Constantinople, était la veuve d'un simple marchand, et, s'il faut en croire Besenval, elle avait fait parler d'elle. La Reine s'attacha et réussit à lever ces obstacles, et Mme de Vergennes fut présentée.

2. Le Roi, sur les conseils de Maurepas, affamé de popularité, et malgré l'opposition de Turgot et de Vergennes, avait rappelé les Parlements. Ce fut une joie extrême à Paris; mais Marie-Thérèse n'approuvait pas cette mesure : « Il est incompréhensible, écrivait-elle à Mercy, que le Roi et ses ministres détruisent l'ouvrage de Maupeou. » Turgot, comme l'Impératrice, avait vu juste; car le Parlement contribua beaucoup à faire échouer ses réformes.

3. Ce papier contenait tout le programme de la journée. Le Roi l'avait remis à la Reine la veille même du lit de justice où avaient été rappelés les Parlements.

s'est passé comme il le désirait, et les princes de sang nous sont venus voir dès le lendemain. J'ai bien de la joie de ce qu'il n'y a plus personne dans l'exil et le malheur; lorsqu'on avait cassé les Parlements, la moitié des princes et des pairs s'était opposée; aujourd'hui tout est réussi, et cependant il me paraît que si le Roi soutient son ouvrage, son autorité sera plus grande et plus solide que par le passé. J'aurais regretté ce chancelier [1] comme défenseur des droits du Roi; mais, outre qu'il était souvent de mauvaise foi, on prétend qu'il a brouillé toutes les affaires pour s'en emparer et les arranger à son goût et intérêt.

Je suis bien contente d'avoir engagé le Roi à donner à souper une fois la semaine avec nous aux cavaliers et dames [2]; je crois que c'est le meilleur moyen d'empêcher qu'on ne l'entraîne à de mauvaises compagnies comme son grand-père. Cela est encore bon pour diminuer la familiarité qu'il aurait pu avoir avec ses valets. Jusqu'ici les soupers passent à merveille; je regarde comme mon devoir d'y parler et avoir attention pour tout le monde.

Le Roi vient de faire une chose charmante pour moi. Je n'avais pour ma cassette que quatre-vingt-seize mille livres, comme la feue Reine, dont on avait payé les dettes trois fois; je n'en ai jamais fait, mais j'aurais été obligée à de la lésinerie [3]: le Roi, sans que j'en susse rien, a aug-

---

1. Maupeou.
2. Cette institution de soupers en famille avait été une grosse affaire et un grand succès pour Marie-Antoinette. L'étiquette interdisait à la Reine et aux princesses du sang de manger avec des hommes; de là, lorsque le Roi allait à la chasse, des soupers d'hommes, qui avaient eu sous Louis XV et pouvaient avoir encore de graves inconvénients. Marie-Antoinette résolut de substituer à ces soupers d'hommes des soupers de société, qu'elle présidait elle-même. Mesdames s'y opposaient. On profita de leur absence pour inaugurer l'institution nouvelle. Le premier souper eut lieu le 22 octobre, et Mesdames, qui avaient d'abord blâmé ces réunions, demandèrent ensuite à y assister.
3. Il est intéressant de constater que, jusqu'à son avènement, Marie-

menté ma cassette de plus du double : j'aurai deux cent mille francs par an, qui font quatre-vingt mille florins.

J'avais oublié Beaumarchais[1] ; c'est encore une occasion où le Roi m'a montré son amitié et confiance. Il regarde cet homme comme un fou, malgré tout son esprit, et je crois qu'il a raison. Il est vrai que le comte d'Artois est turbulent et n'a pas toujours la contenance qu'il faudrait ; mais ma chère maman peut être assurée que je sais l'arrêter dès qu'il commence des polissonneries, et, loin de me prêter à des familiarités, je lui ai fait plus d'une fois des leçons mortifiantes en présence de ses frères et ses sœurs.

L'abbé est bien touché et reconnaissant des bontés et du souvenir de ma chère maman ; il m'en serait plus attaché s'il ne m'était aussi fidèlement dévoué que possible.

Les peintres me tuent et désespèrent ; j'ai retardé le courrier pour laisser finir mon portrait ; on vient de me

---

Antoinette n'avait jamais fait de dettes ; elle inclinait plutôt vers une certaine « lésinerie », et Mercy s'en était plaint à diverses reprises.

1. C'est tout un roman que cette histoire de Beaumarchais. Celui-ci, qui avait toujours un pied dans la police, avait été chargé par M. de Sartines de détruire un pamphlet publié à Londres contre Mme du Barry. Il revenait quand il apprit que Louis XV était mort et la favorite exilée. Se retournant avec une rare souplesse, il offrit ses services pour la suppression d'un nouveau libelle, mais celui-là contre la Reine. Il partit, acheta du juif Angelucci l'édition entière ; puis, apprenant qu'un exemplaire avait été épargné, se mit à la poursuite du juif, courut après lui à travers l'Allemagne, reconquit le volume soustrait, poussa jusqu'à Vienne pour faire imprimer, disait-il, une édition expurgée du libelle, dont le texte vrai eût trop affligé le Roi — on accusait la Reine de se prêter à une intrigue pour supposer des enfants, le Roi ne pouvant en avoir — et eut même l'audace de se faire présenter à l'Impératrice et de lui lire le pamphlet. Mal reçu naturellement et jeté en prison, il ne fut relâché que sur la demande de la France ; mais il trouva moyen de se faire payer de ses aventures. Le récit que nous venons de faire est celui de Beaumarchais, accepté par son historien, M. de Loménie ; mais il est probable, d'après les documents conservés à Vienne et dépouillés par M. d'Arneth, que M. de Sartines fut dupe, et que le libelle ou n'existait pas, ou avait été composé par Beaumarchais lui-même.

l'apporter : il est si peu ressemblant que je ne puis l'envoyer. J'espère en avoir un bon pour le mois prochain.

Ma chère maman voudra-t-elle bien m'envoyer la mesure de son troisième doigt, ou du petit, pour les deux bagues; il y en a de charmantes en forme de jarretière; pour les bracelets je me suis trompée : il est vrai qu'on en a fait, mais ils sont si vilains qu'on n'en fait plus.

Les cheveux de ma chère maman font mon bonheur; j'en ai en cœur et en bagues. Je n'ai pas besoin de ces précieux bijoux pour me rappeler à tout moment la meilleure et la plus tendre des mères.

ANTOINETTE.

(Autographe signé, Archives impériales d'Autriche. *Éd.* ARNETH, *l. c.*, p. 132; ARNETH et GEFFROY, *l. c.*, II, 253.)

XXXVIII.

A l'Impératrice Marie-Thérèse.

1774, 17 décembre.

Ce 17 décembre.

Madame ma très chère mère, je suis dans le bonheur d'avoir pu donner quelques moments de satisfaction. Elle n'aura pas tant de joie en apprenant qu'on croit la comtesse d'Artois grosse; elle a passé le 14 pour la seconde fois; elle n'est pas incommodée du tout. J'avoue à ma chère maman que je suis fâchée qu'elle devienne mère avant moi, mais je ne m'en crois pas moins obligée à avoir pour elle plus d'attention que personne. Le Roi a eu il y a huit jours une grande conversation avec mon médecin; je suis fort contente de ses dispositions, et j'ai bonne espérance de suivre bientôt l'exemple de ma sœur.

Le pauvre Dutillot [1] est mort subitement; quoique je le connusse peu, cela m'a fait de la peine par les bontés qu'avait ma chère maman pour lui.

L'affaire du Parlement continue à bien aller. Cependant il y a déjà eu une assemblée des pairs; mes frères y ont été; on n'a rien décidé, et on est revenu à l'avis de M. le prince Conty, qui était de remettre la délibération au 30 de ce mois; cela me paraît bon, parce qu'il y a du temps pour prendre des mesures.

Je n'ai vu Mercy qu'un moment le jour où il m'a remis les lettres; je l'attends mardi pour qu'il me parle de la Pologne et de la Moldavie; ces vilaines affaires m'affligent pour mille raisons, mais surtout pour le tourment qu'elles donnent à ma chère maman; après toutes les peines qu'elle s'est données pour ses enfants et pour ses peuples, elle mériterait bien de jouir du fruit de ses travaux. C'est le plus ardent de mes vœux et de mes prières; ma chère maman daigne-t-elle les agréer à ce renouvellement d'année, et me croire, avec le respect le plus tendre et le plus reconnaissant, sa bien obéissante fille,

ANTOINETTE.

Ma chère maman doit savoir actuellement que M. de Durfort est duc de Civrac [2]. L'abbé a l'honneur de se mettre à vos pieds.

On vient enfin de m'apporter deux portraits; ils ne

---

1. Guillaume-Léon du Tillot, marquis de Felino, l'ancien ministre de Parme, que l'infante Amélie avait fait chasser.
2. Aymeric-Joseph de Durfort, né en 1716, duc de Civrac par brevet du 24 novembre 1774.

sont pas encore tels que je les désirerais pour ma chère maman; pourtant j'espère qu'elle ne sera pas mécontente, surtout du petit.

Le Roi vient de donner la place de premier écuyer au duc de Coigny [1]; ce choix est généralement approuvé. M. de Durfort l'avait jadis demandée, mais il n'a pas assez d'activité pour cette place; d'ailleurs le Roi a eu la bonté de le faire duc avant de le nommer.

(Autographe signé, Archives impériales d'Autriche. *Éd.* ARNETH, *l. c.*, p. 137, et fac-similé à la fin de la 1ʳᵉ édition; ARNETH et GEFFROY, *l. c.*, II, 268.)

XXXIX.

A la duchesse de la Trémoille.

1775, 31 janvier.

Vous ne devez, Madame, avoir nulle inquiétude sur le cordon bleu. Je n'ai eu nulle instance à faire sur cet article. Je n'ose cependant vous répondre que ce soit pour la première promotion : les otages en emportent un nombre, et il y aura peut-être des gens à qui leur âge ne permettrait pas d'attendre. Je n'ai pas oublié le gouvernement. Le Roi m'a répondu d'une manière très satisfaisante, mais il est décidé à ne rien assurer d'avance. Comptez, Madame, que je n'oublierai pas de l'entretenir dans ces bonnes dispositions, et que j'aurai grand plaisir

---

1. François-Henri de Franquetot, duc de Coigny, né en 1737, avait servi dans la guerre de Sept ans et était devenu colonel de dragons. Homme aimable et d'un caractère plein de loyauté, il fut un des amis de la Reine et lui resta dévoué. Député aux États généraux, il émigra, fit partie de l'armée de Condé et ne rentra en France qu'en 1814. Il mourut pair de France, maréchal et gouverneur des Invalides en 1821.

à profiter de toutes les occasions de vous prouver mes sentiments pour vous et pour votre famille.

ANTOINETTE.

Ce 31 janvier.

A ma cousine la duchesse de la Trémoille.

(Autographe signé, une page petit in-4, trace de cachet. Catalogue Rathery, n° 256, 24-29 avril 1856; vendu 83 fr.; — Catalogue Benjamin Fillon, n° 154, 16-17 février 1877; vendu 650 fr. Texte reproduit dans le catalogue, p. 38. — *Éd.* duc DE LA TRÉMOILLE, *Chartrier de Thouars, Documents historiques et généalogiques,* p. 182.)

XL.

Au comte de Mercy.

[1775, février.]

Ce vendredi matin.

Je sais, Monsieur le comte, que mon frère [1] doit venir demain matin voir plusieurs choses ici, et nommément le grand Trianon. Si ils pouvaient finir par là, je leur donnerais tout de suite à dîner au mien [2]. Je me charge d'y faire donner à dîner aux valets [de] chambre et femmes de chambre, pour qu'ils puissent faire leur toilette après dîner pendant que je ferai la mienne. J'ai demandé pour tout leur monde les mêmes places qu'au dernier spectacle. Il faut prévenir Mme de Cusani que je ne lui donnerai pas à dîner, mais qu'elle aura une loge comme la dernière

---

1. L'archiduc Maximilien, arrivé à Paris le 7 février.
2. Le Petit-Trianon, que le Roi avait donné à la Reine à son avènement et dont elle s'attachait à faire un séjour ravissant. On peut voir sur Trianon le savant volume de M. Gustave Desjardins: *Le Petit-Trianon* (Paris, 1885, gr. in-8), et le chapitre que lui consacre M. de Nolhac dans son beau livre *la Reine Marie-Antoinette* (Paris, 1890, in-4).

fois, ainsi que M. Scotty. Voyez, je vous prie, si cet arrangement leur convient et mandez-le-moi ce soir. Adieu, Monsieur, vous connaissez mes sentiments pour vous.

Comment trouvez-vous le jugement?

(Autographe, Archives impériales d'Autriche. *Éd.* Arneth, *l. c.*, p. 139, avec fac-similé à la fin du volume.)

XLI.

A l'Impératrice Marie-Thérèse.

1775, 17 mars.

Versailles, le 17 mars 1775.

Madame ma très chère mère, le départ de mon frère [1] m'a fort affligée; c'est une chose cruelle que le doute de savoir si jamais on se verra. Il s'est fait ici la réputation de bien élevé par sa politesse, honnêteté et attention pour tout le monde. Il n'a pas si bien réussi pour les choses qu'on lui a montrées [2], parce qu'il a toujours été fort indifférent. Je crois que dans quelque temps il sera plus en état de profiter d'un pareil voyage.

J'espère que bientôt on ne parlera plus de la tracasserie des princes [3], qui a été bien envenimée par de vilaines

1. L'archiduc Maximilien.
2. Maximilien avait en effet froissé le public par ses gaucheries et son indifférence pour les œuvres d'art et d'esprit. On racontait entre autres que, visitant le Jardin du Roi et Buffon lui ayant offert un exemplaire de ses œuvres, il lui avait répondu : « Je serais bien fâché de vous en priver. » De tels traits, bientôt connus et commentés dans Paris, donnaient une mince idée du frère de la Reine, et le discrédit rejaillissait sur la sœur. Du reste, Marie-Thérèse elle-même jugeait très sévèrement ce fils : « C'est l'indifférence, lui disait-elle, la source de tous ces oublis volontaires, de ces réponses gauches qui vous donnent souvent l'air d'un imbécile. »
3. L'archiduc voyageant incognito, les princes des maisons d'Orléans, de Condé et de Conti prétendirent qu'il leur devait la première visite; Maximilien s'y refusa, et les princes ne le virent pas. Pour effacer cette mauvaise

gens qui en auraient voulu faire une division éternelle. Après le départ de mon frère, le Roi a fait dire aux princes, hors M. le duc de Chartres, de ne pas venir de dix ou douze jours souper chez lui. Mardi dernier M. le prince de Condé et son fils sont revenus souper; je les ai traités comme à l'ordinaire, sans leur parler de rien. M. le duc d'Orléans et M. le prince de Conti ne sont pas encore revenus, mais c'est qu'ils ont la goutte.

Quoique le carnaval m'ait bien amusée, je conviens qu'il était temps qu'il finît [1]. Nous sommes remis à cette heure dans notre train ordinaire, et j'en profiterai pour causer davantage avec le Roi, qui est toujours de très bonne amitié avec moi.

Il est vrai que je m'occupe un peu de ma parure, et pour les plumes tout le monde en porte et il paraîtrait extraordinaire de n'en pas porter. On en a fort diminué la hauteur depuis la fin des bals [2].

La lettre de l'Empereur m'a fait très grand plaisir [3]; c'est actuellement que j'espère véritablement de le voir. Je lui répondis sur toutes ses conditions; il doit être bien sûr de toutes celles qui dépendront de moi, et pour le

---

impression, les frères du Roi et les jeunes gens les plus répandus à la cour offrirent à l'archiduc, le 27 février, une fête magnifique aux Grandes-Écuries de Versailles; la fête coûta, dit-on, cent mille livres.

1. Ce carnaval avait été très brillant et la dissipation un peu forte, suivant Mercy. La Reine, entraînée par tous ces plaisirs, n'avait point été fidèle à ses lectures, et Marie-Thérèse s'en était plainte.

2. Sous l'influence du coiffeur de la Reine, Léonard, et de sa marchande de modes, Mlle Bertin, les coiffures avaient pris des proportions extravagantes. Marie-Thérèse en avait fait de vifs reproches à sa fille : « Je ne peux m'empêcher de vous toucher un point que bien des gazettes me répètent trop souvent, c'est la parure dont vous vous servez; on la dit, depuis la racine des cheveux, trente-six pouces de haut, et avec tant de plumes et de rubans qui relèvent tout cela !.... Une jeune, jolie reine, pleine d'agréments, n'a pas besoin de toutes ces folies ! » *Corresp. secrète*, II, 306.

3. L'Empereur songeait dès lors à faire un voyage en France. Il ne réalisa ce projet que deux ans plus tard.

reste il verra qu'à peu de chose près il sera le maître de suivre tous ses goûts.

Mme de Brionne [1] n'ayant guère d'espérance pour le mariage de sa fille [2], elle m'a priée d'informer ma chère maman qu'elle allait y renoncer tout à fait, et de la remercier de la part qu'elle a bien voulu y prendre. Je suis fâchée qu'elle a manqué un si bon établissement ; j'espère cependant qu'elle en trouvera de convenable, et elle le mérite pour son esprit et pour son caractère. Je n'ai point de termes suffisants pour remercier ma chère maman de toutes ses bontés et amitiés. Je sens un plaisir unique qu'elle veuille bien porter mes bagues ; rien n'égale mon respect, ma tendresse et ma reconnaissance.

(Archives impériales d'Autriche. *Éd.* ARNETH, *l. c.*, p. 142 ; ARNETH et GEFFROY, *l. c.*, II, 307.)

XLII.

Au comte de Rosenberg.

1775, 17 avril.

Le plaisir que j'ai eu à causer avec vous, Monsieur, doit bien vous répondre de celui que m'a fait votre lettre. Je

---

1. La comtesse de Brionne, née Louise-Julie-Constance de Rohan-Rochefort, avait épousé, le 30 octobre 1748, un prince de la maison de Lorraine, Charles-Louis de Lorraine, allié par conséquent de l'Impératrice. Sa prétention, aux fêtes du mariage du Dauphin, de faire danser un menuet à sa fille immédiatement après les princes du sang et avant les ducs et pairs, prétention admise par Louis XV, avait mis la cour en rumeur. Elle avait cherché plus tard à marier cette fille avec un duc des Deux-Ponts, mais le projet échoua. Un autre projet de mariage, qu'elle avait conçu précédemment, entre son fils le prince de Lambesc et la princesse de Lamballe, n'avait pas mieux réussi. La comtesse de Brionne mourut à Vienne en 1807.
2. Anne-Charlotte de Lorraine, née en 1755, morte abbesse de Remiremont en 1786.

ne serai jamais inquiète des contes qui iront à Vienne tant qu'on vous en parlera; vous connaissez Paris et Versailles, vous avez vu et jugé. Si j'avais besoin d'apologie, je me confierais bien à vous. De bonne foi j'en avouerai plus que vous n'en dites; par exemple mes goûts ne sont pas les mêmes que ceux du Roi, qui n'a que ceux de la chasse et des ouvrages mécaniques. Vous conviendrez que j'aurais assez mauvaise grâce auprès d'une forge; je n'y serais pas Vulcain, et le rôle de Vénus pourrait lui déplaire beaucoup plus que mes goûts, qu'il ne désapprouve pas.

Les princes sont tous revenus, à l'exception de M. le prince de Conti, qui a encore la goutte, et qui m'a fait dire tous ses regrets par sa nièce. On ne parle plus du tout de cette tracasserie.

Notre vie actuelle ne ressemble en rien à celle du carnaval. Admirez mon malheur : les dévotions de la semaine sainte m'ont beaucoup plus enrhumée que tous les bals. Vous trouvez sûrement que cela est bien fait pour cela. J'ai établi chez moi un concert tous les lundis, qui est charmant. Toute étiquette en est ôtée. J'y chante avec une société de dames choisies qui y chantent aussi. Il y a quelques hommes aimables, mais qui ne sont pas de la jeunesse; il y a M. de Duras [1], le duc de Noailles [2], le baron de Besenval [3], d'Esterhazy,

---

1. Emmanuel-Félicité de Durfort, duc de Duras, né le 19 septembre 1715.
2. Louis, duc de Noailles, né le 21 avril 1713.
3. Le baron de Besenval, né à Soleure en 1721, était lieutenant-colonel des Suisses. Son air de bonhomie, son affectation de singularité, sa conversation aimable et piquante, son dévouement à Choiseul plurent à la Reine, qui l'admit dans sa société, et qui, rassurée d'ailleurs par ses cheveux blancs, le traita « comme un brave Suisse, poli et sans conséquence ». Besenval fut un des habitués de Trianon et l'un des organisateurs des parties de plaisirs. Mais un jour il voulut abuser de son crédit, et la Reine se refroidit à son égard. Au 11 juillet 1789, il commanda, sous le maréchal de Broglie, l'armée rassemblée sous les murs de Paris et fit preuve de peu de décision et de capacité. Poursuivi après la prise de la Bastille, il n'échappa à la

M. de Polignac [1], de Guéménée [2] et deux ou trois autres. Cela dure depuis six heures jusqu'à neuf et ne paraît long à personne.

Je suis bien fâchée que vous ayez de si bonnes raisons de ne pas continuer les voyages ; c'est un grand malheur pour mon frère. J'espère que vous l'aurez bien prêché avant son départ ; vous savez qu'il faut [un] style un peu vif pour l'animer. Dieu veuille que vous en soyez venu à bout ! Je ne vous pardonne pas vos excuses sur la longueur de votre lettre ; il faudrait que vous me crussiez bien fausse pour douter de mes sentiments pour vous et du plaisir que j'aurai à recevoir de vos lettres. J'y compte.

ANTOINETTE.

Ce 17 avril.

A Monsieur le comte de Rosenberg.

(Autographe signé, avec cachet de cire rouge aux armes de France et d'Autriche, Archives impériales d'Autriche. *Éd.* ARNETH, *l. c.*, p. 144; ARNETH et GEFFROY, *l. c.*, II, 361. Cf. FEUILLET DE CONCHES, IV, LXIII.)

fureur populaire que pour être traduit devant le Châtelet. Déclaré innocent, il vécut ignoré à Paris, et mourut en 1794. Besenval a laissé des *Mémoires* qu'il ne faut consulter qu'avec réserve, et qui donnent une triste idée de son caractère.

1. Le comte Jules de Polignac, mari de l'amie de Marie-Antoinette. Grâce au crédit de sa femme, le comte de Polignac ne tarda pas à être nommé premier écuyer de la Reine, en survivance de M. de Tessé, puis duc héréditaire, et directeur des Postes et Haras ; émigré après la prise de la Bastille, il fut agent des Princes à Vienne et mourut le 21 septembre 1817.

2. Le prince de Guéménée, de la puissante famille de Rohan, né le 31 août 1745, avait épousé sa cousine, fille du prince de Soubise, qui fut une des favorites de la Reine et gouvernante des enfants de France. Sa prodigalité somptueuse aboutit, en septembre 1782, à une ruineuse faillite de vingt-huit millions, qui frappa toutes les classes de la société et fut un effroyable scandale : faillite de souverain, disait-on ironiquement, par allusion à la prétention des Rohan d'être traités en maison souveraine.

XLIII.

A l'Impératrice Marie-Thérèse.

1775, 22 juin.

A Versailles, le 22 juin 1775.

Madame ma chère mère, depuis votre chère lettre du 17 mai je n'ai point eu d'occasion pour répondre. Mon frère Ferdinand doit être bien content d'avoir un héritier; je plains sa femme d'avoir souffert; mais, revenue en convalescence, le plaisir de voir son enfant doit lui faire oublier tout. Si j'étais en sa place, je crois que ma santé n'arrêterait pas le voyage de Vienne. Mme la comtesse de la Marche [1] m'a dit que sa nièce allait fort bien à cette heure.

L'Empereur m'a fait grand plaisir en m'écrivant de Venise au moment de l'arrivée de mes trois frères [2]. Le sacre a été parfait de toute manière [3]; il paraît que tout le monde a été fort content du Roi; il doit bien l'être de tous ses sujets : grands et petits, tous lui ont montré le

---

1. La comtesse de la Marche, belle-fille du prince de Conti, était Marie-Fortunée d'Este, tante de Béatrix d'Este, femme de l'archiduc Ferdinand; née en 1754, elle mourut à Venise en 1803.

2. L'Empereur était arrivé le 21 mai à Venise, où il s'était rencontré avec ses frères, le grand-duc Léopold et les archiducs Ferdinand et Maximilien.

3. Le sacre avait eu lieu le 11 juin, dans le cérémonial accoutumé et avec une grande pompe. La Reine, qui en suivait, du haut d'une tribune, toutes les cérémonies, avait été si impressionnée qu'elle avait dû sortir un moment pour cacher son émotion. Quand elle reparut, le Roi la regarda avec empressement et ses larmes redoublèrent. L'assistance entière fut attendrie. Le soir, Marie-Antoinette, au bras de son mari, alla se promener sans suite dans une galerie remplie de monde, et fut acclamée par tous. Mercy aurait voulu que la Reine fût sacrée en même temps que le Roi; soit par des considérations d'économie, soit par suite des insinuations de Maurepas, Louis XVI n'y consentit pas.

plus grand intérêt ; les cérémonies de l'Église étaient interrompues, au moment du couronnement, par les acclamations les plus touchantes. Je n'ai pu y tenir, mes larmes ont coulé malgré moi, et on m'en a su gré. J'ai fait de mon mieux pendant tout le temps du voyage pour répondre aux empressements du peuple, et, quoiqu'il y ait eu beaucoup de chaleur et de foule, je ne regrette pas ma fatigue, qui d'ailleurs n'a pas dérangé ma santé. C'est une chose étonnante, et bien heureuse en même temps, d'être si bien reçu deux mois après la révolte [1] et malgré la cherté du pain, qui malheureusement continue. C'est une chose prodigieuse dans le caractère français de se laisser emporter aux mauvaises suggestions et de revenir tout de suite au bien. Il est bien sûr qu'en voyant des gens qui dans le malheur nous traitent aussi bien, nous sommes encore plus obligés de travailler à leur bonheur. Le Roi m'a paru pénétré de cette vérité ; pour moi, je sais bien que je n'oublierai de ma vie (dût-elle durer cent ans) la journée du sacre. Ma chère maman, qui est si bonne, aurait bien partagé notre bonheur.

Le rhume que j'ai eu pendant longtemps s'est entièrement passé avec le lait. Il est vrai que, pendant qu'il a duré, le Roi a couché dans son appartement ; mais ma chère maman peut être rassurée sur cet article, il y a longtemps qu'il est revenu. De plus il y avait une grande incommodité de nos appartements ; nous ne pouvions aller l'un chez l'autre sans être vus de tout le monde. J'ai fait faire une communication par où il peut venir chez moi, et moi chez lui, sans être aperçus. Je suis fâchée que ma chère maman juge de mes promenades au bois de

---

[1] L'édit de Turgot sur la circulation des grains avait amené des émeutes dans beaucoup de provinces.

Boulogne par les papiers publics [1]; ils disent souvent faux et exagèrent toujours. Les jours où j'ai été avec le comte d'Artois, le Roi faisait des chasses où il était absolument impossible que j'y allasse. D'ailleurs c'était toujours de l'aveu du Roi, et à ces promenades il y avait toujours beaucoup d'hommes et de femmes de la cour. Esterhazy, qui en était, pourrait bien assurer qu'il n'y avait à redire.

Je fais une grande perte dans ce moment-ci par la retraite de Mme de Cossé, ma dame d'atours; je le craignais depuis longtemps, mais je n'ai pu me refuser au triste état de son enfant, dont cette pauvre mère sèche sur pied : il n'a que quatre ans, elle l'a nourri elle-même, depuis six mois il a été inoculé, et après cette malheureuse inoculation il est devenu boiteux. Les remèdes sans nombre qu'on lui a faits ont un peu remédié à la boiterie, mais il maigrit et dépérit sensiblement. Dans sa désolation, Mme de Cossé n'a d'autre ressource que de mener son fils à des eaux en Savoie et de passer l'hiver dans les provinces méridionales. Je la regrette fort, parce que c'est une femme de mérite et des plus honnêtes que je puisse jamais trouver. Je crois que je la remplacerai par Mme de Chimay [2], une dame à moi, qui est généralement aimée.

Mme de Marsan mène ma sœur [3] à Chambéry et, après

---

1. Cette lettre répondait à une lettre de Marie-Thérèse du 2 juin, où l'Impératrice avait fait à la Reine de gros reproches sur ses promenades au bois de Boulogne avec le comte d'Artois.
2. La princesse de Chimay, Laure-Auguste de Fitz-James, née le 7 décembre 1744, mariée le 28 septembre 1762, était « dame pour accompagner ». Elle jouissait d'une excellente réputation. Mercy prétendait cependant que, « sous son extérieur très doux et très séduisant, » elle cachait « du penchant à l'intrigue ».
3. Le mariage de Madame Clotilde avec le prince de Piémont avait été déclaré le 12 février; il fut célébré à Versailles le 21 août, et le 28, après de très belles fêtes, la jeune princesse prit la route de Turin. La comtesse

son retour, paraît enfin décidée à quitter la cour. Malgré sa dévotion, je crois que nous ne faisons pas grande perte; ce sera de moins une source d'intrigue et de méchanceté. Nous venons déjà de gagner quelque chose par l'avis que le Roi a fait donner à M. d'Aiguillon [1] de ne pas aller au sacre et de se retirer à Aiguillon; nous avons évité la forme d'exil, qui est barbare, quoique lui-même s'en est servi.

Mme la comtesse d'Artois avance toujours dans sa grossesse; elle est assez heureuse pour ne pas craindre les couches. Il est vrai qu'elle est si enfant qu'elle est dans la grande joie parce qu'on lui promet qu'elle ne prendra pas de médecine noire.

Mes tantes Victoire et Sophie, qui avaient une même maison, se sont séparées. Il a fallu faire une maison à ma tante Sophie; cela fait encore de la dépense, j'en suis fâchée.

Le baron [2] m'a fait une honnêteté qui m'a été bien précieuse. On m'avait dit que ma chère maman lui avait donné son portrait, qui est le plus ressemblant de tous. Je lui ai fait demander une copie bien ressemblante; il m'a envoyé l'original et a gardé la copie pour lui : je lui écris pour l'en remercier.

Je reviens à ces *misérables* gazettes dont les mensonges me font tant de peine, ne désirant rien tant que de con-

---

de Marsan, qui avait été sa gouvernante et qui était restée de cœur et de nom sa « petite chère amie », devait l'accompagner à Chambéry.

1. Le duc d'Aiguillon devait assister au sacre, comme capitaine de chevau-légers. Au moment où il allait partir pour Reims, il avait reçu du Roi défense de venir et ordre de se retirer dans son château d'Aiguillon en Gascogne. C'est la Reine, qui, toujours irritée contre le duc pour ses complaisances à l'égard de Mme du Barry, et se figurant non sans raison qu'il était encore l'âme des intrigues de la cour contre elle, avait obtenu cet ordre du Roi.

2. Le baron de Breteuil, ambassadeur de France à Vienne.

server et mériter les bontés et la tendresse de ma chère maman.

P. S. J'ose envoyer à ma chère maman deux médailles du sacre, une pour elle et l'autre pour l'Empereur.

(Archives impériales d'Autriche. *Ed.* Arneth, *l. c.*, p. 148; Arneth et Geffroy, *l. c.*, III, 342.)

XLIV.

Au comte de Rosenberg [1].

1775, 13 juillet.

Le 13 juillet 1775.

Je n'étais pas à mon aise, Monsieur, lors de ma dernière lettre, parce qu'elle devait partir par la poste. Je

---

[1]. Cette lettre au comte de Rosenberg provoqua un très vif mécontentement de la part de Marie-Thérèse et de Joseph II : « J'avoue, écrivait la première à Mercy, j'en suis pénétrée jusqu'au fond du cœur. Quel style, quelle façon de penser ! Cela ne confirme que trop mes inquiétudes; elle court à grands pas à sa ruine, trop heureuse encore si, en se perdant, elle conserve les vertus dues à son rang. » Toujours plus violent et plus porté à pousser les choses à l'extrême, Joseph II avait préparé une lettre très dure, dont l'Impératrice empêcha l'envoi. Après des reproches sanglants et souvent sans mesure, il concluait ainsi : « Si jamais une lettre comme celle-là s'égarait, si jamais, comme je n'en doute presque point, il vous échappe des propos et phrases pareilles vis-à-vis de vos intimes confidents, je ne puis qu'entrevoir le malheur de votre vie. » *Correspondance secrète*, II, 360, 365.

Assurément cette lettre de la Reine au comte de Rosenberg est regrettable; mais qu'on se figure l'état d'âme d'une jeune femme vive, ardente, énergique, unie à un homme, excellent sans doute, mais faible et apathique, dont les vertus passives étaient l'antipode de ses propres qualités à elle, dont les goûts froissaient tous ses instincts d'élégance et de distinction; qu'on se représente surtout l'irritation contenue qui s'amoncelait dans son cœur, frustré depuis cinq ans de ses plus légitimes espérances par l'inconcevable inertie de son mari, et l'on sera peut-être moins sévère pour Marie-Antoinette que Marie-Thérèse et Joseph II.

suis obligée de remonter au départ de M. d'Aiguillon pour vous rendre un compte entier de ma conduite. Ce départ est tout à fait mon ouvrage. La mesure était à son comble; ce vilain homme entretenait toute sorte d'espionnage et de mauvais propos. Il avait cherché à me braver plus d'une fois dans l'affaire de M. de Guines [1]; aussitôt après le jugement j'ai demandé au Roi son éloignement. Il est vrai que je n'ai pas voulu de lettre de cachet; mais il n'y a rien perdu, car, au lieu de rester en Touraine, comme il voulait, on l'a prié de continuer sa route jusqu'à Aiguillon, qui est en Gascogne.

Vous aurez peut-être appris l'audience que j'ai donnée au duc de Choiseul à Reims [2]. On en a tant parlé que je ne répondrais pas que le vieux Maurepas n'ait eu peur d'aller se reposer chez lui. Vous croirez aisément que je ne l'ai point vu sans en parler au Roi, mais vous ne devinerez pas l'adresse que j'ai mise pour ne pas avoir l'air de demander permission. Je lui ai dit que j'avais envie de voir M. de Choiseul, et que je n'étais embarrassée que du jour. J'ai si bien fait que le pauvre homme m'a arrangé lui-même l'heure la plus commode où je pouvais le voir. Je crois que j'ai assez usé du droit de femme dans ce moment.

1. Le comte de Guines, ambassadeur à Londres, avait été accusé de profiter de ses franchises d'ambassadeur pour faire de la contrebande en Angleterre. Il rejetait tout sur son secrétaire Tort de la Sonde; mais celui-ci soutenait n'avoir agi que sur l'ordre de son chef. Le procès fut porté devant le Parlement de Paris et fit grand bruit dans le public. La Reine avait pris chaleureusement parti pour le comte de Guines, que soutenaient les Choiseul et qu'attaquait le duc d'Aiguillon. Au commencement de juin, le jugement fut rendu. Il innocentait M. de Guines et condamnait Tort de la Sonde comme calomniateur. Le comte fut néanmoins rappelé en mai 1776, mais le Roi en même temps le créa duc.

2. Le duc de Choiseul était venu à Reims, en qualité de chevalier des ordres du Roi, et la Reine lui donna une audience, comme elle le raconte à son correspondant; mais le duc ne put fléchir l'invincible antipathie qu'il inspirait au Roi, et il dut retourner à Chanteloup sans avoir pu rentrer au ministère, comme il s'en était peut-être flatté.

Enfin nous allons être débarrassés de M. de la Vrillière. Quoiqu'il ait l'oreille dure, il a pourtant entendu qu'il était temps qu'il partît, de peur qu'on lui fermât la porte au nez. C'est M. de Malesherbes [1] qui le remplacera.

Monsieur et Madame vont à Chambéry voir le Roi et la Reine de Sardaigne. Ils sont au comble de la joie, et moi, j'ai le cœur bien serré de n'en pouvoir pas faire autant. J'en ai pleuré toute une partie de la journée où j'ai appris cette nouvelle; mais je m'en cache devant eux pour ne pas troubler leur bonheur. Au nom de Dieu, persuadez donc mon frère de ne plus laisser d'incertitude sur son voyage ici : j'y ai compté et j'en mourrais de chagrin. Pour me faire le plaisir entier, il faut qu'il vous amène; vous lui serez fort utile, et vous ne pouvez pas douter du plaisir que cela me ferait. Je vous présenterais un homme avec qui j'ai fait connaissance depuis votre départ et en qui j'ai grande confiance. C'est le baron de Besenval; il me suffirait pour m'y attacher l'idée qu'il a de vous.

J'ai fait une grande perte dont vous jugerez en sachant que c'est Mme de Cossé; cette pauvre femme a été obligée de me quitter à cause du mauvais état où était son fils. Il a été toujours malade depuis son inoculation; il est encore entre la vie et la mort. Je la regrette et plains de tout mon âme; Mme de Chimay l'a remplacée.

J'ai bien autre projet dans la tête. La maréchale de Mouchy [2] doit quitter, à ce que l'on dit. Je ne sais qui je prendrai à sa place; mais j'ai demandé au Roi de profiter

---

1. La Reine n'avait point désiré Malesherbes pour cette place, qu'elle eût souhaitée pour Sartines. Elle le reçut donc assez froidement; mais elle ne tarda pas à revenir de ses préventions. On sait l'admirable rôle joué par Malesherbes pendant la Révolution et comment il paya de sa tête son dévouement à Louis XVI.

2. C'est la même qui est désignée plus haut (p. 33 et 40) sous le nom de comtesse de Noailles.

de ce moment de changement pour prendre Mme de Lamballe[1] pour surintendante. Jugez de mon bonheur; je rendrai mon amie intime heureuse et j'en jouirai encore plus qu'elle. C'est encore un secret, je n'en parle pas encore à l'Impératrice. Il n'y a que l'Empereur qui le sache; prêchez-le bien à n'en pas parler, vous en sentez la conséquence. Adieu, monsieur; la longueur de ma lettre vous assure assez du plaisir que j'ai à causer avec vous.

(Archives impériales d'Autriche. *Éd.* Arneth, *l. c.*, p. 152; Arneth et Geffroy, *l. c.*, II, 362.)

XLV.

A l'Impératrice Marie-Thérèse.

1775, 14 juillet.

Versailles, le 14 juillet 1775.

Madame ma très chère mère, la bonté et la tendresse de ma chère maman me pénètrent l'âme, mais dans ce moment elle augmente bien mon mal : depuis quatre jours je suis suffoquée par la joie de Monsieur et de

---

[1]. Marie-Thérèse de Savoie-Carignan, princesse de Lamballe, née à Turin en 1748, mariée à dix-huit ans à l'indigne fils du duc de Penthièvre, veuve à dix-neuf ans, avait été remarquée par Marie-Antoinette aux bals de la comtesse de Noailles et ne tarda pas à devenir son amie intime. Sa nomination comme surintendante, les prétentions qu'elle émit, et son traitement, porté à 150,000 livres à une époque où l'on voulait faire des économies, mirent la Maison de la Reine en rumeur et mécontentèrent le public. Elle finit même par agacer la Reine, qui se prenait d'une amitié nouvelle pour la comtesse de Polignac. Vaincue dans la lutte entre les deux favorites, la princesse de Lamballe quitta la Cour en 1780, et se consacra presque entièrement à son beau-père. Mais elle revint à l'heure du danger. Enfermée avec la famille royale au Temple après le 10 août, elle fut, le 19, transférée à la Force et massacrée, le 3 septembre 1792, avec d'abominables raffinements de cruauté.

Madame. Ce n'est pas que je ne la trouve bien naturelle; je les approuve tant que j'ai caché mes larmes pour ne pas troubler leur joie : trois jours après le départ de ma sœur Clotilde, ils s'en vont passer quinze jours dans le plus grand incognito à Chambéry. Qu'il est affreux pour moi de ne pouvoir espérer le même bonheur!

Nous vivons fort bien avec Monsieur et Madame ; ils sont l'un et l'autre fort réservés et fort tranquilles, au moins en apparence. Madame est Italienne de corps et d'âme ; le caractère de Monsieur y est très conforme. Notre pli est pris, nous vivrons toujours sans division ni confiance, et je crois que le Roi est comme moi sur cet article.

Depuis le retour de Reims, le Roi s'est adonné à Saint-Hubert [1], qui est à six lieues d'ici; quoiqu'il n'y couche jamais et que la course soit un peu fatigante, j'ai cru devoir m'accoutumer à le suivre toutes les fois.

M. le comte d'Eu [2] vient de mourir ; il avait fait un marché avec le feu Roi, et en conséquence il revient beaucoup de terres et maisons au Roi ; je crois qu'il en donnera une partie à mes frères, et peut-être à mes tantes, qui le poursuivent. Nous attendons à chaque instant l'accouchement de la comtesse d'Artois, qui se porte toujours à merveille et qui sort encore tous les jours, quoique dans son neuf depuis quatre jours.

Nous aurons très peu de fêtes, quoiqu'elles seront tout à la fois pour les couches et le mariage. On épargnera de l'argent, mais ce qui est bien plus essentiel, c'est le bon exemple pour le peuple, qui a tant souffert de la cherté du pain. Heureusement l'espérance commence à renaître;

---

1. Rendez-vous de chasse avec un pavillon construit par Louis XV, entre la forêt de Rambouillet et celle de Saint-Léger.
2. Le comte d'Eu était le troisième fils du duc du Maine ; ce fut son cousin le duc de Penthièvre qui hérita de lui.

les blés sont très beaux et on est sûr que le pain diminuera après la moisson.

Mme de Marsan paraît toujours décidée à se retirer, mais je ne suis pas sans inquiétude sur les idées qu'elle peut donner à Monsieur et à Madame pendant le voyage; heureusement il a le caractère aussi faible que dissimulé. Je suis enchantée de ma sœur Élisabeth [1]; elle montre à l'occasion du départ de sa sœur et de plusieurs autres circonstances une honnêteté et une sensibilité charmante. Quand on sent si bien à onze ans, cela est bien précieux. Je la verrai davantage à présent qu'elle sera entre les mains de Mme de Guéménée [2]; la pauvre petite partira peut-être dans deux années. Je suis fâchée qu'elle aille si loin que le Portugal [3]; ce sera un bonheur pour elle de partir si jeune, elle en sentira moins la différence des deux pays. Dieu veuille que la sensibilité ne la rende pas malheureuse! Pour ma sœur Clotilde, elle est ravie de partir. Il est vrai qu'elle compte aller tous les deux ans à Chambéry, et voir de temps à autre quelqu'un de la famille. Je n'imagine pas qu'elle ait très grand succès à Turin, mais du reste on en fera tout ce qu'on voudra. Elle est bonne enfant, n'a pas beaucoup d'esprit, et ne s'affectionne vivement pour rien.

1. Madame Élisabeth, la plus jeune sœur de Louis XVI, née le 3 mai 1764; princesse à la fois si charmante et si sainte. On sait son admirable dévouement pour son frère pendant la Révolution; incarcérée au Temple avec la famille royale le 13 août 1792, elle n'en sortit que pour monter sur l'échafaud le 10 mai 1794. M. Feuillet de Conches a publié sa *Correspondance* avec ses amies, les marquises de Bombelles et de Raigecourt, correspondance si pleine d'enjouement, de sagesse et d'affection.

2. Victoire-Armande-Josèphe de Rohan-Soubise, princesse de Guéménée, devenait gouvernante des enfants de France par la démission de sa tante, la comtesse de Marsan. Son salon fut pendant quelque temps un de ceux où se plaisait la Reine; Mercy a signalé à plusieurs reprises les inconvénients de cette intimité.

3. Il était question d'un projet de mariage entre Madame Élisabeth et le prince de Portugal; ce projet ne se réalisa pas.

Je suis effrayée de la rapidité avec laquelle l'Empereur est revenu ; ne gagnerai-je jamais au goût qu'il a pour les voyages ?

Quand le prince Louis [1] viendra ici, je crois qu'il s'apercevra que ses mensonges ne réussissent pas.

Ma chère maman voudra-t-elle bien agréer une montre où j'ai réuni les cheveux du Roi et les miens. J'ai tâché de faire imiter le bois pétrifié ; nous serons trop heureux si ces cheveux peuvent nous rappeler à ma chère maman, et surtout une fille qui, sans le respect qu'elle lui doit, lui dirait qu'elle l'adore et fera toujours sa gloire et son bonheur de chercher à lui plaire.

(Archives impériales d'Autriche. *Éd.* Arneth, *l. c.*, p. 154 ; Arneth et Geffroy, *l. c.*, II, 351.)

XLVI.

A l'Impératrice Marie-Thérèse.

1775, 12 août.

Versailles, le 12 août 1775.

Madame ma très chère mère, la comtesse d'Artois est accouchée le 6 [2], à trois heures trois quarts, le plus heureusement possible : elle n'a eu que trois grandes douleurs, et en tout elle n'a été que deux heures en travail. J'ai été pendant tout le temps dans sa chambre : il est inutile de dire à ma chère maman combien j'ai souffert de voir un héritier qui n'est pas de moi ; je suis pourtant venue à bout de ne manquer à aucune attention pour la mère et

---

1. Le prince Louis de Rohan.
2. De Louis-Antoine, duc d'Angoulême.

l'enfant. Ma chère maman voudra-t-elle agréer le respect et la tendresse d'une fille....

(Archives impériales d'Autriche. *Éd.* ARNETH, *l. c.*, p. 156; ARNETH et GEFFROY, *l. c.*, II, 366.)

XLVII.

A l'Impératrice Marie-Thérèse.

1775, 15 septembre.

Versailles, le 15 septembre 1775.

Madame ma très chère mère, la comtesse d'Artois se porte toujours à merveille; elle a été à la chapelle dimanche dernier, jour où les cinq semaines étaient révolues. Le Roi lui a donné mille louis pour ses couches, et son mari des bracelets de diamants, avec l'étui aussi en diamants, avec le portrait de son fils.

Ma sœur la princesse de Piémont est partie de Choisy le 28, où nous étions tous allés avec elle la veille au soir. Elle a été médiocrement affligée de la séparation; cela est assez naturel, elle vivait peu avec nous, et Mme de Marsan, qui était de nom et de cœur sa petite chère amie, l'avait totalement subjuguée. Nous sommes à peu près débarrassés de cette fameuse gouvernante; je dis à peu près, car elle conserve son logement, quoiqu'elle ait abandonné ses fonctions. Depuis son départ je connais beaucoup plus ma sœur Élisabeth; c'est une charmante enfant, qui a de l'esprit, du caractère et beaucoup de grâce; elle a montré au départ de sa sœur une sensibilité charmante et bien au-dessus de son âge; cette pauvre petite a été au désespoir, et, ayant une santé très délicate, elle s'est trouvée mal et a eu une attaque de nerfs très forte. J'avoue à ma chère maman que je crains de m'y trop attacher, sentant pour son bonheur et par l'exemple de mes tantes combien il est essentiel de ne pas rester vieille fille dans ce pays-ci.

L'ambassadeur d'Espagne [1] m'a fait présent d'un fort beau cheval de son pays; il me l'a présenté lui-même dans mon appartement, quoiqu'il y ait beaucoup à monter. Les harnais et les trousses sont superbes; je suis à cette heure après à imaginer ce qui convient pour lui faire un beau présent.

La comtesse de Noailles a donné sa démission; le Roi m'accorde Mme de Lamballe pour surintendante; Mme de Chimay, qui était dame d'atours, pour dame d'honneur; et Mme de Mailly [2], qui était dame à moi, pour dame d'atours. Elle sera remplacée par Mme de la Roche-Aymon [3], nièce du grand-aumônier, à qui le feu Roi l'avait promis. J'espère que ce que ma chère maman apprendra de Mme de Lamballe lui persuadera qu'il n'y a certainement rien à craindre de sa liaison avec mes belles-sœurs. Elle a toujours eu bonne réputation et n'a pas du tout le caractère italien. Elle est établie pour sa vie ici, ainsi que son frère. Je crois qu'ils sentent bien, l'un et l'autre, que la France est à présent leur véritable patrie.

P. S. Je viens de faire donner une pension à l'abbé de

---

1. Le comte de Aranda.
2. La comtesse de Mailly, née Marie-Jeanne de Talleyrand-Périgord, belle-fille du duc de Castries, mariée le 25 janvier 1762 à Louis-Marie de Mailly d'Hautcourt. « Elle a la réputation de beaucoup d'honnêteté et ne s'est jamais mêlée à aucune intrigue; elle est attachée à son mari et à ses devoirs et n'a jamais eu d'histoires sur son compte, » écrivait d'elle Mercy. Elle succédait à la princesse de Chimay, laquelle avait succédé elle-même à la duchesse de Cossé.
3. Colette-Marie....-Bernardine de Beauvilliers-Saint-Aignan, mariée le 3 janvier 1771 à Antoine-Charles-Guillaume, marquis de la Roche-Aymon.

Cléry, parent de Nenny; oserais-je supplier ma chère maman de le lui dire?

(Archives impériales d'Autriche. Ed. ARNETH, l. c., p. 158; ARNETH et GEFFROY, l. c., II, 374.)

XLVIII.

A l'Impératrice Marie-Thérèse.

1775. 17 octobre.

Fontainebleau, le 17 octobre 1775.

Madame ma très chère mère voudra-t-elle bien encore recevoir mon hommage pour son jour de fête? Je suis honteuse de le lui offrir si tard; ce n'est sûrement pas oubli : je comptais que le courrier arriverait quatre jours plus tôt. J'ai besoin de toute l'indulgence de ma chère maman pour cette méprise. Je plains véritablement mon frère et ma belle-sœur [1]; la séparation leur aura bien coûté. Cette idée est terrible pour moi et me remplit d'amertume le plaisir que j'ai de penser à ma patrie. Il me paraît que ma belle-sœur a parfaitement bien réussi; quand on a une aussi bonne tournure, on peut se passer d'être jolie. J'en suis enchantée pour elle et encore plus pour mon frère, dont elle doit faire le bonheur.

La mort du maréchal du Muy [2] est affreuse, mais c'est

---

1. L'archiduc Ferdinand et sa femme, qui venaient de faire un séjour à Vienne.
2. Le maréchal du Muy, ministre de la guerre, avait dû subir l'opération de la pierre. Elle avait été faite par un opérateur alors célèbre, le frère Côme, sous les yeux du médecin Richard, mais ne réussit pas; le maréchal mourut deux jours après, dans d'atroces douleurs. Par égard pour sa femme, qu'il aimait beaucoup, il n'avait pas voulu la prévenir, et, comme l'écrit la Reine, elle n'apprit qu'on taillait son mari qu'en entendant ses cris.

surtout pour sa femme, qui est aimée de tout le monde par sa douceur et son honnêteté. Ma chère maman serait touchée de l'état affreux où elle est. Elle n'apprit qu'on taillait son mari qu'en entendant ses cris ; en entrant dans la chambre elle a tombé sur le seuil de la porte, où elle a resté pendant toute l'opération, qui a duré trente-cinq minutes. Il a souffert des douleurs inouïes, et est mort dans les deux fois vingt-quatre heures. On craint que la maréchale ne lui survive pas longtemps ; c'est tout ce qu'elle désire. Le Roi lui avait donné 10,000 francs de pension à son mariage ; il vient de lui en donner 30,000 ; c'est un traitement sans exemple pour la veuve d'un ministre qui l'a été aussi peu de temps ; elle est bien faite pour cette exception, et on ne lui fera jamais autant de bien que je lui en souhaite.

Je n'aurai rien à me reprocher pour le choix d'un nouveau ministre de la guerre ; j'ai à me louer des attentions et égards de M. de Maurepas, qui d'abord m'a confié ses idées avant d'en avoir aucune arrêtée, et ensuite m'a instruite du choix qu'il proposait au Roi. C'est M. de Saint-Germain [1], qui avait quitté le service de France pour celui de Danemark. On en garde un profond secret jusqu'à ce qu'on ait sa réponse. On ne sait pas s'il l'acceptera. Je n'ai rien à dire ni pour ni contre, ne m'étant chargée que du secret et ne le connaissant point.

Monsieur et Madame sont revenus le 2 du mois, très contents de leur voyage. On s'est amusé à répandre le bruit de brouillerie entre eux et moi ; je puis assurer ma

---

1. Le comte de Saint-Germain avait quitté le service de la France en 1760 pour celui de Danemark, et vivait dans la retraite quand il fut nommé ministre de la guerre. Il passait pour avoir de vastes projets de réformes, mais ces réformes, quand il voulut les appliquer en France, soulevèrent l'opinion et mécontentèrent l'armée, et le ministre dut se retirer en septembre 1777.

chère maman qu'il n'en est pas un mot, et que nous sommes fort bien ensemble.

L'opéra-comique [1] a dû faire du plaisir à Vienne. Ma chère maman doit avoir été contente de la musique ; on doit le redonner ici dans quelques jours. J'avoue que je suis agréablement surprise de voir le maréchal Lascy à la tête des divertissements ; je crois que la société y gagnera beaucoup. Si j'osais charger ma chère maman de mes commissions, je la supplierais de lui dire que nous serons brouillés ensemble s'il ne repart pas ensuite de la promesse qu'il m'a faite de venir cette année.

Je suis bien aise que le baron de Breteuil ait approuvé le choix de mes dames. Sa fièvre m'avait inquiétée : je suis charmée qu'il est en train de se rétablir.

Ma chère maman est trop bonne de me parler de la pension de Cléry. J'en ai été bien récompensée par le plaisir de récompenser un aussi bon serviteur que Nenny. J'ai si peu de moyens de montrer à ma chère maman mon respect et ma vive tendresse ! Je suis trop heureuse de trouver une occasion de faire plaisir à ceux qui ont le bonheur de l'approcher aussi souvent.

(Archives impériales d'Autriche. *Éd.* ARNETH, *l. c.*, p. 159 ; ARNETH et GEFFROY, *l. c.*, II, 383.)

1. M. Geffroy suppose qu'il s'agit ici de l'opéra-comique de *Cythère assiégée*, par Gluck.

XLIX.

A l'Impératrice Marie-Thérèse.

1775, 12 novembre.

Le 12 novembre 1775.

Madame ma très chère mère, quelle tendresse de me faire sentir mes torts ! Que par de nouvelles bontés la lettre de ma chère maman pour mon jour de naissance m'a rendue bien confuse, en me rappelant mon inexactitude pour la Sainte-Thérèse !

M. de Saint-Germain est établi ici, avec l'applaudissement de tout le militaire, si j'en excepte quelques grands seigneurs qui craignent de ne pas trouver leur compte avec lui.

Il est bien certain que non seulement il n'y a point de brouillerie entre Monsieur et moi, mais ce qui est plus, c'est qu'on n'en croit pas, et tout le monde remarque mes bonnes manières pour lui et sa femme. Je dirai cependant à ma chère maman qu'elle est un peu trompée sur son compte ; il est bien vrai qu'il n'a pas les inconvénients de la vivacité et turbulence du comte d'Artois, mais à un caractère très faible il joint une marche souterraine et quelquefois très basse ; il emploie pour faire ses affaires et avoir de l'argent de petites intrigues dont un particulier honnête rougirait. Par exemple n'est-il pas honteux qu'un fils de France signe par-devant notaire un acte par lequel il achète de Mme de Langeac, maîtresse de M. de la Vrillière, une forêt que ce ministre avait attrapée au feu Roi par Mme du Barry ? Malheureusement pour Monsieur, toutes ces menées commencent à être connues et ne lui laissent ni considération ni affection publique. Il a même eu quelque temps la réputation d'esprit, qu'il a perdue par quelques-unes de ses lettres qui ont paru dans le public, et qui étaient peu honnêtes et très maladroites.

Le Roi paraît redoubler d'amitié et de confiance pour moi, et je n'ai rien à désirer de ce côté-là. Pour l'objet important qui inquiète la tendresse de ma chère maman, je suis bien fâchée de ne pouvoir rien lui apprendre de nouveau; la nonchalance n'est sûrement pas de mon côté. Je sens plus que jamais combien cet article est intéressant pour mon sort; mais ma chère maman doit juger que ma situation est embarrassante, et que je n'ai guère d'autres moyens que la patience et la douceur.

Je suis fâchée de l'indisposition renouvelée du baron au bord de l'hiver. Nous sommes à la veille de quitter Fontainebleau; le voyage, quoique fort bruyant, s'est assez bien passé.

Ma chère maman permet-elle bien que je l'embrasse avec la vive et respectueuse tendresse que je lui dois et que je lui ai vouée pour la vie.

(Archives impériales d'Autriche. Éd. Arneth, *l. c.*, p. 162; Arneth et Geffroy, *l. c.*, II, 393.)

L.

A l'Impératrice Marie-Thérèse.

1775, 15 décembre.

Le 15 décembre 1775.

Madame ma très chère mère, depuis ma dernière lettre j'ai encore été enrhumée, mais ce rhume m'a été commun avec tout le monde. Nous avons eu des brouillards affreux, qui ont occasionné une grippe générale. Elle commence par un mal de tête, continue par de la fièvre et de la toux. Ma grippe est finie, je tousse pourtant encore un peu; mes sœurs l'ont eue aussi, et nous nous sommes trouvées un jour ayant la fièvre toutes quatre à la fois, ainsi que le comte d'Artois. Pour le Roi et Monsieur, ils l'ont échappé jusqu'ici, mais tous les jours il y a de nouvelles personnes qui en sont attaquées.

M. de Saint-Germain commence de grandes réformes dans les troupes et dans la maison du Roi ; son projet est d'augmenter le militaire de quarante mille hommes, sans qu'il en coûte rien au Roi.

Je n'ai jamais oublié ce que ma chère maman me dit sur le caractère piémontais; il va très bien à Monsieur, et à cet égard il ne s'est point mésallié. Je ne sais quel est son projet dans ce moment; nous vivions fort bien ensemble, et même depuis quelque temps on me faisait compliment de mes attentions pour lui et sa femme. Il a imaginé de chercher l'intimité, et, pour s'y introduire, il a écrit (c'est son expédient ordinaire dans les grandes affaires, quoique jusqu'ici il y ait assez mal réussi). Sa lettre est adressée à un homme de sa maison, mais en même temps il lui a indiqué un homme en qui j'ai confiance pour me la montrer. Il y a dedans beaucoup de phrases, de bassesse et de fausseté ; malgré cela j'ai cru devoir en paraître la dupe et croire à tout ce qu'il disait. Je lui en ai parlé la première, en débutant par un reproche obligeant sur ce qu'il se servait d'un tiers avec moi. Depuis nous continuons à être sur le ton de l'amitié et de la cordialité ; à dire vrai je vois qu'elle n'est pas plus sincère d'un côté que de l'autre; plus [je vais, plus] je suis convaincue que, si j'avais à choisir un mari entre les trois, je préférerais encore celui que le ciel m'a donné. Son caractère est vrai, et quoiqu'il est gauche, il a toutes les attentions et complaisances possibles pour moi.

Nous sommes dans une épidémie de chansons satiriques. On en a fait sur toutes les personnes de la cour, hommes et femmes, et la légèreté française s'est même étendue sur le Roi. Pour moi, je n'ai pas été épargnée. Quoique les méchancetés plaisent assez dans ce pays-ci, celles-ci sont si plates et de si mauvais ton qu'elles n'ont eu aucun succès, ni dans le public ni dans la bonne compagnie.

Quel bonheur va avoir le grand-duc [1] pour lui et pour ses enfants! Pourquoi faut-il qu'il arrive précisément au moment où j'espérais voir l'Empereur? Je ne m'en plains pas, parce que je sacrifierai toujours tout ce qui m'est le plus cher pour la satisfaction de ma chère maman. Elle m'a beaucoup affligée dans cet article de sa lettre par une idée de vieillesse qui n'est pas de son âge; nous avons ici des femmes qui, avec vingt ans de plus, ont encore une bonne santé. J'espère que Dieu nous bénira assez tous tant que nous sommes, ses enfants, pour nous la conserver assez jusque dans l'âge le plus avancé.

Ma sœur [2] ne choisit pas la plus belle saison pour son voyage d'Italie; mais, comme la température est plus douce, je conçois que le voyage pourra être fort agréable pour elle, surtout pouvant y voir la plus grande partie de la famille.

Ma chère maman sait comment je pense sur le baron de Breteuil; ainsi elle peut s'imaginer le plaisir que j'ai de l'en voir aussi contente. Je voudrais bien lui faire avoir le cordon bleu, mais le Roi n'en fera pas de sitôt,

---

1. Léopold allait, avec sa famille, voir Marie-Thérèse à Goritz.
2. Le duc et la duchesse de Saxe-Teschen devaient partir pour l'Italie.

et il me paraît impossible de le déterminer à une exception.

La maréchale du Muy est toujours inconsolable; on craint bien qu'elle ne se rétablisse pas de l'état de langueur où elle est.

Ma chère maman est actuellement rassurée sur la reine de Naples. Elle aurait peut-être désiré un garçon, mais il y a à parier que ce ne sera pas son dernier enfant.

Je prends la liberté d'envoyer deux vases à ma chère maman; je ne lui souhaite pour la nouvelle année qu'une continuation d'une bonne santé, et à moi le bonheur de la contenter toujours. Je n'en ferai jamais assez pour reconnaître sa tendresse et les peines qu'elle s'est données pour moi.

L'abbé se met aux pieds de ma chère maman.

(Autographe, Archives impériales d'Autriche. *Éd.* Arneth, *l. c.*, p. 163; Arneth et Geffroy, *l. c.*, II, 403.)

LI.

A l'Impératrice Marie-Thérèse.

1776, 14 janvier.

Versailles, le 14 janvier 1776.

Madame ma très chère mère, ma santé est, Dieu merci, fort bonne à présent; jamais il ne me sera si doux de lui obéir et de sacrifier quelque amusement pour conserver ma santé que dans le moment où mon âme est toute transportée du bonheur qu'elle me fait entrevoir [1]. Il est trop

---

1. Marie-Thérèse avait eu la pensée de faire un voyage en Flandre, où le voisinage eût permis à la Reine de l'aller voir. Ce projet n'eut pas de suites.

grand pour que j'ose y compter, mais il est bien vrai que, si la santé de ma chère maman pouvait n'en pas souffrir, il n'arriverait jamais rien de si heureux et de si utile pour moi. Quand je suis partie de Vienne, j'étais encore enfant; mon cœur était bien déchiré de me séparer de ma chère mère, mais ma tête et mon âme étaient bien éloignées de sentir que je ne retrouverais jamais ni cette tendresse ni des conseils aussi utiles. Si j'ai le bonheur de les retrouver, les moments m'en seront bien précieux, et ils influeront sur le reste de ma vie.

L'accident de Nenny me touche infiniment ; sa perte serait irréparable, et, quand ma chère maman trouverait un homme aussi bon et fidèle, je suis sûre qu'elle regretterait toujours un ancien serviteur.

Ma chère maman a toute raison contre la légèreté française, mais je suis vraiment affligée qu'elle en conçoive de l'aversion pour la nation. Le caractère est bien inconséquent, mais il n'est pas mauvais ; les plumes et les langues disent bien des choses qui ne sont point dans le cœur. La preuve qu'ils ne haïssent pas, c'est qu'à la plus petite occasion ils disent du bien et louent même beaucoup plus qu'on ne mérite. Je viens de l'éprouver tout à l'heure. Il y a eu un incendie terrible au Palais où on juge les procès à Paris [1]. Le même jour je devais aller à l'Opéra ; je n'y ai point été et j'ai envoyé deux cents louis pour les besoins pressants. Du moment de l'incendie, les mêmes gens qui ont répété les propos et chansons contre moi m'élevaient jusqu'aux nues.

---

[1]. L'incendie avait éclaté dans la nuit du 10 au 11 janvier; on suppose qu'il avait été mis dans les souterrains par des prisonniers. Il y eut de très grandes pertes, tant pour les archives de la Chancellerie et de la Cour des aides, dont beaucoup de papiers furent brûlés, que pour les bijoutiers et marchands de modes qui avaient leurs boutiques dans les salles du Palais de justice.

Nous avons ici une quantité de neige si grande qu'on n'en a point vu tant depuis bien des années; aussi va-t-on en traîneaux comme à Vienne. Nous y avons été hier ici, et aujourd'hui on fait une grande course dans Paris. J'aurais été charmée d'y pouvoir aller; mais, comme on n'y a jamais vu de reine, on en aurait fait des contes, et j'ai aimé mieux y renoncer que d'être ennuyée par de nouvelles histoires.

Je suis trop heureuse que ma chère maman ait agréé les vases; ils doivent former une garniture de cheminée, qui n'était pas encore finie le mois dernier. J'envoie le reste par ce courrier-ci; j'espère qu'elle est bien persuadée que le sentiment de sa bonté est tout pour moi, et que ni bijoux ni présents ne peuvent me le rendre plus sensible. Je ne suis guère plus contente que ma chère maman des propos des médecins.

Mercy m'a montré l'extrait de la lettre; je ne suis pas étonnée qu'on ait fait courir ces bruits, mais on est du reste désabusé. Les ministres savent, il y a longtemps, que jamais je n'ai pas contribué à une grâce si considérable pour M. de Luxembourg [1], et le public est bien convaincu que je n'ai su la chose que lorsqu'elle a été faite, et que je ne l'approuve pas. Pour Mme la comtesse de la Marche [2], je n'ai pu refuser de dire la demande qu'on m'en avait faite, mais je n'en ai parlé qu'une fois et n'ai fait nulle instance.

---

1. Le chevalier de Luxembourg avait reçu une pension de 40,000 livres. Le bruit avait couru que c'était la Reine qui lui avait fait obtenir cette faveur exagérée; Mercy constate lui-même que le bruit était faux.

2. La comtesse de la Marche, née princesse de Modène, s'était séparée de son mari et avait néanmoins sollicité une pension de princesse *veuve*. Elle l'obtint; mais, malgré l'appui que donnait à cette demande la princesse de Lamballe, l'intervention de la Reine avait été extrêmement discrète, et Mercy écrivait qu'elle était « à l'abri de la critique sur cet article ».

Il est fâcheux pour ma sœur Marie [1] que le dégel l'ait surprise en route; j'espère qu'elle en sera quitte pour rester un peu plus longtemps en chemin, et qu'elle arrivera à Florence en bonne santé.

Je connais trop ce que ma chère maman appelle ménagement, pour être rassurée sur son rhume. Au nom de Dieu, au nom de cette tendresse qui fait le bonheur de ses enfants, qu'elle n'omette aucune précaution! Oserais-je encore la supplier de ne pas perdre de vue cette précieuse idée qui me ravit et qui me mettrait à portée de lui montrer mon âme, mon respect et toute ma tendresse?

L'abbé se met aux pieds de ma chère maman; il a été bien touché de l'accident de Nenny.

(Archives impériales d'Autriche. *Éd.* Arneth, *l. c.*, p. 166; Arneth et Geffroy, *l. c.*, II, 414.)

LII.

Au roi de Suède Gustave III.

1776, 26 février [2].

Monsieur mon frère et cousin, avec un chef tel que vous [3], la nouvelle chevalerie effacerait bientôt l'ancienne.

1. La duchesse de Teschen.
2. Cette lettre ne porte point d'indication d'année, ni rien dans le contexte qui en fixe la date; mais, comme elle est conservée aux Archives des Affaires étrangères de Suède à côté d'une lettre de Louis XVI du 16 février 1776 sur le même sujet, il semble qu'il y ait lieu de les rapprocher.
3. Gustave III, roi de Suède, était né en 1746. Il voyageait en France quand la mort de son père, Adolphe-Frédéric, en 1771, l'appela au trône. Il rentra aussitôt à Stockholm et, le 19 août 1772, avec l'appui du comte de Vergennes, ambassadeur de France, fit un coup d'État pour détruire la constitution anarchique de la Suède, au grand mécontentement de Catherine II et de Frédéric II, qui comptaient profiter de cette anarchie. Gustave fut toute sa vie un ami dévoué de la France, où il revint en 1784, sous le nom de comte de Haga. En 1788, il déclara la guerre à la Russie, qui

Je ne recevrai jamais d'hommage qui me flatte davantage. Les commencements de votre règne en ont assuré la gloire et la prospérité ; sa longue durée fera le bonheur de son peuple et la joie de vos amis. C'est le vœu et le sentiment bien sincère de votre bonne sœur et cousine.

Marie Antoinette.

Versailles, 26 février.

(Autographe signé, Archives des affaires étrangères, à Stockholm. *Ed.* Feuillet de Conches, *Louis XVI, Marie-Antoinette*, etc., I, 81 ¹.)

LIII.

A l'Impératrice Marie-Thérèse.

1776, 27 février.

Versailles, le 27 février 1776.

Madame ma très chère mère, la nomination des cordons bleus m'a fait bien du plaisir. Le baron ² a raison d'être

soutenait la noblesse suédoise, mécontente de la nouvelle constitution, complétée en février 1789 par l'acte de sûreté ; il eut des succès en mer, mais sur terre, il fut paralysé par l'indiscipline de son armée, travaillée par ses officiers, et il conclut la paix de Varela. Dès le début de la Révolution française, il se déclara contre la constitution nouvelle, proposa ses services à Louis XVI et à Marie-Antoinette, s'efforça, pour venir à leur secours, de former avec les autres puissances, et surtout avec la Russie, une coalition dont il espérait être, sinon le chef, du moins le bras armé ; encouragea les émigrés et s'apprêtait à réunir des troupes lorsque, dans la nuit du 15 au 16 mars 1792, il fut blessé d'un coup de pistolet dans un bal masqué par Ankarstroëm ; il survécut treize jours à sa blessure et mourut le 29 mars. « Voilà, avait-il dit au baron des Cars, envoyé des Princes à Stockholm, un coup qui va réjouir vos jacobins de Paris. »

1. M. d'Hunolstein a publié (1ʳᵉ éd., p. 76) cette même lettre, d'après un prétendu autographe en sa possession ; mais le faussaire a fait un double de la lettre à Gustave III, en la datant de 1776, et en laissant croire que le destinataire était le duc de Saxe-Teschen. Voir notre *Introduction*.

2. Le baron de Breteuil venait d'être fait cordon bleu ; Marie-Thérèse l'avait demandé pour lui, et Marie-Antoinette avait beaucoup insisté sur cette promotion.

content ; quoiqu'il mérite beaucoup, c'est une grande grâce de l'avoir compris dans la première nomination que le Roi fait ; mais il devait cette attention à ma chère maman, et quand je n'aurais pas eu d'autres raisons de protéger Breteuil, je n'aurais pu m'en taire. Le Roi l'a fait de très bonne grâce, ainsi que le duc de Civrac, ci-devant marquis de Durfort [1], qui est bien heureux d'avoir été à Vienne. Je le crois très honnête homme, mais son mérite ne fait pas grande sensation ici. Le Roi m'a fort bien traitée à cette nomination de cordons bleus ; il le donne au marquis de Tessé [2], mon premier écuyer, homme de naissance, et à M. de Mailly [3], beau-père de ma dame d'atours.

Il ne m'est pas permis de souhaiter la mort du roi de Prusse, mais il faudra toujours se méfier de sa tête, et ce serait un grand bien si par sa mauvaise santé il était hors d'état de remuer et de mettre le feu partout, comme il a fait jusqu'ici. Breteuil est parti dans de bonnes dispositions, et je suis persuadée que ses rapports et dépêches seront toujours pour entretenir l'union entre mes deux familles. Le duc de Wurtemberg [4] est arrivé ici, il y a

1. Le marquis de Durfort, on se le rappelle, était ambassadeur à Vienne au moment du mariage de Marie-Antoinette. Il avait accompagné l'archiduchesse en France.
2. René-Mans de Froulay, marquis de Tessé, premier écuyer de la Reine, avait épousé, le 26 juin 1755, Adrienne-Catherine de Noailles, femme d'esprit et de tête. Tous deux émigrèrent à la Révolution. Il est beaucoup parlé d'eux dans la vie de la marquise de Montaigu, dont Mme de Tessé était la tante.
3. Le marquis de Mailly-Haucourt, entré au service à dix-huit ans, en 1726, avait fait toutes les guerres du règne de Louis XV. Nommé maréchal de France en 1783, il fut pendant la Révolution un des serviteurs les plus dévoués de la famille royale ; à toutes les alertes, malgré son grand âge, on le vit accourir aux Tuileries ; au 10 août, c'est lui qui dirigea la défense. Le marquis de Mailly fut guillotiné à Arras en septembre 1793, à quatre-vingt-six ans.
4. Charles-Eugène, duc de Wurtemberg, un type de ces petits princes allemands du xviiie siècle qui voulaient imiter les grands souverains.

quelques jours. J'ai été étonnée du ton d'aisance et de connaissance avec lequel il m'a parlé ; il traîne partout sa maîtresse, qui est une comtesse d'assez mauvaise mine [1]. Je l'ai rencontrée au bal de l'Opéra ; je ne sais pas ce qu'ils sont devenus ; je crois qu'ils sont repartis.

Le Roi a fait des édits qui occasionneront peut-être de nouvelles brouilleries avec le Parlement [2]. J'espère qu'elles n'iront pas si loin que sous le dernier règne, et que le Roi maintiendra son autorité.

J'ai bien passé mon carnaval ; mais le surlendemain du mardi gras j'ai été prise de rhume et de mal de gorge. Je commence à sortir aujourd'hui ; je n'ai eu ni fièvre ni mal de tête comme bien d'autres.

Je serais bien affligée pour la reine de Naples si elle ne profitait pas du voyage de Gorice [3]. Il serait abominable aux Espagnols de l'en empêcher ; les Français ne seraient pas capables de cette barbarie, et je suis sûre que, quand on saura que ma chère maman viendra à Bruxelles, tout le monde préviendra mon désir.

Je ne m'attendais pas à tant de bonté et de tendresse pour ma dernière lettre ; j'ai laissé aller ma plume, et elle n'a pu rendre que faiblement les sentiments de mon cœur. Mon plus grand bonheur sera toujours dans le respect, la

---

Il avait la prétention que sa cour de Stuttgard rivalisât avec celle de Versailles pour les plaisirs, et son armée avec celle de France. On peut consulter sur lui les *Mémoires du duc des Cars*.

1. La comtesse de Hohenheim, qu'il épousa en 1786.

2. Le Parlement refusait d'enregistrer les édits de Turgot sur la suppression des jurandes, l'abolition de la corvée, la suppression partielle des privilèges pécuniaires, etc. Il fallut le lit de justice du 12 mars 1776 pour imposer l'enregistrement. Mais cette intempestive résistance du Parlement, que Walpole qualifiait de « scandaleuse », contribua à ébranler le contrôleur général ; voir sur cette opposition : *Les Causes financières de la Révolution française*, par Ch. Gomel.

3. L'Impératrice projetait un séjour à Goritz, où ses enfants devaient venir la voir.

tendresse et la reconnaissance pour la plus grande et la meilleure des mères !

(Archives impériales d'Autriche. *Éd.* ARNETH, *l. c.*, p. 169; ARNETH et GEFFROY, *l. c.*, II, 424.)

LIV.

A l'Impératrice Marie-Thérèse.

1776, 10 avril.

Versailles, le 10 avril 1776.

Madame ma très chère mère, l'arrivée du courrier m'a fait grand plaisir ; je craignais qu'il ne fût encore différé ; jamais je n'avais été si longtemps sans recevoir des nouvelles qui sont les plus chères à mon cœur. Quelle joie pour mon frère et toute sa famille ! Elle sera si pure et si juste que je ne puis me permettre d'en être jalouse ; je n'en sens pas moins l'affliction de tout l'avantage qu'ils ont sur moi. Je suis enchantée que ma chère maman a bien voulu m'envoyer la liste de son voyage ; elle soulagera mes inquiétudes, mais je ne serai entièrement rassurée que quand je saurai ma chère maman de retour à Vienne. Je suis bien fâchée que la reine de Naples ne partage pas la joie de ce précieux voyage ; j'avoue que j'aurais mieux aimé qu'elle y fût au lieu de l'Infante.

Il est bien vrai que j'ai été au bal la nuit [1], et Madame

---

[1]. La Reine était allée, le lundi gras, au bal de l'Opéra avec Monsieur et le comte d'Artois. Elle s'y était promenée entre Monsieur et la duchesse de Luynes. Un masque en domino noir ayant heurté Monsieur, celui-ci avait riposté par un coup de poing. Le masque se plaignit à un sergent, qui allait arrêter le prince, lorsqu'un officier des gardes du corps qui le suivait le fit reconnaître. L'aventure était arrivée à Vienne, grossie et commentée ; on avait prétendu que la Reine était restée seule pendant deux ou trois heures, etc. C'était faux ; la Reine s'était promenée un instant au

n'y a pas été; mais c'est que sa santé, qui depuis quelque temps n'est pas bonne, l'empêche de veiller.

J'enverrai à ma chère maman par le prochain courrier le dessin de mes différentes coiffures ; elle pourra les trouver ridicules, mais ici les yeux y sont tellement accoutumés qu'on n'y pense plus, tout le monde étant coiffé de même.

Quand Mercy m'a remis les lettres, je n'ai pu le voir qu'un moment. La première fois qu'il viendra je lui demanderai des détails sur l'abbaye de Messines [1]. Ma chère maman ne peut imaginer le plaisir que j'aurai d'être occupée d'une chose qui l'intéresse. Quand j'y mettrais tout mon temps, je ne pourrai jamais assez reconnaître ses bontés et sa tendresse.

(Archives impériales d'Autriche. *Éd.* Arneth, *l. c.*, p. 171; Arneth et Geffroy, *l. c.*, II, 433.)

LV.

A l'Impératrice Marie-Thérèse.

1776, 15 mai.

Versailles, le 15 mai 1776.

Madame ma très chère mère, j'ai été bien étonnée et effrayée en apprenant que le voyage de Gorice n'avait plus lieu [2]. J'avais grand besoin d'être rassurée par tout

bras du duc de Choiseul, mais jamais seule. Quant à Madame, si elle n'avait pas accompagné son mari et sa belle-sœur, c'était, écrivait Mercy, « par politique ».

1. Il s'agissait d'une contestation entre l'abbaye de Messines, dans la Flandre autrichienne, et l'abbaye d'Henin, dans la Flandre française, au sujet de biens situés en France. Malgré le comte de Saint-Germain, qui appuyait l'abbaye d'Henin, Vergennes donna raison à l'abbaye de Messines.

2. Une indisposition avait forcé l'Impératrice à renoncer à ce voyage.

ce que ma chère maman a la bonté de me mander sur sa santé ; j'espère qu'elle ne sera pas longtemps *grandig* [1], et qu'elle reprendra bientôt son humeur naturelle de bonté. Il fallait m'avertir, car à sa gracieuse lettre je ne m'en serais jamais doutée. Au reste, pour le splin, s'il continue à ma chère maman, je n'y connais qu'un remède, qui réussit à tous les Anglais, c'est de venir en France. M. de Malesherbes a quitté le ministère avant-hier ; il a été remplacé tout de suite par M. Amelot [2]. M. Turgot a été renvoyé le même jour [3], et M. de Clugny [4] le remplacera. J'avoue à ma chère maman que je ne suis pas fâchée de ces départs, mais je ne m'en suis pas mêlée [5].

1. *Grandig* est un provincialisme autrichien qui veut dire : de mauvaise humeur. « Vous avez si bien tracé ce mot allemand, écrivait à ce propos l'Impératrice, que j'ai encore reconnu la main de Mesmer. » Mesmer avait été le maître d'écriture de Marie-Antoinette.

2. Découragé par les obstacles qu'il rencontrait de tous côtés, Malesherbes avait donné sa démission. Turgot aurait voulu le remplacer par l'abbé de Véry, son ami. Mais Maurepas s'y opposa et, appuyé par la Reine, il fit nommer Amelot. « On ne dira pas, ajoutait-il plaisamment, que j'ai pris celui-là pour son esprit. » Amelot avait été maître des requêtes, intendant de Bourgogne et intendant des finances. Il était fils de Jean-Jacques Amelot, ministre des affaires étrangères sous Louis XV. Quand il quitta le ministère de la maison du Roi, en 1783, il fut créé marquis de Chaillou. Il mourut en 1793 dans la prison du Luxembourg.

3. Turgot, par ses réformes précipitées et par son attitude cassante, avait fini par mécontenter à peu près tout le monde. « M. Turgot, écrivait le comte de Creutz, se trouve en butte à la ligue la plus formidable, composée de tous les grands du royaume, de tous les parlements, de tous les financiers, de toutes les femmes de la cour et de tous les dévots. » Il s'était même aliéné le Roi par une lettre vraiment blessante qu'il lui avait écrite le 30 avril. Quant à la Reine, elle ne lui pardonnait pas d'avoir pris parti contre son protégé le comte de Guines. Aussi, excitée par son entourage, auquel elle ne savait guère résister, se joignit-elle à Maurepas et à tous les adversaires du contrôleur général pour peser sur son mari, et elle le fit renvoyer le 10 mai, le jour même où le comte de Guines était créé duc.

4. Jean-Étienne-Bernard de Clugny, ancien intendant de la marine sous le ministère du duc de Choiseul, alors intendant de Bordeaux. Homme médiocre et peu estimé, il ne fit que passer au contrôle général, détruisit les réformes de Turgot, et mourut le 18 octobre 1776.

5. On a vu par les détails donnés plus haut que Marie-Antoinette n'était pas sincère en écrivant cette phrase. Avait-elle déjà regret ou confusion

Je reviens à ce voyage, qui m'intéressait à tant de titres. Il est affreux pour moi de renoncer à l'espérance que j'avais pour l'année prochaine, et pour mes sœurs je sens et je partage bien leur chagrin et leurs regrets. Ils ne seront jamais si bien fondés, surtout pour la reine de Naples, qui a moins d'espérance que toute autre, et qui n'en a pas le cœur moins bon et sensible.

Quoique l'affaire de Messines soit fort peu de chose, elle occupe cependant deux ministres, MM. de Vergennes et de Saint-Germain, que j'ai encore revus ce matin; on m'a promis qu'elle sera bientôt finie. Ma chère maman permet-elle que je l'embrasse; mon respect et ma tendresse....

(Archives impériales d'Autriche. *Éd.* Arneth, *l. c.*, p. 172; Arneth et Geffroy, *l. c.*, II, 441.)

LVI.

A l'Impératrice Marie-Thérèse.

1776, 13 juin.

Marly, le 13 juin 1776.

Madame ma très chère mère, nous venons d'être bien inquiets pour le comte d'Artois. Sa rougeole, qui s'est dé-

de la part qu'elle avait prise à la chute de Turgot? Le ton brusque et hâté de cette lettre, la précipitation même avec laquelle elle l'avait écrite, oubliant de la signer et ne songeant pas même à ses habituels compliments à sa mère pour le jour de sa naissance — tout cela avait été remarqué à Vienne — tendrait à le faire supposer. En tout cas, l'Impératrice, tout en feignant de la croire, profita de l'occasion pour lui faire la leçon :
« Je suis bien contente, écrivit-elle, que vous n'avez point de part au renvoi des deux ministres, qui ont pourtant bien de la réputation dans le public, et qui n'ont manqué, à mon avis, que d'avoir trop entrepris à la fois. Vous dites que vous n'en êtes pas fâchée : vous devez avoir vos bonnes raisons; mais le public, depuis un temps, ne parle plus avec tant d'éloges de vous, et vous attribue tout plein de petites menées qui ne seraient convenables à votre place. » *Correspondance secrète,* II, 449-450.

cidée dès jeudi matin, nous a fait établir ici samedi. Il a été plus mal qu'on ne l'est ordinaire; sa toux a été si forte qu'il a craché un peu de sang; le mal de tête très violent et une fièvre assez considérable pendant plusieurs jours a fait craindre qu'il ne fût en danger. Tous les accidents ont cessé depuis hier; il est à la veille de la convalescence, qui exigera bien des ménagements. La comtesse d'Artois, qui avance toujours heureusement dans sa grossesse, est restée à Versailles; on l'a fait changer d'appartement pour qu'elle fût à l'abri de la rougeole. Du reste, son caractère tranquille lui a épargné bien de l'inquiétude, et on n'a pas eu de peine à lui cacher l'état de son mari. On compte qu'elle accouchera environ dans six semaines.

Comme tout le monde déménageait de Versailles, j'ai fait établir mon neveu à Trianon chez moi. Nous avons eu un moment peur pour ma sœur Élisabeth; elle a eu un mouvement de fièvre et de mal de tête, mais cela ne venait que d'une grosse dent qui a percé; elle est à cette heure avec nous et se porte à merveille.

Je n'ai pas pu avoir les dessins des coiffures lorsque le courrier est parti; ma chère maman a dû les recevoir par le courrier du baron de Breteuil. Il en est de la coiffure pour les femmes d'un certain âge comme de tous les articles de l'habillement et de la parure, excepté le rouge que les personnes âgées conservent ici, et souvent même un peu plus fort que les jeunes. Sur tout le reste, après quarante-cinq ans, on porte des couleurs moins vives et moins voyantes; les robes ont des formes moins ajustées et moins légères; les cheveux sont moins frisés et la coiffure moins élevée.

Il est affligeant pour moi que ma chère maman croyait à mon désavantage des rapports souvent faux et presque toujours exagérés. Je ne devine pas ce qu'on entend par des petites menées non convenables à ma place [1]; j'ai laissé nommer les ministres sans m'en mêler d'aucune manière; j'ai dit avec franchise à ma chère maman que je n'étais pas fâchée du départ des autres : c'est qu'ils mécontentaient presque tout le monde. Du reste, ma conduite et même mes intentions sont assez connues, et bien éloignées de menées et d'intrigues. Il peut y avoir des gens inquiets de ce qui se dit entre le Roi et moi; mais pour les satisfaire je ne renoncerai pas à entretenir la confiance qui doit rester entre mon mari et moi; j'espère d'ailleurs que l'opinion générale ne m'est pas si contraire qu'on l'a dit à ma chère maman. Mon goût pour la musique n'a pas cessé; je m'en occupe aussi souvent et avec autant de plaisir. Jusqu'au voyage de Marly j'ai eu toutes les semaines un concert chez moi, où je chantais avec plusieurs personnes. J'ai repris depuis quelque temps les lectures de l'*Histoire romaine* de Laurent Echard [2].

Il n'y a plus depuis deux mois de courses de chevaux. Le Roi chasse deux fois la semaine à Saint-Hubert; j'y vais souper très exactement, et quelquefois je chasse avec lui. J'ai attention aux gens âgés lorsqu'ils viennent me faire leur cour. Je conviens qu'il n'y en a beaucoup dans ma société particulière; mais doit-on dire à ma chère maman qu'elle n'est composée que de jeunesse non choisie, pendant que ce sont des gens de naissance et qui occupent presque tous des places et sont de l'âge de trente-cinq à quarante ans et plus?

Je n'ai rien à dire contre mes belles-sœurs, avec qui je vis bien; mais, si ma chère maman pouvait voir les choses

---

1. Voir la note de la page 120.
2. Laurent Echard, historien anglais, né en 1671, mort en 1730. Son *Histoire romaine* a été traduite en français par Daniel de Larroque et l'abbé Guyon, et revue par l'abbé Desfontaines (Paris, 1728-1742, 16 vol. in-12).

de près, la comparaison ne me serait pas désavantageuse. La comtesse d'Artois a un grand avantage, celui d'avoir des enfants; mais c'est peut-être la seule chose qui fasse penser à elle, et ce n'est pas ma faute si je n'ai pas ce mérite. Pour Madame, elle a plus d'esprit, mais je ne voudrais pas changer de réputation avec elle.

J'ai fini mon jubilé il y a huit jours; je l'ai terminé en faisant mes dévotions en même temps que la dernière station; pour le Roi, il en a encore trois à faire.

Je suis charmée de savoir que mon frère et ma sœur seront avec ma chère maman le mois de juillet [1]. L'état de la Reine m'inquiète; quand cela ne serait que des vapeurs, cela est toujours fâcheux à son âge.

Ma chère maman trouvera peut-être mon apologie trop vive, mais il ne m'est guère possible d'être tranquille quand je vois des rapports comme ceux-là. Ma chère maman excusera ma sensibilité, si elle rend justice au désir que j'ai de lui plaire et de la satisfaire. J'y attache tout mon bonheur.

(Autographe, Archives impériales d'Autriche. *Ed.* ARNETH, *l. c.*, p. 175; ARNETH et GEFFROY, *l. c.*, II, 452.)

LVII.

Au comte de Mercy.

[1776, commencement de juillet.]

L'abbé m'apprend, Monsieur le comte, que M. et Mme de Starhemberg [2] sont auprès de Paris et ne comptent pas venir me voir.

---

1. L'Impératrice attendait, comme elle le disait dans sa lettre du 30 juin, ses « enfants de Toscane et de Presbourg », c'est-à-dire le grand-duc Léopold et sa femme, et le duc et la duchesse de Teschen.
2. Georges Adam, prince de Stahremberg, né en 1724, mort en 1807, avait

J'en serais bien fâchée ; soyez, je vous prie, mon ambassadeur ; faites mes compliments à l'un et à l'autre, et assurez-les qu'ils me feront grand plaisir de venir à Marly, où la rougeole de Monsieur nous retiendra encore trois semaines.

J'espère, Monsieur le comte, que vous ne doutez pas de mes sentiments pour vous.

Ce samedi.

(Autographe, Archives impériales d'Autriche. *Ed.* ARNETH, *l. c.*, p. 181, note.)

LVIII.

A l'Impératrice Marie-Thérèse.

1776, 14 juillet.

Le 14 juillet.

Madame ma très chère mère, nos rougeoles sont finies le plus heureusement du monde. Celle du comte d'Artois a été plus effrayante d'abord ; il avait une toux si violente et si continuelle qu'il en a craché le sang ; il est parfaitement rétabli. La rougeole de Monsieur a été beaucoup moins forte et n'a donné aucune inquiétude ; cependant il n'est pas si bien rétabli que le comte d'Artois, et on lui a fait prendre du lait, qui ne lui a pas réussi. Nous sommes restés à Marly non seulement pendant la rougeole de mes frères et leur convalescence, mais jusqu'à ce qu'il n'y eût

été ambassadeur à Paris de 1753 à 1766 ; c'est lui qui avait signé avec Bernis le fameux traité de Versailles. Nommé ensuite ministre plénipotentiaire aux Pays-Bas, c'est-à-dire chef du gouvernement de ce pays sous le prince Charles de Lorraine, il avait accompagné la Dauphine à sa venue en France, comme envoyé extraordinaire. Sa femme était fille du prince Léopold de Salm.

plus de rougeole à Versailles, où il y en avait eu beaucoup ; par ces précautions, une médecine et le régime que le Roi a observé, il a été préservé et sa santé est très bonne.

Nous attendons incessamment l'accouchement de la comtesse d'Artois ; sa santé a été très bonne pendant toute sa grossesse, excepté que depuis quelques jours elle se plaint de quelques douleurs ; c'est ce qui fait croire qu'elle ne tardera pas d'être délivrée.

Mme de Chabrillant, fille de M. d'Aiguillon [1], est morte à Aiguillon, où elle était allée voir son père. Dès que j'ai su qu'elle était en danger, j'ai trouvé que si M. d'Aiguillon venait à perdre sa fille il serait inhumain de l'obliger à rester dans l'endroit où sa fille serait morte. J'ai demandé au Roi de lui laisser la liberté d'aller partout où il voudrait, excepté la cour ; le Roi me l'a accordé.

M. de Starhemberg est venu auprès de Paris ; sa femme a passé six ou sept jours dans la capitale. Quoique ce ne soit pas par eux que j'ai appris qu'ils étaient si près, je les ai fait inviter l'un et l'autre par M. de Mercy pour venir nous voir à Marly. Je désirerais fort de voir le mari, à cause de la confiance que ma chère maman a en lui. J'ai été fâchée qu'ils n'aient pas cru pouvoir répondre à mon invitation.

Je verrai l'abbé Thermes [2], puisqu'il vient de Vienne ; mais, comme ma chère maman ne lui a donné ni commission ni lettre, je crois que je pourrais me dispenser de faire conversation avec lui.

---

1. Mariée le 18 novembre 1766, à Jean-Dominique de Moreton, comte de Chabrillant.
2. L'abbé Jean-Baptiste de Terme, chanoine de la cathédrale de Saint-Étienne à Vienne, avait été catéchiste et confesseur de Marie-Antoinette en Autriche.

Je suis bien charmée que ma chère maman ne s'expose pas au voyage pendant les chaleurs; quoiqu'elle ait un grand plaisir à voir ses enfants, il vaut bien mieux que ce soit un jour plus tard que d'exposer une santé qui nous est si chère et si utile à ses peuples. A moins que le grand-duc ne craigne de trop déranger l'éducation de ses enfants, je ne vois pas comment il a pu se décider à n'en pas amener. Je crois que pour leur santé ils auraient bien supporté le voyage, ma nièce [1] ayant déjà neuf ans et demi.

La décision de Messines m'a fait plaisir; la complaisance du Roi ne m'en fera jamais tant que dans les occasions qui ont rapport à ma chère maman.

Je sens bien l'avantage et la bonté extrême de ma chère maman de vouloir me traiter en amie; c'est mettre le comble à tout ce qu'elle a fait pour mon établissement et mon éducation. Je ne crains que de n'être pas assez digne d'elle, si ce n'est par le cœur, le respect, la tendresse et la reconnaissance.

(Autographe, Archives impériales d'Autriche. Ed. ARNETH, l. c., p. 180; ARNETH et GEFFROY, l. c., II, 462.)

LIX.

A l'Impératrice Marie-Thérèse.

1776, 26 juillet.

Ce 26 juillet.

Madame ma très chère mère, le courrier qui va à Madrid m'a fait deux grands plaisirs : celui d'avoir des nou-

---

[1]. L'archiduchesse Marie-Thérèse, née en 1767, mariée en 1787 au roi de Saxe.

velles de ma chère maman, et celui de savoir l'arrivée de mes frères et sœurs.

Mme de Matignon [1] m'a comblée de joie en me parlant de toutes les bontés que ma chère maman a eues pour elle. Je l'ai trouvée bien maigrie; elle souffre beaucoup de son estomac; je crois que c'est un reste de lait, et j'espère qu'elle se remettra bientôt ici. C'est un grand mérite à son père de réussir si bien à Vienne, ayant trouvé beaucoup de prévention contre lui; son succès me fait grand plaisir. Ma tante Adélaïde m'a priée de recommander à ma chère maman une affaire pour laquelle elle réclame ses bontés; je ne lui détaillerai pas cette affaire, ma tante doit lui en écrire elle-même.

Le prince de Ligne [2] m'a présenté une supplique dont je n'ai pu lui refuser de parler à ma chère maman. Il a plusieurs biens en France, et il est au moment de gagner un procès qui lui assurera ceux qui lui sont contestés. Il craint avec raison de n'être pas à la suite le maître d'en jouir hors de France; il désirerait établir son second fils [3] en France, mais, avant de ne se rien permettre là-dessus, il sent bien qu'il a besoin de la permission de ma chère maman pour cela, et m'a priée de la lui demander. Si elle a la bonté de le permettre, j'en serais bien aise, et je prendrais cet enfant dans mon régiment jusqu'à ce qu'il pût être mieux.

1. Angélique-Élisabeth Le Tonnelier de Breteuil, marquise de Matignon, fille du baron de Breteuil.
2. Charles-Joseph, prince de Ligne, si connu par son esprit, si apprécié de toute la société d'alors, l'un des familiers de Trianon. Il se disait lui-même Français en Autriche, Autrichien en France. Plusieurs de ses écrits, ses lettres à la marquise de Coigny entre autres, sont de petits chefs-d'œuvre. Il s'était créé à Belœil, dans le Hainaut, une résidence charmante, dont le parc rivalisait avec celui de Trianon. Il mourut à Vienne en 1814, pendant le congrès.
3. Louis-Lamoral, prince de Ligne, né le 7 mai 1766, mort en 1813.

Le voyage de l'Empereur me fera le plus grand plaisir, dans quelque temps qu'il arrive ; mais il aime peu les bals et les spectacles, et le carnaval sera le temps le moins propre de tout voir et de tout examiner comme il en a le goût. Je profite du courrier qu'on renvoie au baron ; je ne veux pas le retarder, et je me borne à renouveler à ma chère maman mon respect et ma tendresse.

(Autographe, Archives impériales d'Autriche. *Éd.* Arneth, *l. c.*, p. 183 ; Arneth et Geffroy, *l. c.*, II, 431.)

LX.

A l'Impératrice Marie-Thérèse.

1776, 16 août.

Le 16 août.

Madame ma très chère mère, vous aurez déjà su l'heureux accouchement de la comtesse d'Artois ; sa santé va fort bien, et ni elle, ni sa fille n'ont éprouvé aucun accident[1].

Nous avons perdu le prince de Conti[2] ; il avait beau-

---

1. Quelque envie et quelque dépit qu'elle éprouvât de ces grossesses répétées de la comtesse d'Artois, que le public opposait malignement à sa propre stérilité, Marie-Antoinette fut parfaite pour sa belle-sœur plus heureuse qu'elle : « Personne de la famille royale, écrivait Mercy, n'a témoigné à cette princesse plus d'amitié, plus d'intérêt, plus de soins que ne lui en a marqué la Reine. Elle s'est occupée, journellement et de la meilleure grâce, tant de l'accouchée que de la princesse nouveau-née. » Cette jeune princesse, titrée Mademoiselle, mourut le 5 décembre 1783.

2. Le prince de Conti, après avoir servi brillamment dans l'armée et gagné la bataille de Coni, était devenu le chef de la diplomatie secrète de Louis XV. Il avait aspiré au trône de Pologne, mais avait échoué dans sa tentative, et après ses démêlés avec le maréchal de Saxe s'était retiré au Temple, dont son amie, la comtesse de Boufflers, faisait les honneurs. Il réunissait là une société élégante et spirituelle de jeunes seigneurs, de femmes à la mode, d'hommes de lettres, et il était le chef du parti libéral et parlementaire. Il mourut le 2 août 1776, à cinquante-huit ans.

coup d'esprit, mais il était bien dangereux par ses intrigues continuelles avec les Parlements.

J'ai été ravie de voir, mardi dernier, le comte Dominique Kaunitz[1]; mais, comme ce n'était qu'en cérémonie, je ne l'ai vu qu'un instant, et il est revenu hier me voir en particulier. J'ai eu grand plaisir à causer avec lui, et surtout à être entièrement rassurée sur la santé de son père, dont j'étais fort inquiète; je sens quelle perte ma chère maman ferait. Je serais aussi fort affligée de la mort de Störk[2]; j'espère qu'il s'en tirera, n'étant pas encore âgé et se portant assez bien du reste.

Je serais fort aise de voir M. de Starhemberg, sachant combien il a la confiance de ma chère maman; pour moi, je ne saurais assez me louer de l'honnêteté de M. de Mercy dans toutes les occasions.

J'envie bien le bonheur du Grand-Duc et de sa femme, mais je ne puis m'empêcher de penser au moment de leur départ, qui leur sera bien amer, et la tendresse de ma chère maman en souffrira sûrement aussi. Je conçois que la fatigue du voyage ait maigri ma sœur Marie, mais le bonheur de se retrouver avec une mère qui est adorée de tous ses enfants doit beaucoup contribuer à son rétablissement. Ma chère maman permet-elle que je l'embrasse et que je finisse, car je suis dans mon lit avec la migraine; mais je ne veux pas retarder le courrier.

(Autographe, Archives impériales d'Autriche. Éd. Arneth, l. c., p. 184; Arneth et Geffroy, l. c., II, 474; fragm. de fac-similé, Geffroy, *Gustave III et la cour de France*, II, 333.)

1. Le comte Dominique de Kaunitz, fils du célèbre ministre de Marie-Thérèse, ambassadeur d'Autriche à Madrid.
2. Antoine de Störck, médecin de l'Impératrice.

LXI.

A l'Impératrice Marie-Thérèse.

1776, 14 septembre.

Ce 14 septembre 1776.

Madame ma très chère mère, ma fièvre est finie depuis huit jours; actuellement je ne suis point fâchée d'en avoir eu quelques accès, quoiqu'on en souffre beaucoup. Le quinquina, que j'ai pris après, m'a occasionné une grande fonte d'humeurs et une espèce de débordement de bile. On a été obligé de me purger; je suis très bien actuellement, et j'ai repris le quinquina. Ma chère maman peut être sûre que j'observerai le régime, ne fût-ce que la bonté et l'inquiétude qu'elle veut bien prendre pour son enfant. Nous avons ordinairement un très bel automne à Fontainebleau; je n'en abuserai pas, et je serai toujours rentrée de très bonne heure.

Le prince de Ligne est à son régiment; je lui ai fait savoir les intentions de ma chère maman. Quoiqu'il soit très aimable et très aimé ici, je n'en connais pas moins sa légèreté.

J'ai pris à moi pour survivancier de M. de Tessé M. le comte de Polignac, colonel du régiment du Roi et homme de très bonne maison. Il est mari d'une femme [1] que j'aime infiniment. J'ai voulu encore prévenir les demandes des Noailles [2], qui sont une tribu déjà trop puissante ici.

---

1. Yolande-Gabrielle de Polastron, comtesse, puis duchesse de Polignac, la célèbre amie de la Reine.
2. Les Noailles furent, en effet, très froissés de cette survivance du marquis de Tessé accordée au comte de Polignac.

J'ai vu hier Mme de Sinzendorff [1], qui m'a remis la lettre de ma chère maman. Nous avons causé une heure et demie ensemble ; son mari [2] n'a pas pu venir à cause de sa santé ; il va pourtant mieux, mais il a une espèce de gale sur le visage qui l'empêche de se montrer. J'ai été fort contente d'elle, et j'ose dire même que je l'ai trouvée mieux dans la conversation que je n'y comptais.

J'ai été frappée du malheur de Ferdinand [3] ; quand j'aurais comme lui l'espérance d'avoir beaucoup d'enfants, je serais inconsolable de la perte d'un premier fils. Celui de la reine de Naples m'a bien inquiétée, et je ne suis pas encore bien rassurée sur la santé de la mère.

Je n'ai rien à dire sur les bracelets [4] ; je n'ai pas cru qu'on pût chercher à occuper la bonté de ma chère maman de pareilles bagatelles.

M. d'Angivilliers m'a apporté le beau présent que M. de Mercy lui a remis [5] ; il n'y a que le cœur de ma chère maman qui puisse faire des présents aussi noblement. J'en suis toute glorieuse ; je le serais bien davantage si je pouvais espérer de lui ressembler un jour, quoique im-

---

1. Marie-Anne de Schwarzenberg, comtesse de Sinzendorf.
2. Le comte Louis de Sinzendorf, ministre des affaires intérieures ; né en 1721, mort en 1780.
3. Il venait de perdre son fils, et en avait été si affecté qu'il était tombé malade ; on avait dû le saigner.
4. La Reine, si économe jadis, avait pris un goût extrême pour les pierreries ; elle venait d'acheter encore des bracelets ornés de diamants, du prix de 250,000 livres, et cette acquisition, après plusieurs autres, avait tellement dérangé ses finances, qu'elle avait dû demander deux mille louis au Roi. Mercy avait prié l'Impératrice d'adresser des observations à sa fille, et Marie-Thérèse l'avait fait avec son habituelle vivacité : « L'histoire des diamants m'a humiliée. Cette légèreté française, avec ces extraordinaires parures ! Ma fille, ma chère fille, la première reine, le deviendrait elle-même ! Cette idée m'est insupportable ! » Lettre du 29 septembre 1776. *Correspondance secrète*, II, 485.
5. Voir *Correspondance secrète*, II, 489, note.

parfaitement. ermet-elle que je l'embrasse de toute la tendresse de mon âme ?

(Archives impériales d'Autriche. *Éd.* Arneth, *l. c.*, p. 188; Arneth et Geffroy, *l. c.*, II, 486.)

LXII.

A l'Impératrice Marie-Thérèse.

1776, octobre.

Fontainebleau, octobre 1776.

Madame ma très chère mère, je suis bien honteuse des excuses que j'ai à faire à ma chère maman pour le retard de mes vœux et de mes hommages à l'occasion de la Sainte-Thérèse [1] ; le voyage de Choisy et le départ pour Fontainebleau m'avaient un peu dérangée, et j'espérais que ce courrier arriverait plus tôt. J'éprouve en toute occasion combien il est fâcheux pour moi d'être si éloignée de ma chère maman.

Le chagrin de Ferdinand me paraît bien naturel ; je suis bien impatiente de le savoir rétabli et de le voir dédommagé par la naissance d'un second fils. Les bonnes nouvelles de Naples me font grand plaisir. Ma chère maman peut être entièrement rassurée sur ma santé ; j'ai assez bien suivi le régime et les ménagements pour que les médecins ne craignent plus le retour de la fièvre. Ma chère maman peut bien croire que, s'il y avait eu le

---

[1]. Distraite par les plaisirs de Fontainebleau, la Reine n'avait point écrit à temps pour la Sainte-Thérèse. Ne sachant comment s'excuser de cette négligence, elle voulait antidater une lettre et l'envoyer par la poste. Mercy l'en dissuada, en lui représentant que la meilleure manière de réparer une faute était de l'avouer et de n'y plus retomber. La Reine alors prit un moyen terme et ne data sa lettre qu'incomplètement.

moindre changement dans mon état, je l'en aurais instruite tout de suite. J'en suis assez affligée, mais pourtant je dois convenir qu'il n'y a rien de reculé et que je conserve toujours bonne espérance.

Mme Sinzendorff doit passer quelques jours ici avec son mari, qu'elle conduit à Montpellier ; je suis ravie qu'elle ait été contente de moi ; je l'ai été d'elle, quoique toutes ses formes ne soient pas également agréables. Je la crois femme de mérite et essentielle. Je souhaite qu'elle puisse venir pendant que nous avons encore beau temps, pour qu'elle puisse jouir de Fontainebleau et de ses environs, dont les situations sont assez singulières.

J'espère que mon frère et ma belle-sœur, ayant encore beau temps, arriveront heureusement à Florence. Je ne me flatte pas d'avoir les talents et les dispositions que ma bonne maman me suppose ; mais je n'oublierai rien pour profiter de ses bons avis, trop heureuse si je pouvais y réussir et mériter sa tendresse et ses bontés.

(Archives impériales d'Autriche. Éd. ARNETH, *l. c.*, p. 193 ; ARNETH et GEFFROY, *l. c.*, II, 507.)

LXIII.

A l'Impératrice Marie-Thérèse.

1776, 12 novembre.

Le 12 novembre 1776.

Madame ma très chère mère, la bonté de ma chère maman pour mon jour de naissance et son extrême indulgence pour mon oubli m'en font un reproche bien sensible. Comment pourrais-je oublier un seul instant tout ce que ma chère maman a fait pour moi ? Ses exemples feront toujours ma gloire, et je serais trop heureuse si je pouvais les imiter, quoique de loin.

Notre voyage s'est fort bien passé; le Roi a chassé trop souvent pour que je pusse l'accompagner chaque fois, mais j'y ai été très souvent. J'irai mercredi avec lui à une fameuse course de chevaux [1]; nous vivons toujours dans une très bonne union et intimité.

La Sinsin [2] est partie, à ce qu'il m'a paru, fort contente de ce pays-ci, mais très inquiète avec raison sur l'état de son mari, qui est parti bien souffrant. Le baron de Breteuil vient d'arriver, j'espère le voir aujourd'hui; j'ai grande impatience de le voir, pour causer avec lui, et surtout pour m'assurer de la santé de ma chère maman.

Le général Pellegrini [3] a passé trop peu de temps ici pour bien connaître cette cour-ci; j'espère cependant qu'il ne sera pas mécontent du petit séjour qu'il y a fait.

Je viens de voir le baron; il m'a remis la lettre de ma chère maman; je suis charmée qu'elle est aussi contente de lui; je n'ai pu le voir qu'un instant à cause de la fête, mais il restera jusqu'à notre départ, et je n'en aurai trop pour causer avec lui de tous les détails qui m'intéressent pour ma chère maman, ma famille et ma patrie.

Je finis ma lettre pour aller aux vêpres, et supplie ma chère maman de me conserver ses bontés; mon plus grand désir est et sera toujours de les mériter.

(Archives impériales d'Autriche. *Éd.* Arneth, *l. c.*, p. 195; Arneth et Geffroy, *l. c.*, II, 515.)

1. Il y eut, le 13 novembre, une course de chevaux dont parlèrent tous les chroniqueurs. Le comte d'Artois y faisait courir un cheval anglais, nommé *King Pepin*, mais fut battu par le duc de Chartres. Le Roi assistait à cette course, quoiqu'il n'aimât guère ce genre de plaisir.

2. La comtesse de Sinzendorf.

3. Le général comte Charles Pellegrini, directeur du génie et des fortifications; né à Vérone en 1720, mort en 1796.

LXIV.

A l'Impératrice Marie-Thérèse.

1776, 16 décembre.

Le 16 décembre 1776.

Madame ma très chère mère, dans le vrai je pourrais me dire malheureuse des différents jugements qu'on porte sur moi. Tandis qu'on persuade à ma chère maman que je ne suis qu'en société de gens aussi jeunes que moi, ici depuis un an les très jeunes gens se croyaient mal traités et éloignés de moi, et il n'y a pas quinze jours que l'on parlait d'une petite intrigue entre eux pour ne pas venir à mes bals. Ils y sont pourtant tous venus, et même il y a des enfants qui ont l'air de sortir du collège. J'ai cru avoir mandé à ma chère maman que j'avais été à la grande course de Fontainebleau avec le Roi, et que je chasse avec lui tant que je puis. J'ai été enchantée pour la reine de Naples du départ de M. Tanucci [1]. Quoiqu'elle se soit toujours bien conduite à son égard, c'est toujours un grand avantage de s'en être débarrassé. Je trouve que ma sœur et le Roi se sont conduits fort adroitement dans cette affaire.

Nos bals sont commencés depuis ce mois-ci ; j'y danse avec plaisir ; mais je compte bien de ne m'y pas fatiguer comme les années dernières.

Ma chère maman est bien bonne de s'intéresser à ma santé ; quoiqu'elle soit bonne, je prends depuis quinze

---

1. Bernard, marquis de Tanucci, auteur du *Codice Carolino* ; tout-puissant sous Charles III, il l'était resté sous son fils Ferdinand. La reine Caroline ne l'aimait pas plus que sa sœur l'Infante de Parme n'aimait le marquis de Felino. Elle réussit à le faire partir en octobre 1776. Né en 1698, Tanucci mourut en 1783.

jours des eaux de Walsch [1] et des bols, que mon médecin croit bonnes pour dissiper un petit embarras que j'ai à la rate depuis ma fièvre tierce, et qui me fait souffrir effectivement. Depuis que je prends ces eaux, la douleur est plus rare et moins forte.

Ma chère maman peut imaginer le plaisir que j'aurai à voir l'Empereur; il y a si longtemps que je l'espère que je n'ose pas encore y compter. Outre ma satisfaction, le plus grand bonheur pour moi serait qu'après avoir vu les choses comme elles sont, il pût désabuser ma chère maman des préventions qu'on cherche à lui donner contre moi. Elles m'affligent beaucoup, et je n'aurai jamais de bonheur qu'en lui persuadant que je conserverai jusqu'au dernier jour de ma vie le respect et la reconnaissance pour ses bontés, qui n'ont point de pareilles.

(Archives impériales d'Authiche. *Éd.* Arneth, *l. c.*, p. 198; Arneth et Geffroy, *l. c.*, II, 534.)

LXV.

A l'Impératrice Marie-Thérèse.

1777, 16 janvier.

Versailles, ce 16 janvier 1777.

Madame ma très chère mère, je suis comblée de l'espérance de voir bientôt mon frère; je n'ai pas besoin de le dire, ma chère maman le sait bien, il me sera dur de ne pouvoir le loger auprès de moi [2]. On en sera surpris, mais

---

[1]. Vals, dans l'Ardèche.
[2]. L'Empereur, qui comptait arriver à Paris vers la fin de janvier, tenait à vivre en France dans le plus strict incognito. Il avait consenti à loger chez l'ambassadeur, « pourvu que toute apparence d'un grand appartement de réception fût évitée. » Il ne voulait accepter de logement ni au château

je sacrifie tout à son goût; il sera logé et vivra comme il l'ordonnera; le voir et causer avec lui, ce sera un si grand bonheur pour moi! Je compte sur son amitié, il doit être sûr de la mienne; et, quand la sienne serait égale, je gagnerais bien plus que lui, puisqu'il me parlera de ma chère maman, dont je suis si éloignée. Je suis persuadée que le voyage de l'Empereur fera bien à tous égards; je connais bien sa discrétion et parlerai en confiance. Passé le premier moment, qui aura peut-être un peu d'embarras, le Roi sera content de le voir et de lui parler : il ne peut s'en suivre que du bien, et pour les affaires et pour moi. Ma santé va fort bien, le carnaval est court, et d'ailleurs je m'y ménage; j'espère en être moins fatiguée que les années dernières. Je voudrais avoir la même espérance pour le carême de ma chère maman; sa santé et le bonheur de la satisfaire sont mes plus grands désirs. Permet-elle que je l'embrasse?

(Archives impériales d'Autriche. *Ed.* Arneth, *l. c.*, p. 200; Arneth et Geffroy, *l. c.*, III, 3.)

LXVI.

A l'Impératrice Marie-Thérèse.

1777, 17 février.

Versailles, le 17 février 1777.

Madame ma très chère mère, je puis entièrement rassurer la bonté de ma chère maman. Ma santé est très

de Versailles ni à Trianon, et avait chargé Mercy de lui retenir dans la ville de Versailles « une couple de chambres » pour son usage. On peut voir dans la *Correspondance secrète du comte de Mercy avec l'empereur Joseph II et le prince de Kaunitz*, II, 429 et suiv., le détail des précautions minutieuses que l'Empereur comptait prendre pour assurer son incognito.

bonne et s'est bien soutenue à la fin du carnaval ; je prends pourtant des bouillons rafraîchissants depuis trois jours, et je compte qu'après cela je me porterai mieux qu'avant. J'ai vu hier Mercy ; il m'a parlé de tout ce dont ma chère maman l'a chargé. Je suis plus révoltée qu'étonnée des vilainies et méchancetés du mauvais voisin [1] ; peut-être lui-même est-il trompé sur quelques points par le ministre qu'il a ici [2] ; il est connu depuis longtemps pour un homme peu scrupuleux et qui, pour se faire valoir auprès de son maître, n'hésite pas à lui mander toutes sortes de fables.

Je dois avouer à ma chère maman que j'ai profité non seulement des bals chez moi, mais encore de ceux de l'Opéra à Paris ; mais je n'y ai été qu'après en avoir parlé au Roi et m'être assurée que cela ne lui déplairait pas. Il m'a répondu de bonne amitié que je pouvais aller autant que cela m'amuserait ; au reste je n'y ai jamais été qu'avec Monsieur, qui me donnait toujours le bras dans le bal. Sur le dernier temps la comtesse d'Artois y est aussi venue. Il est bien triste pour moi que ma chère maman s'est toujours affectée de pareils bruits.

Quoique j'aie fort peu d'expérience des affaires, je ne puis me défendre d'une grande inquiétude sur tout ce qui se passe en Europe de tout côté. Il serait bien terrible si les Turcs et les Russes recommençaient la guerre. Au moins pour ce pays-ci, je suis bien sûre qu'on a grand désir d'entretenir la paix. Si mon frère était venu, je pense bien, comme ma chère maman, que la connaissance qu'il

---

1. Frédéric II. Dans les rapports de son ambassadeur à Paris, interceptés à Vienne, se trouvaient des anecdotes généralement peu favorables à la Reine.

2. Le baron de Goltz. Il passait pour peu scrupuleux dans le choix de ses moyens d'information et la rédaction de ses dépêches. Il ne se faisait pas faute d'altérer la vérité pour plaire à son maître, et, quand il n'avait pas de nouvelles, d'en inventer.

aurait faite avec le Roi aurait été fort utile pour le bien et la tranquillité générale. Ce serait le plus grand bonheur si la confiance pouvait s'établir entre ces deux souverains qui me touchent de si près; ils pourraient finir bien des choses par eux-mêmes, et ils seraient à l'abri de la maladresse et de l'intérêt personnel de leurs ministres.

Le grand aumônier [1] est à l'extrémité; le prince Louis [2] le remplacera dans cette charge. J'en suis bien fâchée, et c'est bien à contre-cœur que le Roi le nommera; mais il y a deux ans qu'il s'est laissé surprendre par M. de Soubise et Mme de Marsan une demi-promesse, qu'ils ont rendue entière en remerciant, et qu'ils ont bien su faire valoir dans ce moment-ci. S'il se conduit comme par le passé, cela fera beaucoup d'intrigues ici.

Malgré mon trouble et mes inquiétudes pour la guerre, il me semble pourtant que tout peut encore se concilier. C'est mon plus grand désir, et, outre les maux affreux qui en résulteraient, je serais surtout accablée des peines et chagrins qu'en aurait ma chère maman. Sa santé et sa satisfaction, c'est le plus ardent de mes vœux. Permet-elle que je l'embrasse?

(Archives impériales d'Autriche. *Éd.* ARNETH, *l. c.*, p. 204; ARNETH et GEFFROY, *l. c.*, III; 21.)

---

1. *Charles-Antoine de la Roche-Aymon*, grand aumônier depuis 1760, archevêque de Reims en 1762, cardinal en 1772. Il avait baptisé Louis XVI et bénit son mariage. Ce fut lui aussi qui assista Louis XV à ses derniers moments et qui officia à la cérémonie du sacre de Louis XVI. Il mourut le 27 octobre 1777.

2. Le prince Louis de Rohan, qui remplaça en effet le cardinal de la Roche-Aymon comme grand aumônier, malgré l'opposition de la Reine. Le prince avait eu une promesse de Louis XV, confirmée par Louis XVI à son avènement; mais d'autre part la Reine avait fait jurer à son mari que jamais le coadjuteur de Strasbourg ne serait grand aumônier. Tiraillé en sens contraires et pressé par la comtesse de Marsan, le pauvre Roi crut s'en tirer en faisant prendre au prince de Rohan l'engagement qu'il ne resterait qu'*un an* grand aumônier. L'engagement naturellement ne fut pas tenu.

LXVII.

A l'Impératrice Marie-Thérèse.

1777, 4 mars.

Versailles, 4 mars 1777.

Madame ma très chère mère, le Roi est enrhumé et depuis huit jours n'a pas quitté sa chambre; je lui ai tenu fidèle compagnie; son rhume commence à mûrir, j'espère qu'il en sera bientôt quitte. Les eaux de Plombières sont un rêve du gazetier; je n'y ai jamais pensé, et je serais très fâchée d'être obligée à m'éloigner si longtemps du Roi.

Je pense bien comme ma chère maman sur le prince Louis, que je crois de fort mauvais principes et très dangereux par ses intrigues, et s'il n'avait tenu qu'à moi il n'aurait pas de place ici. Au reste, celle de grand aumônier ne lui donne aucun rapport avec moi et n'aura pas grande parole du Roi, qu'il ne verra qu'à son lever et à l'église.

Je ne puis tout à fait me refuser à l'espérance si douce de voir mon frère ici [1]; indépendamment de mon bonheur particulier, je suis bien persuadée que le bien public gagnera beaucoup à la connaissance qui se fera entre le Roi et lui.

Je suis charmée que la table soit arrivée en bon état; puisse-t-elle rappeler à ma chère maman une fille qui ne

---

1. Le voyage de l'Empereur, qui devait primitivement s'effectuer au commencement de janvier, avait été ajourné par les rigueurs de l'hiver, la neige qui encombrait les chemins, et aussi certains mouvements du roi de Prusse qui inquiétaient Joseph II.

pourra jamais assez lui prouver sa tendresse et son respect [1].

(Archives impériales d'Autriche. *Éd.* Arneth, *l. c.*, p. 207; Arneth et Geffroy, *l. c.*, III, 30.)

LXVIII.

Au comte de Mercy.

[1777, vers le 18 avril.]

Nous sommes en querelle depuis ce matin, le Roi, M. de Vergennes et moi. Ces Messieurs soutiennent que mon frère est arrivé cette nuit [2]; moi je dis qu'il est impossible qu'il soit à Paris sans que vous le sachiez et qu'alors vous me l'auriez mandé tout de suite. Je vous prie de me répondre tout de suite pour savoir à quoi m'en tenir.

A onze heures trois quarts.

(Autographe, Archives impériales d'Autriche. *Éd.* Arneth, *l. c.*, p. 208, avec fac-similé à la fin du volume.)

LXIX.

A l'Impératrice Marie-Thérèse.

1777, 14 juin.

Versailles, le 14 juin 1777.

Madame ma très chère mère, il est vrai que le départ de l'Empereur m'a laissé un vide dont je ne puis reve-

---

1. L'Impératrice trouva cette lettre bien courte et n'en fut pas contente. Voir le recueil de MM. d'Arneth et Geffroy, t. III, p. 30, note.
2. L'Empereur arriva à Paris le vendredi 18 avril, à sept heures et demie du soir, sous le nom de comte de Falckenstein.

nir[1] ; j'étais si heureuse pendant ce peu de temps que tout cela me paraît un songe dans ce moment-ci. Mais tout ce qui n'en sera jamais un pour moi, c'est tous les bons conseils et avis qu'il m'a donnés et qui sont gravés à jamais dans mon cœur.

J'avouerai à ma chère maman qu'il m'a donné une chose que je lui ai bien demandée et qui me fait le plus grand plaisir : c'est des conseils par écrit qu'il m'a laissés[2]. Cela fait ma lecture principale dans le moment présent, et, si jamais (ce dont je doute) je pouvais oublier ce qu'il m'a dit, j'aurais ailleurs ce papier toujours devant moi qui me rappellerait bientôt à mon devoir.

Ma chère maman aura vu par le courrier qui est parti hier combien le Roi s'est bien conduit dans les derniers moments que mon frère a été ici. En tout j'ose assurer à

---

1. L'Empereur avait quitté Versailles le 30 mai, à minuit, et Paris le lendemain matin. On peut consulter sur son séjour, sur ses visites à Paris, sur ses longs entretiens avec le Roi et la Reine, sur les conseils qu'il avait donnés à sa sœur, la longue dépêche de Mercy du 15 juin 1777, dans le recueil de MM. d'Arneth et Geffroy, III, 49 et suiv.

2. Ces conseils ont été publiés par M. le chevalier d'Arneth, *Marie Antoinette, Joseph II und Leopold II*, p. 4-18. Ils sont très détaillés et très longs ; Mercy les eût voulu plus courts et plus simples. Ils sont aussi extrêmement sévères et ne donneraient pas une idée juste de l'opinion de l'Empereur sur la Reine, si on ne les contrôlait par ses lettres à Marie-Thérèse et à Léopold. Au fond, il avait été séduit par Marie-Antoinette : « J'ai quitté Versailles avec peine, écrivait-il à sa mère, attaché vraiment à ma sœur ; j'ai trouvé une espèce de douceur de vie à laquelle j'avais renoncé, mais dont je vois que le goût ne m'avait pas quitté. Elle est aimable et charmante ; j'ai passé des heures et des heures avec elle, sans m'apercevoir comment elles s'écoulaient.... Il m'a fallu toute ma force pour trouver des jambes pour m'en aller. » (*Correspondance secrète du comte de Mercy avec l'empereur Joseph II*, III, 86.) Et il écrivait à Léopold : « C'est une aimable et honnête femme, un peu jeune, peu réfléchie, mais qui a un fonds d'honnêteté et de vertu, dans son âge, vraiment respectable. Avec cela, de l'esprit, et une justesse de pénétration qui m'a souvent étonné. Son premier mouvement est toujours le vrai ; si elle s'y laissait aller, réfléchissait un peu plus et écoutait un peu moins les gens qui la soufflent, dont il y a des armées et de différentes façons, elle serait parfaite. » (*Maria Theresia und Joseph II*, II, 139.)

ma chère maman que je le connais bien et qu'il a été véritablement affecté de ce départ. Comme il n'a pas toujours les formes pour lui, il lui est moins aisé de prouver à l'extérieur ses sentiments; mais tout ce que j'en vois me prouve qu'il est bien véritablement attaché à mon frère et qu'il a beaucoup d'amitié pour lui. Dans le moment de ce départ où j'étais le plus au désespoir, le Roi a eu des attentions et des recherches de tendresse pour moi que je n'oublierai de ma vie, et qui m'y attacheraient si je ne l'étais déjà.

Il est impossible que mon frère n'ait pas été content de la nation d'ici[1], car, pour lui qui sait examiner les hommes, il doit avoir vu que, malgré la grande légereté qui est établie, il y a pourtant des hommes faits et d'esprit, et en général un cœur excellent et beaucoup d'envie de bien faire. Il n'y a qu'à bien mener. Il en voit un exemple à cette heure dans la marine, dont il est très content et dont j'imagine il rendra compte à ma chère maman.

Je reçois dans l'instant par la poste une lettre de ma chère maman. Quelle bonté que, dans le moment où elle a tant d'affaires, elle veut bien encore penser à mon jour de nom! Cela me rend bien confuse. Elle veut faire des vœux pour mon bonheur; ah! le plus grand de tous est de la savoir contente de moi, de mériter toujours ses bontés, et de pouvoir lui persuader que personne au monde ne l'aime plus tendrement et plus respectueusement que moi.

(Copie, Archives impériales d'Autriche. Éd. Arneth, l. c., p. 208; Arneth et Geffroy, l. c., III, 480; Feuillet de Conches, l. c., I, 97, d'après un prétendu original de son cabinet (2).)

1. Après avoir quitté Paris et Versailles, l'Empereur continuait son voyage à travers la France.
2. M. Feuillet de Conches a donné (t. III, p. xxviii) le fac-similé de cette lettre avec la signature Marie-Antoinette. Le prétendu autographe a été certainement fabriqué. Voir Geffroy, Gustave III et la Cour de France, II, 310.

LXX.

A l'Impératrice Marie-Thérèse.

1777, 16 juin.

Versailles, le 16 juin 1777.

Madame ma très chère mère, ma séparation de mon frère m'a donné une cruelle secousse ; j'ai souffert tout ce qui est possible, et je ne puis me consoler qu'en pensant qu'il a partagé ma peine ; toute la famille d'ici en a été touchée et attendrie. Mon frère a eu une conduite si parfaite avec tout le monde qu'il emporte les regrets et l'admiration de tous les états ; on ne l'oubliera jamais. Pour moi je serais bien injuste si ma douleur et le vide que j'éprouve ne me laissaient que des regrets. Rien ne peut payer le bonheur dont j'ai joui et les marques d'amitié qu'il m'a données. J'étais bien sûre qu'il ne voulait que mon bonheur, et tous ses conseils en sont la preuve ; je ne les oublierai pas. Il ne lui a manqué que le temps nécessaire pour connaître plus particulièrement les gens avec qui j'ai à vivre.

Je me suis mise à la discrétion du peintre pour autant qu'il voudra et dans l'attitude qu'il voudra. Je donnerais tout au monde pour qu'il pût réussir et satisfaire ma chère maman; quand je ne devrais pas tout faire pour la contenter, qui pourrait résister à la tendresse avec laquelle elle s'occupe de ma figure ?

Le beau temps a commencé le jour que mon frère est parti : s'étant bien porté ici, j'espère pour la suite du voyage. Je ne crains que pour son courage, qui lui fait prendre plus de fatigue qu'un homme n'en peut porter.

Les grandes chaleurs ne doivent naturellement commencer qu'après le temps où il sera sorti des provinces méridionales.

On croit la comtesse d'Artois encore grosse. C'est un coup d'œil assez désagréable pour moi, après plus de sept ans de mariage; il y aurait pourtant de l'injustice à en montrer de l'humeur. Je ne suis pas sans espérance; mon frère pourra dire à ma chère maman ce qui en est. Le Roi a causé avec lui sur ce chapitre avec sincérité et confiance.

Je suis bien charmée que la maladie du prince Albert [1] n'a pas eu des suites. Ma chère maman me permettra-t-elle une petite représentation? Elle a la bonté de me rassurer sur les ménagements dont elle a besoin. Je désirerais beaucoup qu'elle diminuât de son travail et de ses jeûnes; pour le mouvement et la dissipation, elle ne peut que lui être salutaire. Comment ma chère maman peut-elle craindre d'être à charge? Tout ce qui a le bonheur d'approcher d'elle aura toujours de la joie de ce qui lui sera utile ou commode; j'en répondrais bien.

Je reçois dans l'instant une lettre de mon frère, de Brest; il m'en paraît fort content [2]. Comme le courrier doit partir tout de suite, ma chère maman me permettra de me borner à l'assurer de ma tendresse respectueuse.

(Archives impériales d'Autriche. *Éd.* Arneth, *l. c.*, p. 210; Arneth et Geffroy, *l. c.*, III, 84.)

1. Le prince Albert de Saxe, duc de Teschen.
2. A Brest, l'Empereur avait admiré le port et les travaux récemment exécutés; mais il avait remarqué que les magasins étaient vides et les navires mal armés.

LXXI.

A l'Impératrice Marie-Thérèse.

1777, 19 août.

Versailles, le 19 août 1777.

Madame ma très chère mère, ma santé est entièrement remise à cette heure, et les bontés de ma chère mère achèvent la guérison s'il y manquait encore quelque chose. Mon côté est aussi très bien, et je n'y ai point du tout souffert dans cette fièvre-ci [1]. L'idée des eaux de Carlsbad m'en donne presque des regrets; ce serait un bonheur bien grand pour moi si je pouvais espérer jamais de me trouver aussi près de ma chère maman : tout ce qu'elle veut bien dire sur cela me pénètre de reconnaissance. Je me représente la joie qu'aura eue ma chère maman de revoir l'Empereur plus tôt qu'elle ne comptait; il m'a mandé qu'il devait faire une surprise et se trouver le 2 à Vienne. J'étais bien sûre qu'il ne tiendrait pas à aller au camp sans au moins passer quelques jours à Vienne; je suis bien soulagée de savoir enfin ses courses finies. Belgiojoso [2], qui est revenu, m'a assuré qu'il se porte très bien et qu'il n'était point fatigué. Il est bien heureux qu'il soit sorti à temps de ce pays-ci, car depuis huit jours il fait même ici une chaleur très grande et qui aurait pu l'incommoder beaucoup dans les pro-

---

1. La Reine avait été menacée de fièvre tierce.
2. Le comte Louis-Charles de Belgiojoso, ministre d'Autriche à Stockholm en 1764, puis ambassadeur à Londres en 1770, avait accompagné Joseph II à Paris. En 1783, il succéda au prince de Stahremberg comme ministre plénipotentiaire des Pays-Bas, fut activement mêlé au conflit de l'Empereur avec la Hollande pour la convention de l'Escaut, et resta en Belgique jusqu'en 1787. Il mourut à Vienne en 1802.

vinces qu'il avait à parcourir. Par tout ce qu'il m'a mandé, il me paraît content de ce qu'il a vu; pour les endroits où il a passé, il y a eu partout le même enchantement; toutes les lettres qui en arrivent ne parlent que de lui.

Je suis très inquiète de ce que ma chère maman veut bien me dire sur Ferdinand; je ne savais rien de sa santé, et j'avoue à ma honte qu'étant fort paresseux tous deux il y a fort longtemps que je n'ai eu de ses nouvelles. J'ai grande impatience d'apprendre l'accouchement de la reine de Naples. Je désire fort qu'elle ait un garçon, mais il me semble qu'elle n'y compte guère. Le Roi se porte fort bien, et je n'ai qu'à m'en louer de toute manière. Il vient de nommer l'évêque d'Autun [1] pour la feuille des bénéfices; c'est un bon choix, de l'aveu de tout le monde; c'est un honnête homme et un digne ecclésiastique qui ne sortait pas de son évêché. Il n'en est pas de même de l'autre place qu'il va avoir à donner; nous touchons au moment où le cardinal de la Roche-Aymon va mourir et que le prince Louis aura sa place. Je ne cache pas à ma chère maman que cela me fait beaucoup de peine, et le Roi lui-même n'en est pas bien aise; il a été horriblement trompé sur cela. Voilà le malheur d'être bien jeune et de n'avoir personne de raisonnable pour se conduire. Ma chère maman me permet-elle de l'embrasser et de l'assurer de ma respectueuse tendresse?

P. S. L'abbé n'est pas ici dans ce moment; je lui dirai les bontés de ma chère maman. Il en sera pénétré; il les mérite bien, car c'est un bien digne homme et dont je suis fort contente.

(Archives impériales d'Autriche. *Éd.* ARNETH, *l. c.*, p. 214; ARNETH et GEFFROY, *l. c.*, III, 108.)

1. Alexandre de Marbeuf, évêque d'Autun depuis 1767.

LXXII.

A l'Impératrice Marie-Thérèse.

1777, 10 septembre.

Versailles, le 10 septembre 1777.

Madame ma chère mère, la naissance du fils de la reine de Naples [1] m'a fait une joie que je ne puis dire; j'aime certainement ma sœur de tout mon cœur; j'ai pris la plus grande part à tout ce qui lui est arrivé, mais j'avoue que ce nouveau-né me fait encore plus de plaisir par l'espérance que j'ai d'avoir bientôt le même bonheur. Depuis la lettre que j'ai écrite à ma chère maman par le courrier du baron, j'ai eu un moment d'espérance d'être grosse; elle s'est évanouie, mais j'ai grande confiance qu'elle reviendra bientôt. L'état de Ferdinand m'inquiète; de si loin je ne puis raisonner, mais il me semble que, dans l'état où il est, l'air natal devrait lui faire du bien, et je désire fort qu'il passe son hiver à Vienne.

Je ne suis point étonnée que ma chère maman ait trouvé l'Empereur maigri; il s'est donné un terrible mouvement depuis quatre mois. J'espère que sa santé n'en est point altérée et que le repos le remettra dans son état ordinaire. Qu'il me conserve sa bonne volonté, qu'il revienne une fois nous voir : il fera encore plus de plaisir à tout le monde, actuellement qu'on le connaît, et pour moi il sait bien que je serais parfaitement heureuse de ce retour.

Il fait le plus beau temps du monde ici; nous partons

---

1. François-Janvier-Joseph, prince royal, né le 19 août 1777.

cet après-dîner pour Choisy jusqu'au 16. Il n'y aura pas beaucoup de monde, car le Roi compte y chasser tous les jours. Je m'empresse à finir ma lettre, pour ne pas retarder le courrier. Ma chère maman permet-elle que je l'embrasse bien tendrement ?

P. S. L'abbé se met à vos pieds; il est bien pénétré de vos bontés.

(Archives impériales d'Autriche. *Éd.* Arneth, *l. c.*, p. 218; Arneth et Geffroy, *l. c.*, III, 112.)

LXXIII.

A l'Impératrice Marie-Thérèse.

1777, vers le 17 octobre.

Fontainebleau, octobre 1777.

Madame ma très chère mère, j'ai relu à plusieurs fois et toujours avec le même attendrissement la lettre que ma chère maman a bien voulu m'écrire. Il est impossible d'y mettre plus d'intérêt et de bonté qu'elle n'y [met; mais j'ose dire qu'il est impossible en même temps d'en sentir plus vivement tout le prix que je [ne] le fais. Nous sommes à Fontainebleau depuis huit jours [1]. Le Roi est enrhumé depuis ce temps-là; cela ne l'empêche pourtant pas de sortir. J'ai profité de ce moment pour prendre pendant huit ou dix jours des bains dont j'avais absolument besoin, étant très échauffée [2]. Pour ce qui est

[1]. La Reine était arrivée le 9 octobre à Fontainebleau. Voir la lettre de Mercy à Marie-Thérèse en date du 17 octobre, dans le recueil de MM. d'Arneth et Geffroy, III, 118.
[2]. Le médecin de Marie-Antoinette la mettait souvent au régime du petit-lait.

des veilles, je n'en fais presque plus, et tout l'été je suis très peu sortie de chez moi, tant pour ma santé que commençant à savoir m'occuper un peu mieux chez moi que par le passé. Je lis, je travaille, j'ai deux maîtres de musique, l'un de chant, l'autre de harpe; j'ai repris un peu le dessin : tout cela m'occupe et m'amuse. Voici le moment de la plus grande dissipation, qui est le voyage de Fontainebleau ; mais j'ose assurer à ma chère maman que cela changera fort peu de chose à mon train de vie ordinaire. Pour le jeu, il y a déjà plus de deux mois que je ne joue que chez moi [1], où cela est absolument nécessaire une ou deux fois par semaine ; et, si ma chère maman voyait les choses elle-même, elle verrait que cela ne se peut pas autrement. Au reste je ne vais plus jouer nulle part, et, si je sors, je ne joue qu'au billard, et pas au jeu d'hasard.

Je dirai à Lassone [2] que ma chère maman a la bonté d'être contente de lui ; il s'empressera sûrement de lui écrire, ou à Störk, pour lui mander de mes nouvelles, puisqu'elle a la bonté de s'en occuper.

Je monte fort peu à cheval, et depuis trois mois je crois que j'y ai monté tout au plus quatre fois, surtout à cette heure [3].

Je suis enchantée que Ferdinand soit décidé d'aller à Vienne, car j'avoue à ma chère maman que j'en étais bien inquiète : mais il faut espérer que l'air natal et le bonheur de se retrouver au milieu de toute sa famille le remettra bientôt en bonne santé.

[1]. Le goût pour le jeu était toujours très vif chez la Reine, et elle y perdait presque toujours. Mercy lui avait fait des représentations, et elle avait promis de ne pas jouer à Fontainebleau ; elle ne fut malheureusement pas fidèle à cette promesse, et le 25 octobre elle avait perdu jusqu'à son dernier écu.

[2]. Joseph-François-Marie de Lassonne, premier médecin de la Reine.

[3]. La Reine, ayant eu des espérances de grossesse, avait modéré ses promenades à cheval.

J'ai reçu une lettre de cette pauvre reine de Naples ; elle s'est trouvée dans une position bien affreuse pendant ses couches. Elle me mande le projet qu'elle a de faire inoculer ses enfants; je désire bien vivement qu'ils réussissent, mais je crains bien que toutes ces inquiétudes multipliées ne finissent par lui faire tort à sa santé.

Je suis charmée que l'Empereur soit enfin revenu de toutes ses courses en bonne santé. Il m'a écrit; il me paraît qu'il n'est pas trop content des Français que nous lui avons envoyés cette année ; mais voilà le malheur de tous les pays : ce ne sont jamais les gens aimables ni d'esprit qui voyagent.

Mais je m'aperçois que j'abuse de la bonté de ma chère maman, en l'ennuyant par cette longue lettre. Permet-elle donc que je finisse par l'embrasser tendrement, et l'assurer que personne au monde ne lui est plus tendrement et plus respectueusement attaché et ne désire plus vivement de continuer à mériter ses bontés que moi?

(Archives impériales d'Autriche. *Éd.* ARNETH, *l. c.*, p. 221; ARNETH et GEFFROY, *l. c.*, III, 125.)

LXXIV.

A l'Impératrice Marie-Thérèse.

1777, 18 novembre.

Choisy, ce 18 novembre 1777.

Madame ma très chère mère, le courrier m'arrive ici, et pour ne pas le retarder je profite un peu de la permission qu'elle m'a donnée pour la brièveté de ma lettre.

Quoique j'aie fort bien passé mon temps à Fontainebleau, je ne suis pas fâchée que le voyage soit fini.

Le pharaon [1] avait véritablement de l'inconvénient à Fontainebleau par la foule; mais à Versailles il n'en sera pas de même, et je vais faire des arrangements pour qu'il n'y ait rien à redire au jeu de la cour. Ferdinand m'a mandé qu'il était très bien; j'avoue que je n'en suis pas rassurée, surtout d'après ce que me mande ma chère maman. Je n'ai point d'expression pour remercier ma chère maman et de la bonté de son souvenir, et de la manière dont elle me la marque pour mon jour de naissance; je n'avais pas besoin de cette nouvelle preuve pour sentir que je ne pourrai jamais lui témoigner la reconnaissance et la respectueuse tendresse que je lui ai vouée pour la vie.

(Archives impériales d'Autriche. *Ed.* ARNETH, *l. c.*, p. 224; ARNETH et GEFFROY, *l. c.*, III, 129.)

LXXV.

A l'Impératrice Marie-Thérèse.

1777, 19 décembre.

Versailles, le 19 décembre 1777.

Madame ma très chère mère, je ne veux pas ennuyer ma chère maman sur tous les contes et exagérations qu'il me paraît qu'on a portés à Vienne sur mon jeu; je ne joue qu'au jeu public et d'étiquette de la cour, et à commencer de cette semaine jusqu'à la fin du carnaval il n'y aura jeu que deux fois la semaine.

---

1. Marie-Thérèse, avertie par Mercy, avait fait à sa fille des observations justement sévères sur les jeux de hasard et notamment sur le pharaon· « Le jeu est sûrement un des plus mauvais (plaisirs); cela attire mauvaise compagnie et propos. Du temps du feu Roi, on a joué aussi, mais le landsknecht, le cavagniol et le visque ou autre jeu de commerce; mais le pharaon attire trop. » *Correspondance secrète,* III, 128.

Les bals ont commencé cette semaine ; comme j'étais très enrhumée et que je commençais à avoir la colique, j'ai été au bal, mais je n'y ai fait que marcher.

Le duc de Bragance [1] est arrivé depuis huit jours ; je ne l'ai pas encore vu ; j'en ai grande impatience pour parler avec lui de tout ce qui m'est cher de mon pays. Que j'aurais de joie de voir mon frère et ma belle-sœur ici [2] ! Pour les logements il n'y aurait pas d'embarras ; surtout venant au printemps ou au commencement de l'été, ils seraient fort bien dans ma maison de Trianon, et à Paris Mercy a une maison capable à les recevoir [3]. Je crois bien qu'il y aurait plus d'embarras pour l'étiquette, mais cela ne me paraît pas impossible à arranger d'avance ; j'en raisonnerai avec Mercy. Quand il viendra, le plus pressé et essentiel c'est la santé de mon frère, dont je suis toujours inquiète ; s'il pouvait être une fois en bonne convalescence, je crois que l'air de France pourrait lui faire du bien.

Ma chère maman voudra-t-elle agréer mes compliments et mes vœux pour la nouvelle année ? Sa santé et sa satisfaction, c'est ce que je désire le plus au monde ; que ne puis-je y contribuer comme je voudrais !

(Archives impériales d'Autriche. *Éd.* Arneth, *l. c.*, p. 227 ; Arneth et Geffroy, *l. c.*, III, 144.)

1. Jean de Bragance, duc de Lafoens, né en 1719, avait servi dans l'armée autrichienne pendant la guerre de Sept ans.
2. L'archiduc Ferdinand et sa femme.
3. Mercy habitait le Petit-Luxembourg.

LXXVI.

Au comte de Mercy.

[1777, vers le 19 décembre.]

La reine prie M. de Mercy de faire dire à M. le duc de Bragance qu'il lui est impossible de le voir demain, et qu'elle désire que ce soit dimanche dans l'après-dîner, si cela l'arrange [1]. Elle est bien aise que la santé de M. le comte soit meilleure.

A cinq heures.

(Autographe, Archives impériales d'Autriche. *Éd.* ARNETH, *l. c.*, p. 228.)

LXXVII.

A Joseph II.

1777, 20 décembre.

Ce 20 décembre 1777.

Votre lettre m'afflige beaucoup, mon cher frère. Vous tournez contre moi ce qui était la suite de ma sincérité et confiance en vous. J'ai été véritablement étonnée de certains contes faits à Paris sur le voyage de Fontainebleau [2]; et, comme la plupart n'avaient nul fondement, ils

---

1. Ce dimanche doit être le 21 décembre. On voit par une lettre de Mercy du 22 que la présentation n'avait pas encore eu lieu (III, 147).

2. L'Empereur avait écrit à sa sœur une lettre « très énergique et très sévère » sur son jeu et les « friponneries qui s'y passaient ». Il était allé jusqu'à lui dire que les Anglais comparaient pour le jeu Fontainebleau à Spa. La Reine cherchait à s'excuser ; mais, comme le remarque Mercy, elle avait recours à des échappatoires. Ainsi elle prétendait que le duc de Chartres

se sont évanouis peu après le retour des témoins oculaires. Il est bien fâcheux pour moi de n'avoir pas la même ressource dans ma patrie, et surtout auprès de vous, mon cher frère. Par exemple, on serait bien surpris ici de voir nommer M. le duc de Chartres comme mauvais joueur : il n'a pas joué une seule fois du voyage chez moi; pour le comte d'Artois, je sais les propos qu'on lui a fait tenir; jamais ; ils étaient si absurdes qu'ils sont tombés d'eux-mêmes, et mon frère le premier en a ri. Des friponneries de femmes, je n'en ai vu ni entendu parler. La mauvaise compagnie, il y en a toujours eu un peu au jeu de la cour lorsqu'on joue à table ronde, parce que c'est l'usage en France de laisser entrer tout le monde. Depuis près de huit ans que je suis ici, je l'ai toujours vu, surtout en Fontainebleau, où il y a beaucoup plus de monde.

J'espérais bien, mon cher frère, vous apprendre cette fois ma grossesse. Mes espérances sont encore reculées, mais j'ai grande confiance que ce n'est pas pour longtemps, le Roi vivant tout à fait avec moi, surtout depuis le retour de Fontainebleau, qu'il chasse moins. Je vais parler à M. de Sartine pour votre protégé; sa situation est bien intéressante, et je ne crois pas qu'il y en ait de plus méritant. Le Roi vous écrit; je vous envoie sa lettre. Pour moi, je ne fais des vœux si ardents pour personne que pour vous, mon cher frère. Je désire surtout que vous me rendiez votre estime, qui me paraît un peu altérée [1]. Pour votre amitié, vous m'en avez donné tant de

---

n'avait pas joué; c'était vrai, mais il était intéressé au jeu des autres. Et il était certain — la Reine ne pouvait l'ignorer — que plusieurs femmes avaient été soupçonnées de tricher.

1. L'Empereur avait terminé sa lettre, qui malheureusement est perdue mais dont l'analyse se retrouve dans les rapports de Mercy, en disant « qu'il n'userait plus ses yeux à écrire sur cette matière, ainsi qu'il avait usé inutilement ses poumons à en parler. »

preuves, et j'en ai tant pour vous, qu'il n'y aurait plus de bonheur pour moi si elle venait à diminuer. Adieu, mon cher frère, je vous embrasse de tout mon cœur.

(Copie, Archives impériales d'Autriche. Éd. ARNETH, *Marie Antoinette, Joseph II und Leopold II*, p. 19; FEUILLET DE CONCHES, *l. c.*, I, 102, d'après un prétendu autographe de son cabinet 1.)

LXXVIII.

A l'Impératrice Marie-Thérèse.

1778, 15 janvier.

Versailles, le 15 janvier 1778.

Madame ma très chère mère, Mercy, qui est malade, m'a déjà fait parvenir en partie ce qui concerne la Bavière [2]. Je vois avec grand plaisir que tout se passe amiablement, et que l'alliance et l'amitié entre les deux familles ne seront pas affaiblies. Au premier moment de la mort de l'électeur j'ai été saisie d'un mouvement d'in-

---

1. La lettre est signée MARIE-ANTOINETTE chez M. Feuillet de Conches, qui en a donné dans son tome III (à la page 242) un fac-similé, avec la date erronée du 20 novembre et la signature. Double preuve de la falsification du document.

2. L'Autriche rêvait depuis longtemps un agrandissement du côté de la Bavière, et l'Empereur escomptait pour cela la mort, qui semblait prochaine, de l'électeur Maximilien. Dès 1777, il avait négocié avec l'héritier de Maximilien, l'électeur palatin Charles-Théodore, un arrangement par lequel il acquérait certains districts sur lesquels il faisait valoir des droits remontant au XVe siècle. Charles-Théodore avait consenti, heureux de s'assurer, moyennant ce sacrifice partiel, la paisible possession du reste de l'héritage. Le 30 décembre 1777, Maximilien mourut. La convention entre son successeur et Joseph II fut signée le 3 janvier 1778, et aussitôt douze mille Autrichiens occupèrent les districts cédés par le nouvel électeur. « C'est un arrondissement pour la monarchie d'un prix inestimable, » écrivait l'Empereur à son frère Léopold. Marie-Thérèse était moins satisfaite et moins tranquille; elle doutait un peu de la légitimité de ses droits, et elle redoutait pour l'avenir des complications qui se produisirent en effet.

quiétude. J'ai été bien heureuse, car j'en ai été délivrée bien promptement ; il me fallait cela, car je sens que l'idée seule de brouillerie ferait le malheur de ma vie.

Tous les bals sont commencés partout ; je danse bien modérément à ceux de Versailles, et pour ceux de Paris je n'y ai pas été.

Ma chère maman me confond par sa bonté pour les tableaux [1] ; je n'aurais jamais osé les demander, quoiqu'ils me feront le plus grand plaisir du monde. Elle me met dans le plus grand embarras en m'exposant à lui faire croire qu'il n'y a que mon intérêt qui fait avancer ces portraits commencés et manqués par tant de peintres. Je n'enverrai pas par ce courrier les mesures à ma chère maman, parce que le concierge de Trianon, où je compte placer les tableaux, est absent. Je suis désolée que Ferdinand ne puisse pas venir ; je m'étais déjà fait un si grand plaisir de le voir et de nous rappeler la tendresse avec laquelle nous avons vécu dans notre enfance.

J'espérais faire partir avec cette lettre une boîte porcelaine que j'ai jugée pouvoir servir à ma chère maman à ses petits dîners. Le paquet est trop gros et trop fragile pour aller par le courrier. Je supplie ma chère maman de vouloir bien l'agréer avec cette bonté que je désire tant mériter et conserver jusqu'au dernier jour de ma vie.

(Archives impériales d'Autriche. *Éd.* ARNETH, *Maria Theresia und Marie Antoinette*, p. 231 ; ARNETH et GEFFROY, *l. c.*, III, 153.)

---

1. Il s'agit de deux tableaux que la Reine désirait beaucoup : l'un représentait une scène d'opéra, l'autre un ballet dansé au mariage de l'Empereur par les jeunes archiducs et archiduchesses. Dans le dernier, les figurants étaient les archiducs Ferdinand et Maximilien et l'archiduchesse Marie-Antoinette. Ces deux tableaux sont encore à Trianon.

LXXIX.

A Joseph II.

1778, 16 janvier.

Ce 16 janvier.

Vous seriez plus tranquille sur ma position, mon cher frère, si vous pouviez voir la vie que je mène [1], surtout par rapport au Roi. Depuis le retour de Fontainebleau, je ne suis presque pas sortie de Versailles. J'en sortirai lundi, mais ce sera pour aller à Saint-Denis avec le Roi. Je danse aux bals de Versailles avec une modération qui fait dire que je me dégoûte de la danse ; des bals de l'Opéra, je n'y ai pas été et j'irai fort peu, malgré la longueur du carnaval. Du reste le Roi n'a jamais vécu si assidûment ni si intimement avec moi. Si on pouvait compter entièrement sur les hommes, le Roi serait bien un de ceux dont on pourrait répondre. Sur ses liaisons privées, j'espère que ce malheur ne m'arrivera pas, et de plus je me persuade que si, dans la suite, il y avait quelque écart de cette nature, il ne serait pas de durée, et je ferais bien tout ce que je pourrais pour le ramener.

C'est un grand bonheur, surtout pour moi, que l'affaire de Bavière s'arrange pacifiquement. Le Roi, à qui j'ai remis votre lettre, est très content de tout ce que vous lui mandez, et me charge de vous en faire ses remerciements.

M. de Saint-Germain [2] est mort avant-hier, sans être aimé, estimé ni regretté de personne, si ce n'est peut-

---

1. Les rapports de Mercy constataient en effet une réelle amélioration dans la conduite de la Reine.
2. Le comte de Saint-Germain, ancien ministre de la guerre.

être de ses proches parents, qu'il faisait vivre de ses pensions. La veuve en conservera dix mille livres.

Toute la famille me charge de vous remercier de votre souvenir et vous fait mille compliments. Pour moi, mon cher frère, je vous aime trop pour vous en faire. Conservez-moi votre amitié; je la mérite au moins par la tendresse que j'ai pour vous depuis que je me connais et qui ne finira qu'avec ma vie.

(Archives impériales d'Autriche. *Éd.* Arneth, *Marie Antoinette, Joseph II and Leopold II*, p. 20.)

LXXX.

Au comte de Mercy.

[1778, vendredi 6 février.]

La Reine prie M. de Mercy d'engager l'abbé à venir passer la journée de demain samedi et la matinée de dimanche ici; elle en a absolument besoin. Elle avertit M. le comte qu'elle n'a pas encore eu la conversation qu'elle devait avoir [1]; quand elle le verra, elle lui dira les raisons qui la lui font retarder. Elle l'assure en même temps de toute son estime.

Ce vendredi, à onze heures du matin.

(Autographe, Archives impériales d'Autriche. *Éd.* Arneth, *Marie Antoinette und Maria Theresia*, p. 236.)

1. Probablement une conversation avec le Roi sur les affaires de Bavière. On voit par les dépêches de Mercy que cette conversation avait eu lieu avant le 14 février (III, 168).

LXXXI.

Au comte de Mercy.

[1778, 12 février [1].]

La lettre de ma mère ne me dit pas un mot de la raison pour laquelle on envoie un courrier en Espagne ; cela m'inquiète. Voudriez-vous bien, quand vous en aurez le temps, me mander de quoi il s'agit. Adieu, Monsieur le comte, je suis fort pressée. Comptez toujours sur ma parfaite estime.

(Autographe, Archives impériales d'Autriche. *Ed.* Arneth, *l. c.*, p. 236.)

LXXXII.

A l'Impératrice Marie-Thérèse.

1778, 13 février.

Versailles, 13 février.

Madame ma très chère mère, j'attends Mercy demain avec grande impatience. Il m'est trop essentiel de raisonner avec lui et de m'instruire pour dissiper les nuages qu'on pourrait donner au Roi dans des mouvements comme ceux-ci, et le mettre plus que jamais en garde contre les insinuations perfides du roi de Prusse [2],

---

1. La date de cette lettre nous est fournie par les dépêches du comte de Mercy. Le courrier mensuel arriva le 12 février, et la lettre de Marie-Thérèse fut portée à la Reine, Mercy étant indisposé, par l'abbé de Vermond. *Correspondance secrète*, III, 165-67.
2. A la première nouvelle de l'occupation de la basse Bavière, Frédéric II avait réuni une armée sur la frontière de Bohême, et l'électeur de Saxe,

qui certainement ne s'oublie pas ; voilà déjà cinq courriers de sa part depuis un mois.

Mes sœurs me parlent d'un peintre français qui est à Vienne, nommé Rosceline [1] ; il a eu grande réputation ici, quoique quelques-uns trouvent que son talent n'était pas pour les ressemblances ; peut-être c'étaient ses envieux. Il paraît qu'il réussit fort bien à Vienne, et on désirerait fort que ma chère maman eût la complaisance de se faire peindre par lui. S'il y réussissait, je serais bien sa plus ardente panégyriste ici, et j'espérerais que ma chère maman, qui a tant de bonté pour moi, aurait encore celle de m'en donner une copie.

Nos affaires avec l'Angleterre se brouillent beaucoup [2] ; ils ont attaqué plusieurs de nos vaisseaux, et enfin on ne croit plus devoir cacher des dispositions qu'on fait ici pour repousser leurs insultes : on arme à force des vaisseaux, et on vient de faire marcher de l'artillerie et des troupes en Bretagne. Peut-être nos préparatifs les rendront plus sages ; il n'en est pas encore sûr que nous ayons une guerre suivie.

qui avait des prétentions à la succession de Maximilien, joignait ses troupes à celles de la Prusse.

1. Roslin, célèbre peintre suédois, né à Malmö en 1720 ; il quitta de bonne heure sa patrie, et en 1752 se fixa en France, où il fut nommé membre de l'Académie de peinture et obtint un logement au Louvre. Son portrait de Marie-Antoinette en costume royal, qui est à Versailles, a été popularisé par la gravure.

2. Le 4 juillet 1776, le Congrès de Philadelphie avait proclamé l'indépendance des colonies américaines soulevées contre l'Angleterre, et décidé l'envoi en Europe de délégués chargés de ménager au nouvel État des alliances. Le 2 décembre, le docteur Franklin avait débarqué en France, où des sympathies très vives se manifestèrent pour les *insurgents*. Un grand nombre de volontaires, La Fayette en tête, allaient combattre pour leur cause. Le gouvernement ne voulait pas se prononcer ouvertement, mais sous main il faisait et laissait passer des secours aux Américains. La capitulation du général anglais Burgoyne à Saratoga décida le cabinet de Versailles à se déclarer ; le 6 février, le traité fut signé, et le 15 mars l'ambassadeur anglais, lord Stormond, demanda ses passeports.

Je viens de voir Mercy : d'après tout ce qu'il m'a dit et ce que je vois de mon côté, j'espère que les petits nuages qu'on a voulu répandre seront bientôt dissipés, et ne causeront aucune altération dans l'alliance et la bonne amitié si utile pour l'Europe et à laquelle personne ne peut s'intéresser plus de toute manière que moi.

C'est une bien bonne nouvelle pour moi que la meilleure santé de Ferdinand ; je souhaite bien qu'elle se soutienne, mais, à moins que le temps ne soit bien beau, le carême me paraît bien tôt pour son départ.

Je finis en renouvelant à ma chère maman mon respect et la tendresse de mon attachement, qui ne finira qu'avec ma vie.

(Autographe, Archives impériales d'Autriche. *Éd.* Arneth, *l. c.*, p. 234 ; Arneth et Geffroy, *l. c.*, III, 162. Fragment de fac-similé dans Geffroy, *Gustave III et la cour de France*, II, 333.)

LXXXIII.

A l'Impératrice Marie-Thérèse.

1778, 18 mars.

Versailles, le 18 mars.

Madame ma très chère mère, je serais bien inquiète si ma chère maman n'avait la bonté de me marquer qu'elle n'a pas de fièvre. Je suis bien impatiente de la savoir délivrée de sa fluxion. J'ai causé assez longtemps hier avec Mercy ; il m'a paru assez content de la conversation qu'il venait d'avoir avec les ministres. Pour moi, je le suis beaucoup du Roi : il veut bien sincèrement maintenir l'alliance ; il a fait dire à M. de Goltz qu'il ne voulait pas se mêler des affaires de son maître. Le Roi a fait dire au roi d'Angleterre qu'il avait fait un traité avec les Américains. Mylord Stormond a reçu dimanche ordre de sa cour de quitter la France. Il y a apparence que notre marine, dont on s'occupe depuis longtemps, va bientôt être en activité. Dieu veuille que tous ces mouvements n'amènent pas la guerre de terre !

Nous avons eu une affaire dans laquelle le Roi m'a montré bien de la confiance et de l'amitié. Dieu merci, elle est finie mieux qu'on ne pouvait l'espérer. Le mardi gras, au bal de l'Opéra, Mme la duchesse de Bourbon a eu vis-à-vis du comte d'Artois une vivacité qui passe pour insulte au bal [1]. Mon frère lui a répondu par une autre plus forte; elle s'est trouvée insultée. Je n'en ai rien su que deux jours après, en apprenant les propos malhonnêtes que Mme la duchesse de Bourbon a tenus devant quarante personnes. L'affaire s'est tant envenimée que, mon frère et M. le duc de Bourbon s'étant rencontrés lundi au bois de Boulogne, ils ont mis l'épée à la main. On les a séparés après quatre ou cinq minutes et qu'on a cru qu'un des deux a été blessé. Grâce à Dieu, il ne leur est rien arrivé ni à l'un ni à l'autre, et ils se portent fort bien tous deux. Mon frère a été de là chez Mme la duchesse de Bourbon, à qui il a fait des excuses pour l'his-

---

[1]. Comme le raconte très bien la Reine, le comte d'Artois s'était pris de querelle à l'Opéra avec la duchesse de Bourbon. Celle-ci ayant voulu soulever le masque du prince, le comte d'Artois, furieux, lui donna un coup de poing et lui écrasa son masque sur le visage. Monsieur chercha à apaiser la querelle; mais, deux jours après, le comte d'Artois l'ayant racontée et en ayant fait des plaisanteries, la duchesse, à son cercle, déclara que, tout frère du Roi qu'il fût, le comte était un insolent. De là, après un essai infructueux de pacification, un duel, au bois de Boulogne, qui se termina comme le raconte cette lettre. La Reine n'intervint dans l'affaire que pour la pacifier autant que possible et amener la réconciliation des deux princes; néanmoins, la première fois qu'elle parut au théâtre après cet événement, elle fut accueillie froidement. Besenval, dans ses *Mémoires*, donne de longs détails sur cette affaire.

toire du bal; les propos qu'on tenait l'en avaient empêché jusque-là. Mme la duchesse de Bourbon était venue trois jours avant demander pardon au Roi et lui désavouer les propos qu'on lui imputait. M. le duc de Bourbon a eu au bois de Boulogne le ton et les procédés les plus honnêtes et les plus respectueux pour le frère du Roi; en tout le public est très content de l'un et de l'autre. Le Roi les a exilés, l'un à Chantilly, l'autre à Choisy; mais j'espère qu'ils n'y resteront que huit jours.

Je ne savais pas que Rosceline fût si indiscret pour la longueur de ses séances; j'aurais eu garde de le proposer à ma chère maman.

Je suis bien touchée de la bonté de ma chère maman pour les tableaux. La mesure est parfaite; ils augmenteront bien le plaisir que j'ai quand je suis à Trianon. Ma chère mère me permet-elle de l'embrasser de toute mon âme?

(Autographe, Archives impériales d'Autriche. *Éd.* Arneth, *l. c.*, p. 240; Arneth et Geffroy, *l. c.*, III, 174.)

LXXXIV.

A l'Impératrice Marie-Thérèse.

1778, 25 mars.

Ce 25 mars.

Madame ma très chère mère, j'espère que par ce courrier Mercy ne donnera encore que des nouvelles rassurantes à ma chère maman. Pour le Roi personnellement, il est bien attaché à l'alliance et autant que je puisse le désirer; mais, pour un moment aussi intéressant, je n'ai pas cru devoir me borner à en parler au Roi. J'ai vu MM. de

Maurepas et de Vergennes; ils m'ont fort bien répondu sur l'alliance, et m'y paraissent véritablement attachés; mais ils ont tant de peur d'une guerre de terre que, quand je les ai poussés jusqu'au point où le roi de Prusse aurait commencé les hostilités, je n'en ai pu avoir de réponse bien nette [1].

Ma chère maman ne me parle point de sa fluxion ni de sa santé : j'ai grand besoin d'en être rassurée, surtout dans ces moments-ci où elle est si tourmentée. Je partage bien sa peine; elle serait moindre pour moi si je pouvais réussir à lui donner quelques consolations et à lui prouver mon respect et toute ma tendresse.

(Autographe, Archives impériales d'Autriche. *Éd.* ARNETH, *l. c.*, p. 242; ARNETH et GEFFROY, *l. c.*, III, 183.)

LXXXV.

A l'Impératrice Marie-Thérèse.

1778, 19 avril.

Versailles, le 19 avril 1778.

Madame ma chère mère, mon premier mouvement, et que je me repens de n'avoir pas suivi il y a huit jours, c'était d'écrire mes espérances à ma chère maman [2]. J'ai été arrêtée par la crainte de causer trop de chagrin si

---

1. Mercy reprochait à la Reine de ne pas mettre assez de suite à son intervention près du Roi et des ministres. « Si la Reine, écrivait-il le 20 mars, mettait un peu plus de suite à ses démarches et à l'emploi de son pouvoir, tout réussirait ici presque sans obstacle; mais je suis bien loin d'obtenir une conduite si désirable, et Votre Majesté ne doit nullement craindre que son auguste fille se mêle des affaires d'État de manière à pouvoir se compromettre. Je ne suis embarrassé que du trop peu d'action qu'elle se donne à cet égard. » *Correspondance secrète*, III, 181.

2. Marie-Antoinette avait enfin des espérances de grossesse.

mes grandes espérances venaient à s'évanouir; elles ne sont pas encore entièrement assurées, et je n'y compterai entièrement que dans les premiers jours du mois prochain, époque de la seconde révolution. En attendant je crois avoir de bonnes raisons pour y prendre confiance; du reste je me porte à merveille, mon appétit et mon sommeil sont augmentés. Je dois aussi prévenir les alarmes et inquiétudes de ma chère maman en lui rendant un compte fidèle et bien vrai de ma manière de vivre. Depuis le commencement de mes espérances, j'ai interrompu toute espèce de course en voiture et me suis bornée à de petites promenades à pied. On m'assure que, quand la seconde révolution sera passée, il sera plus salutaire d'être moins renfermée. Ma chère maman peut compter que je serai bien modérée et attentive sur tous mes mouvements.

Mercy m'apporte mes lettres : c'est déjà une grande inquiétude de moins pour le retard de ce courrier; mais la lettre de l'Empereur et son départ me donnent bien d'autres alarmes. Après avoir causé avec Mercy sur le mauvais état des affaires, j'ai fait venir MM. de Maurepas et de Vergennes. Je leur ai parlé un peu fortement, et je crois leur avoir fait impression, surtout au dernier. Je n'ai pas été trop contente des raisonnements de ces messieurs, qui ne cherchent qu'à biaiser et à y accoutumer le Roi. Je compte leur parler encore, peut-être même en présence du Roi [1]. Il est cruel, dans une affaire aussi importante, d'avoir affaire à des gens qui ne sont pas vrais.

---

[1]. La Reine avait fait venir les comtes de Maurepas et de Vergennes, qui, après avoir protesté de leur fidélité à l'alliance, objectèrent que l'état des finances ne permettait pas de se lancer dans une guerre continentale. La Reine répondit que la France devait tenir tous ses engagements et le signifier au roi de Prusse, sans quoi tout restait en fermentation et les Pays-Bas autrichiens eux-mêmes pouvaient être menacés; les ministres

La reine de Naples m'a écrit pour m'annoncer l'inoculation du Roi : je suis ravie qu'il ait pris ces précautions contre cette affreuse maladie. Je viens de lui répondre, et lui ai fait part de mes espérances; je suis persuadée qu'elle prendra part à ma joie.

Mercy m'a remis un éventail et un portefeuille qui sont charmants et me seront bien précieux, venant de ma chère maman.

J'ai oublié de dire qu'on m'a obligée de ne pas faire la cérémonie de la Cène [1], à cause de la fatigue qui est assez grande ici. J'ai eu soin que les pauvres eussent tout ce qu'ils ont d'ordinaire. J'ai été à tous les offices de la semaine, excepté que j'ai été dans une tribune au lieu d'aller avec le Roi, à cause du grand habit. Hier, en revenant des ténèbres, j'ai un peu vomi, ce qui augmente mes espérances. Je serais trop heureuse si les affaires pouvaient s'arranger et me délivrer des alarmes et des plus grands malheurs que je puisse éprouver. Je n'y puis penser sans frémir, surtout pour ma chère maman, qui a le cœur si bon, si sensible, et qui mérite si bien d'être heureuse, après avoir fait le bonheur de tout le monde. Permet-elle que je l'embrasse tendrement?

(Archives impériales d'Autriche. *Éd.* Arneth, *l. c.*, p. 243; Arneth et Geffroy, *l. c.*, III, 186.)

protestèrent que dans ce dernier cas la France interviendrait, mais qu'il valait mieux ne pas se prononcer tout haut et maintenir le roi de Prusse dans une incertitude qui lui laissait toute crainte. La Reine reprit la conversation avec le Roi, qui, tout en affirmant qu'il voulait rester fidèle à l'alliance, déclara qu'il avait été résolu dans le Conseil que les nouvelles acquisitions de l'Autriche en Bavière et en Pologne ne pouvaient être comprises dans les possessions garanties par le traité de 1756.

1. Le jour du jeudi saint, le Roi et la Reine lavaient les pieds à douze pauvres, auxquels on donnait ensuite un bon repas et une bourse d'argent.

LXXXVI.

A l'Impératrice Marie-Thérèse.

1778, 5 mai.

Versailles, le 5 mai 1778.

Madame ma très chère mère, j'avais été véritablement outrée de cette dépêche si malhonnête [1] qu'on a cachée à Mercy, et que nous n'avons pu prévoir ni y parer. J'en ai témoigné mon mécontentement aussitôt que je l'ai su. Il est inouï, le talent qu'ont les ministres d'ici pour noyer les affaires dans un déluge de mots. Néanmoins, d'après tout ce que m'avait dit Mercy, et les réflexions que je ne puis m'empêcher de faire à chaque instant sur l'affaire la plus importante de ma vie, je les ai tant pressés qu'ils ont été obligés de changer un peu de ton. Ils sont assez convenus de leur tort pour cette vilaine dépêche. Le Roi m'a montré celle qui est partie il y a huit jours [2]. Je n'entends pas assez les affaires pour en juger; mais Mercy, qui ne me paraît pas trop content du fond, l'est beaucoup plus

---

1. Dans cette dépêche du 30 mars, que le baron de Breteuil lut seulement à Kaunitz, sans lui en laisser copie, la France déclinait, comme le Roi l'avait dit à la Reine, la garantie du *casus fœderis* pour les nouvelles acquisitions de l'Autriche, et même la garantie du traité de Westphalie, sous prétexte que l'Autriche s'était écartée la première des stipulations de ce traité. Maurepas lui-même déclarait plus tard que cette dépêche était « dure et mauvaise » et « ne valait rien. »

2. Cette dépêche du 26 avril était plus amicale que celle du 30 mars. Elle annonçait que le cabinet de Versailles était intervenu près du roi de Prusse, afin de l'engager à entrer dans les arrangements proposés r l'Impératrice pour prévenir la guerre. Kaunitz, tout en n'en étant pas pleinement satisfait, estimait que, dans les circonstances actuelles, il fallait s'en contenter et priait Mercy de remercier de sa part la Reine de son intervention.

du style et de la tournure de celle-ci. Je croyais que les ministres reviendraient me parler à l'occasion des nouveaux courriers qu'ils ont reçus du roi de Prusse. Ils ne sont pas encore venus; je crois mieux faire d'attendre, pour leur parler, que le courrier de ma chère maman soit arrivé. Il me semble par toutes les lettres qu'il y a encore espérance de n'avoir point de guerre. Quel bonheur si nos alarmes étaient vaines!

Ma santé et mes espérances continuent toujours à être bonnes, et on les croit si sûres que l'on commence à nommer la maison d'Élisabeth, dont l'éducation ne pourrait se continuer avec celle de mes enfants.

Le Roi me charge de ses lettres pour ma chère maman et mon frère. Permet-elle que je l'embrasse? Je n'ose pas encore lui demander ses bontés pour son futur petit enfant, mais je me promets bien que les premiers mots qu'il apprendra seront pour la plus grande souveraine et la plus tendre des mères.

(Archives impériales d'Autriche. *Éd.* ARNETH, *l. c.*, p. 249; ARNETH et GEFFROY, *l. c.*, III, 198.)

LXXXVII.

Au roi de Suède Gustave III.

1778, 5 mai.

Monsieur mon frère, je profite du départ de M. le baron de Staal [1] pour me renouveler dans votre souvenir

---

[1]. Le baron de Staël-Holstein, né en 1749, après avoir servi dans l'armée suédoise et s'être fait remarquer de Gustave III lors du coup d'état, était entré dans la diplomatie. Attaché à la légation de Suède à Paris, puis bientôt secrétaire, il n'avait pas tardé à s'acquérir, avec la protection de son ambassadeur, le comte de Creutz, la faveur de la cour et de Marie-

et rendre témoignage à la bonne conduite qu'il a eue ici, et qui lui mérite l'estime et les regrets de tous ceux qui le connaissent.

J'ai témoigné à l'ambassadeur de Votre Majesté les regrets que j'ai eus en apprenant que M. le duc d'Ostrogothie [1] avait borné ses courses à Lyon et Strasbourg; il devait être bien sûr du plaisir que nous aurions eu à le revoir. J'espère que Votre Majesté ne m'a pas oubliée, et qu'elle est bien persuadée de la véritable amitié avec laquelle je suis, Monsieur mon frère,

Votre bonne sœur, cousine et alliée,

MARIE ANTOINETTE.

Versailles, ce 5 mai 1778.

(Autographe signé, Archives royales de Stockholm, Papiers d'Upsal, t. XVI, n° 26. Éd. GEFFROY, *Gustave III et la cour de France*, II, 381, avec fac-similé.)

LXXXVIII.

A l'Impératrice Marie-Thérèse.

1778, 16 mai.

Versailles, le 16 mai 1778.

Madame ma très chère mère, que je serais heureuse d'imaginer que les bontés que ma chère maman a pour moi lui donnent dans ce moment-ci un peu de consolation! Je continue toujours à me porter à merveille, à quelques

---

Antoinette. L'ambassadeur et la Reine l'appuyèrent chaleureusement pour son mariage avec Mlle Necker — mariage inespéré pour Staël, qui était pauvre, tandis que Mlle Necker devait avoir 500,000 livres de rente — et sa nomination à l'ambassade de Paris, qui en était la condition. Le mariage eut lieu le 14 janvier 1786. Staël resta à Paris jusqu'en 1799 et mourut en 1802. Depuis 1796 il était séparé de sa femme.

1. Frère puîné de Gustave III.

étouffements près, qui sont inévitables. J'ai vu ce matin mon accoucheur (c'est Vermond, un frère de l'abbé); c'est moi-même qui me suis senti plus de confiance en lui qu'en tout autre : d'ailleurs c'est le meilleur d'à présent, et Lassone l'a beaucoup approuvé [1]. Il a été fort content; il m'a permis de faire des petites promenades en voiture, pourvu que je n'aille pas trop vite. Selon son calcul et le mien, j'entre dans le troisième mois; je commence déjà à grossir visiblement, surtout des hanches. J'ai été si longtemps sans oser me flatter du bonheur d'être jamais grosse que je le sens bien plus vivement à cette heure, et qu'il y a des moments encore où je crois que tout cela n'est qu'un songe; mais ce songe se prolonge pourtant, et je crois qu'il n'y a plus de doute à avoir.

Je suis bien touchée de la joie que ma chère maman veut bien me dire qui règne dans Vienne sur ma grossesse; s'il était possible, cela me ferait encore mieux aimer ma patrie. J'ai vu hier matin Caironi [2]; je l'ai chargé de bien dire à toutes les personnes qui veulent bien s'intéresser à moi qu'il m'a vue lui-même et très bien portante. J'oubliais de dire à ma chère maman qu'à ma seconde révolution j'ai demandé au Roi 500 louis, ce qui fait 12,000 francs, que j'ai cru à propos d'envoyer à Paris pour les pauvres qui sont retenus en prison pour dettes des mois qu'ils doivent aux nourrices, et 4,000 francs ici à Versailles aussi pour les pauvres. C'était une manière de faire une charité, en même temps que de constater mon état aux yeux de tout le peuple. Je connais trop le bon cœur de ma chère maman pour ne pas espérer qu'elle m'approuvera.

1. Le choix de Vermond comme accoucheur fut heureux; il fit preuve, lors des couches de la Reine, de beaucoup de sang-froid et de présence d'esprit.
2. Le courrier qui allait retourner à Vienne avec les dépêches.

Que ma chère maman est bonne de vouloir me montrer son contentement sur la manière de me conduire dans toutes les affaires à cette heure [1] ! Hélas, il n'y a pas de gré à m'en avoir : c'est mon cœur seul qui agit dans tout ceci. Je m'afflige seulement de ne pas pouvoir entrer moi-même dans l'esprit de tous ces ministres pour leur faire comprendre combien tout ce qu'on a fait et demandé à Vienne est juste et raisonnable : mais malheureusement il n'y a pires sourds que ceux qui ne veulent pas entendre, et au reste ils ont tant de mots et de phrases qui ne signifient rien qu'ils sont déjà étourdis avant que de dire une chose raisonnable. J'userai d'un moyen : c'est de leur parler à tous deux devant le Roi, pour obtenir du moins qu'ils tiennent un langage convenable dans ce moment-ci au roi de Prusse, et en vérité c'est pour l'utilité et la gloire même du Roi que je le désire, car il ne peut que gagner de toute manière à soutenir des alliés qui lui doivent être si chers de toute manière. Au reste, il se conduit parfaitement envers moi, vu mon état, et y a beaucoup d'attentions. J'avoue à ma chère maman que mon cœur serait déchiré de l'idée qu'elle a pu le soupçonner un instant sur ce qui se passe : non, c'est la faiblesse affreuse de ses ministres et la grande méfiance qu'il a en lui-même qui fait tout le mal, et je suis sûre que, si jamais ne prend conseil que de lui-même [2], on verra son hon-

---

[1]. Dans sa lettre du 2 mai, l'Impératrice avait remercié sa fille de ce qu'elle avait fait près du Roi et des ministres pour l'affaire de Bavière. La grosse préoccupation de Marie-Thérèse, qui au fond n'approuvait pas la conduite et les prétentions de Joseph II, était, avant tout, d'éviter la guerre.

[2]. Le Roi, dans sa faiblesse, était toujours de l'avis du dernier qui lui parlait, en sorte qu'il semblait, par là même, n'avoir aucune opinion. Et, comme il donnait peu ou donnait mal les causes de ses résolutions, la Reine estimait qu'il ne faisait que subir l'influence de ses ministres, ce qui était bien un peu vrai.

nêteté, la justesse et le tact qu'il a, et qui assurément sont bien loin de juger à présent [1]. Nous allons demain passer trois semaines à Marly; ce sera une occasion de me promener beaucoup et de me distraire : il y aura beaucoup de monde. Ma chère maman me permet-elle de l'embrasser tendrement?

(Archives impériales d'Autriche. *Ed.* ARNETH, *l. c.*, p. 251; ARNETH et GEFFROY, *l. c.*, III, 199.)

LXXXIX.

A l'Impératrice Marie-Thérèse.

1778, 29 mai.

Marly, le 29 mai 1778.

Madame ma très chère mère, toutes les bontés et la joie que ma chère maman me marque sur mon état présent me comblent de reconnaissance, et me le rendent encore plus précieux s'il est possible. Je continue toujours à me porter à merveille et n'ai pas la moindre incommodité. Nous sommes à Marly depuis dix jours. C'est un lieu charmant; j'en profite beaucoup pour me promener à pied, surtout le matin. Cela me fait grand bien et ne me fatigue pas trop, quoique je grossisse étonnamment, ne me serrant point du tout que ce qu'il faut pour me soutenir. J'ai vu Mercy ces jours derniers; il m'a montré les articles que le roi de Prusse avait envoyés à mon frère. Je crois qu'il est impossible de rien voir de plus absurde que ses propositions; enfin elles le sont au point

[1]. Cette leçon a été ainsi modifiée dans le recueil publié en 1874 par MM. d'Arneth et Geffroy : « .... et qu'on est assurément bien loin de juger à présent. »

qu'il m'a paru qu'on les trouvait même telles ici ; au moins pour le Roi j'en réponds. Je n'ai pas pu voir les ministres; M. de Vergennes n'est pas venu ici, il est malade : ce sera donc pour notre retour à Versailles.

J'avais déjà vu la correspondance du roi de Prusse avec mon frère [1]. Il est bien abominable à ce premier de l'avoir envoyée ici, d'autant plus qu'en vérité il n'a pas de quoi s'en vanter. Son imprudence, sa mauvaise foi et son esprit aigri paraissent à chaque ligne. J'ai été enchantée des réponses de mon frère; il est impossible d'y mettre plus de grâce, de modération et de force en même temps. Je m'en vais dire quelque chose de bien vain, mais je crois qu'il n'y a au monde que l'Empereur et surtout le fils de ma chère maman, qui a le bonheur de la voir tous les jours, qui puisse écrire de cette manière.

Je ne puis dire à ma chère maman combien je suis touchée de sa lettre; la confiance qu'elle m'y marque me pénètre. O Dieu! que je voudrais pouvoir donner tout mon sang pour qu'elle soit heureuse et qu'elle jouisse de tout le bonheur et tranquillité qu'elle mérite autant! Ce ne sera jamais la faute de ses enfants toujours ; je juge de leurs cœurs par le mien : il faudrait être bien ingrat pour ne pas sacrifier tout pour une mère aussi tendre que la nôtre. Voilà au moins ma manière de penser et celle d'eux tous, j'en suis sûre. Mais je sens que je m'attendris, je ne peux continuer. Ma chère maman me permet-elle de l'embrasser tendrement?

(Autographe, Archives impériales d'Autriche. Éd. ARNETH, *l. c.*, p. 256; ARNETH et GEFFROY, *l. c.*, III, 265.)

1. Sur les instances de sa mère, qui voulait tout faire pour éviter la guerre, Joseph II s'était décidé à écrire au roi de Prusse. Frédéric répondit par un persiflage et en émettant des prétentions inadmissibles : il réclamait pour lui des agrandissements considérables, et pour l'électeur

XC.

A l'Impératrice Marie-Thérèse.

1778, 12 juin.

Versailles, ce 12 juin 1778.

Madame ma très chère mère, je ne pourrai jamais lui marquer ma reconnaissance pour toutes les bontés et la tendresse qu'elle me témoigne, mais je les sens bien et mon âme en est pénétrée, comme venant d'une mère incomparable.

Ma chère maman ne sera peut-être pas entièrement contente de la réponse qu'on a faite à M. de Goltz. C'est bien le cas de dire que l'on tire d'une mauvaise paye ce qu'on peut, car nos ministres ne se conduisent guère bien, et dans ce moment je n'ai pu m'empêcher d'en parler au Roi. Voici le fait, ma chère maman me jugera. On m'a non seulement gardé le secret après la décision arrêtée, mais même depuis qu'on l'avait communiquée à Mercy, et c'est par lui que j'en ai été informée. Je n'ai pu cacher au Roi la peine que me faisait son silence ; je lui ai même dit que je serais honteuse d'avouer à ma chère maman la manière dont il me traitait pour une affaire aussi intéressante pour moi et dont je lui ai parlé si souvent. J'ai été désarmée par le ton qu'il a pris. Il m'a dit : « Vous voyez « que j'ai tant de torts que je n'ai pas un mot à vous répon- « dre. » En effet il était bien excusable, car pendant tout le voyage de Marly il a été bien tracassé par les intrigues

---

Palatin une indemnité qui dépassait la valeur de la cession faite à l'Autriche. Puis il s'empressa de communiquer cette correspondance au cabinet de Versailles.

de M. le prince de Condé, qui voulait avoir le commandement des troupes [1], et par celles du maréchal de Broglie [2], qui, se croyant nécessaire, voulait s'arroger l'autorité du Roi pour nommer à son gré tous les officiers qui serviront sous lui. Heureusement ils ont été tous déjoués, et le Roi seul a tenu bon. J'ai cru devoir prier le Roi de parler à ses ministres sur la malhonnêteté de leur silence à mon égard : il me paraît essentiel qu'ils ne s'y accoutument pas.

Mercy sort de chez moi : il m'a montré les nouvelles propositions du roi de Prusse. Elles me paraissent, quoiqu'il y ait changé quelques mots, aussi absurdes que les autres. C'est absolument vouloir jeter de la poudre aux yeux.

Je me porte très bien, et le voyage de Marly, où il faisait le plus beau temps du monde, m'a fait grand bien. Je logeais en bas : cela fait que je me promenais à toutes les heures du jour, surtout le matin à neuf ou dix heures. Je grossis beaucoup ; j'ai eu l'enfance de me mesurer : j'ai déjà augmenté de quatre pouces et demi. Ma chère maman est bien bonne de vouloir s'inquiéter pour ce petit enfant futur ; j'ose l'assurer que j'en aurai le plus grand soin. A la manière dont on les élève à cette heure, ils sont bien moins gênés : on ne les emmaillote pas ; ils sont toujours dans une barcelonnette ou sur les bras, et du moment qu'ils peuvent être à l'air on les y accoutume petit à petit, et ils finissent par y être presque toujours. Je crois que c'est la manière la plus saine et la meilleure

---

1. Le parti opposé à la Reine, profitant de cet incident de la Bavière pour réveiller les vieilles préventions contre la maison d'Autriche, s'agitait beaucoup pour entraîner le cabinet de Versailles dans une guerre contre l'Empereur, ou tout au moins pour faire réunir des troupes sur la frontière. La même tactique fut employée, six ans plus tard, lors du différend de Joseph II avec la Hollande.

2. Victor-François, duc de Broglie, né en 1718.

de les élever. Le mien logera en bas, avec une petite grille qui le séparera du reste de la terrasse, ce qui même pourra lui apprendre plus tôt à marcher que sur les parquets. La reine de Naples m'a écrit sur ma grossesse ; j'ai été bien touchée de sa lettre, je compte lui répondre ces jours. Ma chère maman me permet-elle de l'embrasser et de l'assurer qu'il est impossible de l'aimer plus tendrement que moi?

(Archives impériales d'Autriche. Éd. ARNETH, *l. c.*, p. 262; ARNETH et GEFFROY, *l. c.*, III, 212.)

XCI.

A l'Impératrice Marie-Thérèse.

1778, 7 juillet.

Versailles, le 7 juillet 1778.

Madame ma très chère mère, j'apprends dans l'instant que le courrier qui est ici doit partir dans le soir. Quoique je n'aie qu'un moment, je ne veux pourtant pas le laisser partir sans remercier ma chère maman de sa dernière lettre et de la prédiction qu'elle m'a envoyée. Je désire fort qu'elle s'ensuive, mais je n'y ai pas grande foi, croyant qu'elle s'est déjà trompée sur le temps, ne comptant guère accoucher avant le 15. Du reste je me porte à merveille. J'ai été saignée il y a quinze jours, ce qui m'a fait beaucoup de bien. Il n'y a que les grandes chaleurs qu'il fait depuis quelques jours qui m'incommodent beaucoup ; mais il pleut aujourd'hui, ce qui me fait espérer que j'étoufferai moins. Le courrier va partir ; ma chère maman me permet-elle de l'embrasser? Le courrier du mois va arriver ; je me réserve de lui écrire plus en détail par lui.

(Archives impériales d'Autriche. Éd. ARNETH, *l. c.*, p. 264; ARNETH et GEFFROY, *l. c.*, III, 219.)

XCII.

A l'Impératrice Marie-Thérèse.

1778, 15 juillet.

Le 15 juillet.

Madame ma très chère mère, il m'est impossible d'exprimer à ma chère maman l'attendrissement et l'inquiétude où je suis dans ce moment de malheur [1] : mais mon plus grand tourment est la sensibilité et le cœur de ma chère maman. Je les connais et je sens ce qu'elle doit souffrir ; jusqu'à son courage même, tout me fait trembler pour elle. Dieu ! que ne puis-je voler auprès d'elle ! Je la regarderais, je la verrais, je pourrais, pour ainsi dire, partager ses peines, mêler mes larmes aux siennes ! Qu'elle me pardonne ces expressions, mais elles partent d'un cœur pénétré de douleur ; pourtant j'ai de grandes espérances ! Non, Dieu ne laissera pas triompher un homme aussi injuste ! La présence de l'Empereur, les deux généraux qui commandent, et surtout le cœur de tous les Autrichiens me donnent grande confiance. J'ai eu ce matin une scène bien touchante avec le Roi. Ma

---

1. La guerre avait éclaté. Le 5 juillet, Frédéric était entré brusquement à Nachod, en Bohême ; le 7, les premiers coups de feu avaient été tirés, et l'armée prussienne comptait quarante mille hommes de plus que l'armée autrichienne. Marie-Thérèse était folle d'inquiétude : « Cela est plus fort que moi, écrivait-elle à son fils Ferdinand, je suis désolée. Chaque porte que le vent ferme, chaque voiture qui va un peu plus vite, des femmes qui marchent plus vite, me font tressaillir.... Affaiblie par mes années, par mes traverses, le physique ne se soutient plus ; l'âme seule, par la religion, se soumet et s'exécute, mais ne se ranime pas. » De telles plaintes bouleversaient la Reine, et valaient mieux que les prières les plus pressantes pour la décider à agir auprès du Roi et des ministres.

chère maman sait que jamais je n'ai attribué à son cœur tout ce qui se passait, mais à son extrême faiblesse et au peu de confiance qu'il avait en lui-même. Aujourd'hui donc il est venu chez moi; il m'a trouvée si triste et alarmée qu'il en a été touché jusqu'aux larmes. J'avoue que j'en étais bien contente; cela me prouve toute son amitié pour moi, et j'espère qu'enfin il prendra son parti de lui-même pour se conduire en vrai et bon allié. J'ai vu aussi M. de Maurepas depuis l'arrivée du courrier [1] : je lui ai fait sentir toute l'indécence de la conduite de M. de Goltz dans ce pays-ci, et enfin je l'ai persuadé d'envoyer la déclaration qu'on a faite ici, il y a un mois, au chargé d'affaires qui est à Berlin, pour qu'il la montre pleine et entière au roi de Prusse, telle qu'on l'avait mandée à Vienne et qu'elle devait être.

Ma chère maman est trop bonne de s'inquiéter encore de ma santé. Elle est très bonne, et j'ose dire que dans ce moment-ci elle ne tient absolument qu'à la sienne propre. Je la supplie donc de se ménager, ne fût-ce que par bonté pour ses enfants, à qui elle est si chère, et de se persuader que, même pour le bien des affaires, sa santé, s'il est possible, est plus précieuse que jamais. Permet-elle que je l'embrasse tendrement? Que je crains mais désire en même temps l'arrivée d'un nouveau courrier!

(Autographe, Archives impériales d'Autriche. Éd. ARNETH, *l. c.*, p. 265; ARNETH et GEFFROY, *l. c.*, III, 220.)

1. La Reine avait fait venir Maurepas, et, celui-ci ayant voulu recourir à ses subterfuges ordinaires, elle avait perdu patience : « Voici, Monsieur, « lui avait-elle dit vivement, la quatrième ou cinquième fois que je vous « parle des affaires ; vous n'avez jamais su me faire d'autre réponse. Jus- « qu'à présent, j'ai pris patience ; mais les choses deviennent trop sérieuses, « et je ne veux plus supporter de pareilles défaites. » Et elle lui avait montré que la conduite ambiguë de la France avait encouragé le roi de Prusse à son agression. Maurepas, surpris de cette vivacité, se confondit en excuses et en protestations de dévouement.

XCIII.

A l'Impératrice Marie-Thérèse.

1778, 14 août.

Versailles, le 14 août 1778.

Madame ma très chère mère, j'ai passé d'abord quinze jours dans la plus cruelle inquiétude, ne recevant point de nouvelles. Je me figurais toute sorte d'horreurs. L'arrivée des courriers que j'attendais avec tant d'impatience n'a fait qu'augmenter mes alarmes et la cruelle incertitude qui me dévore. Mais puis-je penser à mes maux quand ma chère maman est dans une si affreuse situation [1]? Il est vrai que, depuis trois semaines, ce point de vue anéantit et absorbe tous mes autres sentiments.

Je m'étais décidée hier à engager le Roi à offrir sa médiation [2]; pour le décider, j'avais préféré de l'aller trouver dans le moment où je le savais avec MM. de Maurepas et de Vergennes. Nous venions d'entamer l'affaire, et le Roi paraissait déjà très bien disposé, lorsque les dépêches du baron sont arrivées; elles ont été lues en ma

---

1. Marie-Thérèse ne cessait d'écrire à Marie-Antoinette les lettres les plus attendrissantes : « J'avoue, lui écrivait-elle, la tête me tourne, et mon cœur est depuis longtemps déjà entièrement anéanti. »

2. Marie-Thérèse, alarmée pour ses fils et pour ses États, et décidée à tout, même à l'avilissement de son nom, disait-elle, pour éviter la guerre, s'était décidée, à l'insu de l'Empereur, à entamer une négociation directe avec le roi de Prusse. Elle lui avait envoyé, le 13 juillet, Thugut pour traiter de la paix. Elle offrait d'abandonner toute prétention sur la Bavière, si Frédéric, de son côté, renonçait aux marquisats de Bayreuth et d'Anspach. Joseph II entra en fureur quand il apprit ces propositions : « C'est la plus flétrissante démarche qu'on ait imaginée, » écrivait-il. Frédéric, du reste, n'accepta pas les propositions de l'Impératrice, et les négociations furent rompues au bout d'un mois.

présence. Je ne cacherai pas à ma chère maman que
M. de Maurepas faisait de temps en temps des difficultés
sur les dépêches du baron. On a été étonné du changement pour les margraviats [1]; il me semble que le soir
Mercy a bien éclairci cet article avec M. de Vergennes.
Quoiqu'il reste aux ministres, surtout à M. de Maurepas,
un peu de cette maudite peur qui a fait tant de mal à nos
affaires, il convient cependant (et pour ce point c'est bien
le Roi qui a donné le ton) que les choses sont bien chan-
gées, et que le roi de Prusse aura tout le tort si, malgré
les propositions de ma chère maman, il ne consent pas à
la paix. En conséquence, dès lundi prochain, M. de Vergennes doit écrire d'une manière très positive au chargé
d'affaires à Berlin; ils pensent aussi à envoyer un négociateur en Allemagne. Je crois être venue à bout d'écarter
M. Odune, que Mercy m'a dit ne pas convenir. Le grand
point est de faire tenir à nos ministres le langage véritable
de l'alliance; ils le promettent, mais il y aura à y veiller
et à batailler plus d'une fois si cette malheureuse affaire
ne se termine pas tout de suite. J'ai une grande consolation de ce que le Roi y est bien porté de cœur et d'âme.

J'ai un grand bonheur que, ma grossesse se trouvant
dans un si affreux moment, ma santé est toujours très
bonne. Mon enfant a donné le premier mouvement le
vendredi 31 juillet, à dix heures et demie du soir; depuis
ce moment il remue fréquemment, ce qui me cause une
grande joie. Je ne peux pas dire à ma chère maman com-

---

1. Les marquisats d'Anspach et de Bayreuth appartenaient à des branches cadettes de la maison de Brandebourg et, à l'extinction de ces branches, devaient faire retour à la Prusse. Marie-Thérèse avait proposé à Frédéric d'y renoncer, en échange de la renonciation de l'Autriche à la Basse-Bavière; Frédéric riposta en proposant d'abandonner les margraviats à la Saxe, qui lui céderait, en retour, la haute et basse Lusace. La Saxe refusa.

bien chaque mouvement ajoute à mon bonheur. Depuis ce temps je suis beaucoup grossie, et plus même qu'on ne l'est ordinairement à cinq mois. Je ne mérite certainement aucun éloge pour la fête de Trianon [1], il m'aurait été bien impossible d'y avoir une contenance. Quelques jours après je me suis remise au train ordinaire. Ma tête ne suffirait pas aux réflexions qui m'accablent; il est encore vrai qu'elles sont nécessaires pour dérouter les conjectures et des raisonnements. Par le moyen des philosophes et des intrigues de toute espèce, le roi de Prusse est venu à bout de se faire un grand nombre de partisans, et je me trouve obligée dans certains moments de montrer un visage gai, n'en ayant assurément ni sujet ni envie. Nous allons passer huit jours à Choisy; je n'ai pas cru devoir m'opposer aux deux spectacles qui sont toujours dans les voyages; on aurait encore tenu des propos sur cela. Il est arrangé que mon enfant sera baptisé et nommé aussitôt après sa naissance. Si ma chère maman a la bonté d'être la marraine, j'espère qu'elle aura la bonté d'envoyer sa procuration et les noms qu'elle voudra lui donner. Le roi d'Espagne sera parrain. J'ai bien de l'impatience du courrier prochain; je n'ose me flatter qu'il apporte une bonne conclusion. Dieu veuille qu'elle ne soit pas désolante!

(Archives impériales d'Autriche. *Éd.* ARNETH, *l. c.*, p. 270; ARNETH et GEFFROY, *l. c.*, III, 234.)

[1]. En apprenant la déclaration de guerre de la Prusse à l'Autriche, la Reine avait décommandé une fête qu'elle devait donner à Trianon.

XCIV.

A l'Impératrice Marie-Thérèse.

1778, 3 septembre.

Versailles, ce 3 septembre.

Madame ma très chère mère, il est donc décidé que nous allons être livrés aux alarmes et aux horreurs de la guerre. Le roi de Prusse s'est tout à fait démasqué [1], et ses partisans n'ont plus qu'à rougir. On me paraît pour ce moment-ci de bonne foi décidé à donner tous les témoignages d'improbation pour le roi de Prusse. Mercy est plus content de sa dernière conversation avec les ministres; il en rendra compte à ma chère maman. J'ai vu MM. de Maurepas et de Vergennes. M. de Maurepas m'a paru tout à fait changé en bien sur les affaires; Dieu veuille que cela dure! Ils m'ont parlé nettement sur M. de Goltz et ses mensonges, et ils prennent actuellement le parti de ne plus le voir séparément, et ils ne lui ont rien dit de la dépêche envoyée au chargé d'affaires qui est à Berlin. On n'en a pas encore de réponse. M. de Pons [2] est retourné à Berlin, et les affaires ne passeront plus que par lui, et non par M. de Goltz. J'avais proposé à ces messieurs d'envoyer une lettre à tous les ministres d'Allemagne pour qu'ils fassent connaître dans leurs résidences la manière de penser du Roi sur la conduite du

---

1. Dans la négociation entamée par Marie-Thérèse. La guerre avait éclaté et elle commençait mal pour l'Autriche : le maréchal de Laudon avait dû se replier devant le prince Henri.
2. Le marquis de Pons était ministre plénipotentiaire de France près la cour de Berlin.

roi de Prusse; mais ils veulent différer jusqu'à la réponse qu'ils attendent de Berlin.

Ma santé continue à être très bonne; je serai saignée après-demain, et j'espère que je ne le serai plus que peut-être à la fin. Les intentions de ma chère maman seront suivies pour les noms soit de garçon ou de fille. Je suis pénétrée de la bonté avec laquelle elle accepte d'être marraine. J'imagine que, si le roi d'Espagne donne ses pouvoirs à un de mes frères, ma chère maman pourra envoyer les siens à Madame. Il n'est pas étonnant que, dans des affaires comme celle-ci, et tel que je connais mon frère, il a pu être affecté de manière à se donner des torts; mais ma chère maman est trop bonne pour ne pas les apprécier et ne pas les attribuer aux circonstances. Je ne puis éloigner l'idée de tout ce qui peut arriver; la promesse des courriers est la plus grande consolation que je puis avoir. Je ne puis m'aveugler sur cet ennemi cruel; on doit tout en craindre, sachant qu'il se permet d'user de toute sorte de moyens. Je me rassure un peu sur le courage des bons et fidèles serviteurs de ma chère maman, qui seront bien encouragés encore par la présence et l'exemple de mes frères. J'ai surtout confiance que le ciel protégera la justice et récompensera dans ces terribles circonstances les vertus de la meilleure des mères et des souveraines. Permet-elle que je l'embrasse tendrement?

(Autographe, Archives impériales d'Autriche. *Éd.* Arneth, *l. c.*, p. 275; Arneth et Geffroy, *l. c.*, III, 248.)

XCV.

A l'Impératrice Marie-Thérèse.

1778, 17 septembre.

Versailles, le 17 septembre 1778.

Madame ma chère mère, je ne sais si je me fais illusion, mais le dernier courrier diminue un peu mes inquiétudes, quoiqu'il m'en reste encore beaucoup pour les suites. C'est déjà un grand coup, et aux yeux de l'Europe, que d'avoir mis l'activité du Roi et de son frère au néant [1]. Quoique le mal d'autrui ne soulage pas le nôtre, cependant, dans cette occasion, je le regarde comme un grand bien, parce qu'il obligera nos ennemis de quitter la Bohême. On me paraît toujours ici dans la meilleure disposition pour s'entremettre pour la paix. Je n'ai pas encore vu la réponse de M. de Gaussen [2] qu'on a dû envoyer à ma chère maman. Je m'en vais encore travailler à ce qu'on écrive dans les cours d'Allemagne pour faire connaître ce qu'on a mandé en Prusse. Je ne pourrais jamais avoir plus grande gloire ni plus grand bonheur que de contribuer en quelque chose à cette grande affaire et au repos de ma chère maman, qui est si précieux de toute manière.

Je suis inquiète de la fièvre de Maximilien [3]. Je crois

---

1. La mauvaise saison avait commencé de bonne heure; il était tombé de la neige dans les montagnes de Bohême; des maladies s'étaient déclarées dans l'armée prussienne; tout cela avait arrêté la marche de Frédéric, et, disait Marie-Thérèse, « on avait fait beaucoup en faisant perdre à cet ennemi son activité, qui était son grand art. »

2. Le chevalier de Gaussen, chargé d'affaires de France à Berlin.

3. L'archiduc Maximilien avait été pris de la fièvre tierce; il avait dû quitter l'armée et se retirer dans un château voisin.

qu'il est bien affligé de se trouver retenu dans ce moment-ci. Je suis charmée de savoir le grand-duc à Vienne [1]; il sera d'une grande ressource pour ma chère maman. Sa femme doit être bien près de Vienne; comme c'est pour longtemps, n'amène-t-elle pas quelques-uns de ses enfants avec elle? Ma santé est toujours très bonne, malgré les incommodités inséparables d'un avancement de grossesse. Je commence à être un peu lourde; mais, comme je marche tous les jours, j'espère aller bien jusqu'à la fin. J'ai été saignée il y a huit jours; on n'a pu me tirer que deux très petites palettes de sang à cause de la petitesse de mes veines, ce qui me mettra peut-être dans le cas d'être encore saignée dans un mois.

(Archives impériales d'Autriche. *Éd.* ARNETH, *l. c.*, p. 279; ARNETH et GEFFROY, *l. c.*, III, 253.)

XCVI.

A l'Impératrice Marie-Thérèse.

1778, 17 octobre.

Ce 17 octobre.

Madame ma très chère mère, vos deux dernières lettres m'ont donné une joie que je n'avais goûtée depuis longtemps. Ma chère maman commence enfin à respirer et à avoir quelques sujets de satisfaction et de consolation. J'ai été bien inquiète de Maximilien, et je sens combien elle a eu de joie de le revoir et en bonne convalescence [2].

[1]. Le grand-duc Léopold arrivait à Vienne avec sa femme.
[2]. Marie-Thérèse avait écrit qu'elle avait reçu une lettre de Maximilien, de sa main propre. Depuis, les nouvelles avaient continué à être meilleures.

Pour le départ du roi de Prusse et de ses troupes, parties en si mauvais état [1], c'est un avantage inestimable qui doit bien l'humilier et encourager tout Autrichien, s'il en avait besoin, combattant pour une souveraine adorée et ayant toujours l'exemple de l'Empereur à leur tête. Tous les vœux de mon âme sont pour que ce terrible ennemi se tienne tranquille, au moins cet hiver, et que le mauvais succès qu'il a eu l'amène à une paix raisonnable. Je suis désolée de la faiblesse et des variations de M. de Maurepas. Je lui ai parlé plusieurs fois et assez fermement; mais j'ai cru devoir me contenir et ne pas rompre tout à fait, pour ne pas mettre le Roi dans l'embarras entre son ministre et sa femme [2]. Je lui reparlerai au premier jour pour qu'enfin il effectue la parole qu'il avait donnée de faire écrire à tous les ministres d'Allemagne, comme on a écrit à M. de Gaussen. Le Roi désire sincèrement de procurer la paix à l'Allemagne [3], et je suis sûre qu'il en viendrait à bout s'il pouvait faire par lui-même et n'être pas embarrassé par ses ministres. Pour moi, j'ai tous les motifs réunis, car je suis bien persuadée qu'il y va de la gloire du Roi et du bien de la France, sans compter le bien-être de ma chère patrie, et j'ai toujours été persuadée que, si dès le commencement on eût parlé ferme ici, les affaires se seraient arrangées sans compromettre personne.

1. La mauvaise saison et le manque de vivres avaient forcé les deux corps d'armée du roi de Prusse et du prince Henri à rétrograder.
2. On remarquera cette phrase de Marie-Antoinette, qui semble confirmer le récit de La Marck sur la réserve plus grande apportée par la Reine vis-à-vis des ministres, à propos des affaires de Bavière, à mesure qu'elle approchait du terme de sa grossesse. Ce récit de La Marck est d'ailleurs confirmé par une dépêche du baron de Goltz.
3. Le maintien de la paix était bien, en effet, le but du Roi et de la Reine c'est pour cela que la seconde avait demandé et que le premier avait offert la médiation de la France.

Nous sommes à Marly depuis dix jours ; je m'y porte à merveille, et m'y promène autant que je peux. Lassone enverra à ma chère maman le plus grand détail de ma santé. Permet-elle que je l'embrasse tendrement?

(Autographe, Archives impériales d'Autriche. *Éd.* Arneth, *l. c.*, p. 280. Arneth et Geffroy, *l. c.*, III, 257.)

XCVII.

Au roi de Suède Gustave III.

[1778, décembre.]

J'espère, Monsieur mon frère et cousin, que vous n'avez pas douté de la joie que m'a causée la naissance du prince de Suède [1] ; recevez mon compliment sur un événement si intéressant pour Votre Majesté, et soyez bien persuadé, Monsieur mon frère, de la véritable amitié avec laquelle je suis

Votre bonne sœur, cousine et alliée,

Marie Antoinette.

(Autographe signé, Archives royales de Stockholm, papiers d'Upsal, t. XVI, n° 28. *Éd.* Geffroy, *Gustave III et la cour de France*, II, 392.)

1. Gustave, né le 1ᵉʳ novembre 1778, fils de Gustave III et de Sophie-Madeleine de Danemark, devenu roi en 1792, sous le nom de Gustave IV, et sous la tutelle de son oncle, le duc de Sudermanie. Déclaré majeur le 6 novembre 1796, il épousa, en 1797, une princesse de Bade et, en 1805, se déclara énergiquement contre Napoléon. Mais la Suède fut envahie à la fois par les Danois et par les Russes, et, le 13 mars 1809, une émeute éclata à Stockholm. Détrôné et exilé, Gustave IV vécut depuis lors en Allemagne, ou aux Pays-Bas, ou en Suisse, sous le nom de comte de Holstein-Gottorp, ou de colonel Gustavson, et mourut en 1837 à Saint-Gall.

XCVIII.

A l'Impératrice Marie-Thérèse.

[1779, avant le 19 avril.]

Madame ma très chère mère, la rougeole que je viens d'essuyer a été plus douloureuse qu'elle ne l'est ordinairement dans ce pays-ci ; j'étais au moment de me purger, dont j'avais grand besoin, et d'ailleurs j'avais encore des restes de lait. Tout est fini à merveille ; mes yeux n'ont pas souffert et on ne craint rien pour ma poitrine. Je n'ai été encore purgée qu'une fois ; je vais aujourd'hui m'établir à Trianon [2] pour changer d'air jusqu'à la fin de mes trois semaines, époque où je pourrai voir le Roi [3]. Je l'ai empêché de s'enfermer avec moi ; il n'a jamais eu la rougeole, et surtout dans ce moment, où il y a tant d'affaires,

---

1. La Reine venait d'avoir la rougeole. Désireuse de ne point être privée pendant ce temps de sa société, elle avait obtenu du Roi la permission de recevoir les plus intimes. Quatre des principaux, les ducs de Coigny et de Guines, le comte Esterhazy et le baron de Besenval eurent cette faveur, et restèrent tous les jours près de la Reine, depuis le matin jusqu'à onze heures du soir. Quoique Madame et la princesse de Lamballe y fussent aussi la plus grande partie du temps, cet arrangement fit naturellement gloser le public sur les quatre gardes-malades de la Reine, et donna lieu à toutes sortes de mauvaises plaisanteries. On se mit à discuter quelles seraient les quatre dames admises à garder le Roi, s'il tombait malade à son tour. En outre, la conversation et la présence de ces quatre personnages devaient donner lieu à une foule d'insinuations, d'intrigues, de « vues fausses en tout genre », que déplorait Mercy.

2. La Reine allait s'installer à Trianon pour sa convalescence ; elle y emmenait Madame Élisabeth, qu'elle aimait beaucoup, et toute sa suite. Voir la dépêche de Mercy en date du 19 avril. *Correspondance secrète*, III, 303.

3. Avant l'expiration de ces trois semaines, le Roi fit marquer à la Reine le désir qu'il avait de la voir. Il vint dans une petite cour intérieure, qui ne faisait passage pour personne. La Reine parut sur un balcon qui donnait dans cette cour, et c'est ainsi, sans danger de contact, que les deux époux purent s'entretenir. Personne n'assista à cette entrevue, qui dura un quart d'heure et fut très amicale et très tendre, au dire de la Reine.

il aurait été fâcheux qu'il gagnât cette maladie. Nous nous écrivons tous les jours : je l'ai vu hier de dessus un balcon en plein air. Ma chère mère permet-elle que je l'embrasse ? Je ne suis pas assez forte pour écrire davantage : j'ai chargé Mercy de mes commissions.

(Archives impériales d'Autriche. *Éd.* Arneth, *l. c.*, p. 287; Arneth et Geffroy, *l. c.*, III, 368.)

XCIX.

A l'Impératrice Marie-Thérèse.

1779, 15 mai.

Le 15 mai 1779.

Madame ma très chère mère, de quel bonheur ne jouis-je pas en apprenant que cette paix tant désirée est enfin faite [1] ! Elle était bien due à ma chère maman, et je désirais bien de pouvoir me flatter que nous y avons contribué d'ici. Certainement mon plus grand soin sera désormais à soutenir l'union entre mes deux pays (si je puis m'exprimer ainsi). J'en ai trop senti le besoin, et le malheur et l'inquiétude que j'ai éprouvés dans l'année dernière ne peuvent s'exprimer. Mais je suis née à devoir tout à ma chère maman, et je lui dois encore la tranquillité qui renaît dans mon âme, par sa bonté, sa douceur, et j'ose dire sa patience envers ce pays-ci. J'ai dit au Roi les bontés de ma chère maman ; il en est très reconnaissant et m'a bien chargée de l'en remercier.

1. La paix avait été signée le 13 mai, à Teschen. Joseph II, qui avait dû renoncer à ses prétentions sur la Bavière, en avait été très mortifié; mais Marie-Thérèse, qui désirait avant tout voir finir une guerre inquiétante, en avait été très heureuse, et remerciait le Roi de sa médiation et la Reine de ses efforts.

Ma santé va bien à présent; voilà une lettre de Lassone qui lui en donnera plus de détail que je ne pourrais faire moi-même. J'ai toujours mal aux entrailles, mais je commence pourtant à en moins souffrir. Ma chère maman peut être assurée que je prends tous les ménagements possibles, mangeant fort peu et ne veillant point du tout. Pour le cheval, je n'y ai pas encore remonté depuis que j'ai été malade, et en tout je compte y monter fort peu.

Maximilien m'a écrit lui-même [1]. Je suis charmée de le savoir mieux, mais je serai toujours inquiète jusqu'à ce que cette tumeur qu'il a soit entièrement passée. Il est bien rare d'avoir à son âge autant de raison et de patience qu'il en montre dans cette occasion-ci.

Ma fille [2] se porte très bien; elle commence à connaître les personnes qu'elle voit le plus; j'en suis encore séparée, étant à Marly et elle à Versailles, mais j'y vais le plus souvent que je puis. Ma chère maman est trop bonne d'être contente du bureau qu'elle a reçu; permet-elle que je l'embrasse, en l'assurant de mon profond et tendre respect?

(Archives impériales d'Autriche. *Éd.* Arneth, *l. c.*, p. 290; Arneth et Geffroy, *l. c.*, III, 311.)

1. L'archiduc Maximilien avait été sérieusement souffrant; il avait les jambes enflées et avait négligé de se soigner; on avait dû l'envoyer aux eaux de Baden et lui faire plusieurs incisions; on craignait même qu'il n'eût l'os attaqué. Marie-Antoinette, alarmée, avait proposé à sa mère le concours des chirurgiens français; l'Impératrice, très touchée de l'offre, ne l'avait point acceptée cependant, afin de ne pas exciter la jalousie des chirurgiens autrichiens. L'archiduc allait mieux et commençait à se tenir sur les jambes.

2. Le 19 décembre 1778, la Reine, après des couches dramatiques où elle avait failli périr, avait eu son premier enfant, une fille. Cela avait été un désappointement; mais, après la première impression de déception, elle en avait pris son parti. « Pauvre petite, lui dit-elle, vous n'étiez pas désirée, « mais vous ne m'en serez pas moins chère! » L'enfant, dont l'Impératrice avait été marraine et le roi d'Espagne parrain, avait été nommée Marie-Thérèse-Charlotte. C'était Madame Royale, qui devait être un jour la compagne de sa mère dans la prison du Temple.

C.

Au roi de Suède Gustave III.

1779, 5 juin.

5 juin 1779.

Monsieur mon frère et cousin, M. le baron de Stael m'ayant fait connaître que Votre Majesté verrait avec quelque intérêt les plans du petit Trianon [1], je me fais un grand plaisir de vous les faire passer; je souhaite qu'il vous paraissent dignes de fixer quelques moments votre attention. Lorsque j'ai appris la naissance du prince royal de Suède, j'étais à la veille de mes couches [2], et je crains de ne vous avoir témoigné pour lors la part que je prenais à un événement si intéressant. J'espère que vous en êtes bien persuadé, Monsieur, ainsi que de la sincère amitié avec laquelle je suis

Votre bonne sœur, cousine et alliée,

MARIE ANTOINETTE.

(Autographe signé, Archives royales de Stockholm, papiers d'Upsal, t. XVI, n° 29. Éd. GEFFROY, *Gustave III et la cour de France*, II, 395.)

1. Gustave III rêvait d'introduire en Suède la politesse et l'élégance françaises. Il avait demandé à la Reine les plans du Petit-Trianon, dont on disait merveille, quoique les embellissements qu'y rêvait Marie-Antoinette fussent loin d'être achevés. Il n'y avait encore que le pavillon chinois, le belvédère et le temple de l'Amour; mais le jardin anglais était tracé et la rivière creusée. Gustave III devait venir à Trianon en 1784, lors de son deuxième voyage en France; la Reine lui donna alors à souper dans le château : le menu de ce souper a été conservé. Voir *Le Petit-Trianon*, par M. G. Desjardins.

2. La Reine, on l'a vu, avait cependant écrit à Gustave III à cette occasion, mais très brièvement.

CI.

A l'Impératrice Marie-Thérèse.

1779, 16 août.

Versailles, le 16 août.

Madame ma très chère mère, je ne puis trouver assez de termes pour exprimer à ma chère maman la reconnaissance où je suis de ses deux lettres et de la bonté qu'elle a de vouloir employer tous les moyens pour nous procurer la paix [1]. Il est vrai que cela serait un grand bonheur, et mon cœur la désire plus que tout au monde; mais malheureusement je n'y vois aucune apparence pour le moment présent. Tout dépend de l'instant actuel; nos flottes, françaises et espagnoles, étant réunies, nous avons une supériorité considérable. Ils sont donc dans la Manche, et je ne pense pas sans frémir que, d'un moment à l'autre, tout le sort sera décidé. Je suis effrayée aussi de l'approche du mois de septembre, où la mer n'est presque plus praticable [2]; enfin c'est dans le sein de ma chère maman que je dépose toutes mes inquiétudes. Dieu veuille qu'elles soient nulles! mais sa bonté m'encourage à lui parler comme je pense. Le Roi est touché, autant qu'il doit l'être, de toutes les marques de bienveillance qu'elle veut

---

[1]. L'Autriche proposait sa médiation pour rétablir la paix entre la France et l'Angleterre. Cette négociation, qui se poursuivit longtemps et que Joseph II reprit après la mort de Marie-Thérèse, n'aboutit pas. Lorsque la paix fut signée, elle le fut directement entre les belligérants, sans intervention des neutres.

[2]. Ces opérations ne réussirent pas, en effet, comme l'avait redouté Marie-Thérèse, qui, avec sa vieille expérience, se méfiait des « choses combinées ». Une descente en Angleterre, pour laquelle on avait réuni une armée nombreuse en Bretagne et en Normandie, sous le commandement du maréchal de Vaux, ne put s'effectuer.

bien lui donner, et je ne doute pas qu'il ne s'empresse toujours à en profiter plutôt que de se livrer aux intrigues de ceux qui ont si souvent trompé la France, et qu'il doit regarder comme ses ennemis naturels.

Ma santé est entièrement remise. Je vais reprendre ma vie ordinaire, et par conséquent j'espère pouvoir bientôt annoncer à ma chère maman de nouvelles espérances de grossesse. Elle peut être rassurée sur ma conduite, et je sens trop la nécessité d'avoir des enfants pour rien négliger sur cela. Si j'ai eu anciennement des torts sur cela, c'était enfance et légèreté; mais à cette heure ma tête est bien plus posée, et elle peut compter que je sens bien tous mes devoirs sur cela. D'ailleurs, je le dois au Roi pour sa tendresse et j'ose dire sa confiance en moi, dont je n'ai qu'à me louer de plus en plus.

Ce n'est absolument qu'un bruit de gazette que la grossesse de Madame. Elle est toujours au même point; il y a eu un moment où l'on avait cru le contraire, même Monsieur se vantait beaucoup; mais la suite a bien prouvé que ce n'était qu'une gasconnade, et je crois qu'il restera toujours comme il est.

Je serai charmée de voir le baron de Breteuil et aurai sûrement égard à la recommandation de ma chère maman; mais je crains bien que son ambition ne l'emporte sur tout ce qu'on pourrait faire pour lui. Elle peut être rassurée sur le prince Louis; il ne retournera sûrement pas à Vienne, et j'aurai l'œil sur celui que l'on voudra y envoyer. Le général Stein n'est point encore arrivé; je serai enchantée de le voir. Pour Mme de Beauvau, je sais bien qu'elle est malheureuse à Compiègne [1]; mais il y a si peu

---

1. Mme de Beauvau, religieuse de la Visitation, que nous avons déjà rencontrée plus haut (p. 43), et à laquelle Marie-Thérèse s'intéressait beaucoup, était alors dans un couvent de Compiègne.

de chose possible à faire pour elle, que je ne sais que faire ; la bonté que ma chère maman a pourtant pour elle de m'en parler fait que je m'en occuperai encore.

Je suis bien affligée de ce que le mieux pour la jambe de Maximilien ne se soit pas soutenu : il est affreux à son âge d'avoir une pareille incommodité ; sa patience est bien touchante, et j'espère que petit à petit il se remettra. J'ose envoyer à ma chère maman le portrait de ma fille ; il est bien ressemblant. Cette pauvre petite commence à marcher fort bien dans son panier. Depuis quelques jours elle dit *papa ;* ses dents n'ont pas percé encore, mais on les sent toutes. Je suis bien aise qu'elle ait commencé par nommer son père : c'est pour lui une attache de plus. Il y va toujours bien exactement, et pour moi je n'ai besoin de rien pour l'aimer davantage. Ma chère maman me pardonnera tout mon bavardage sur cette petite, mais elle est si bonne que j'en abuse quelquefois. Permet-elle que je l'embrasse tendrement ?

(Autographe, Archives impériales d'Autriche. *Éd.* Arneth, *l. c.*, p. 296 ; Arneth et Geffroy, *l. c.*, III, 338.)

CII.

A l'Impératrice Marie-Thérèse.

1779, 15 septembre.

Le 15 septembre 1779.

Madame ma très chère mère, le beau temps dont nous jouissons ici me fait espérer que ma chère maman n'en aura rien à désirer à Schlosshof. J'ai eu grande joie de causer avec le baron de Breteuil [1] sur ma chère maman

1. La Reine avait accordé au baron de Breteuil, venu en France, une audience de cinq quarts d'heure et l'avait traité avec la plus grande bonté.

et sa santé. C'est un grand titre pour cet ambassadeur d'avoir mérité ses bontés et son approbation. La santé du Roi et la mienne sont très bonnes, et nous vivons ensemble de manière que je pourrais avoir bientôt des espérances, quoique je ne puisse encore compter sur rien.

La prise de Grenade et le combat naval ont fait grand plaisir ici [1]; malheureusement il faut de plus grands événements pour amener la paix. Le public se plaint fort que M. d'Orvilliers [2], avec des forces si supérieures à celles des Anglais, n'ait pu ni les joindre pour les combattre, ni empêcher aucun de leurs vaisseaux marchands de rentrer dans leurs ports. Il en aura coûté beaucoup d'argent pour ne rien faire, et je ne vois pas encore d'apparence qu'on puisse traiter de paix cet hiver. Quand on [en] sera là, j'ai tout lieu d'espérer que, si les Bourbons ont besoin de médiateurs, ils profiteront des offices et de l'alliance de ma chère maman.

Il est vrai que le duc de Guines [3] est admis dans ma so-

1. Le comte d'Estaing venait de s'emparer en deux jours de l'île de la Grenade et avait battu une escadre anglaise qui s'avançait au secours de l'île (6 juillet 1779). Cette expédition heureuse avait fait une grande impression, et la gravure l'avait popularisée. Né au château de Ravel, dans le Rouergue, en 1729, Charles-Henri, comte d'Estaing, avait été nommé vice-amiral de France le 6 février 1777.

2. Louis Guillouet, comte d'Orvilliers, appelé au commandement de la flotte française en 1778, avait gagné, le 27 juillet, la bataille d'Ouessant. C'était le premier succès maritime de la France depuis longues années. On fondait naturellement de grandes espérances sur ce qu'il ferait à la campagne suivante, où la flotte espagnole devait opérer avec la flotte française; mais on perdit un temps précieux à attendre les Espagnols. La maladie se mit dans les équipages; la saison devint mauvaise, et la flotte rentra à Brest en octobre sans avoir tiré un coup de canon. La rumeur fut générale; d'Orvilliers donna sa démission.

3. Le duc de Guines, dont nous avons raconté le procès, prenait une influence prépondérante sur la Reine; il acquiert, disait Mercy, « l'apparence et la réalité d'une faveur et d'une confiance des plus solides ». Il remettait sans cesse des mémoires à la Reine et se faisait son mentor politique; personnage d'ailleurs de capacité assez mince, mais très intrigant, très entreprenant, et très appuyé par les Choiseul et Mme de Polignac.

ciété, mais il l'est aussi dans celle du Roi, qui le traite fort bien. Je lui ai rendu service dans la cruelle affaire que lui avait suscitée M. d'Aiguillon : il était naturel qu'il cherchât à témoigner sa reconnaissance. Il est également dans le train de ce pays-ci que ceux qui n'ont pu l'accabler par leurs calomnies déchaînent leur jalousie et exagèrent le bon traitement qu'il éprouve. Il est d'usage ici de vouloir toujours deviner quelqu'un comme nous conduisant ; surtout je l'ai trop souvent éprouvé depuis neuf ans pour en être étonnée maintenant.

L'état de mon frère me donne de l'espérance, mais je ne serai hors d'inquiétude que lorsque sa guérison sera complète.

Ma fille se porte toujours à merveille. Le plaisir que ma chère maman a pris à son portrait me retrace toute sa tendresse. Que ne puis-je lui montrer toute la mienne ainsi que ma reconnaissance ! Elle en serait contente.

L'Empereur étant absent, ma chère maman me permet-elle de la supplier de lui dire de mes nouvelles, ainsi qu'à ma sœur Marie ?

(Archives impériales d'Autriche. *Éd.* ARNETH, *l. c.*, p. 302; ARNETH et GEFFROY, *l. c.*, III, 355.)

Marie-Thérèse et Mercy s'alarmaient de ce crédit, qui pouvait, disait ce dernier, « entraîner insensiblement la Reine plus loin qu'elle ne pense ». L'Impératrice, sur le conseil de l'ambassadeur, fit adroitement des observations à sa fille : « Cela nous revient de tous côtés que vous êtes tellement gouvernée par le duc de Guines que vous ne vous décidez en rien qu'après son avis. » Et la Reine, qui ne redoutait rien tant que de paraître gouvernée par quelqu'un, se détacha peu à peu de son favori, comme Mercy l'avait prévu. Voir *Correspondance secrète*, III, 341 et suiv., 347, 350, 369-371.

CIII.

A l'Impératrice Marie-Thérèse.

1779, 14 octobre.

Le 14 octobre 1779.

Madame ma chère mère, nous avons renoncé au voyage de Fontainebleau [1] à cause des dépenses de la guerre, et aussi pour être plus tôt instruits des nouvelles de l'armée. Nous avons été cinq jours à Choisy, et nous allons demain à Marly pour quinze.

Notre flotte n'a pu joindre les Anglais et n'a rien fait du tout; c'est une campagne perdue et qui a coûté bien de l'argent. Le plus affligeant, c'est que la maladie s'est mise dans les vaisseaux et y a fait grand ravage. La dyssenterie qui règne en Bretagne et en Normandie fait beaucoup de mal aussi aux troupes de terre destinées à l'embarquement; c'est une désolation générale. La maladie se met aussi parmi les Espagnols et refroidit d'autant plus leur zèle qu'ils n'ont pas trop de moyens de se recruter.

J'ai bien peur que ce contretemps ne rende les Anglais plus difficiles et n'éloigne les propositions de paix, qui ne me paraît pas prochaine. Je suis toujours persuadée que, si le Roi a besoin de la médiation, les intrigues du roi de Prusse échoueront et n'empêcheront pas le Roi de profiter de la bonté des offres de ma chère maman. Je n'aurai garde de perdre de vue cet article, si intéressant pour le bonheur de ma vie.

1. Ce renoncement au voyage de Fontainebleau, auquel la Reine passait pour avoir une grande part, avait produit très bon effet. Voir lettre de Mercy à l'Impératrice en date du 16 octobre. *Correspondance secrète*, III, 358.

Ma sœur Élisabeth va être inoculée à la Muette [1]; c'est elle-même qui s'y est décidée et l'a désiré. Ma fille se porte à merveille. Comme j'étais fort échauffée, j'ai pris quelques bains et me suis purgée avant-hier. Je m'en vais prendre du lait d'ânesse pendant Marly; ma santé du reste est fort bonne. Je plains bien la reine de Naples; mais, si ses souffrances aboutissent à lui donner un garçon, ce sera un grand bien et une consolation pour la cruelle perte qu'elle a faite. Le silence de ma chère maman sur mon frère Maximilien me fait espérer qu'il continue à se rétablir. Ma chère maman me permet-elle que je l'embrasse?

(Archives impériales d'Autriche. *Éd.* ARNETH, *l. c.*, p. 304; ARNETH et GEFFROY, *l. c.*, III, 357.)

CIV.

A l'Impératrice Marie-Thérèse.

1779, 16 novembre.

Le 16 novembre 1779.

Madame ma très chère mère, les bonnes nouvelles que ma chère maman me marque de mon frère Maximilien me donnent bien de la joie. Dieu veuille qu'il n'y ait plus de retour à ce vilain mal de jambe! J'espère qu'il continuera les ménagements nécessaires pendant le mauvais temps d'hiver.

Ma santé est bonne et le lait m'a fort bien réussi. Je n'avais pas pris de médecine depuis la dernière qu'on m'a-

---

1. Madame Élisabeth dut être séparée pendant six semaines de la famille royale. L'inoculation eut lieu, non à la Muette, mais à Choisy, comme le constate la Reine dans la lettre suivante. Mesdames s'installèrent près d'elle, à Bellevue.

vait donnée pour ôter le reste de ma rougeole, il y a plus de six mois. J'étais échauffée et j'avais un peu de toux de chaleur, mais sans mal de poitrine ; le lait a dissipé l'un et l'autre. Je ne suis ni engraissée ni maigrie.

Les ordres sont partis pour désarmer la flotte et mettre les troupes en quartiers d'hiver. M. de Cordua [1] est parti avec quinze vaisseaux pour l'Espagne ; il nous en reste encore plus de moitié de ce qu'il avait amené. La nullité de la campagne éloigne toute idée de paix. Les Anglais feront sûrement les plus grands efforts l'année prochaine ; mais, outre qu'ils ont souffert et perdu cette année, ils seront bien gênés par l'Amérique et peut-être même par l'Irlande. Je crois pouvoir assurer ma chère maman que, pour négocier la paix quand le temps sera venu, le Roi n'a nul goût d'y employer l'entremise du roi de Prusse [2].

Ma sœur Élisabeth est depuis un mois à Choisy pour son inoculation, qui a fort bien réussi. Elle reviendra ici le 23 de ce mois.

Pour le baron de Breteuil, connaissant les bonnes intentions de ma chère maman pour lui, elle devait être bien sûre que je tâcherais de lui en faire ressentir les effets. Il a été fort bien traité à Marly comme à Choisy.

Ma bonne santé, celle du Roi, et la manière dont nous vivons me donnent toujours espérance ; mais, pour ce mois-ci, depuis hier je suis sûre de ne l'être pas. Je suis pénétrée des bontés et attentions uniques de ma chère maman, et dans ce moment, pour mon jour de naissance, je [ne] le sens pas sans confusion des oublis et retards dont

---

1. Don Luis de Cordova.
2. La méfiance de Marie-Thérèse était toujours en éveil contre le roi de Prusse. « Je sais, écrivait-elle à sa fille, que le roi de Prusse nous fait passer pour bons Anglais : je sais que je suis de cœur et d'intérêt bonne Française. »

j'ai été quelquefois coupable. Si j'osais, je dirais que cela est arrivé presque toujours malgré moi. Mon devoir et mon cœur m'avertissent d'avance des époques; mais mon étourderie, je dois l'avouer à ma honte, me fait quelquefois oublier de faire partir mes lettres à temps. Si j'avais la ressource des courriers, ce malheur ne me serait pas arrivé. J'en demande mille pardons à ma chère maman; je n'ai jamais fait faute de cette espèce sans en être punie par un prompt repentir. Je ne pourrais me supporter moi-même si ma chère maman pouvait douter de mon respect, de ma tendresse et de ma reconnaissance. Ma fille continue à se très bien porter. Elle a présentement quatre dents [1].

(Archives impériales d'Autriche. *Éd.* Arneth, *l. c.*, p. 305; Arneth et Geffroy, *l. c.*, III, 366.)

CV.

A l'Impératrice Marie-Thérèse.

1779, 15 décembre.

Versailles, le 15 décembre.

Madame ma très chère mère, je suis désolée de ne pouvoir donner à ma chère maman la bonne nouvelle que sa tendresse désire tant. La manière dont je vis avec le Roi soutient mes espérances; mais jusqu'ici je ne puis compter sur rien. J'ai eu pendant quinze jours des douleurs d'entrailles, mais elles n'étaient pas assez considérables pour m'empêcher d'aller toujours. Je suis bien heureuse

---

[1]. Mercy écrivait, le 17 décembre, à l'Impératrice : « Une des principales occupations de la Reine est de voir journellement, même à plusieurs reprises, son auguste fille. » *Correspondance secrète*, III, 380.

de m'en être tirée comme cela, car tout le monde est malade ici et surtout de dyssenterie.

Nous attendons M. d'Estaing [1], qui est à Brest depuis huit jours. Les vents avaient séparé sa flotte ; son vaisseau est arrivé presque seul, mais depuis on a eu des nouvelles des autres. Il y en a déjà huit de rentrés ; on espère que les trois autres, qui sont encore en mer, ne tarderont pas. Il faut entendre M. d'Estaing et même les principaux officiers de son armée avant de juger de ses succès. On sait déjà qu'à la fin de la campagne il a été repoussé avec perte à Savannah par le général Prevost; M. d'Estaing même est blessé à deux endroits.

Je suis toujours persuadée que le roi de Prusse perd son temps en s'intriguant pour faire le médiateur. Mercy doit instruire ma chère maman d'un officier français, une espèce d'aventurier [2] qui, sans nulle mission ni permission, s'est avisé de parler d'affaires et de négociations à Berlin. Ce qui prouve bien la bonne foi de nos ministres à cet égard, c'est que M. de Vergennes en a averti Mercy avant qu'il en eût aucune nouvelle; d'ailleurs je crois que le négociateur apocryphe va recevoir ordre de revenir en France.

Je serais désolée que la santé de M. le duc de Modène [3] empêchât le voyage de Ferdinand; quel bonheur pour lui de se trouver avec ma chère maman et toute la

---

1. Le comte d'Estaing n'avait pas soutenu ses brillants débuts; il avait échoué au siège de Savannah; au retour, il fut disgracié. A la Révolution, le comte d'Estaing se prononça pour les idées nouvelles, fut commandant de la garde nationale de Versailles, et à ce titre écrivit à la Reine une lettre regrettable; sa conduite aux 5 et 6 octobre fut cependant correcte; mais, dans le procès de la Reine, son attitude fut pitoyable. Cela ne l'empêcha pas d'être guillotiné le 28 avril 1794.

2. Cet aventurier s'appelait M. de Zoteux. Voir *Correspondance secrète*, III, 377 et suiv.

3. Hercule-Renaud d'Este, né en 1727, beau-père de l'archiduc Ferdinand.

famille ! Je le sens bien, quoique je ne puisse l'espérer pour moi ; je ne dois pas en dire davantage. Le terme de compliments, dont s'est servi ma chère maman, m'affligerait si je pouvais croire qu'elle le pensât sérieusement lorsque je lui parle de mon respect, de ma tendresse et de ma reconnaissance. Voudra-t-elle bien agréer les vœux les plus ardents de mon cœur pour sa conservation et sa satisfaction ? Le bonheur de ma vie y est attaché.

L'abbé se met aux pieds de ma chère maman.

(Autographe, Archives impériales d'Autriche. *Éd.* Arneth, *l. c.*, p. 309 ; Arneth et Geffroy, *l. c.*, III, 377.)

CVI.

A l'Impératrice Marie-Thérèse.

1780, 15 janvier.

Versailles, le 15 janvier.

Madame ma très chère mère, je suis bien charmée que ma chère maman ait été éclaircie et satisfaite sur le compte de M. de Zoteux. Je suis persuadée qu'elle le sera toujours lorsqu'il y aura des faits positifs. Il est bien fâcheux qu'on ne puisse dissiper aussi aisément les nuages qu'élèveront toujours les inventions du roi de Prusse, les fables et mensonges de son ambassadeur. Pour les ministres du Roi en Allemagne, je suis persuadée qu'ils seraient réprimandés si on pouvait constater quelque mauvaise démarche ou discours. Il me semble que Mercy a toujours été assez content de M. de Vergennes, et notamment dans la dernière conversation qu'il a eue avec lui. Dans les occasions où il croira que je dois parler, ma chère maman doit être bien sûre que je m'y porterai comme à l'affaire la plus intéressante pour mon bonheur. Indépendamment des circonstances où il y aura des faits particuliers, je profiterai de toutes les occasions d'entretenir le Roi dans les bonnes dispositions qui m'ont toujours paru bien sincères de sa part.

M. d'Estaing est revenu ici, souffrant beaucoup de sa blessure et après une campagne plus pénible qu'utile. Cependant on n'est pas découragé, et nous avons tout lieu de croire que, la campagne prochaine, nous serons supérieurs en Amérique. M. de Guichen [1] partira incessamment avec une flotte de quinze ou dix-huit vaisseaux et trois ou quatre mille hommes de troupes de terre.

Le temps est très froid et vilain ici; il y a des brouillards affreux qui ont occasionné une épidémie générale de rhumes; tout Paris et Versailles toussent. J'ai été pendant trois jours avec de la fièvre dans mon lit. Il n'y a que le Roi et Monsieur qui y ont échappé, et ils nous ont soignés tous, car nous étions chacun dans notre chambre, sans pouvoir sortir; ma fille même l'a été, mais, quoique ses dents travaillent toujours, elle n'a point eu de fièvre. Pour moi, j'espère être guérie tout à fait. Je prends encore des pilules d'ipécacuana, mais cela ne m'empêche pas d'aller. Je ne tousse plus; j'attends qu'il fasse un peu moins froid pour songer sérieusement à ma santé et au point si important pour mon bonheur. Je compte reprendre du fer dans le mois prochain, et peut-être aussi me faire saigner de précaution [2].

Mes gens ont fait une embrouille; ils ont oublié par le

---

[1]. Luc-Urbain de Bouexic, comte de Guichen. Né à Fougères en 1712, mort en 1790; il avait été nommé en remplacement du comte d'Estaing. En 1781, il soutint près de la Dominique une lutte brillante contre l'amiral Rodney.

[2]. Voir à ce sujet *Correspondance secrète*, III, 389.

dernier courrier le souvenir que j'espère que ma chère maman voudra bien recevoir. Les cheveux sont du Roi, de ma fille et de moi; les plus bruns sont de moi. Autre embrouille de mes gens, pour une lorgnette destinée à ma chère maman, et qu'ils ont mise à l'adresse de ma sœur Marie. Je n'ai pu voir le prince Lobkowitz [1] la première fois qu'il est venu à Versailles, étant dans mon lit; mais je lui ai fait dire de venir à mon bal avec Antoine Colleredo [2]. Je crois qu'ils en ont été contents.

L'abbé est bien pénétré du souvenir de ma chère maman; comme il est encore ici, il a chargé Mercy de chercher le livre qu'elle désire. Pour moi, j'ose remercier ma chère maman de la bonté qu'elle a pour lui. Il est sûr qu'il n'y a personne au monde qui m'est plus attaché et qui à plus juste titre a toute ma confiance.

Ma chère maman permet-elle que je l'embrasse? J'espère qu'elle connaît assez mon cœur pour croire que c'est sans aucune phrase et que c'est de toute mon âme.

(Autographe, Archives impériales d'Autriche. *Éd.* Arneth, *l. c.*, p. 313; Arneth et Geffroy, *l. c.*, III, 386.)

CVII.

A l'Impératrice Marie-Thérèse.

1780, 15 février.

Versailles, le 15 février 1780.

Madame ma très chère mère, si ma chère maman a pu avoir inquiétude du carnaval, je suis charmée de pouvoir la rassurer. Il est fini sans inconvénient ni pour ma

1. Ferdinand-Philippe-Joseph, prince de Lobkowitz, était ambassadeur d'Autriche en Espagne; né en 1724, mort le 11 janvier 1784.
2. Le feld-maréchal comte Antoine Colloredo, né en 1708, mort en 1785.

santé ni d'aucune espèce. Je crois même pouvoir dire que les bals que j'ai donnés chaque semaine dans mon appartement ont bien réussi [1]; ils ont été bien fournis, pour la danse et pour la compagnie, par ce qu'il y a de mieux à Paris et à Versailles.

Nous avons ici grand nombre de princes de Hesse. Le prince George y est avec toute sa famille, sa femme, son second fils, son gendre, ses deux filles et sa belle-sœur [2]. Je compte que les quatre femmes viendront un des jours de cette semaine me voir. Pour les deux princes, ils sont déjà venus. Le fils du prince George [3] surtout réussit très bien ici; il est très aimable. Pour le pauvre père, il est malade depuis qu'il est à Paris; il a la goutte, et par-dessus le marché il a dans ce moment-ci une fluxion sur les yeux qui le fait beaucoup souffrir.

Je suis trop accoutumée aux inventions et exagérations de ce pays-ci pour être surprise de ce qu'on a débité sur Mme de Polignac [4]. Il est assez ordinaire ici que le Roi

---

1. Mercy écrivait de même : « Les amusements du carnaval, qui dégénèrent presque toujours en fatigue, n'ont eu aucun effet fâcheux ; les bals à la cour ont été plus brillants, plus gais que les années précédentes. » *Correspondance secrète*, III, 399.

2. Le prince Georges de Hesse-Darmstadt, né en 1712, frère cadet du landgrave alors régnant, était à Paris avec sa femme, née comtesse de Linange; son second fils Georges, né en 1754; ses deux filles Charlotte, née en 1755, et Louise, née en 1761, mariée en 1777 au prince héréditaire Louis de Hesse-Darmstadt; enfin la landgrave de Hesse-Hombourg, laquelle était sa nièce et non sa belle-sœur. Les princesses Charlotte et Louise avaient été élevées à la cour de Vienne et avaient contracté avec Marie-Antoinette une amitié qui dura toute sa vie. Dans les portraits saisis sur elle à la Conciergerie se trouvaient ceux de ses amies Louise, devenue landgrave de Hesse-Darmstadt, et Charlotte, mariée au grand-duc Charles de Mecklembourg-Strelitz, veuf de sa sœur aînée, la princesse Frédérique. Les lettres qu'elle leur avait adressées sont pieusement conservées à Strelitz et à Darmstadt. Quant à leur frère, le prince Georges, il fut un de ceux qui tentèrent d'arracher la Reine de sa prison.

3. Georges-Charles, né le 14 juin 1754.

4. Gabrielle-Yolande-Claude-Martine de Polastron, née en 1750, mariée par contrat du 4 juillet 1767 à Armand-Jules-François, comte de Polignac.

contribue à la dot des personnes de la cour et de naissance qui ne sont pas riches. Le mariage de la petite Polignac est arrêté avec le comte de Gramont [1], qui est déjà capitaine des gardes en survivance. Sa mère a pensé au comté de Biche, mais ce n'a été qu'un instant, et, aussitôt qu'elle en a su la valeur, elle a été la première à me le dire et en a abandonné l'idée. Pour le titre de duc, c'est une pure invention. Quant à l'argent, le Roi dotera sûrement la petite fille, et on en dira peut-être plus de louis d'or qu'il n'y aura d'écus. C'est une grande joie pour moi de voir que la manière de penser du Roi m'épargne toute sollicitation pour mon amie. Il est bien persuadé de la parfaite honnêteté et de la noblesse de ses sentiments. Il sera charmé de lui faire du bien pour elle-même; je n'en suis pas moins sensible à la marque d'amitié qu'il me donne dans cette occasion.

Le Roi vient de donner un édit qui n'est encore qu'une préparation à la réforme qu'il veut faire dans sa maison et la mienne [2]. Si elle s'exécute, ce sera un grand bien,

Voir, sur les origines de sa faveur, la correspondance de Mercy avec l'Impératrice : *Corresp. secrète*, II, 367, 376-378, 391, 396 et suiv., 445, 446, 490, etc. — Malgré les dénégations de la Reine, les faveurs accordées aux Polignac étaient exorbitantes; ils avaient reçu quatre cent mille livres pour payer leurs dettes. Ils allaient recevoir, pour la dot de leur fille, huit cent mille francs; ils avaient encore demandé un domaine royal, le comté de Bitche, qui valait cent mille livres de rente, et, à son défaut, ils obtinrent, deux ans après, la terre de Fénestrange, qui en rapportait soixante-dix mille. Mercy calculait qu'en quatre ans les Polignac s'étaient procuré, tant en grandes charges qu'en autres dons, près de cinq cent mille livres de revenus annuels. Quant au titre de duc, si la nouvelle était prématurée en février, elle était vraie en octobre. En outre, leur gendre, le comte de Gramont, qui prit à son mariage le titre de duc de Guiche, fut nommé capitaine des gardes, ce qui mécontenta les Civrac. « Sa Majesté croit avoir sacrifié à l'amitié, écrivait Mercy, et le public ne veut voir qu'engouement et aveuglement pour la comtesse de Polignac. »

1. Antoine-Louis-Marie, né le 17 août 1755, marié par contrat du 11 juillet 1780 à Louise-Gabrielle-Aglaé de Polignac.

2. Cet édit du 29 janvier 1780 supprimait un certain nombre d'emplois de

non seulement pour l'économie, mais encore pour l'opinion et la satisfaction publique. Il faut attendre les effets pour pouvoir y compter; on l'a tenté sans succès sous les deux derniers règnes. Le Roi a le pouvoir et la bonne volonté, mais il y a dans ce pays-ci tant d'embarras dans les formes que, si on ne prend pas la bonne, il en résultera de nouveaux inconvénients comme par le passé.

Ma saignée devait se faire hier, mais elle est retardée par un rhume qui, j'espère, sera passé la semaine prochaine. Je serais bien heureuse si la saignée m'était aussi favorable qu'à ma chère maman. Ma fille se porte bien, et, vu la force dont elle est, on est décidé à la sevrer d'ici à Pâques.

(Archives impériales d'Autriche. *Éd.* ARNETH, *l. c.*, p. 318; ARNETH et GEFFROY, *l. c.*, III, 397.)

CVIII.

A la princesse Charlotte de Hesse-Darmstadt.

[1780, après le 15 février.]

J'ai appris que vous étiez arrivée hier au soir, ma chère princesse [1]. Voulez-vous bien me donner de vos nouvelles

---

contrôleurs et intendants de divers services. Ce n'était que le prélude des réformes que Necker se proposait de faire dans la Maison du Roi et dans celle de la Reine. Voir, sur ces réformes, *Les causes financières de la Révolution française*, par Ch. Gomel.

1. Charlotte-Wilhelmine-Christiane-Marie, fille du prince Georges-Guillaume de Hesse et de Marie-Louise-Albertine de Leiningen (Linange) Heidesheim. Née le 5 novembre 1755, elle était presque jour pour jour du même âge que Marie-Antoinette. Elle épousa, le 28 septembre 1784, le duc Charles de Mecklembourg-Strelitz, veuf de sa sœur aînée, Frédérique de Hesse-Darmstadt, et mourut en couches le 12 décembre 1785, laissant un fils, Charles-Frédéric-Auguste, né le 30 novembre 1785.

et de celles de toute votre famille [1] ; j'espère que vous n'avez pas oublié que je compte que vous profiterez de ma loge ce soir. La comédie est à six heures et demie. J'espère que vous viendrez toutes me voir une heure ou une demi-heure avant ; je vous prie de n'être pas trop parées, car ma loge est petite [2].

Adieu, ma chère princesse ; je ne vous parle pas de mon amitié pour vous, j'espère qu'elle vous est assez connue pour n'en pas douter.

(Autographe, Archives du grand-duc de Mecklembourg-Strelitz. Ed. COMTE DE REISET, *Lettres inédites de Marie-Antoinette et de Marie-Clotilde de France* (Paris, Firmin Didot, 1876, in-12), p. 9.)

CIX.

Au comte de Mercy-Argenteau.

[1780, 2 mars.]

La Reine prie M. de Mercy de passer tout de suite chez les princesses de Darmstadt pour les engager de sa part à venir demain au bal chez Mme la comtesse Diane [3]. Il commencera à onze heures et demie. Comme c'est un bal sans cérémonie, il faut qu'elles soient en petite robe ou polonaise. La Reine prie M. de Mercy, en faisant sa commission, de faire de belles phrases pour elle sur ce

---

1. Le prince Georges de Hesse-Darmstadt était venu à Paris pour un procès.
2. « Il s'agit ici, dit M. le comte de Reiset, de la petite loge de la Reine à Versailles. Toute la famille devait venir voir la Reine avant le spectacle, grande faveur réservée aux intimes. » La recommandation de ne point trop se parer n'était pas superflue, car les toilettes avaient alors des dimensions extraordinaires.
3. La comtesse Diane de Polignac, née le 12 août 1748, sœur du comte Jules, dame d'honneur de Madame Élisabeth.

qu'il est un peu tard de ne les prier qu'aujourd'hui pour demain.

(Archives impériales d'Autriche. Ed. FEUILLET DE CONCHES, *l. c.*, I, 185)

CX.

A l'Impératrice Marie-Thérèse.

1780, 16 mars.

Versailles, le 16 mars 1780.

Madame ma très chère mère, la saignée que j'avais annoncée à ma chère maman a été faite avec un entier succès. Ma santé est à cette heure très bonne, et je dois espérer de nouveau de devenir bientôt grosse [1]. Je n'ai pu lire sans frémir ce que ma chère maman m'a mandé de la reine de Naples; c'est un enchaînement de calamités les plus affreuses. On dit ici que sa petite est bien mal, et je crains fort que son fils ne prenne aussi la petite vérole; c'est d'autant plus malheureux que l'on dit qu'elle est de la plus mauvaise espèce. Je ne conçois pas comment, après avoir annoncé à ma chère maman de pareilles nouvelles, on l'a laissée dans l'inquiétude et plus de vingt jours sans lettres ni courrier. Cela prouve bien qu'elle a perdu la tête. Je la plains de toute mon âme, et je conçois bien l'inquiétude qu'on doit avoir quand ses enfants sont malades. Grâce à Dieu, je n'ai pas encore éprouvé ce sentiment, ma fille n'ayant pas eu seulement un mouvement de fièvre depuis sa naissance. On va bientôt la sevrer, elle est grande et forte, on la prendrait pour un enfant de deux ans. Elle marche toute

---

1. Cf. lettre de Mercy du 18 mars. *Correspondance secrète*, III, 408.

seule, se baisse et se relève sans qu'on la tienne, mais elle ne parle guère. J'ose confier au tendre cœur de ma chère maman un bonheur que j'ai eu il y a quatre jours : étant plusieurs personnes dans la chambre de ma fille, je lui ai fait demander par quelqu'un où était sa mère. Cette pauvre petite, sans que personne lui disait mot, m'a souri et est venue me tendre les bras. C'est la première fois qu'elle a marqué me reconnaître; j'avoue que cela m'a fait une grande joie, et je crois que je l'aime bien mieux depuis ce temps. Mais je m'aperçois que je parle bien longuement d'elle; c'est à la bonté de ma chère maman et à son indulgence à me pardonner tout ce verbiage.

Nous avons reçu la semaine dernière une terrible nouvelle de la perte d'un convoi considérable que nous envoyions à l'Ile de France. D'abord on disait qu'il avait été pris en entier; depuis il paraît certain que plus de la moitié a échappé. Malgré cette diminution, la perte est encore bien considérable, surtout pour l'opinion et le crédit. On se disposait à faire embarquer huit à dix mille hommes de bonnes troupes pour l'Amérique à la fin du mois; on va les réunir en Bretagne, mais je crois que cette nouvelle va différer l'embarquement. Il est certain que nous ne pouvons pas risquer ce gros convoi sans être bien sûrs de la mer; il serait affreux d'essuyer encore des malheurs par là; j'avoue que je ne pense pas à cela de sang-froid.

J'espère que Mme de Starhemberg [1] sera contente de moi; son frère [2] l'est beaucoup de ce que je lui ai procuré la place de colonel commandant du régiment d'Anhalt,

---

1. Marie-Françoise-Joséphine de Salm, mariée en 1761 au prince Georges de Stahremberg.
2. Le prince Emmanuel de Salm, colonel au service de la France, né en 1742, mort en 1808.

destiné à l'embarquement [1]. C'est un excellent sujet et un homme estimé dans le militaire.

Mme de Hesse [2], fille de la princesse Françoise [3], est partie hier d'ici. Je l'ai vue plusieurs fois ; elle m'a paru fort contente de son séjour. Pour le pauvre prince Georges de Darmstadt, je ne l'ai pas encore vu ; il a été toujours malade depuis qu'il est ici. Sa femme est venue me voir avec ses deux filles. Les jeunes princesses me plaisent beaucoup. La cadette, femme du prince héréditaire, est bien incommodée, elle est grosse et souffre beaucoup. Je crains bien qu'elle ne finisse par faire une fausse couche [4]. Ils vont tous partir le mois prochain. Ils sont ici pour un procès, mais qui ne sera pas encore jugé de sitôt.

Le baron m'avait parlé d'un cousin de la Brandis qui se destine à être abbé. Je lui en ai écrit, sans qu'elle m'en ait jamais parlé. Charmée de pouvoir faire quelque chose pour elle, si ma chère maman l'approuve, je le ferai venir en France pour finir ses études. Me permet-elle de l'embrasser tendrement ?

P. S. Je décachette ma lettre pour faire part à ma chère maman de la bonne nouvelle que nous venons d'apprendre. Il est arrivé à Rochefort un convoi qu'on estime plus de trente millions. Il était escorté par un gros vaisseau et deux frégates ; cela va beaucoup remonter le crédit.

(Archives impériales d'Autriche. *Éd.* ARNETH, *l. c.*, p. 320 ; ARNETH et GEFFROY, *l. c.*, III, 406.)

---

1. Ce régiment allait partir pour l'Amérique.
2. Ce doit être Caroline de Hesse-Darmstadt, née le 2 mars 1746, fille du landgrave Louis IX, mariée le 27 septembre 1768 à Frédéric, landgrave de Hesse-Hombourg.
3. Il faut lire la princesse *Christiane* : Louis IX avait épousé en 1741 Christiane de Bavière, de la branche de Deux-Ponts ; cette princesse était morte le 30 mars 1774.
4. Cette crainte ne se réalisa pas, car la princesse accoucha d'un fils le 31 août suivant. Voir plus loin, n° CXXII.

CXI.

A l'Impératrice Marie-Thérèse.

1780, 13 avril.

Ce 13 avril.

Madame ma très chère mère, les troupes destinées pour les Iles sont embarquées et n'attendent plus qu'un vent favorable pour sortir du port. Dieu veuille qu'elles arrivent heureusement ! L'embarquement a déjà éprouvé un inconvénient : on n'a pas pu réunir à Brest assez de vaisseaux de transport, et on a été forcé de laisser deux régiments. Celui du prince de Salm en est, mais on espère les faire rejoindre incessamment. J'espère qu'il y fera bien ; il a bonne réputation dans le militaire.

Le sevrage de ma fille n'a en rien dérangé sa santé, et elle est toujours très bien et m'intéresse beaucoup ; je lui désire bien vivement un compagnon, et j'ai lieu de l'espérer plus que jamais.

J'ai eu un grand plaisir de revoir Joseph Kaunitz [1] ; il est au moment de repartir. J'espère qu'il est content de moi. Pour moi j'ai été enchantée d'une conversation que nous avons eue ensemble de deux heures. Je me suis bien informée de tout ce qui peut regarder et intéresser ma chère maman, ce qui est ma plus chère occupation. Je lui ai trouvé de l'esprit, voyant juste, et parlant très bien d'affaires. Je l'ai bien chargé de faire mes compliments à son père, que j'estime à tant de titres comme bon, fidèle

---

1. Le comte Joseph de Kaunitz, envoyé d'Autriche en Russie, le plus jeune fils du célèbre prince de Kaunitz, né le 22 novembre 1743.

et essentiel serviteur de ma chère maman. Il est vrai que je donnerais toute chose au monde pour avoir un prince Kaunitz ici dans le ministère ; mais malheureusement cela ne se rencontre pas souvent, et il faut savoir apprécier le mérite comme ma chère maman pour trouver de pareils hommes [1].

M. de Vaudreuil [2] est un homme de condition qui a bien

---

[1]. Le prince de Kaunitz, à qui Marie-Thérèse avait montré ce passage de la lettre de sa fille, en fut extrêmement flatté et en remercia la Reine par le billet suivant, publié dans *Marie Antoinette und Maria Theresia* (p. 328) et dans la *Correspondance secrète* (III, 418, note) :

« Madame, Sa Majesté l'Impératrice-reine, dont la bonté égale toutes les autres éminentes qualités du cœur et de l'esprit, a daigné non seulement me communiquer l'article de la lettre dans laquelle V. M. me fait l'honneur de lui parler de moi dans des termes dont j'ai été vivement touché, mais elle me permet même d'oser lui en témoigner ma respectueuse reconnaissance. Je supplie donc V. M. de trouver bon que j'aie l'honneur de la lui témoigner du fond de mon cœur et de l'assurer en même temps que, bien certainement, je tâcherai de mériter la continuation de l'opinion dont elle m'honore. Ce sera par les soins les plus assidus, par la plus grande sollicitude pour le bien du service de mon incomparable Impératrice et par toutes les preuves possibles de mon attachement pour la personne de V. M. et pour l'intérêt de l'alliance. C'est tout ce qui est en ma puissance, et je me flatte, moyennant cela, que V. M. en daignera agréer l'assurance. Je lui demande avec instance la continuation de sa haute bienveillance. J'ose lui recommander mon bon et bien honnête ami le comte de Mercy, comme l'homme du monde le plus digne de toute sa confiance, et je supplie V. M. d'être bien persuadée qu'avec tous les sentiments qui lui sont dus, je serai toute ma vie, Madame, de Votre Majesté le plus sincèrement attaché des anciens serviteurs de sa maison et de son auguste personne. »

[2]. Joseph-Hyacinthe-François de Paule Rigaud, comte de Vaudreuil, né à Saint-Domingue le 2 mars 1740, était un des habitués du salon Polignac ; la rumeur publique l'accusait même d'être trop bien avec la favorite. Élégant et spirituel, ami des arts, possesseur d'une galerie renommée, l'un des rares hommes, disait le prince Henri, qui savaient parler aux femmes, mais d'un caractère emporté et avide, d'une personnalité absorbante, Vaudreuil eut sur son amie, et par elle sur la Reine, une influence néfaste. Il émigra après la prise de la Bastille, rejoignit les Polignac en Italie et fut un des conseillers du comte d'Artois : sa correspondance avec ce prince a été publiée par M. L. Pingaud. Assez modéré au début, tant qu'il écouta les avis du cardinal de Bernis, Vaudreuil devint ensuite aussi violent et aussi déraisonnable que les plus ardents émigrés. Rentré en France lors de la Restauration, il mourut en 1817, lieutenant général et pair de France.

servi, et dont les parents se distinguent dans la guerre actuelle. Il n'a jamais demandé des grâces et sa fortune ne lui faisait pas désirer celles d'argent. Il a beaucoup de biens aux Iles, mais il n'en reçoit rien à cause de la guerre. Le Roi lui avait donné 30,000 francs, non de pension, mais seulement jusqu'à la paix. Il a remis cette grâce au Roi depuis que le comte d'Artois lui a donné un domaine. Je n'ai pas eu part à cette générosité ; tout le monde sait ici que M. de Vaudreuil est assez aimé de mon frère pour n'avoir pas besoin de protection auprès de lui. Je pourrais en dire autant pour Mme de Polignac par rapport au Roi ; il l'aime beaucoup, et, quoique je sois fort sensible et reconnaissante du bien qu'il lui fait, je n'ai pas besoin de l'en solliciter. Les gazetiers et nouvellistes en savent plus que moi : je n'ai entendu parler ni de la terre de deux millions ni d'aucune autre ; si j'en savais davantage, je le dirais à ma chère maman, à qui je n'éviterai jamais de répondre sur rien.

M. le prince de Condé vient d'être nommé colonel général de l'infanterie ; cette charge avait été supprimée au commencement du dernier règne à cause des droits exorbitants qu'elle donnait ; en la rétablissant aujourd'hui on en limite le pouvoir. Je ne me suis pas mêlée de cette affaire, quoique la politique de M. le prince de Condé l'ait engagé à m'en faire des remerciements, et que même il affecte de faire croire qu'il m'y a eu grande obligation.

J'ai écrit dernièrement à la reine de Naples ; mais, à cause de son état, je me suis retenue de lui montrer ma douleur et inquiétude sur sa santé et la perte qu'elle a faite de sa fille. Je ne conçois pas la négligence de Lamberg [1] ; a-t-il donc oublié la sensibilité et la tendresse de

---

1. Le comte de Lamberg-Sprinzenstein, envoyé d'Autriche à Naples.

ma chère maman pour ses enfants? Permet-elle que je l'embrasse, en lui renouvelant mon respect, ma tendresse et ma reconnaissance?

Le baron de Breteuil va partir; il portera à ma chère maman mes vœux bien sincères pour son jour de naissance.

(Autographe, Archives impériales d'Autriche. *Éd.* Arneth, *l. c.*, p. 325; Arneth et Geffroy, *l. c.*, III, 417.)

CXII.

A la princesse Charlotte de Hesse-Darmstadt.

[1780, mai.]

Je passerai, ma chère princesse, à midi trois quarts devant votre porte, pour aller promener dans la forêt [1]; comme je vais avec une dame, je ne pourrai mener que deux personnes. Si vous pouvez être prête avec une de vos sœurs [2], je vous prendrai en passant. Ne soyez point habillées et avec de grands chapeaux, car c'est en calèche. Bonjour; je vous embrasse de tout mon cœur.

(Autographe, Archives de Strelitz. *Éd.* comte de Reiset, *l. c.*, p. 26.)

1. La forêt de Marly ou celle de Saint-Germain.
2. La Reine, dans sa lettre du 15 février, ne parlait que de deux filles du prince Georges de Hesse-Darmstadt, venues avec lui à Paris. Il y en avait évidemment plus de deux, puisque, s'adressant à la princesse Charlotte, elle dit : *une de vos sœurs ;* cette troisième sœur était la princesse Auguste, née le 14 avril 1765, mariée en 1785 à Maximilien-Joseph, duc des Deux-Ponts, qui devint plus tard roi de Bavière sous le nom de Maximilien Ier. La princesse Auguste mourut le 30 mars 1796, à Rohrbach, près de Heidelberg.

CXIII.

A la princesse Charlotte de Hesse-Darmstadt.

[1780, mai.]

Donnez-moi un mot de vos nouvelles, ma chère princesse. Mandez-moi si Madame votre mère n'a pas été trop fatiguée de la journée d'hier, et si la poussière ne vous a pas fait tousser davantage. Tous les vôtres doivent être bien sûrs de mes sentiments; mais pour vous, ma chère princesse, il est impossible que vous ne connaissiez le tendre et vif intérêt que vous m'inspirez et qui serait encore augmenté d'hier, s'il était possible.

J'embrasse tendrement la princesse Auguste; mes compliments au prince Georges [1].

A Madame la princesse Charlotte de Hesse-Darmstadt, à Paris, rue Jacob, hôtel de Bourbon.

(Autographe, Archives de Strelitz. *Éd.* COMTE DE REISET, *l. c.*, p. 42.)

---

1. Le prince Georges-Charles mourut en 1830, major général au service de Hollande. Il est de tradition à Darmstadt, d'après M. le comte de Reiset, que pendant la Révolution, le prince Georges chercha, à plusieurs reprises, à sauver la Reine. Nous retrouverons plus tard la trace de ces tentatives.

CXIV.

A la princesse Charlotte de Hesse-Darmstadt.

[1780, mai.]

Vous êtes bien aimable, ma chère princesse, de vouloir être contente du portrait que je vous ai envoyé [1]. J'espère qu'il vous rappellera quelquefois une personne qui vous aime bien tendrement. Je serais désolée que vous vous donnassiez la peine de venir, d'autant plus que je ne prévois pas pouvoir être demain ou après-demain chez moi dans l'après-dîner. Adieu, je vous écris sur mon genou et hors de chez moi, ce qui fait que je n'ai que le temps de vous embrasser de tout mon cœur.

(Autographe, Archives de Strelitz. *Éd.* COMTE DE REISET, *l. c.*, p. 44.)

CXV.

A la princesse Louise de Hesse-Darmstadt [2].

[1780, mai.]

J'accepte avec grand plaisir votre proposition, Madame ; je vous prierai seulement de me faire dire de

---

1. D'après une lettre de la Reine, en date du 22 février 1786, à la princesse héréditaire Louise de Hesse-Darmstadt, sœur de la princesse Charlotte, ce portrait était un des plus ressemblants qui eussent été faits. Il doit être encore à Strelitz.

2. La princesse Louise-Caroline-Henriette de Hesse était née à Francfort, le 15 février 1761. Après son éducation à Vienne, elle était revenue à Darmstadt, où son cousin, fils aîné du landgrave régnant Louis IX, la vit, l'aima et l'épousa le 19 février 1777. C'était une femme d'une grande beauté, d'un

bouche, par l'homme que j'envoie, lequel des jours vous aimez mieux de demain ou de vendredi. Si vous voulez venir à mon jardin [1] tout de suite, il fait si beau que je serai charmée de vous le montrer, ainsi qu'à Messieurs les Princes héréditaire [2] et Frédéric [3]. Pour la princesse Charlotte, j'espère qu'elle me connaît assez pour ne pas douter du plaisir que j'ai toutes les fois que je la vois, ainsi que vous, Madame, que j'embrasse de tout mon cœur.

Comme il fait plus beau le matin que le soir, si vous voulez venir à midi, je vous donnerais à déjeuner. Je serai toute seule; ainsi je vous demande en grâce de ne point venir parée, mais comme on est à la campagne, et ces messieurs en frac.

(Autographe, Archives du grand-duc de Hesse, à Darmstadt. *Éd.* COMTE DE REISET, *Lettres de la reine Marie-Antoinette à la landgrave Louise de Hesse-Darmstadt* (Paris, H. Plon, 1865, in-8), p. 15; FEUILLET DE CONCHES, *Louis XVI, Marie-Antoinette*, etc., III, 37.)

esprit cultivé et d'une grande distinction. Très attachée à Marie-Antoinette, elle avait fait élever un petit monument en son honneur dans le parc de son château d'Auerbach. C'est dans ce château qu'elle mourut en 1829.

1. Trianon, où la Reine était chez elle et dont elle aimait à faire les honneurs elle-même à tous les visiteurs illustres, et particulièrement à ses amis, comme les princes et princesses de Hesse.

2. Louis, prince héréditaire de Hesse-Darmstadt, fils du landgrave Louis IX et de la princesse Caroline-Henriette-Christiane-Louise des Deux-Ponts, était né le 14 juin 1753, à Prenzlow. Il fit ses premières armes au service de la Russie contre les Turcs, en qualité de lieutenant général. Il avait un goût très vif pour les arts, particulièrement pour la musique. A la mort de son père, il monta sur le trône, sous le nom de Louis X, et fut le premier grand-duc de Hesse-Darmstadt.

3. Sans doute Frédéric-Louis, frère cadet du prince héréditaire, né à Bouxwiller, le 10 juin 1759, plus tard colonel du régiment de son père au service de la France, mort à Darmstadt le 11 mars 1802.

CXVI.

À l'Impératrice Marie-Thérèse.

1780, 14 mai.

Versailles, le 14 mai.

Madame ma très chère mère, je ne pourrais, ma chère maman, vous faire que des répétitions affligeantes sur mon état. Le Roi est toujours à merveille pour moi ; ma santé assez bonne, à un peu d'échauffement près. L'heureux accouchement de la reine de Naples est un grand bonheur et la meilleure consolation pour les inquiétudes qu'elle nous a données dans sa grossesse. J'espère qu'elle sera la première à oublier ses peines passées et que sa santé y gagnera beaucoup.

Malgré mes idées sur l'impératrice de Russie, je lui saurais bien bon gré si sa politique se tournait à nous donner la paix. Je ne devinais pas que ma chère maman parlerait de ma lettre au prince Kaunitz. J'en suis charmée, parce qu'il paraît content de mon opinion sur lui. Ma chère maman veut-elle bien me permettre de joindre ici ma réponse, qu'elle lui remettra si elle la juge bien? Le baron de Breteuil est parti avant-hier ; je crois qu'il s'arrête à Ratisbonne ; il dira à ma chère maman des nouvelles de ma fille, que je l'ai mené voir le dernier jour qu'il est revenu à Versailles.

La santé de Marianne [1] m'inquiète ; il me semble qu'elle

---

1. Marie-Anne, fille aînée de l'Impératrice, née en 1738, abbesse de Prague en 1755.

a beaucoup plus souffert cette année que les autres. Je souhaite qu'elle puisse bientôt aller à Schönbrunn, qui serait aussi bon pour que ma chère maman puisse se promener et se dissiper un peu.

J'envoie à ma chère maman un petit essai *d'eau divine*; on m'a dit qu'elle n'en avait plus de bonne depuis la mort de ma tante. Si celle-ci pouvait lui convenir, j'espérerais dorénavant d'avoir le plaisir d'être sa commissionnaire. Ma chère maman me permet-elle de l'embrasser bien tendrement?

(Autographe, Archives impériales d'Autriche. *Éd.* Arneth, *l. c.*, p. 329; Arneth et Geffroy, *l. c.*, III, 427.)

CXVII.

Au prince de Kaunitz [1].

1780, 15 mai.

Ce 15 mai.

Je ne pensais, Monsieur, qu'à exprimer à mon auguste mère mon sentiment le plus vrai sur l'avantage qu'elle a d'avoir un ministre aussi fidèle et aussi capable que vous. Je suis sensible au prix que vous mettez à mon témoignage et charmée que ma chère maman vous en fait part, puisqu'elle me procure l'occasion de vous le confirmer et vous assurer tout à la fois et de ma plus haute estime, et de la reconnaissance que je conserverai toute

---

1. C'est la réponse de la Reine au billet par lequel le prince de Kaunitz l'avait remerciée des éloges qu'elle lui avait donnés dans la lettre à sa mère du 13 avril 1780.

ma vie pour les services que vous ne cessez de rendre pour cette alliance qui m'est si précieuse.

Marie Antoinette [1].

(Autographe signé, Archives impériales d'Autriche. *Éd.* Arneth, *l. c.,* p. 330, avec fac-similé à la fin du volume; Arneth et Geffroy, *l. c.,* III, 428, note.)

CXVIII.

A l'Impératrice Marie-Thérèse.

1780, 16 juin.

Ce 16 juin.

Madame ma très chère mère, la peine de ma chère maman augmenterait encore la mienne, s'il était possible. Depuis que je sais mon oncle [2] aussi sérieusement malade, je suis dans une agitation et une douleur que je n'avais jamais éprouvée. En toute occasion il m'a toujours témoigné amitié et tendresse. Je m'y suis attachée comme si j'avais eu le bonheur de le voir et le connaître personnellement; et quelle triste perspective de voir s'éteindre le dernier de la maison de Lorraine! Son âge n'est pas encore si avancé qu'il n'y eût bien de la ressource; mais on dit qu'il se trompe fort sur son état : à peine se croit-il malade. Lui qui est si bon, si aimé à Bruxelles et dans tout le pays, il se refuse à tout ce qu'on lui conseille pour sa santé. On m'assure qu'il veut faire refermer des ouver-

---

1. Marie-Thérèse envoya la lettre de la Reine au prince de Kaunitz, en y ajoutant la note suivante :

« Voilà le billet de la Reine sur le vôtre, qui me paraît bien. Elle ne saurait faire ni dire assez sur votre compte et sur notre reconnaissance. »

2. Le prince Charles de Lorraine, beau-frère de Marie-Thérèse, gouverneur des Pays-Bas. Général malheureux, mais prince populaire, il a laissé en Belgique un souvenir respecté.

tures qu'il a aux jambes ; cependant c'est un des plus grands moyens de le sauver. J'en ai le cœur navré.

L'élection de mon frère Maximilien doit être finie à cette heure, au moins assurée [1]. J'ai parlé cette semaine au neveu de M. de Belderbusch, qui est ministre de Cologne ici, et lui ai bien recommandé de faire tous mes remerciements. La semaine dernière M. de Chalons, ministre du Roi à Cologne, est parti pour s'y rendre. Il a eu ordre de faire connaître à l'électeur et au chapitre que le Roi verrait avec plaisir l'élection projetée, et moi je l'ai bien chargé de parler de mon amitié pour mon frère, du vif intérêt que je prends à ce qui le regarde, et du bon gré que je saurai à tous ceux qui contribueront à son élection.

Je désire bien vivement le retour de l'Empereur, pour tirer ma chère maman d'inquiétude sur son voyage.

Ma chère maman est inépuisable en bontés et attentions ; je savais déjà que les aphtes sont plus incommodes qu'inquiétants ; l'observation de ma chère maman n'en est pas moins bonne pour Lassone. Ma santé est bonne et fortifie mes espérances pour l'avenir. Quel bonheur ce serait pour moi, étant aussi sûre que ma chère maman partagerait toute ma joie ! Permet-elle que je l'embrasse de tout mon cœur ?

Je n'ai pas reçu l'enseigne de l'*eau divine* ; ma chère

---

[1]. L'électeur de Cologne, Maximilien-Frédéric de Kœnigsegg-Rothenfels, désirait l'archiduc Maximilien comme successeur. Marie-Thérèse avait hésité quelque temps, vu le peu de goût de son fils pour l'état ecclésiastique. Elle avait fini cependant par se décider ; les dispenses nécessaires avaient été sollicitées et accordées ; mais l'élection se faisait par le chapitre. Or le chapitre de Cologne n'était pas très bien disposé. Frédéric naturellement intriguait contre cet accroissement de puissance assuré pour l'Autriche, et au dernier moment l'électeur lui-même semblait reculer. L'archiduc néanmoins fut élu coadjuteur, grâce à l'appui du comte de Châlons, envoyé de France à Cologne et parent de Mme de Polignac.

maman en recevra encore un autre essai par le courrier.

(Autographe, Archives impériales d'Autriche. Ed. Arneth, l. c., p. 331 [1]; Arneth et Geffroy, l. c., III, 436.)

CXIX.

A la princesse Charlotte de Hesse-Darmstadt.

[1780, juin.]

J'ai tant souffert de mon rhume [2] et je vois tant d'enrhumés que je ne suis occupée que de cela. Pour prévenir ou guérir votre rhume, je vous envoie, ma chère princesse, une petite provision de gomme. J'espère qu'elle réussira aussi bien qu'à moi, qui me porte beaucoup mieux ; je commence à avoir une très belle voix.

Adieu, ma chère princesse ; je ne vous parle pas de ma tendre amitié, vous devez la connaître, mais il est difficile que vous l'imaginiez telle qu'elle est. Adieu encore une fois ; je vous embrasse de tout mon cœur.

Mes compliments à toute votre famille.

(Autographe, Archives de Strelitz. *Éd.* comte de Reiset, *Lettres inédites*, etc., p. 49.)

---

[1]. M. d'Arneth a donné, dans sa première édition, à la fin du volume, un fac-similé de cette lettre.

[2]. La Reine s'enrhumait très facilement. Le premier médecin Lassone lui avait ordonné du lait d'ânesse et projetait de l'envoyer aux eaux de Forges.

CXX.

À l'Impératrice Marie-Thérèse.

1780, 13 juillet.

Ce 13 juillet.

Madame ma très chère mère, j'ai écrit à ma chère maman aussitôt que j'ai su la triste nouvelle de la mort de mon oncle; mais, comme le courrier de Bruxelles était déjà parti, je crains que ma lettre ne soit arrivée bien tard. Je n'ose plus en parler, pour ne pas renouveler une douleur si bien fondée.

J'ai raisonné avec Mercy sur l'affaire de l'élection, que j'espère et suis impatiente de voir terminée. Il m'a paru fort content de sa dernière conférence avec M. de Vergennes. Je compte parler à M. de Maurepas, l'avertir que M. de Goltz abuse de ses conversations, et l'engager à tenir un langage plus net. C'est une chose bien fâcheuse que cette interruption de courrier! Il me tarde de savoir l'Empereur revenu de ce long voyage [1]; il aura eu le plaisir de voir bien du pays. Quoique je ne m'entende pas beaucoup à la politique, je doute qu'on puisse rien gagner auprès de cette impératrice. Mais, comme mon frère a de l'esprit, de la prudence, je suis persuadée qu'il ne gâtera rien, et que ceux qui feront pareille course après lui ne l'éclipseront pas. Pour l'autre voyage [2], j'espère qu'il y pensera plus d'une fois avant d'aller dans un

---

1. L'Empereur faisait alors un voyage en Russie.
2. Après son voyage en Russie, Joseph II en projetait un en Angleterre. Ce projet, à cette date, était naturellement mal vu en France, et la Reine s'en exprimait vivement.

pays ennemi décidé de tous les souverains, et où les lois les plus nécessaires à la tranquillité et à l'honnêteté publique sont réduites à rien par l'esprit de liberté et d'indépendance. La dernière émeute [1] m'a fait frémir et m'a bien donné à penser. La prise de Charlestown [2] est très fâcheuse par les facilités et l'orgueil qu'elle donnera aux Anglais ; elle l'est peut-être encore plus par la misérable défense des Américains ; on ne peut rien espérer d'aussi mauvaises troupes. J'ai dit au Roi les bontés de ma chère maman ; il y a été fort sensible et m'a chargée de le lui témoigner, en lui renouvelant son respect et son attachement. Je suis ravie que ma chère maman ait envoyé l'essai de l'*eau divine* ; je vais en faire faire la comparaison, afin d'en être sûre ; je regrette seulement de n'en pouvoir envoyer que par le prochain courrier. Permet-elle que je l'embrasse ?

(Autographe, Archives impériales d'Autriche. *Ed.* ARNETH, *l. c.*, p. 335 ; ARNETH et GEFFROY, *l. c.*, III, 445.)

CXXI.

A l'Impératrice Marie-Thérèse.

1780, 15 août.

Versailles, le 15 août.

Madame ma très chère mère, le cœur de ma chère maman partagera bien la joie que je viens d'avoir en rece-

---

[1]. Le 2 juin 1780, une émeute terrible avait éclaté à Londres contre les catholiques.

[2]. Charlestown, capitale de la Caroline du Sud, réduite en cendres lors de la première guerre de l'Indépendance, le 17 juin 1775, venait d'être prise par lord Cornwallis ; le général américain Gates avait en vain tenté de la reprendre.

vant la lettre de l'électeur, qui nous a envoyé un courrier pour la nouvelle de l'élection de mon frère. Mon premier mouvement était de lui en renvoyer un pour porter ma lettre de remerciements. M. de Vergennes m'a arrêtée, parce que le Roi n'a pas encore répondu, et par d'autres raisons d'étiquette ; mais j'ai tenu bon à donner à l'électeur un témoignage de ma satisfaction personnelle. J'ai fait remettre tout de suite ma réponse à M. de Belderbusch, et j'y ai ajouté de ma main que je n'oublierai jamais la marque d'amitié qu'il vient de donner à mon frère. J'espère que nous aurons bientôt bonne nouvelle de Munster [1] ; je l'attends avec impatience. La bonne conduite de M. de Chalons me fait grand plaisir, et pour le bien des affaires et par rapport à ses parents, qui me sont tous fort attachés et que j'aime beaucoup. Le roi de Prusse sera bien puni de n'avoir pu réussir ; il n'en sera peut-être que plus animé dans ses intrigues. Pour la Saxe, je ne puis y penser sans indignation, en me rappelant les bontés infinies que, j'ose dire, ma chère maman lui a prodiguées.

Je sens combien il serait utile que le Roi n'envoyât en Allemagne que des gens raisonnables ; j'y ferai tout ce que je pourrai dans les occasions. J'ai moins d'inquiétude des anciens préjugés de jalousie, qui me paraissent fort affaiblis, que d'un certain esprit de peur et de faiblesse qui conduit quelquefois nos ministres d'ici, et influe nécessairement sur la conduite de ceux qu'ils dirigent et qui attendent d'eux leur avancement.

Ma santé est fort bonne, malgré les chaleurs et la sécheresse excessive que nous avons ici. J'ai bien peu veillé depuis trois mois, et, quand cela est arrivé, c'était toujours

---

1. L'archiduc Maximilien fut en effet élu, quelques jours après, coadjuteur de Munster. Les évêchés de Cologne et de Munster étaient réunis sur sa tête, comme ils l'étaient déjà sur celle de son prédécesseur.

avec le Roi, soit à Saint-Hubert où l'on va souper les jours de chasse, soit à Trianon.

M. de Mercy sort de chez moi. Nous avons raisonné des affaires; il en rendra compte à ma chère maman. Je ne veux pas retarder le courrier et je me dépêche pour la grand'messe. Je me bornerai donc à lui dire premièrement qu'il n'y a rien à craindre sur M. de Nivernais [1] : sa mauvaise santé et son moral l'éloignent absolument de la place, et d'ailleurs je suis persuadée que, du moins pendant quelque temps, le Roi ne la donnera pas. Pour M. de Chalons, il sera sûrement bien satisfait quand il saura que ma chère maman m'a témoigné contentement de sa conduite. Je m'occuperai de lui procurer quelque distinction qui puisse être remarquée par ses camarades et changer leurs idées et propos. Permet-elle que je l'embrasse bien tendrement?

Ma chère maman aurait-elle l'extrême bonté de dire à l'Empereur qu'il m'est impossible de trouver un moment pour lui écrire, vu la promptitude du courrier et la fête d'aujourd'hui?

(Autographe, Archives impériales d'Autriche. *Éd.* ARNETH, *l. c.*, p. 340; ARNETH et GEFFROY, *l. c.*, III, 454.)

---

1. On se préoccupait du successeur de Maurepas, dont la santé déclinait de plus en plus. Marie-Thérèse redoutait le choix du duc de Nivernais, qui était *persona grata* à Berlin, et que le roi de Prusse désirait beaucoup. Mais le duc était d'une santé délicate, et, tout occupé de littérature et d'art, se souciait fort peu de rentrer aux affaires.

CXXII.

A la princesse Louise de Hesse-Darmstadt.

1780, 12 septembre.

La part que Madame votre mère [1] a bien voulu me donner de votre heureux accouchement, Madame, m'a enchantée. Ma sincère amitié pour vous me fera toujours partager avec plaisir tout ce qui peut vous regarder. Il est bien heureux que vous soyez accouchée si heureusement et que votre fils se porte aussi bien, car assurément vous ne vous êtes point ménagée, et j'étais bien inquiète que le voyage que vous avez fait ici ne vous fît mal.

Je devrais être bien honteuse envers vous de n'avoir pas encore envoyé ce portrait que vous avez bien voulu me demander. Il était presque fini, mais il est si peu ressemblant que je n'ai pas trouvé qu'il fût digne de vous être envoyé.

Voulez-vous bien, Madame, faire tous mes compliments à M. le prince héréditaire et l'assurer que je n'ai pas oublié la promesse qu'il m'a faite en partant de revenir avec vous? Pour vous, Madame, vous feriez injure à mon amitié si vous doutiez du plaisir que j'aurai à vous embrasser et à vous renouveler mon tendre et sincère attachement.

MARIE ANTOINETTE [2].

Ce 12 septembre 1780.

(Autographe signé, Archives de Darmstadt. Éd. COMTE DE REISET, *Lettres de la reine Marie-Antoinette*, etc., p. 17; FEUILLET DE CONCHES, *l. c.*, III, 40.)

1. Voir plus haut, p. 208, note.
2. Cette lettre est la seule des lettres de la Reine conservées aux Archives de Darmstadt qui soit signée.

CXXIII.

A l'Impératrice Marie-Thérèse.

1780, 19 septembre.

Le 19 septembre.

Madame ma très chère mère, c'est une grande joie pour moi de voir ma conduite approuvée par ma chère maman; mais je suis honteuse de recevoir tant d'éloges pour une chose dont je suis déjà si bien récompensée par le succès et par mon amitié pour mon frère. Je ne suis pas étonnée de la mauvaise humeur de notre ennemi; mais il me semble que, s'il consultait les intérêts de sa gloire et de son amour-propre, il n'en montrerait plus sur une affaire finie et d'aussi bonne grâce. S'il continue à se compromettre, l'impuissance de sa colère finira par la rendre ridicule et sans effet.

Après la joie que j'ai de l'heureux retour de l'Empereur, et qui est pour moi le principal, je partage la satisfaction de la réussite qu'il a eue là-bas. Ce sera un grand bien pour la suite, si les intrigues et la politique ne changent pas les bonnes dispositions d'une cour comme celle-là. En attendant il faut être content de les voir un peu désabusés.

Ce sera un grand plaisir pour moi de revoir ma sœur Marie [1], après plus de dix ans de séparation, et dans le moment où elle repartira pour voir ma chère maman. Il me semble que ce sera me rapprocher moi-même d'elle,

---

1. Le duc et la duchesse de Saxe-Teschen projetaient un voyage en France, qui ne fut réalisé que plusieurs années après, en 1786.

quoique d'une manière bien imparfaite. Je causerai avec M. de Mercy sur la forme la plus convenable pour ce voyage. On ne peut pas pour une princesse s'en sauver, comme pour un homme, par l'incognito, le changement de nom et la non-réception des visites.

Je me suis établie à Trianon pour huit à dix jours, afin de faire les matins des promenades à pied qui sont essentielles pour ma santé; cela n'était pas possible à Versailles. Trianon n'est qu'à dix minutes de chemin en voiture, et on peut aisément y venir à pied. Le Roi paraît s'y plaire beaucoup; il y vient souper tous les jours, et vient me voir le matin comme dans mon appartement à Versailles. J'ai choisi ce moment-ci pour mon séjour ici, parce que c'est le mois où le Roi chasse presque tous les jours et où il a le moins besoin de moi. Ma santé et celle de ma fille sont très bonnes. Pour de grossesse, je n'ose plus en parler, quoique la manière dont nous vivons me doive donner toute espérance.

Je serais bien fâchée de tout arrangement et en particulier du régiment [1], s'il ne répondait pas à l'affection et respect que nous devons à la mémoire de notre cher oncle. Ma chère maman permet-elle que je l'embrasse bien tendrement?

L'abbé est bien sensible à la bonté de ma chère maman. J'ai été enchantée de pouvoir faire quelque chose pour lui, mais jamais je ne pourrai récompenser entièrement tout son zèle et attachement pour moi.

(Autographe, Archives impériales d'Autriche. Éd. ARNETH, l. c., p. 344; ARNETH et GEFFROY, l. c., III, 471.)

---

1. L'Impératrice, après la mort de son beau-frère, aurait désiré que le régiment qui portait son nom le conservât. L'Empereur s'y opposa, en alléguant que pareille distinction n'avait jamais été accordée qu'au prince Eugène, et qu'on ne pouvait établir nulle similitude entre l'illustre guer-

CXXIV.

A l'Impératrice Marie-Thérèse.

1780, 11 octobre.

Le 11 octobre.

Madame ma très chère mère, la santé de ma fille m'a occupée et un peu inquiétée depuis trois semaines. Plusieurs dents qui ont voulu sortir toutes à la fois lui ont causé de grandes douleurs et donné une fièvre qui s'est réglée en tierce. Lassone en envoie le détail à ma chère maman et m'assure qu'il n'y a pas de danger. Depuis hier l'accès a manqué; Dieu veuille que cela soit fini! Je suis touchée de la douceur et de la patience de cette pauvre petite au milieu de ses souffrances, qui dans certains moments ont été fort vives [1].

Le Roi est allé faire une course de chasse pour trois jours à Compiègne; je passe ce temps-là à Trianon [2]. Le 13 nous irons à Marly; la compagnie sera plus nombreuse et par conséquent bien plus d'étiquette, et à la Toussaint je reprendrai toute la représentation de cour, qui ne peut être entière ici que pendant l'hiver.

---

rier qui avait gagné sept batailles, et le prince Charles qui en avait perdu sept. Pour ne point faire toutefois un changement trop radical, le régiment fut donné à l'archiduc Charles, fils de Léopold, lequel devait illustrer son nom bien autrement que son prédécesseur.

1. Cf. lettre de Mercy du 14 octobre. *Correspondance secrète*, III, 474 et 478.

2. Le Roi avait été enchanté du dernier séjour à Trianon. « Il s'y rendait tous les jours, le matin, sans aucune suite, souvent en se promenant à pied, ou quelquefois dans une voiture légère qu'il conduisait lui-même. Toutes les matinées ne présentaient à Trianon que l'aspect d'une campagne habitée par des particuliers. » *Corresp. secrète*, III, 474.

La paix serait un grand bien ; mais, si nos ennemis ne la demandent pas, je serais bien affligée qu'on en fît une humiliante. Je suis bien charmée de ce que me marque ma chère maman de la santé et du voyage de Maximilien ; il est bien convenable qu'il témoigne reconnaissance à l'électeur, qui s'est si bien conduit pour lui. L'Empereur m'a écrit au moment de son départ. J'espère qu'au moins l'hiver mettra une borne à ses voyages. Je fais des vœux pour qu'il ne soit pas contraire à la santé de ma chère maman. Permet-elle que je l'embrasse de toute mon âme ?

Lassone envoie à ma chère maman un détail circonstancié de la maladie de ma fille ; la fièvre lui a repris cette après-dînée, mais si légère que j'espère que cela ne sera rien.

(Autographe, Archives impériales d'Autriche. *Éd.* Arneth, *l. c.*, p. 346 ; Arneth et Geffroy, *l. c.*, III, 473.)

CXXV.

Au roi de Suède Gustave III.

1780, 3 novembre.

3 novembre 1780.

Monsieur mon frère et cousin, les Suédois qui sont venus ici [1] ont justifié par leur conduite et leurs qualités personnelles le bon accueil que je leur ai fait, et j'ai eu grand plaisir à leur témoigner mes sentiments pour leur

---

1. Un grand nombre de jeunes Suédois étaient venus prendre du service en France pendant la guerre d'Amérique. M. Geffroy cite parmi eux MM. de Nauchkoff, Petersen, Feiff, Brummer, Grubbe, Schultzerkrantz, Cederström, Ulfklou, etc.

souverain. Quant à M. de Stedingk [1], il est impossible, quand on le connaît, de ne pas s'y intéresser. Votre Majesté doit bien compter que sa recommandation lui assure tous les avantages qui dépendront de moi. Le retour de Mme de Boufflers [2] m'a fait d'autant plus de plaisir qu'il m'a donné l'occasion de parler de Votre Majesté et du sincère attachement avec lequel je suis, Monsieur mon frère et cousin, votre bonne sœur et cousine.

MARIE ANTOINETTE.

(Autographe signé, Archives royales de Stockholm, Papiers d'Upsal, t. XVI, n° 27. Éd. GEFFROY, *Gustave III et la cour de France*, I, 349.)

1. Le comte Curt de Stedingk était né en 1746, dans la Poméranie suédoise. En 1766, il avait pris du service en France dans le Royal-Suédois et était devenu lieutenant-colonel en 1776. En 1779, il partit pour rallier l'escadre du comte d'Estaing, et se signala en plusieurs circonstances, notamment à la prise de la Grenade. Blessé à l'expédition de Savannah, il reçut du roi de Suède la croix de l'Épée, du roi de France l'ordre du Mérite et une pension de 6,000 livres. Très bien vu à la cour de France, Stedingk était un des familiers de Trianon et l'un des correspondants de Gustave III ; on a de lui un récit charmant et piquant de la naissance du premier dauphin. Rappelé en Suède en 1787, lors de la guerre de Finlande, il s'y conduisit avec éclat et fut nommé feld-maréchal. A la paix il devint ministre de Suède à Saint-Pétersbourg, et pendant la Révolution il se montra l'un des plus dévoués amis de la malheureuse Marie-Antoinette, avec laquelle il était resté en correspondance. Le comte de Stedingk revint en France en 1814 comme ambassadeur près de Louis XVIII, et fut l'un des cosignataires de la paix de Paris. Il mourut seulement en 1837. On a publié de lui des *Mémoires*. Stedingk aimait passionnément la France, « assez, écrivait-il, pour aller se noyer avec elle ».

2. Marie-Charlotte-Hippolyte Campet de Saujon, comtesse de Boufflers, l'amie du prince de Conti, l'*idole du Temple*, et l'une des plus fidèles correspondantes de Gustave III. Elle était de retour de Spa, où elle était allée voir le roi de Suède, qui y avait fait un séjour. Née en 1728, elle avait été mariée en 1746 au comte Édouard de Boufflers-Rouverel ; elle avait occupé d'abord les fonctions de dame de la duchesse d'Orléans, qu'elle ne garda pas longtemps. Séparée de son mari, elle avait vécu dans l'intimité du prince de Conti, et depuis la mort de ce prince, en 1776, elle était retirée dans sa maison d'Auteuil, où elle était encore très visitée. Elle émigra en juillet 1789, eut l'imprudence de rentrer en France, fut incarcérée et ne recouvra la liberté qu'en octobre 1794, après une détention de huit mois. Elle s'éteignit obscurément vers 1800.

CXXVI.

A Joseph II.

[1780, 10 décembre.]

Accablée du plus affreux malheur [1], ce n'est qu'en fondant en larmes que je vous écris. Oh! mon frère; oh! mon ami! il ne me reste donc plus que vous dans un pays qui m'est et me sera toujours cher! Ménagez-vous, conservez-vous; vous le devez à tous. Il ne me reste qu'à vous recommander mes sœurs. Elles ont encore plus perdu que moi; elles seraient bien malheureuses. Adieu! Je ne vois plus ce que j'écris. Souvenez-vous que nous sommes vos amis, vos alliés; aimez-moi. Je vous embrasse.

(Copie de la main de Mercy, Archives impériales d'Autriche. *Éd.* ARNETH, *Marie Ant., Jos. II und Leop. II*, p. 22; ARNETH et GEFFROY, *l. c.*, III, 496, note.)

1. Marie-Thérèse était morte le 29 novembre 1780. Épuisée par tant de fatigues et de préoccupations de toute sorte, souffrant d'un violent catarrhe, elle déclinait depuis un certain temps. Le 24 novembre, elle tomba tout à fait malade; le 25 elle se confessa, le 26 elle reçut le viatique des mains du Nonce. Grande souveraine et grande chrétienne, elle mourut avec une fermeté héroïque. Comme ses enfants l'engageaient à se reposer : « Comment voulez-vous que je m'endorme, répondit-elle, lorsque, à chaque « instant, je puis être appelée devant mon juge?... Je ne veux pas être sur- « prise; je veux voir venir la mort. » La mort vint en effet sans la surprendre, le 29 novembre; l'Impératrice avait soixante-trois ans. Une très intéressante relation de ses dernières journées a été faite par sa fille aînée, l'archiduchesse Marie-Anne; elle est conservée au couvent de Sainte-Ursule de Klagenfurt, et a été publiée par MM. d'Arneth et Geffroy, à la fin de la *Correspondance secrète entre Marie-Thérèse et le comte de Mercy-Argenteau*, III, 492-495.

CXXVII.

Au comte de Mercy.

1780, 10 décembre.

10 décembre.

Votre santé n'était pas bonne; je crains qu'elle ne puisse suffire à ces terribles circonstances; la mienne est meilleure que je ne pouvais l'espérer. Quand vous écrirez au prince de Kaunitz, dites-lui un mot de moi; son attachement pour ma respectable mère doit le mettre dans le plus grand chagrin. J'espère qu'il sentira que ses bons services sont dans ce moment bien nécessaires à mon frère [1]; je le désire beaucoup. Adieu; il y a longtemps que vous devez compter sur mon estime et ma confiance.

(Autographe, Archives impériales d'Autriche. Éd. FEUILLET DE CONCHES, *l. c.*, I, 133; ARNETH et FLAMMERMONT, *Correspondance secrète du comte de Mercy-Argenteau avec l'empereur Joseph II et le prince de Kaunitz*, I, 5, note.)

[1]. Il avait été question déjà de la retraite du prince de Kaunitz, notamment en 1773. Marie-Antoinette craignait que la mort de l'Impératrice ne donnât de nouveau au prince la pensée de se retirer. Mais, dès le 6 décembre, Kaunitz avait écrit à Mercy qu'il était déterminé à rester, « par la considération des fâcheuses interprétations que l'opinion dont on m'honore, tant au dehors qu'au dedans, aurait pu faire donner à ma démission dans ce moment-ci. »

CXXVIII.

A Joseph II.

1780, 20 décembre.

Versailles, le 20 décembre 1780.

Je vous envoie la lettre du Roi [1], mon cher frère. J'espère qu'en toute occasion comme en celle-ci vous n'y verrez que la bonne disposition de son âme, sans vous arrêter au style. La vôtre, mon cher frère, était admirable; en la lisant, j'ai senti une émotion et une satisfaction dont je ne me croyais pas susceptible dans ces tristes circonstances. Vous avez réuni pour vous, pour le Roi et pour moi tout ce que je pouvais désirer. Le Roi a été parfaitement content et de vos principes et de votre lettre. Il me paraît qu'il en a fait confidence à MM. de Maurepas et de Vergennes, et qu'ils ont vu du même œil que leur maître, car, au milieu des propos et conjonctures de la légèreté française, il s'est répandu généralement à Paris

---

1. L'Empereur avait, le 6 décembre, écrit une lettre au Roi pour l'assurer que la mort de Marie-Thérèse ne changerait rien à la politique de l'Autriche. « Soyez persuadé, disait-il, que c'est par conviction que je suivrai exactement les principes de mon auguste mère. La franchise et la sincérité constituent mon caractère.... Je n'agirai pas autrement en politique. » Il le mettait en garde contre « toutes les absurdités que mon cher voisin Frédéric pourra encore inventer ou débiter, soit de ma prétendue partialité pour l'Angleterre, soit de mes projets d'agrandissement, de destruction du système germanique et d'union de tous les évêchés d'Allemagne dans ma famille ». Et il terminait en faisant des vœux pour le succès des armes françaises. Kaunitz assurait que l'Empereur pensait réellement ce qu'il écrivait au Roi. Louis XVI avait répondu le 19 : «.... Je vous remercie bien de la confidence que vous me faites de marcher sur les mêmes principes que l'Impératrice; permettez que je m'en réjouisse et comme parent et comme allié. » C'est cette lettre de son mari qu'envoyait la Reine.

et ici que l'Empereur avait écrit une lettre admirable au Roi, et qui annonçait la conduite la plus sage [1]. J'ai une sorte de consolation dans ce moment-ci que vous partagerez sûrement.

Mon cher frère! La perte que nous avons faite excite ici et à Paris une impression générale de respect et de regret.

Comme ce n'est que de hier que je commence à sortir depuis la funeste nouvelle, ma toux a fort diminué par cette retraite [2]. Donnez-moi des nouvelles de votre santé; il est vraiment à craindre qu'elle ne puisse suffire à tout ce que vous avez eu à supporter et à faire.

J'ai fait toutes vos commissions, mon cher frère, même à M. de Castries [3]. Pour Mme de Polignac, elle a été comblée de votre souvenir, et moi j'en ai été bien touchée, surtout dans ce moment-ci où son amitié m'a été bien nécessaire. Adieu, mon cher frère, que vous dirai-je pour la nouvelle année? Rien que ce que mon cœur sent tous les jours.

Vous êtes bien bon d'avoir répondu à toutes mes importunités pour Mesmer [4]. Excepté un petit nombre d'enthousiastes, le général pense ici comme vous.

---

1. Les rapports de Mercy constatent, en effet, que la lettre de l'Empereur avait fait « une impression très favorable sur le ministère français ».
2. La santé de la Reine avait préoccupé Joseph II. On avait dit à Vienne qu'elle avait la poitrine attaquée et avait même craché du sang. Mercy répondait que la Reine avait en effet « la poitrine un peu délicate », mais qu'elle n'avait jamais eu d'atteinte inquiétante.
3. Charles-Eugène-Gabriel de la Croix, marquis de Castries, né en 1727, avait brillamment fait la guerre de Sept ans et remporté sur le duc de Brunswick la victoire de Clostercamp. En 1780, il fut nommé ministre de la marine en remplacement de M. de Sartine, et maréchal de France en 1783. Il émigra en 1790, fut pendant l'émigration un de ceux qui cherchèrent à amener l'union entre le Roi et les Princes, et commanda en 1792 un des corps d'émigrés à l'armée de Brunswick. Réfugié ensuite près de son ancien adversaire de la guerre de Sept ans, il mourut à Wolfenbuttel en 1801.
4. Antoine Mesmer, médecin allemand, né en 1734, mort en 1815, fonda-

M. de Montbarey [1] a été renvoyé ; mais, par égard pour M. de Maurepas, qui est son parent, on lui a permis de donner sa démission. Il était temps, car sa conduite personnelle et le pillage qu'il avait au moins toléré dans son département lui avait fait perdre toute considération et le rendait incapable d'aucun bien. Le Roi n'a pas encore nommé à sa place. Je crois que ce sera M. de Ségur [2], lieutenant-général estimé et considéré.

(Archives impériales d'Autriche. *Éd.* ARNETH, *Marie Ant., Jos. II und Leop. II*, p. 25.)

teur de la doctrine du magnétisme animal, qui eut au XVIIIᵉ siècle de nombreux adeptes. Mesmer réunissait les malades autour d'un baquet et prétendait leur rendre la santé en leur communiquant le fluide magnétique. Il était à Paris depuis 1778. En 1784 une commission de savants examina son système et y fut défavorable. Mesmer retourna alors en Allemagne.

1. Alexandre de Saint-Mauris, prince de Montbarey, avait succédé comme ministre de la guerre au comte de Saint-Germain. Son administration avait donné lieu à de nombreuses critiques.

2. Ce fut en effet M. de Ségur. — Philippe-Henri, marquis de Ségur, s'était distingué pendant la guerre de Sept ans et y avait même perdu un bras. Nommé ministre de la guerre en 1780, maréchal de France en 1783, il quitta le ministère en 1787, à l'avènement de Brienne. Pendant la Révolution il fut emprisonné, et mourut en 1801. Le maréchal de Ségur fut un bon ministre de la guerre, accomplit d'utiles réformes, créa le corps d'état-major; mais on lui a reproché l'ordonnance de 1781, qui réservait aux seuls nobles les places d'officiers.

TABLE DU TOME Ier

INTRODUCTION . . . . VII-CXXVI
  Première partie. — Etude critique VII
  Deuxième partie. — Étude historique XCI

1767 ou 1768

    I. — A la comtesse de Brandis 1

1770

    II. — A l'archiduchesse Amélie, duchesse de Parme. Vienne, 20 avril 2
    III. — A l'Impératrice Marie-Thérèse. 9 juillet. 3
    IV. — A la même. Choisy, 12 juillet 8

1771

    V. — A l'Impératrice Marie-Thérèse. 16 avril. 11
    VI. — A la même. 21 juin 15
    VII. — Au comte de Mercy. Vers le 21 juin . . 17
    VIII. — A l'Impératrice Marie-Thérèse. 2 septembre 17
    IX. — A la même. 13 octobre 19
    X. — A la même. 15 novembre 23
    XI. — A la même. 18 décembre 25

1772

XII.	— A l'Impératrice Marie-Thérèse. 21 janvier.	27
XIII.	— Au comte de Mercy. 23 janvier	29
XIV.	— A l'Impératrice Marie-Thérèse. Versailles, 13 juin	29
XV.	— A la même. Versailles, 17 juillet . . .	31
XVI.	— A la même. 14 octobre	34
XVII.	— A la même. Versailles, 15 décembre . .	36

1773

XVIII.	— A l'Impératrice Marie-Thérèse. Versailles, 13 janvier	38
XIX.	— A la même. Versailles, 15 février . . .	42
XX.	— A la même. Versailles, 15 mars. . . .	44
XXI.	— A la même. Versailles, 18 avril	47
XXII.	— A la même. Versailles, 17 mai	49
XXIII.	— A la même. Versailles, 14 juin	51
XXIV.	— A la même. Versailles, 17 juillet . . .	54
XXV.	— A la même. 13 août	56
XXVI.	— A la même. 14 septembre	58
XXVII.	— Au comte de Mercy. Vers le 17 septembre.	60
XXVIII.	— A l'Impératrice Marie-Thérèse. 21 septembre.	61

1774

XXIX.	— Au comte de Mercy. 3 avril	62
XXX.	— A l'Impératrice Marie-Thérèse. Choisy, 14 mai	62
XXXI.	— A la même. Marly, 27 juin.	66
XXXII.	— A la même. Marly, 1ᵉʳ juillet.	68
XXXIII.	— A la duchesse de la Trémoïlle. Juillet. .	70

XXXIV. — A l'Impératrice Marie-Thérèse. Marly,
30 juillet 70
XXXV. — A la même. Versailles, 7 septembre . . 74
XXXVI. — A la même. Fontainebleau, 18 octobre . 76
XXXVII. — A la même. 16 novembre 78
XXXVIII. — A la même. 17 décembre 81

1775

XXXIX. — A la duchesse de la Trémoïlle. 31 janvier. 83
XL. — Au comte de Mercy. Février. 84
XLI. — A l'Impératrice Marie-Thérèse. Versailles, 17 mars. 85
XLII. — Au comte de Rosenberg. 17 avril . . . 87
XLIII. — A l'Impératrice Marie-Thérèse. Versailles, 22 juin 90
XLIV. — Au comte de Rosenberg. 13 juillet. . . 94
XLV. — A l'Impératrice Marie-Thérèse. Versailles, 14 juillet 97
XLVI. — A la même. Versailles, 12 août 100
XLVII. — A la même. Versailles, 15 septembre. . 101
XLVIII. — A la même. Fontainebleau, 17 octobre . 103
XLIX. — A la même. 12 novembre 106
L. — A la même. 15 décembre 107

1776

LI. — A l'Impératrice Marie-Thérèse. Versailles, 14 janvier. 110
LII. — Au roi de Suède Gustave III. Versailles, 26 février 113
LIII. — A l'Impératrice Marie-Thérèse. Versailles, 27 février 114
LIV. — A la même. Versailles, 10 avril. . . . 117
LV. — A la même. Versailles, 15 mai 118
LVI. — A la même. Marly, 13 juin 120

LVII. — Au comte de Mercy. Commencement de
juillet 123
LVIII. — A l'Impératrice Marie-Thérèse. 14 juillet. 124
LIX. — A la même. 26 juillet 126
LX. — A la même. 16 août 128
LXI. — A la même. 14 septembre. 130
LXII. — A la même. Fontainebleau, octobre . . 132
LXIII. — A la même. 12 novembre. 133
LXIV. — A la même. 16 décembre 135

1777

LXV. — A l'Impératrice Marie-Thérèse. Versailles, 16 janvier 136
LXVI. — A la même. Versailles, 17 février . . . 137
LXVII. — A la même. Versailles, 4 mars 140
LXVIII. — Au comte de Mercy. Vers le 18 avril . . 141
LXIX. — A l'Impératrice Marie-Thérèse. Versailles, 14 juin 141
LXX. — A la même. Versailles, 16 juin 144
LXXI. — A la même. Versailles, 19 août. . . . 146
LXXII. — A la même. Versailles, 10 septembre. . 148
LXXIII. — A la même. Fontainebleau, octobre . . 149
LXXIV. — A la même. Choisy, 18 novembre . . . 151
LXXV. — A la même. Versailles, 19 décembre. . 152
LXXVI. — Au comte de Mercy. Vers le 19 décembre. 154
LXXVII. — A Joseph II. 20 décembre 154

1778

LXXVIII. — A l'Impératrice Marie-Thérèse. Versailles, 15 janvier 156
LXXIX. — A Joseph II. 16 janvier. 158
LXXX. — Au comte de Mercy. 6 février 159
LXXXI. — Au même. 12 février. 160

TABLE DES MATIÈRES. 245

LXXXII. — A l'Impératrice Marie-Thérèse. Versailles, 13 février 160
LXXXIII. — A la même. Versailles, 18 mars. . . . 162
LXXXIV. — A la même. 25 mars. 164
LXXXV. — A la même. Versailles, 19 avril. . . . 165
LXXXVI. — A la même. Versailles, 5 mai. 168
LXXXVII. — Au roi de Suède Gustave III. Versailles, 5 mai 169
LXXXVIII. — A l'Impératrice Marie-Thérèse. Versailles, 16 mai 170
LXXXIX. — A la même. Marly, 29 mai 173
XC. — A la même. Versailles, 12 juin 175
XCI. — A la même. Versailles, 7 juillet. . . . 177
XCII. — A la même. 15 juillet 178
XCIII. — A la même. Versailles, 14 août 180
XCIV. — A la même. Versailles, 3 septembre . . 183
XCV. — A la même. Versailles, 17 septembre. . 185
XCVI. — A la même. 17 octobre 186
XCVII. — Au roi de Suède Gustave III. Décembre. 188

1779

XCVIII. — A l'Impératrice Marie-Thérèse. Avant le 19 avril. 189
XCIX. — A la même. 15 mai 190
C. — Au roi de Suède Gustave III. 5 juin . . 192
CI. — A l'Impératrice Marie-Thérèse. Versailles, 16 août 193
CII. — A la même. 15 septembre 195
CIII. — A la même. 14 octobre 198
CIV. — A la même. 16 novembre 199
CV. — A la même. 15 décembre 201

1780

CVI. — A l'Impératrice Marie-Thérèse. Versailles, 15 janvier 203

TABLE DES MATIÈRES.

CVII. — A la même. Versailles, 15 février 205
CVIII. — A la princesse Charlotte de Hesse-Darmstadt. Février 208
CIX. — Au comte de Mercy. 2 mars. 209
CX. — A l'Impératrice Marie-Thérèse. Versailles, 16 mars 210
CXI. — A la même. 13 avril. 213
CXII. — A la princesse Charlotte de Hesse-Darmstadt. Mai 216
CXIII. — A la même. Mai 217
CXIV. — A la même. Mai 218
CXV. — A la princesse Louise de Hesse-Darmstadt. Mai 218
CXVI. — A l'Impératrice Marie-Thérèse. Versailles, 14 mai 220
CXVII. — Au prince de Kaunitz. 15 mai 221
CXVIII. — A l'Impératrice Marie-Thérèse. 16 juin . 222
CXIX. — A la princesse Charlotte de Hesse-Darmstadt. Juin 224
CXX. — A l'Impératrice Marie-Thérèse. 13 juillet. 225
CXXI. — A la même. Versailles, 15 août 226
CXXII. — A la princesse Louise de Hesse-Darmstadt. 12 septembre 229
CXXIII. — A l'Impératrice Marie-Thérèse. 19 septembre. 230
CXXIV. — A la même. 11 octobre. 232
CXXV. — Au roi de Suède Gustave III. 3 novembre. 233
CXXVI. — A Joseph II. 10 décembre. 235
CXXVII. — Au comte de Mercy. 10 décembre . . . 236
CXXVIII. — A Joseph II. Versailles, 20 décembre. . 237

BESANÇON. — IMP. ET STÉRÉOT. DE PAUL JACQUIN.

OUVRAGES
PUBLIÉS PAR LA SOCIÉTÉ D'HISTOIRE CONTEMPORAINE

En vente à la librairie A. Picard et Fils, rue Bonaparte, 82,
au prix de 10 fr. le volume :

Correspondance du marquis et de la marquise de Raigecourt avec le marquis et la marquise de Bombelles pendant l'émigration, 1790-1800, publiée par M. Maxime de La Rocheterie, 1 vol.

Captivité et derniers moments de Louis XVI. Récits originaux et Documents officiels, recueillis et publiés par le marquis de Beaucourt, 2 vol.

Mémoires de Michelot Moulin sur la chouannerie normande, publiés par le comte L. Rioult de Neuville, 1 vol.

18 fructidor. Documents pour la plupart inédits, recueillis et publiés par M. Victor Pierre, 1 vol.

Mémoires de famille de l'abbé Lambert, dernier confesseur du duc de Penthièvre, aumônier de la duchesse douairière d'Orléans, sur la Révolution et l'émigration, 1791-1799, publiés par M. Gaston de Beauséjour, 1 vol.

Journal d'Adrien Duquesnoy, député du tiers état de Bar-le-Duc, sur l'Assemblée constituante, 3 mai 1789-3 avril 1790, publié par M. Robert de Crèvecœur, 2 vol.

Lettres de Marie-Antoinette. Recueil des lettres authentiques de la Reine, publié par MM. Maxime de La Rocheterie et le marquis de Beaucourt, tome I.

SOUS PRESSE OU EN PRÉPARATION :

La campagne du comte Wurmser en Alsace (1793). Relations inédites, publiées par M. Léonce Pingaud.

Lettres de Marie-Antoinette, tome II.

La conspiration du général Malet. Documents inédits, publiés par M. Charles Geoffroy de Grandmaison.

La Société d'histoire contemporaine publie trois volumes par an.
Le prix de la cotisation annuelle est de 20 fr.
Les nouveaux sociétaires peuvent acquérir les volumes des exercices précédents au prix de faveur de 6 fr. le volume.
Adresser les adhésions à M. le Trésorier de la Société d'histoire contemporaine, rue Saint-Simon, 5, à Paris.

BESANÇON. — IMP. ET STÉRÉOTYP. DE PAUL JACQUIN.

www.ingramcontent.com/pod-product-compliance
Lightning Source LLC
Chambersburg PA
CBHW050252170426
43202CB00011B/1660